Bruno Schulz
Gesammelte Werke
in zwei Bänden

Herausgegeben von
Mikolaj Dutsch
und Jerzy Ficowski

Band 2

Bruno Schulz
Die Wirklichkeit ist Schatten des Wortes
Aufsätze und Briefe

Herausgegeben von
Jerzy Ficowski

Aus dem Polnischen
von Mikolaj Dutsch
und Josef Hahn

Carl Hanser Verlag

ISBN 3-446-17056-1 (Einzelausgabe)
ISBN 3-446-16516-9 (Gesamtausgabe)

Satz: LibroSatz, Kriftel
Druck und Bindung: Friedrich Pustet, Regensburg
Printed in Germany

Inhalt

Briefe

Briefe an Schul- und Bildungsbehörden

Die achtzehn Briefe von Bruno Schulz an Bildungsbehörden aus den Jahren 1924-1938 wurden samt den ergänzenden Dokumenten von dem ukrainischen Literaturwissenschaftler Iwan Lozinski in den achtziger Jahren im Zentralen Historischen Archiv der Ukrainischen Sowjetischen Sozialistischen Republik (USSR) in Lemberg (poln. Lwów; ukr. Lwiw) gefunden. Fünfzehn der Briefe des Zeichenlehrers (sie haben fast alle den Charakter von Eingaben und Bittschriften), veröffentlichte der Finder im Original in der in Moskau herausgegebenen »Sowjetliteratur« (Nr. 7, 1987), einer Monatsschrift des Verbandes der Schriftsteller der UdSSR. Die vollständige Dokumentation der Briefe erstellte Jerzy Ficowski 1988 im Archiv in Lemberg.

1. An das Hohe Ministerium für
Kultus und öffentliche Bildung in Warschau
überreicht durch das Kuratorium des Lemberger Schulsprengels

Hohes Ministerium

Aus Anlaß meiner Bewerbung um eine Stelle als Zeichen- und Handarbeitslehrer im Staatlichen Gymnasium von Drohobycz bittet der Unterzeichnete im Sinne des Artikels 3 des Gesetzblattes vom 26. IX. 1922 (Gesetzblatt der Republik Polen Nr. 90 Pos. 828) um Erteilung einer Lehrerlaubnis.

Zur Begründung seiner Bitte führt der Unterzeichnete folgende Daten aus seinem Lebenslauf an:

Geboren 1892 in Drohobycz[1], legte ich 1910[2] im dortigen Gymnasium die Reifeprüfung ab. Von 1910-1914 studierte ich mit Unterbrechung, wegen meiner geschwächten Gesundheit, Architektur an der Technischen Hochschule Lemberg, wo ich im Februar 1914[3] auch die erste Staatsprüfung ablegte.

Nachdem ich das Studium infolge des Krieges für längere Zeit unterbrochen hatte, setzte ich es 1917/18 in Wien fort. Unter dem Einfluß der Werke alter Kunst, fühlte ich mich dort immer stärker zur Malerei hingezogen, was mich schließlich bewog, das Studium der Architektur abzubrechen und mich dem Beruf des Malers zu widmen.

Meine Arbeiten stellte ich wiederholt in Hauptstädten aus, nicht ohne Erfolg, wie den Pressestimmen zu entnehmen ist, und so trat ich auch im März 1922 mit mehr als einem Dutzend Arbeiten in der »Gesellschaft Zachęta der Schönen Künste« in Warschau an; im Juni 1922 stellte ich eine kleine Sammlung meiner Werke in der »Gesellschaft der Freunde schöner Künste« in Lemberg[4] vor usw. Zur Zeit bin ich hauptsächlich im Bereich der Grafik tätig, strebe aber gleichzeitig eine Arbeit auf dem Gebiet der Pädagogik an.

Bruno Schulz

Drohobycz, 9. August 1924[5]

2. An das Hohe Kuratorium
des Schulsprengels Lemberg
Bruno Schulz,
vertraglicher Zeichenlehrer
am Staatlichen Gymnasium in Drohobycz
ersucht um Gewährung von Urlaub

Der unterfertigte vertragliche Zeichenlehrer am Staatlichen Gymnasium in Drohobycz wurde laut Erlaß des Ministeriums für Kultur und Öffentliche Bildung vom 30. Januar 1930 zur Schlußprüfung im Fach Zeichnen, als Lehrfach, vor der Staatlichen Prüfungskommission bei der Akademie der Schönen Künste in Krakau zugelassen. Diese hat den Prüfungstermin für den 19. April des laufenden Jahres festgesetzt.[6]

Angesichts der 35stündigen Lehrtätigkeit pro Woche in einer staatlichen Anstalt, kann der Unterzeichnete nicht mit der erforderlichen Intensität an der Vertiefung seiner Kenntnisse für die Prüfung arbeiten und ersucht das Hohe Kuratorium, ihm vom 15. des laufenden Monats an bis zur Ablegung der Prüfung, d. i. bis Ende April, Urlaub zu gewähren.[7]

Bruno Schulz

Drohobycz, 12. März 1926

3. An das Hohe Ministerium
für Kultus und Öffentliche Bildung in Warschau

(Bruno Schulz, Vertragslehrer am Staatlichen Gymnasium in Drohobycz ersucht um Verlängerung der Lehrerlaubnis).

Das Hohe Ministerium hat dem Unterzeichneten Vertragslehrer am Staatlichen Gymnasium in Drohobycz durch Erlaß vom 14. Januar 1925 Nr. 15568 / D II ex 1924) eine Lehrerlaubnis im Fach Handzeichnen für die Zeit vom 1. IX. 1924 bis 31. VIII. 1927 erteilt.

Nachdem der Unterzeichnete vor der Prüfungskommission der Akademie der Schönen Künste in Krakau eine Lehrprüfung[8] abgelegt hat und sich jetzt auf die Pädagogische Prüfung vorbereitet, möge das Hohe Ministerium ihm die Erlaubnis gewähren, im Schuljahr 1927/28 im Fach Handzeichnungen unterrichten zu dürfen.

Bruno Schulz

In der Anlage: a) Mitteilung an das Kuratorium des Schulsprengels Lemberg über die Erteilung der Lehrbefugnis; b) beglaubigte Abschrift des Zeugnisses der bestandenen Lehrprüfung.
In Drohobycz, 9. Juni 1927

4. An das Hohe Ministerium
für Kultus und Öffentliche Bildung in Warschau

Der unterfertigte Zeichenlehrer am Staatlichen Gymnasium in Drohobycz ersucht das Hohe Ministerium, ihn von der pädagogischen Prüfung aufgrund § 14 der Verfügung des Ministers für Kultus und Öffentliche Bildung vom 29. Januar 1923 zu befreien.

Der Unterzeichnete begründet sein Ersuchen mit den beigefügten Unterlagen: einem tabellarischen Lebenslauf, dem Zeugnis über die Lehrprüfung und mit Zeugnissen der praktischen Lehrtätigkeit.

Bruno Schulz

Drohobycz, 10. April 1928
5 Anlagen

5. An das Kuratorium des Lemberger Schulsprengels in Lemberg

Der seit 1. IX. 1924 am Staatlichen Gymnasium in Drohobycz als Vertragslehrer im Fach Zeichnen tätige Unterfertigte versah den Dienst bis Ende des Schuljahres 1928/29 mit Unterbrechung vom 15. III. bis 30. IV. 1926 wegen einer Prüfung im Lehrfach Zeichnen für die Allgemeinbildenden Mittelschulen, die er am 27. IV. 1926 abgelegt hat.

Durch Erlaß vom 4. VI. 1928 Nr. II / 8131 / 28 kündigte das Kuratorium des Lemberger Schulsprengels dem Unterzeichneten die Lehrtätigkeit zum 31. VIII. dieses Jahres, weil er nach Ablauf der vierjährigen Lehrtätigkeit in dieser Zeit keinen vollen Nachweis über die Befähigung zur Ausübung seines Berufes vorgelegt hat.

Da der Unterzeichnete jetzt am 18. X. des laufenden Jahres vor der Prüfungskommission in Warschau eine Staatsprüfung für das Lehrfach an Mittelschulen bestanden hat[9], wie aus dem beigefügten Telegramm der Prüfungskommission an die Direktion des Staatlichen Gymnasiums in Drohobycz hervorgeht, ersucht er, ihn zum Etatlehrer am Staatlichen Gymnasium in Drohobycz zu ernennen.

In der Anlage: Telegramm der Prüfungskommission in Warschau.

Bruno Schulz

Drohobycz, 2. November 1928

6. An das Hohe Kuratorium des Lemberger Schulsprengels in Lemberg

Der Unterzeichnete Etatlehrer am Staatlichen Gymnasium in Drohobycz ersucht gefällig, ihm für einen Zeitraum von 2 Monaten Urlaub zur Wiederherstellung seiner angegriffenen Gesundheit zu gewähren.[10]

Bruno Schulz

Drohobycz, 9. Januar 1930

7. [An das Kuratorium in Lemberg]

Ich erkläre, daß ich von den Fremdsprachen die deutsche Sprache in Wort und Schrift beherrsche.

Bruno Schulz
Lehrer am Staatlichen
Drohobycz, 28. November 1932 Gymnasium in Drohobycz

Erklärung

Hiermit erkläre ich, daß ich von fremden Ländern Österreich und das deutsche Schlesien kenne.

Bruno Schulz
festangestellter Lehrer
am Staatlichen Gymnasium
in Drohobycz

8. An das Kuratorium des Lemberger Schulsprengels in Lemberg [Personalbüro]

Durch Erlaß des Kuratoriums des Lemberger Schulsprengels vom 11. Januar 1934 Nr. B. P. – 7548/34 laut § 47 der Verfügung des Ministerrats vom 19. XII. 1933 wurde ich mit dem 1. Februar 1934 in die VIII. (achte) Besoldungsgruppe eingestuft mit einem monatlichen Gehalt von 260 Złoty ohne jegliche Ausgleichszahlung.

Mein »Netto«-Gehalt, das ich am 1. Januar 1934 bezogen habe, betrug 285 Złoty und 25 Gr [= Groschen, d. Übers.]. Nach Abzug einer Summe in Höhe von 7 Prozent, die 19 Złoty 97 Gr. ausmacht, verbleibt ein Rest von 265 Złoty 28 Gr. Diese Summe übersteigt die Besoldungsgruppe VIII um 5 Złoty 28 Gr.

Da im Sinne des § 63 der oben angeführten Verfügung des Ministerrats der Verlust bei Neueinbeziehung in die Besoldungsgruppe VIII und in niedrigere Gehaltsstufen außer den 7 Prozent nicht mehr als 5 Złoty betragen darf, ersuche ich höflich, mir eine Ausgleichszahlung in Höhe von 5 Złoty monatlich, beginnend vom 1. Februar 1934 an, zu bewilligen.

Bruno Schulz
Festangestellter Lehrer
am Staatlichen Gymnasium
Drohobycz, 9. Februar 1934 von Drohobycz

9. An das Ministerium für Kultus und Öffentliche Bildung in Warschau

Der unterfertigte Zeichenlehrer am Staatlichen Gymnasium in Drohobycz ist Autor des kürzlich erschienenen Buches »Die Zimtläden«.

Wie aus den beigefügten Pressestimmen hervorgeht, sieht die Kritik in diesem Buch einhellig eine gewisse Leistung auf dem Gebiet der polnischen Prosa, die dem Autor das Recht und die Pflicht zu weiterer literarischer Arbeit einräumt.

In letzter Zeit habe ich gewisse Absichten und Pläne eines Werkes von breiterem Zuschnitt erwogen, für dessen Vollendung eine gelegentliche Arbeit am Rande des Schulunterrichts nicht ausreichend ist.

Hineingestellt zwischen erschöpfende Pflichten des Lehrerberufes und die schwierige, verantwortungsvolle künstlerische Tätigkeit – fern von den Hilfsmitteln und Impulsen kultureller Zentren – sehe ich mit Verzweiflung, wie meine Energie sich unproduktiv zerstreut und die Verwirklichung meiner Pläne in unerreichbare Ferne rückt.

Zur Zeit bin ich in meiner Entwicklung an einem Punkt angelangt, bei dem ich es nicht auf halben Ergebnissen beruhen lassen und die Verwirklichung meiner Pläne in eine unbekannte Zukunft hinausschieben darf. Ich muß alle meine Kräfte auf die ganze künstlerische Leistung konzentrieren, derer ich fähig bin.

Der Druck nicht verwirklichter Aufgaben gibt mir Mut zur folgenden Bitte.

Möge das Hohe Ministerium mich von den Lehrerpflichten für ein Jahr[11] freistellen und mir für diese Zeit bezahlten Urlaub gewähren. Und sei es mir gestattet zu bemerken, daß ich, für den Fall eines wohlwollenden Bescheids des Ministeriums, mich als vom Posten meiner bisherigen Arbeit auf einen anderen Abschnitt der kulturellen Tätigkeit abkommandiert betrachten würde, der ebenso wichtig und verantwortlich ist.

Bruno Schulz

Drohobycz, 9. Mai 1934

10. Bruno Schulz,
Lehrer am Staatlichen Gymnasium
in Drohobycz bittet um Genesungsurlaub.

An das Kuratorium des Lemberger Schulsprengels in Lemberg

Ich bitte darum, mir vierwöchigen Urlaub zur Wiederherstellung meiner Gesundheit zu gewähren. Meine Bitte bekräftige ich mit einem ärztlichen Attest.[12]

Bruno Schulz
Lehrer am Staatlichen
Gymnasium in Drohobycz

Drohobycz, 30. August 1934

11. An das Kuratorium des Lemberger Schulsprengels in Lemberg

Als festangestellter Zeichen- und Handarbeitslehrer am staatlichen Gymnasium in Drohobycz wende ich mich an das Hohe Kuratorium mit einer Bitte folgenden Inhalts:

Ich bin Maler von der Ausbildung her und aus Berufung und, wie es in der bildenden Kunst manchmal so ist, bin ich seit einer gewissen Zeit, geleitet von einem inneren Impuls und einem Bedürfnis nach Ausdruck, auf einen Weg literarischer Versuche und Experimente gewiesen worden.

Das Ergebnis dieser Bemühungen war, abgesehen von kleineren Arbeiten, das Buch mit dem Titel »Die Zimtläden«, das fast von allen maßgeblichen meinungsbildenden Kreisen mit großer Anerkennung als eine Leistung und als Zeichen für die Zukunft aufgenommen wurde.

Dadurch sehe ich mich jetzt erneut vor eine Aufgabe von größerem Ausmaß gestellt, deren Konturen aus skizzierten Fragmenten sich bei mir immer deutlicher abzeichnen. Größere und ernsthaftere Schwierigkeiten aus dieser Aufgabe zwingen mir unwiderlegbar die Notwendigkeit auf, sich ihr mit ungeteilter Kraft und mit der ganzen Zeit zu opfern. Gelegentliche, immer wieder unterbrochene Anstrengungen, am Rande des

Schulbetriebs unternommen, erwiesen sich als Zersplitterung und Verschwendung des schöpferischen Impulses, der als Ganzes in ein Flußbett geleitet werden muß. Andererseits erfordern die Aufgaben und Pflichten eines Handarbeitslehrers die volle Konzentration auf das Fach, setzen eine spezifische innere Einstellung voraus, die mit der abwartenden und kontemplativen Haltung eines Künstlers, seiner verantwortlichen Arbeit voll innerer Spannung, nicht vereinbar ist.

In dieser Situation habe ich mich entschlossen, an das Hohe Kuratorium mit einer inständigen Bitte heranzutreten:

Möge das Kuratorium mir einen 10-monatigen bezahlten Urlaub für das Jahr 1935/6 gewähren, um mir die Vollendung meiner literarischen Absichten zu ermöglichen, vom 1. September 1935 bis 30 Juni 1936.[13]

Die Bezüge für eine zu ernennende Lehrkraft, die mich in der Zeit meines Urlaubs vertreten würde, möge das Kuratorium geruhen von meinem Lehrergehalt abzuziehen.

Von meiner Seite werde ich mein Bestes tun, mich Ihnen gegenüber für die meinen Bemühungen gewährten Erleichterungen und Hilfe durch ein redliches Ergebnis erkenntlich zu zeigen.

Bruno Schulz

Drohobycz, 20 März 1935

12. An das Kuratorium des Lemberger Schulsprengels in Lemberg

Im Sinne der vom Kuratorium des Lemberger Schulsprengels erhobenen Forderung ergänze ich hiermit meine Eingabe dahingehend, indem ich Sie bitte, mir für das Schuljahr 1935/6, d. i. *vom 1. September 1935 bis 31. August 1936* bezahlten Urlaub zu gewähren.[14]

Bruno Schulz

Drohobycz, 28. Mai 1935

13. An das Kuratorium des Lemberger Schulsprengels in Lemberg

Das Kuratorium des Schulsprengels hat sich an die Direktion des Staatlichen Gymnasiums in Drohbycz mit der Anfrage gewandt, ob ich angesichts der Schwierigkeiten in bezug auf Gewährung von bezahltem Urlaub gegen Ersatz von Kosten für eine Vertretung nicht geneigt wäre, eine Eingabe um unbezahlten Urlaub einzureichen.

In Antwort darauf erlaube ich mir zu bemerken, daß das ministerielle Jahresstipendium, welches ich erhalten habe, in Verbindung mit dem Mehreinkommen auf meiner Dienstebene über die Bezüge einer Vertragskraft hinaus kaum das Unterhaltsminimum für mich und meine Familie bedeutet.

Das Ministerium für Kultus und Öffentliche Bildung sowie das Kuratorium des Schulsprengels haben sich, durch die meiner schöpferischen Tätigkeit gegenüber eingenommenen wohlwollende und großmütige Haltung, sozusagen in einer gemeinsamen Aktion die Hände gereicht, um für mich, bei Zusicherung eines gewissen Existenzminimums, solche äußeren Bedingungen zu schaffen, damit ich im Verlauf dieses Jahres meine literarischen Absichten verwirklichen kann.

Ein unbezahlter Urlaub, der mein Einkommen allein auf das Stipendium beschränkt, würde mich zu einem kümmerlichen Vegetieren verurteilen, zwingen, Nebeneinkünfte aus journalistischer Tätigkeit zu suchen – würde also völlig von der ursprünglichen Intention des Kuratoriums abweichen, das mir die Möglichkeit einer konzentrierten, intensiveren und leistungsfähigen schöpferischen Arbeit geben möchte.

Deshalb bitte ich inständig darum, daß das Kuratorium seine ursprünglichen, im Einvernehmen mit dem Ministerium für Kultus und Öffentliche Bildung so großmütig gefaßten Gedanken aufrechterhalten und mir Urlaub zu den genannten Bedingungen gewähren möge.[15]

Bruno Schulz
Lehrer am Staatlichen
Gymnasium in Drohobycz

Zakopane, 24. August 1935

14. An das Kuratorium des Lemberger Schulsprengels in Lemberg

Aufgrund einer Vereinbarung mit dem Dezernat für Kunst im Ministerium für Kultus und Öffentliche Bildung hat das Kuratorium den Beschluß gefaßt, mir im laufenden Schuljahr bezahlten Urlaub zu gewähren, um mir die Verwirklichung gewisser literarischer Absichten zu ermöglichen.

Mit dem Beginn des laufenden Schuljahres sind jedoch gewisse formale Schwierigkeiten aufgetreten, so daß mein Urlaub nicht wie vorgesehen in der Zeit vom 1. September 1935 an inkrafttreten konnte und ich mich gezwungen sah, bis zur Entscheidung in der Sache meine dienstlichen Verpflichtungen wieder aufzunehmen.

Da die Unterbrechung, welche meine literarischen Pläne infolgedessen ganz unverhofft mitten in der anregendsten Arbeit erfahren mußten, sich bis zum heutigen Tage hinzieht, bitte ich das Kuratorium inständig, in meiner Angelegenheit eine wohlwollende Entscheidung zu treffen, zumal da mir das Stipendium, welches sinngemäß mit der Gewährung von Urlaub verbunden ist, schon bewilligt wurde – ein Umstand, der mir die Pflicht einer termingerechten Realisierung meiner literarischen Absichten unter Aufbietung aller Kräfte auferlegt.

Bruno Schulz
Lehrer am Staatlichen
Gymnasium in Drohobycz

Drohobycz, 10. X. 1935

15. An Herrn Minister Błeszyński am Ort

Ew. Wohlgeborener Herr Minister,

in den letzten Jahren habe ich ein Buch, eine Reihe von Novellen herausgegeben und etliche Artikel gedruckt, welche die Aufmerksamkeit maßgeblicher Kreise der Öffentlichkeit auf meine Arbeit lenken.

Diesem Umstand verdanke ich, daß das Ministerium für Kultus und Öffentliche Bildung mir mit einer ansehnlichen

Hilfe entgegenkam, indem es mir ein Jahresstipendium bewilligte und an das Lemberger Kuratorium, dem ich unterstehe, mit der Initiative herantrat, mir einen literarischen Urlaub zu gewähren.

Jetzt habe ich meinen Urlaub erschöpft und soll im Staatlichen Gymnasium in Drohobycz wieder meinen Dienst als Zeichenlehrer versehen. Da mich der Aufenthalt in der Provinz, fern von den geistigen Strömungen, der Quellen meiner Anreize und Hilfsmittel beraubt, wie sie eine Hauptstadt zu geben imstande ist, möchte ich mich um Versetzung auf einen gleichwertigen Posten in Warschau bemühen, und zwar als Zeichenlehrer in einer Allgemeinbildenden Mittelschule oder Berufsschule.

Ich wende mich daher an den Ew. Wohlgeborenen Minister mit der inständigen Bitte, mich beim Herrn Kurator des Warschauer Schulsprengels unterstützen zu wollen.[16]

Bruno Schulz

Warschau, 12. VII. 1936

16. An das Kuratorium des Lemberger Schulsprengels in Lemberg

Zum Zeitpunkt, da ich mich mit der vorliegenden Bitte an das Kuratorium des Schulsprengels wende, liegt der wertvolle Präzedenzfall einer großmütigen Entscheidung bereits hinter mir, die davon zeugt, welch weitgehende Zugeständnisse das Kuratorium in seiner Sorge um die Vermehrung von Kulturgütern einzugehen bereit ist, indem es alle Vorhaben unterstützt, die diese Güter zu vervielfachen geeignet sind, selbst wenn ihre Art über den engeren Rahmen des Schulressorts hinausgeht.

Im Januar dieses Jahres beschloß nun das Kuratorium des Schulsprengels, mir einen bezahlten Halbjahresurlaub unter Rückerstattung der Kosten für eine Vertretung zu bewilligen, um eine intensivere literarische Tätigkeit aufnehmen zu können, bei Würdigung der Tatsache, daß die Pflichten eines Lehrers in der heutigen Schule eine Lehrkraft allzu sehr in Anspruch nehmen, als daß sie ihr noch Raum für ein künstlerisches Schaffen von ernsthafterem Ausmaß ließe.

Dank dieser Begünstigung konnte ich in meiner Arbeit an einem Roman bedeutend weiterkommen[17], einen Novellenband schreiben, den ich in diesen Tagen zum Druck gebe[18], und einen Roman von Fr. Kafka[19] / bei »Rój« /, eines gewaltigen Schriftstellers und Mystikers übersetzen, der in Polen bislang fast unbekannt war, sowie eine Reihe kritischer Artikel verfassen, die in verschiedenen periodischen Schriften gedruckt wurden.

Im laufenden Schuljahr brachte das Schulkuratorium mir gegenüber weitere Beweise seiner Aufmerksamkeit und Fürsorge zum Ausdruck, indem es mir im Lehrplan mehr Zeichenstunden und weniger praktische Übungen einräumte, die mit einer konzentrierten inneren Haltung, wie sie von einer künstlerischen Arbeit auferlegt wird, im Widerstreit stehen.

Dies große Verständnis und Wohlwollen, welches das Kuratorium des Schulsprengels meinem Streben und Tun entgegengebracht hat, gibt mir jedoch Mut, mich in meiner Eingabe einen Schritt weiter zu wagen.

Die Provinz, in der ich wohne, ist womöglich für einen Künstler förderlich, der in seiner Evolution schon fertig ist – für einen Künstler, der jetzt nur noch Inhalte ausspinnt, die er im Laufe der ganzen Studienjahre und Erfahrungen gesammelt hat. Von diesem Gefühl einer abgeschlossenen Entwicklung, einer vollständigen Bereitschaft und endgültigen Reife kann in meinem Falle nicht die Rede sein. Im Gegenteil, es verfolgt mich ununterbrochen das brennende Gefühl der Unzulänglichkeit meines Wissens, der Notwendigkeit einer Revision, Konfrontation, mich in meinen Intuitionen und Mutmaßungen zu vergewissern und zu festigen. Mit einem Wort, meine jetzige Situation ist nicht geeignet, die Frage des geistigen Wiederauflebens, der inneren Regeneration zu lösen, ohne die ein sich entwickelnder Künstler rettungslos verdorren und verkümmern muß. Der heutige historische Augenblick ist durch unerhörte Verdichtung der Fragepunkte gekennzeichnet; pulsierend voller Problematik, gibt er auch nicht für einen Moment die Erlaubnis zu geistiger Isolation. Wer den Kontakt zum geistigen Leben der Epoche verliert, hört auf, in seinem Schaffen aktuell zu sein, kommt als Künstler nicht in Betracht. Die privaten Mittel, selbst eines begüterten Menschen, reichen nicht für die Ausstattung mit der erforderlichen Lektüre. Nur eine Universitätsstadt besitzt alle Hilfsmittel und Materialien, ermöglicht eine Orientierung in den geistigen Strömungen.

Die Sorge um Verbindungen mit dem geistigen Fortschritt sowie das Gefühl der Verantwortung für meine Arbeit veranlassen mich zu einer inständigen Bitte: Möge das Kuratorium des Schulsprengels die Möglichkeit in Betracht ziehen, mich zu denselben Bedingungen, d. h. als Zeichenlehrer in ein Gymnasium, eine Berufsschule oder, im äußersten Falle, in eine Volksschule nach Lemberg zu versetzen.[20] Ich erlaube mir zu bemerken, daß nach 12jährigem Dienst in der Provinz der Stand meiner Fachkenntnisse auch im pädagogischen Bereich eine Auffrischung erfahren würde – durch Berührung mit bedeutenden Pädagogen und die Ergebnisse ihrer Arbeit sowie durch den Kontakt mit den neueren Strömungen und der neueren Fachliteratur.

Ich gebe mich der Hoffnung hin, daß das Kuratorium des Schulsprengels, das sich bislang meinen Bestrebungen gegenüber stets von außergewöhnlichem Wohlwollen leiten ließ, darin auch weiterhin, außerhalb ihres privaten und individuellen Charakters, Merkmale von allgemeinem Interesse erblicken möge, die ihre Unterstützung rechtfertigen.

Bruno Schulz

Drohobycz, 30. November 1936

17. An das Kuratorium des Lemberger Schulsprengels in Lemberg

Der unterfertigte Professor für Zeichnen am Staatlichen Gymnasium in Drohobycz bittet um Erlaubnis, wöchentlich 3 Stunden Zeichenunterricht am privaten L.-Sternbach-Gemeinschaftsgymnasium* in Drohobycz erteilen zu dürfen.[21]

Bruno Schulz

Drohobycz, 16. IX. 1938

* Mit Unterricht ohne Trennung der Geschlechter [d. Übers.].

18. An das Kuratorium des Lemberger Schulsprengels in Lemberg

Bruno Schulz, Etatlehrer am Staatlichen Gymnasium in Drohobycz bittet um Gewährung von Urlaub zur Wiederherstellung seiner Gesundheit.

[auf der Abschrift fehlen Unterschrift und Datum]

An Ostap Ortwin

Ostap Ortwin, liter. Pseudonym. Eigentlicher Name – Oskar Katzenellenbogen (1876-1942); Literatur- und Theaterkritiker, Literaturwissenschaftler und Herausgeber. Von deutschen Nationalsozialisten in Lemberg ermordet. Die Briefe an ihn befinden sich in den Beständen der Bibliothek der Ukrainischen Akademie der Wissenschaften in Lemberg (Republik Ukraine).

Warschau, 20. Mai 1921
Platz G.

19. Sehr geehrter Herr!

Seit einigen Tagen in Warschau, hatte ich gestern erst die Gelegenheit, mich zu Herrn Horzyca[1] zu begeben; der sehr geehrte Herr hatte mir empfohlen, an ihn heranzutreten, um Rat und Unterstützung in meinen Angelegenheiten einzuholen.

Mir widerfuhr eine angenehme Überraschung, als sich erwies, daß ich Herrn Horzyca nicht unbekannt war, er von meinem Kommen Kenntnis hatte und mich mit so viel herzlichem Wohlwollen empfing, daß ich mich über die Bekanntschaft mit einem so achtbaren und mir wohlgesinnten Menschen wirklich freue.

Es fiel mir nicht schwer, herauszufinden, wem ich diese so wohlwollende Zuneigung des Herrn Horzyca zu verdanken habe, der mir schließlich auch offenbarte, daß Sie, sehr geehrter Herr, obgleich damals von einer schriftlichen Empfehlung keine Rede gewesen war, mich aus freien Stücken inständig empfohlen und darum gebeten hatten, sich meiner anzunehmen.

Ich bin dem sehr geehrten Herrn wirklich dankbar für das mir bezeigte Wohlwollen und Interesse an meinem künstlerischen Vorhaben, wenngleich sich meiner Kenntnis entzieht, wodurch ich es verdient habe; und ich wünsche mir deshalb ganz besonders, daß meine Zukunft dies rechtfertigen möge.

Wegen der vielen neuen Dinge, die ich sah, bin ich unter dem deprimierenden Eindruck meiner eigenen Mängel und Rückständigkeit.

Herr Horzyca empfahl mich an Skoczylas[2], den ich morgen aufsuchen und in dessen Schule ich womöglich tätig sein werde.

Herr Horzyca wird mich auch mit Herrn Kramsztyk[3] bekannt machen.

Ich habe mir erlaubt, dem Brief eine Bleistiftskizze sowie einige meiner Grafiken[4] beizugeben (schon gleich nach der Rückkehr aus Lemberg schlug ich mich mit diesem Gedanken herum), in der Hoffnung, der sehr geehrte Herr werde mir das Vergnügen, welches mir die Annahme dieser Kleinigkeit in hohem Maße bereiten würde, nicht versagen.

Ich danke noch einmal von ganzem Herzen und verbleibe mit dem Ausdruck tiefer Hochachtung

Ihr aufrichtig ergebener
Bruno Schulz

20. Sehr geehrter Herr!

Schon lange suchte ich einen Vorwand, mich nach so vielen Jahren dem sehr geehrten Herrn in Erinnerung zu bringen. Zu meiner großen Freude teilt mir Herr Lille[5] und gleichzeitig auch Herr Sternbach[6] mit, der sehr geehrte Herr habe die »Zimtläden« gelesen und sehr positiv darauf reagiert.

Es ist mir daran gelegen zum Ausdruck zu bringen, welch große Genugtuung dies für mich ist. Seit langem verharrte ich in Sorge bei dem Gedanken, ob das Buch vor der Instanz des sehr geehrten Herrn bestehen werde.

Vermag der sehr geehrte Herr sich daran zu erinnern, daß Er es war, der vor 15 Jahren mich als Maler entdeckte? Es war bei Herrn Dr. Roman Aleksandrowicz[7]. Dank Ihrer Empfehlung, sehr geehrter Herr, lernte ich damals Karol Irzykowski[8] kennen, den ich längst kennenlernen wollte. Ich konnte diese Bekanntschaft jedoch später nicht nutzen, wegen gewaltiger innerer Hemmungen, an denen ich damals litt. Jetzt noch, nach Jahren, kam diese Hemmung bei einer Zusammenkunft mit Herrn Irzykowski wieder in mir auf, so daß ich nicht imstande war, mit ihm über irgend etwas zu reden. Bitte entschuldigen Sie, daß ich womöglich ohne hinreichenden Grund an den sehr geehrten Herrn geschrieben habe.

Mit dem Ausdruck tiefer Hochachtung

Bruno Schulz

Drohobycz, Floriańska 10, 15. V. 1935

An Stefan Szuman

Stefan Szuman (1889-1972) – Psychologe, Autor wissenschaftlicher Arbeiten auf dem Gebiet der Psychologie, Pädagogik und Ästhetik. Der erste Brief ist Eigentum von Jerzy Ficowski, die zwei übrigen befinden sich im Besitz von Grażyna Czyżewicz, Szumans Tochter.

Żywiec[1], 24. VII. 1932

21. Sehr geehrter Herr Professor!

Ich hatte schon einen fertigen Brief an den Herrn Professor, einen Brief, in welchem es mir notwendig erschien, meine angebliche freibeuterische Attacke zu rechtfertigen, mit der ich in Ihre Sphäre eingedrungen bin und Ihnen mich und meine Arbeit aufzwang. Ich hatte in diesem Brief Anspruch auf Teilnahme an dieser Welt, an der Atmosphäre erhoben, an welcher die Schöpfer geistiger Welten teilhaben. Es ging mir um Aufnahme in die Familie schöpferischer Geister, um das Gefühl, daß meine Welt an andere Welten grenzt, mit ihnen in Berührung kommt, und daß an diesen Grenzen diese Welten einander durchdringen und sich kreuzen, daß sie untereinander Strömungen und Schauder austauschen. Ich habe mich in diesem Brief bemüht zu erklären, warum mir Kristallisationen des Geistes, objektivierte geistige Formationen, wie sie in Systemen und Büchern enthalten sind, nicht genügen. Woher kommt diese seltsame Faszination, die eine lebendige Individualität ausübt, woher der wundervolle Zauber des Umgangs mit ihr? Es ist, als entstünden rund um die schöpferischen Köpfe herum Verdichtungen von Gedanken, Strudel und Aufwallungen der geistigen Atmosphäre, ein unbestimmtes, aber schöpferisches Plasma, in das wir wie in ein Frühlingsgewitter eintauchen, selbst voller Entladungen und innerer Explosionen. Deshalb fühlte ich mich so gereizt und so aufgebracht während Ihrer Vorlesungen[2]. Das Thema, die erörterten Probleme waren zweitrangig – wichtig war die Schichtung, das geistige Niveau, auf dem sie sich abspielten, die Klasse und Manier des Gedankens – Imponderabilien, die, einzeln nicht bewußt gemacht, sich in der Summe zu dem Gefühl einer eitlen Struktur kondensierten, von der das Herz anschwoll, ähnlich wie es uns beim Anblick einer Frau, von der wir nichts Ausführliches wissen, plötzlich mit erschütternder Gewißheit durchzuckt, daß sie all jene verborgenen, auch uns selbst nicht bekannten Eigenschaften besitzt, die unser Wesen so heiß begehrt.

Dieser Brief, diese Rechtfertigungen erwiesen sich durch Ihren Brief als überflüssig, als verjährt.

Ich habe eine Resonanz gefunden, eine Resonanz, die stärker und vollendeter ist, als ich es je träumen konnte.

Dafür bin ich Ihnen zutiefst dankbar. Und noch etwas.

Sie haben diese Resonanz wirklich zur Vollendung gebracht, Sie haben ihr Maß durch den Einblick in Ihr wundervolles dichterisches Werk erfüllt, den Sie mir gaben.[3] Ich kann das beurteilen und danke Ihnen zutiefst. Ich bin weit davon entfernt, zu kritisieren. Diese Gedichte waren für mich ein freudiges und ausfüllendes Erlebnis, waren wie eine Erweiterung meiner eigenen Welt zu einer neuen, seltsamen, aber doch irgendwie bekannten Umgebung, als hätte ich in meiner Stadt eine längst verschollene Straße wiedergefunden. Vielleicht täusche ich mich, aber ich habe das Gefühl, als befänden wir uns in direkter Nachbarschaft, als klopften wir manchmal an dieselbe Wand von beiden Seiten. Sonderbar und als Freude erscheint mir diese Nähe, ich fürchte nur, daß ich allzu eilfertig die Distanz beseitigt habe. Ich tröste mich aber damit, daß ich es als erster tat. Übrigens, in einer Welt geistiger Formationen verlieren Distanzen ihre Gültigkeit.

Ich habe keine literarische Ausbildung, ich kenne die zeitgenössische Dichtung nicht und bin nicht imstande die Genealogie, den Ort dieser Dichtung auszumachen. Der einzige Vergleich, der mir kommt, ist Rilke[4], der göttliche Rilke. Es ist eine sehr stille, in sich geschlossene Welt; man muß sich sehr weit vom Lärm entfernen und seht tief hinabsteigen, um diese Dichtung zu hören. Den Narzißmus, die Einsamkeit, das Eingeschlossen-Sein in einer Glaskugel.

Dieses Beschwören der eigenen Einsamkeit, das Abgeschnitten-Sein vom Leben, vom Handeln, dessen Wonne und Tragik

(Tanz mit sich selbst[5]*)*, erinnert mich an meinen wichtigsten und tiefsten Traum, den ich im 7. Lebensjahr hatte, einen Traum, der mein Schicksal vorwegnahm. Ich träume, daß ich in einem Wald bin; es ist Nacht, dunkel, ich schneide mir mit dem Messer den Penis ab, hebe eine kleine Grube in der Erde aus und vergrabe ihn. Dies ist sozusagen die Vorgeschichte, der Teil des Traumes ohne Gefühlsbetonung. Es folgt der eigentliche Traum: Ich komme zur Besinnung, werde mir der Ungeheuerlichkeit, der Schrecklichkeit der begangenen Sünde bewußt. Ich will nicht glauben, daß ich sie wirklich begangen habe und stelle immer wieder mit Verzweiflung fest, daß es doch so ist, und was ich getan habe, unwiderruflich ist. Ich befinde mich irgendwie schon außerhalb der Zeit, vor dem Antlitz der Ewigkeit, die für mich nichts anderes mehr sein wird als ein schreckliches Bewußtsein der Schuld, ein Gefühl des unwiederbringlichen Verlusts in aller Ewigkeit. Ich bin verdammt in alle Ewigkeit, und es sieht danach aus, als hätte man mich exemplarisch in ein Glasgefäß eingeschlossen, aus dem ich nie mehr herauskomme. Dieses Gefühl der unendlichen Qual, der ewiglichen Verdammnis werde ich nie vergessen. Wie soll man sich in dem Alter die symbolische Ladung, die semantische Potentialität dieses Traums erklären, die ich bislang nicht ausschöpfen konnte? Ich sehe hier einen Berührungspunkt mit dem Glashaus *(das präparierte Exemplar*[6]*)*.

In *Tod und Traum*[7] ist die dritte Strophe wundervoll – »Die Welt ging verloren wie ein silberner Löffel. Sie vergoß das ganze Schlafmittel in mir und überwachte mich lange – die Mutter.[8]«

Sie greifen nach nabelschnurförmigen Urbildern, nach Tiefen, wo wir dem Sein am nächsten waren, nach Bildern jener langen, unheilbar kranken Winternächte, als wir ohne Ende in gereizter Laune über die abgerissene Nabelschnur jammerten.

Dieses Gedicht und auch den *Tanz mit sich selbst* verstehe ich noch nicht ganz. Wundervoll ist *das Gespräch*[9], es erinnert an die besten Gedichte von Rilke. Sie benutzen auf dieselbe Weise den Mittelreim und das Leitmotiv eines Reims, eines Tons in mehreren aufeinanderfolgenden Strophen. Das ist eine ungemein wirksame und schöpferische Methode, sie gibt dem Wort neue Ausmaße, öffnet ihm neue Ton- und Bedeutungsdimensionen.

In *Diana*[10] ergab dieselbe Methode einen wundervollen, alten

Gobelin, voll geheimen Lebens, Geschlinge, Dichtheit und Vegetation, wie sie auf mythologischen Epochen des Lebens einer Gattung und eines Individuums entsteht. Diese Verflechtung von pantheistischer Mythologie der Arten mit jener individuellen kindlichen der Gobelins und der Möbel scheint mir legal, sehr treffend und richtig zu sein – da sich diese beiden Mythologien gegenseitig auf sonderbare Weise interpretieren und ergänzen. Das Gedicht besitzt die wunderbare Fülle, den Reichtum und die Vollkommenheit der mythologischen »Geschichten« Rilkes. Man kann es rückwärts wie vorwärts und in allen Richtungen lesen, es ist ganz aus Festigkeit und lebendiger Dichtheit gewoben. Jedes Gedicht hat seinen besonderen Reiz, z. B. *Die Raben*[11], die ich nicht ohne seltsame Rührung lesen kann. (Ähnliche Elemente, Keime sind in meiner Einführung zu den *Vögeln*[12] enthalten.)

Oder nehmen wir die *Stille auf dem Tisch*[13] – ein Stilleben, das durch seine Intensität zum metaphysischen Flimmern, zum verschwiegenen Blinzeln verwunschener Dinge geführt wird, die zu einem sprechen wollen – eine analoge Tendenz zur *Neuen Sachlichkeit*[14] in der deutschen Malerei. Großartig ist der *Turm Babel*[15], besonders die glänzenden ersten beiden Strophen.

Bitte vergeben Sie mir, daß ich auswähle, unterscheide und dadurch gleichsam Urteile fälle. Nichts liegt mir ferner, aber von Natur aus machen gewisse Stellen einen stärkeren Eindruck auf mich.

Ich muß noch eine hübsche Stelle zitieren: »Er öffnete breit des Blattes Schirm, / Als regnete es, / Auf dem Tisch sah mir das Gerät ins Auge, / Als wäre etwas im Werden / *(Stille auf dem Tisch)*.

Vielleicht bin ich noch zu kurz mit diesen Gedichten zusammen, um sie ganz zu verstehen. Es sind Gedichte, die sich entwickeln und ausdehnen durch den Umgang mit ihnen. Darf ich sie als mein Eigentum betrachten? Sie würden mir eine große Freude bereiten, wenn Sie beliebten, mir andere Ihrer Gedichte zu schicken. Beabsichtigen Sie sie zu drucken? Ich danke Ihnen noch einmal dafür, daß Sie mich mit diesem Erlebnis beschenkt haben, welches neben der Dichtung Rilkes zu den tiefsten gehört, die mir von der Dichtung je zuteil geworden sind.

Das Buch über Visionen unter Meskalin hat mich neugierig

gemacht, ich werde es mit wirklich großem Interesse lesen und, wenn Herr Professor es erlauben, meine Eindrücke und Bemerkungen mitteilen. (Ich bitte um Vergebung, aber im intermonadischen Teil unseres Gesprächs schien mir die gewöhnliche Titulatur nicht am Platze.)

Vielen Dank für Ihre Bemühungen um die Herausgabe meines Buches.[16] Ich weiß nicht, welch ein Anrecht ich auf die Zeit und die Bemühungen des Herrn Professor habe. Vielleicht erleichtert es die Sache ein wenig, wenn ich Sie davon in Kenntnis setze, daß mein Bruder[17], der ein gut situierter Mensch ist, mir versprach, finanziell zur Herausgabe dieser Arbeit beizutragen, so daß er einen Teil oder, wenn es sein muß, die Gesamtheit der Kosten auf sich nähme. Es ginge also hauptsächlich darum, eine ernsthafte Verlagsfirma zu finden, gut geführt, die für ihre Erzeugnisse auch entsprechend Werbung macht, und um die Zusicherung eines passenden äußeren Gewands. Den Umschlag werde ich mir selber zeichnen.[18] Ich dachte an eine Illustration dieser Sache mit Holzschnitten im Text, wie die Bücher vom Anfang des 19. Jahrhunderts, aber ich weiß nicht, ob ich es tun werde.[19] Ich möchte die Sache jetzt schon herausgeben, weil mit jedem Tag meine geistige Situation für sie ungünstiger wird.

Herr Professor, ich danke Ihnen noch einmal innig für alles und verbleibe mit dem Ausdruck tiefer Hochachtung

Bruno Schulz

Drohobycz 11. 11. 1933

22. Sehr geehrter Herr Professor!

Herzlichen Dank für das Geschenk[20] und für das Gedenken.

Das Buch hat mich aufrichtig erfreut. Ich las gleich einige Gedichte und fühlte mich wie in einem Haus von früher, ein bekannter Duft umwehte mich.

Ich sitze noch immer in den ersten Zyklen, ich hatte noch keine Zeit, in die Tiefe des wie ein Wald verzweigten, vielfältigen Buches vorzudringen. Ich schließe es nach jedem Mal mit einem Gefühl, mit dem ich – als Kind – ein geliebtes Spielzeug versteckte, dem Gefühl des Reichtums, einen Sesam zu besitzen, den ich nicht sofort ausschöpfen muß.

Wenn ich alle gelesen habe, werde ich Ihnen schreiben, obgleich ich jetzt schon sehe, daß man sich eigentlich mit jedem Gedicht einzeln befassen sollte, weil jedes ein in sich abgeschlossener Mikrokosmos ist.

Es scheint mir ein wesentliches Merkmal dieser Dichtung zu sein, daß sie im edelsten Sinne des Wortes Gelegenheitsdichtung, eine Denkschrift innerer Abenteuer, ein Tagebuch metaphysischer Augenblicke ist, daß jedes Gedicht nicht auf dem Boden einer Methode, einer formalen Grundlage, einer festen Einstellung entsteht – denn keines von ihnen ist vorgesehen, beruht auf Prämissen, sondern bildet sich vielmehr aus seinen eigenen augenblicklichen Voraussetzungen, kristallisiert sich ganz und gar für einen Augenblick, entwickelt sich aus dessen Dialektik, wächst aus dessen Hilfsquellen. Ich suche vergeblich nach Spuren einer Manier, bemühe mich, hinter den formalen Trick zu kommen, mit dem diese Dichtung etwas gemein hätte – vergeblich. Jedes Gedicht entsteht aus sich selbst, keinem anderen ähnlich, und kennt nichts außer sich selbst. Ein jedes entsteht so, als hätte es nie einen Vorgänger gegeben, als wäre es das erste Exemplar einer neuen Gattung.

Was mich verblüfft, ist die Autarkie, die Unabhängigkeit, das Private und die absolute Aufrichtigkeit dieser Dichtung. Einst, vor Jahren – ich erinnere mich noch – entwarf Irzykowski in einem Vorwort zu seinem eigenen Buch einmal das Ideal einer solchen völlig privaten, entpathetisierten Lyrik, für die er damals kein Beispiel fand. Dieser Band scheint mir eine Verwirklichung dieses Ideals zu sein.

Ich sollte diese Dinge nicht sagen. Das ist Sache des Kritikers, dessen vergleichenden, urteilenden Blick ich mir nicht anmaßen will und es auch nicht kann. Ich sollte vielmehr darüber sprechen, wie diese Welten sich bei mir persönlich in die Seele einschleichen, wie jede von ihnen mich mit der tiefen Freude einer Wiedererkennung, einer Anamnese, einem Gefühl der Blendung durch Kostbarkeiten erfüllt, die hier zugänglich werden und sich anfassen lassen. Ich befinde mich hier in meinem vertrauten Klima. Diese Welt der nahen und kleinen Dinge, in welcher sich Spalten in die Unendlichkeit auftun, entspricht mir zutiefst. Ich empfinde es viel lebendiger als noch vor einem Jahr, da ich ein wenig konsterniert war über die entpathetisierte Form mancher Gedichte, die weit von einer Konvention entfernt schienen, sondern immer wieder von neuem aus dem Rhythmus des Augenblicks entstanden.

Dieses Buch wird mir immer nah sein; schon allein das Bewußtsein seiner Existenz erquickt und freut mich – als Zeugnis der Realität und des Reichtums dieser inneren Welt, in deren Existenz auch ich engagiert bin.

Ich habe lange nicht geschrieben – bitte denken Sie nicht, daß ich vergessen habe. Ich wollte schreiben und bereits mein Buch[21] übersenden, auf dessen Veröffentlichung ich seit August warte. Es wird bei »Rój« erscheinen, der mir ein besseres Angebot machte als der Verlag in Krakau. Dieses Buch hat mir bereits hier und dort viel Wohlwollen eingebracht vor allem habe ich ihm die Freundschaft mit Frau Zofia Nałkowska[22] zu verdanken.

Ich werde nicht vergessen, daß Sie der erste waren, der sie liebgewonnen hat. Ich bitte darum, Frau Professor schöne Grüße von mir auszurichten und auch Grażynka[23] herzlich zu grüßen. Ich zeichne hochachtungsvoll und mit herzlichen Grüßen

Bruno Schulz

23. Sehr geehrter Herr Professor!

Ich danke Herrn Professor sehr herzlich für das Buch.[24] Einen so gewaltigen Band habe ich nicht erwartet, ich freue mich und werde mich mit wahrem Vergnügen hinsetzen und es lesen.

Bei Frau N.[25] in Warschau fand ich einen Band Ihrer Gedichte unter Büchern vor, die Frau N. sich als allernächstes Pensum für die Lektüre bereitgelegt hatte. In meiner Anwesenheit las sie einige Gedichte daraus vom Anfang, die sie sehr neugierig machten. Sie fand vor allem für die *Stille auf dem Tisch* und für *Schlafrock* Worte der Billigung und der Sympathie. Ich hielt es für den richtigen Augenblick, den Schleier des Inkognito zu lüften, worüber sie erstaunt war und Interesse bekundete. Als der Besuch von Herrn Ordynski[26] einer weiteren Lektüre im Wege stand, versicherte sie, zur Lektüre des Bandes wieder zurückzukehren. Es scheint, daß sie von Witkiewicz, der sie unlängst besucht hatte, bereits etwas über Sie wußte.

In allernächster Zeit wird Frau N. für die ganze Saison nach Zakopane reisen. Eine persönliche Begegnung beider Herrschaften wäre für mich überaus interessant, und gewiß auch das intellektuelle Drama, das aus dem Zusammenprall zweier solcher Geister entstehen würde.

Ich erwarte jeden Augenblick das Erscheinen meines Buches, das »Rój« seit August hinauszögert. Aber da es bereits im Druck ist, hoffe ich, daß es dennoch erscheinen wird.

Ich grüße sehr herzlich und zeichne auch mit den anmutigsten Grüßen an Frau Professor und an Grażynka.

Bruno Schulz

Drohobycz, 24. XI. 1933

An Arnold Spaet

Arnold Spaet – Germanist, Lehrer am Gymnasium in Stryj, später in Lemberg, Übersetzer deutscher Dichtung. Er starb 1943 in Lemberg. Die Papiere aus seinem Nachlaß wurden der Ossoliński-Handschriften-Abteilung in Breslau (Wrocław) zu Händen von Frau Dr. Krystyna Śreniowska übergeben, deren Vater, Kalikst Oppenauer, Arnold Spaet bis zu dessen Tode betreute. Die drei Briefe von Schulz befinden sich in den Breslauer Beständen der Ossoliński-Bibliothek.

24. Sehr geehrter, werter Herr!

Ihr Brief weckte in mir die angenehmsten Erinnerungen. Wie sollte ich Sie und unsere anregenden Gespräche in Kudowa[1] vergessen haben! Ich danke Ihnen herzlich, daß Sie geschrieben haben. Ihre so lebendige Teilnahme am Schicksal meines Buches[2] und auch, daß Sie sich über seinen Erfolg so freuen, rührt mich. Dieser Erfolg war für mich eine wirkliche Überraschung und eine große Freude. Ich hielt es beinah für etwas Esoterisches, und meine Freunde, die das Buch als Manuskript kannten, bestätigten mich darin. Indessen erwies sich die Zahl der »Eingeweihten« und »Zugelassenen« als ziemlich bedeutsam. Leider sind meine Belegexemplare längst vergriffen; jene, die der Quelle am nächsten waren, hatten sich die Vorräte aufgeteilt, so daß ich mir nicht einmal das Vergnügen leisten kann, Ihnen ein Autorenexemplar zu übersenden.

Haben Sie es gelesen? Gefällt es Ihnen? Von unseren Gesprächen kann ich mich nur noch allgemein an die Atmosphäre erinnern – der Inhalt hat sich meinem Gedächtnis entzogen. Mit großem Vergnügen werde ich von Ihrer lieben Einladung Gebrauch machen und Sie besuchen – um nach 11 Jahren das unterbrochene Gespräch fortzusetzen.

Ich schäme mich, daß ich nichts von Ihrem literarischen Werk kenne. Unlängst hörte ich von Ihrer ungewöhnlichen, meisterhaften Übersetzung oder Originalarbeit. Ich schäme mich, daß ich nicht nur nichts gelesen habe, sondern nicht einmal weiß, was es war. Ich wage gar nicht, Ihnen zu verstehen zu geben, wie sehr mir an einem Exemplar dieser Arbeit gelegen ist, wo ich ja selbst so saumselig war.

Ich bitte Sie, weiterhin meiner gütig zu gedenken und drücke herzlich Ihre Hand.

Bruno Schulz

Drohobycz, 13. III 1934
Floriańska-Straße 10

25. Sehr geehrter und werter Herr!

Mit dem Beweis Ihres Gedenkens und dem schönen, aber unverhofften Geschenk haben Sie mir wirklich Freude bereitet. Wann konnten Sie diese hervorragende Übersetzung vollenden? Welch ein Summe von imponierender Arbeit und welch eine Quelle an schöpferischem Elan und an Inspiration! Sie haben der schöngeistigen polnischen Literatur einen wahrhaftigen Dienst erwiesen, indem Sie ihr in glänzender Übersetzung eine so ernsthafte Auswahl der Werke Dehmels[3] beschert haben.

Ich kannte diesen Dichter im Original nicht und hatte, während ich Ihre Übersetzung las, überhaupt nicht den Eindruck einer Übersetzung – mit solcher Inspiration, Natürlichkeit und Authentizität pulsiert sie. Ich habe den ganzen Band noch nicht gelesen, sondern nur an einigen Stellen eine Sonde gelegt, wobei ich überall auf echtes poetisches Element stieß. Ich bin kein Kenner der Dichtung, ich habe noch nie ein Gedicht geschrieben, ich mute mir nur das Urteil eines privaten Konsumenten zu.

Hätte ich eine solche Gabe, Dichtung zu übertragen wie Sie, ich würde es wagen, R. M. Rilke zu übersetzen, eine Sache, von der ich schon lange träume und die mir beinah unerreichbar erscheint – einen deutschen Dichter, den ich besonders bewundere. Welches ist Ihr Verhältnis zu diesem ungewöhnlichen Dichter? Kennen Sie die *Neuen Gedichte* oder das *Buch der Bilder*?

Ich gratuliere Ihnen herzlich zu diesem Buch, dem, so hoffe ich, verdiente Anerkennung zuteil werden wird.

Ihre Bemerkungen über mein Buch, wenngleich sie nur das

Ergebnis einer oberflächlichen Berührung mit ihm sind, empfinde ich als sehr subtil und eindringlich. Ihre knappen Worte, die Sie dazu fanden, umwehten mich mit dem vertrauten Hauch des Verständnisses und der Nähe. Es bleibt dabei, Sie gehören zur engeren Gemeinde der eigentlichen Leser dieses Buches.

Ich schäme mich wirklich, daß ich mich nicht revanchieren kann, indem ich Ihnen ein Exemplar dieses Buches übersende, aber alle sind schon lange vergeben, und vom Verleger kann ich keine zusätzlichen mehr bekommen. Ich werde ihm noch einmal schreiben. Ich bin neugierig, was für eine Meinung Sie vom Ganzen haben werden.

Jede Nachricht von Ihnen ist für mich eine äußerst angenehme Erinnerung an frühere Zeiten. Oft erwähnen wir Sie zusammen mit unserer gemeinsamen Bekannten, die der Zufall hierher verschlagen hat: Frau Józefina Szelińska[4] aus Janów, die mit echter Begeisterung von Ihnen spricht.

Es versteht sich, daß ich, wenn ich in Lemberg bin, mir das Vergnügen nicht nehmen lasse, Sie zu besuchen, worauf ich mich im voraus schon freue.

Dr. Mantel[5], Germanist am hiesigen Gymnasium, bat mich, Sie zu grüßen.

Ich danke Ihnen noch einmal herzlich, daß Sie an mich gedacht haben und verbleibe mit dem Ausdruck der Hochachtung und mit herzlichen Grüßen

Bruno Schulz

Drohobycz, 10. VI. 1934

26. Sehr geehrter und werter Herr!

Ich danke Ihnen sehr für die mir übersandte schöne, wahrlich meisterhafte Übersetzung[6]. Da ich jetzt vor der Abreise nach Warschau sehr beschäftigt bin, las ich zunächst nur ein paar Gedichte. Was ihre Rezension betrifft, so muß ich gestehen, daß ich mich in der Dichtung wenig auskenne, es käme womöglich einer Usurpation gleich, wenn ich es wagte, darüber zu schreiben. Auf jeden Fall fiele es mir schwer, dies in den »Wiadomości« unterzubringen, weil dort jeder sein Ressort hat, und ich für die ausländische Prosa (Übersetzungen von Romanen) zuständig bin. Im übrigen werde ich ja sehen, wenn ich das Ganze gelesen habe.

Ich habe Sie schon lange nicht gesehen, Herr Professor, seit Kudowa, und jeder briefliche Kontakt mit Ihnen erinnert mich an frühere, verlorene Zeiten. Leider werde ich mich in Lemberg nicht aufhalten können. Sollten Sie dereinst einmal einen Abstecher nach Warschau machen, würde ich mich auf eine Begegnung mit Ihnen sehr freuen, umso mehr, als auch meine Verlobte, Józia Szelińska, Sie gut kennt und in angenehmer Erinnerung hat.

Hochachtungsvoll und mit herzlichen Grüßen

Bruno Schulz

Die Warschauer Adresse kann ich noch nicht angeben, sie ist über »Rój« oder die »Wiad. Literackie« zu erfahren.

[1936]

An Julian Tuwim

Julian Tuwim (1894-1953), einer der bedeutendsten polnischen Dichter des XX. Jahrhunderts. Begründer der futuristischen »Skamandergruppe« (nach der gleichnamigen Zeitschrift »Skamander«), zu deren führendem Dichter Tuwim sehr bald emporgestiegen ist. Der Brief befindet sich in den Beständen des Literaturmuseums in Warschau.

27. Geehrter, werter Herr!

Ich danke[1] Ihnen. Ich habe es nicht erwartet, doch in tiefster Seele fanatisch Ihre Resonanz gefordert und gewünscht. Auf dem Grund des Leides, der Wut und der Verbissenheit dieses Buches war auch diese alte Sehnsucht. Sie haben sie heute gestillt, gesättigt und überfließen lassen. Was für eine Erfüllung!

Ein bißchen spät ist es freilich gekommen – nicht durch Ihre Schuld.

Als Sie vor Jahren nach Drohobycz kamen, war ich im Saal, blickte Sie rachgierig und verschwörerisch an, voll düsterer Bewunderung. Alte Geschichten. Bestimmte Verse versetzten mich damals in Verzweiflung und ratlose Bewunderung. Es tat weh, sie immer wieder zu lesen und bei jedem Mal den schweren Klumpen Bewunderung den Berg hinanzuschleppen, wo er doch vor dem Gipfel in die Tiefe sauste, da er sich auf dem steilen Hang des Entzückens nicht zu halten vermochte. Sie vernichteten mich und verliehen mir gleichzeitig die Trunkenheit und das Vorgefühl übermenschlicher, triumphaler Kräfte, über die ein befreiter und glücklicher Mensch dereinst verfügen wird. Ich trug damals die Legende von einer *genialen Epoche* in mir, die einst angeblich in meinem Leben war, in keinem Kalenderjahr lokalisiert, über alle Chronologie erhaben, eine Epoche, in der alle Dinge den Glanz von Gottes Farben atmeten und der ganze Himmel sich mit einem einzigen Seufzer einatmete wie ein Zug reinen Ultramarins.

Es hat diese Epoche in Wirklichkeit nie gegeben. Doch in

Ihren Versen war sie realisiert und leuchtend wie ein Pfauenauge in Lazur badend und mit schreienden Wimpern – sie war wie ein posaunendes Nest von Kolibris ...

Sie haben mich gelehrt, daß jeder Seelenzustand, wenn er nur genügend weit in die Tiefe verfolgt wird, durch die Engen und Kanäle des Wortes in die Mythologie führt. Nicht in die erstarrte Mythologie der Völker und Geschichte, sondern in jene, die unter der Epidermis in unserem Blut rauscht, in den Tiefen der Philogenese irrt und sich in metaphysischer Nacht verästelt.

In dieser mythologischen Tiefe haben Sie wohl einen Pakt mit dem Teufel geschlossen. Da werden Ihre Verse zur Transzendenz, von der Seite des Handwerks völlig irrational und das Maß aller gemachten Dinge überschreitend.

Heute habe ich einen großen, triumphalen Augenblick. Der Bann ist gebrochen – das, was ich in Ekstase aufgespeichert, in Attacken des höchsten Staunens ausgeworfen habe, bisher fremd und gegen mich gekehrt, bestätigt und nimmt mich an. Danke.

Bruno Schulz

Drohobycz, 26. I. 1934
Floriańska 10

An Zofia und Tadeusz Breza

Tadeusz Breza (1905-1970), Romancier, Essayist und Diplomat, debütierte mit dem Roman »Adam Grywałd« (1936), den Schulz rezensierte; er selbst war Autor einer der ersten Besprechungen der »Zimtläden«, von B. Schulz, die er enthusiastisch beurteilte. Der erste Brief an Breza, unmittelbar nach dem Erscheinen der Rezension, in welchem sich Schulz für die Besprechung bedankte, ist nicht erhalten. Zofia, an die Fragmente der Briefe gerichtet sind, war die Ehefrau von Tadeusz. Das Warschauer Haus, in welchem sie wohnten, gehörte zu den wenigen Gebäuden, die während des Warschauer Aufstandes 1944 nicht ein Raub der Flammen wurden. Nach der Befreiung der Hauptstadt Polens fand Breza in der geplünderten Wohnung Briefe von Schulz. Sie befinden sich jetzt in den Sammlungen der Ossoliński-Bibliothek in Breslau (Wrocław).

28. Werter Herr!

Ich brauche einen Kameraden. Ich brauche die Nähe eines verwandten Menschen. Ich verlange nach irgendwelchen Garantien der inneren Welt, deren Existenz ich voraussetze. Sie stets nur mit dem eigenen Glauben zu halten, sie trotz allem mit der Kraft seines Starrsinns hochzuhalten, ist die Mühsal und Plage eines Atlas. Manchmal scheint mir, als hielte ich durch diese anstrengende Geste des Hochhaltens nichts auf den Schultern. Ich möchte diese Last einen Augenblick lang auf jemandes anderen Rücken legen können, den Nacken aufrichten und das anschauen, was ich hochgehoben habe.

Ich brauche einen Kompagnon für entdeckerische Vorhaben. Das, was für den einen Menschen ein Risiko, eine Unmöglichkeit, eine kopfstehende Laune ist, wird – in vier Augen widergespiegelt – zur Wirklichkeit. Die Welt scheint auf diese Gemeinschaft zu warten: bislang abgeschlossen, eng, ohne weitere Pläne, beginnt sie in den Farben der Ferne zu reifen, zu knospen und sich in die Tiefe aufzutun. Die gemalten Prospekte vertiefen sich und treten in wirkliche Perspektiven auseinander, die Wand entläßt uns in vorher unerreichbare Fernen, die am herbstlichen Firmament gemalten Fresken werden lebendig wie in einer Pantomime.

Gut, daß Sie nicht vollkommen sind, daß Sie übermäßig viel Zeit konsumieren. Sie müssen voll inoffizieller Ereignisse, nichtregistrierter Tätigkeiten sein, die Ihnen vor der Nase die Zeit wegraffen, ehe sich Ihre Offizialität erst nach vielen Zeremonien entschließen kann, von der Zeit zu kosten. Denn irgend jemand muß sie doch aufessen und irgend jemandem muß sie doch zur Gesundheit gereichen.

Die Schwäche der Menschen liefert uns ihre Seelen aus und macht sie bedürftig. Es fehlt ihnen eben das Elektron, das sie ionisiert und zu chemischen Verbindungen befähigt. Ohne Gebrechen wären sie in sich abgeschlossen und brauchten nichts. Erst ihre Mängel verleihen ihnen Geschmack und machen sie anziehend.

Ich freue mich maßlos, daß wir uns treffen sollen. Kommen Sie direkt zu mir. Ich bleibe hier bis zum 1. VII. Vorläufig habe ich keine bestimmten Reisepläne. Vielleicht können wir gemeinsam etwas ausdenken. Ich möchte Ihnen zuerst Drohobycz und seine Umgebung zeigen und mit Ihren Augen erneut die Szenerie meiner Jugend[1] erblicken. Sie in nichtgeschriebene Kapitel der »Zimtläden« geleiten. Bitte, kommen Sie.

Mit herzlichen Grüßen Bruno Schulz

Drohobycz, 21. VI. 1934

Adresse: Drohobycz, Floriańska 10

Drohobycz, 13. XI. 1934

29. Geschätzter und werter Herr!

Nehmen sie mir mein langes Schweigen sehr übel? Ihre letzte Karte, die eine Begegnung plante, traf mich sehr krank an. Die ganzen Ferien über lag ich krank, mißmutig und verbittert darnieder. Erst mehr oder weniger seit einem Monat arbeite ich wieder in der Schule. Haben Sie sich über mich geärgert wegen dieses Schweigens, oder plagt Sie immer noch der ›Chronophagotistos‹, der Ihnen die besten Brocken Zeit vor der Nase

wegschnappt, zusammen mit den besten Absichten, mit denen sie gespickt sind? Noch immer sind wir uns nicht begegnet, werter Herr! Wo verbringen Sie die Feiertage? Was für Pläne haben Sie? Ich habe meine ganze Habe mobilisiert – in Erwartung des Urlaubes, um den ich das Ministerium ersucht habe. In diesen Tagen wird mein Schicksal im Ministerium gewogen. Wenn ich den Urlaub bekomme, fahre ich nach Warschau. Ein Lebenszeichen von Ihnen und die Nachricht, daß Sie sich über mich nicht ärgern, würden mich maßlos freuen.
Ich zeichne hochachtungsvoll und mit herzlichen Grüßen

Bruno Schulz

30. Werter Herr!

Ich möchte Ihnen herzlich für den Brief danken und mitteilen, daß ich Ihren Bericht im »Rocznik literatury«[2] gelesen haben, den Sie in dem Brief verschwiegen haben und in dem Sie mich an die Spitze des literarischen Jahres stellen. Ich betrachte es für einen Akt großen Mutes, so kompromißlos mit seiner ganzen Persönlichkeit für seine Ideen-Freunde einzutreten und so die Verantwortung für seine Ideen-Sympathien auf sich zu nehmen. Ich bin gerührt und dankbar. Diese Solidarität mir nahestehender Menschen tröstet mich in meiner Niedergeschlagenheit. Ich bin sehr niedergeschlagen: der Urlaub, mit dem ich so gerechnet habe, wurde mir nicht gewährt. Ich bleibe in Drohobycz, in der Schule, wo das Gesindel weiterhin auf meinen Nerven herumtrampeln wird. Denn man muß wissen, daß sich meine Nerven als Netz über den ganzen Werkunterrichtssaal verästelt, sich über den Fußboden ausgebreitet, die Wände tapeziert und mit einem dichten Geflecht die Werkbänke und den Amboß überzogen haben. Das ist eine in der Wissenschaft bekannte Erscheinung einer bestimmten Art von Telekinese, kraft derer alles, was auf den Werkstühlen, Hobelbänken usw. geschieht, sozusagen auf meiner Haut geschieht. Dank diesem vortrefflich ausgebauten Signalisationsnetz bin ich zum Lehrer für Werkunterricht geradezu prädestiniert.

Wenn wir schon untereinander die geheimen Leiden austauschen sollen, die uns quälen, dann vertraue ich Ihnen eine bestimmte mich verfolgende Krankheit an, die ebenfalls die Zeit betrifft, obgleich sie sich von den Erscheinungen jener gastritischen Diarrhöe unterscheidet, die Sie bei Ihnen geschildert haben. Ihre Verdauungswege lassen allzu leicht die Zeit durch und sind unfähig, sie zu behalten – die meinen hingegen zeichnen sich durch eine paradoxe Feinschmeckerei aus und sind von der fixen Idee der Jungfräulichkeit der Zeit beherrscht. So wie für einen Radscha mit melancholischer und unersättlicher Seele jede Frau, welche der Blick eines Mannes berührt hat, schon befleckt und nur noch des seidenen Strickes würdig ist, so ist für mich die Zeit, auf die jemand Ansprüche angemeldet, auf die er die leisesten Anspielungen gemacht hat, schon befleckt, verdorben – ungenießbar. Ich ertrage keine Zeitrivalen. Sie verekeln mir den Streifen, den sie berühren. Ich kann nicht mit jemandem die Zeit teilen, ich kann nicht die Reste teilen, die jemand übriggelassen hat. (Desselben Wörterbuches bedienen sich eifersüchtige Verliebte.) Wenn ich mich auf die Stunden des nächsten Tages vorbereiten, im Holzlager Material kaufen soll, ist schon der ganze Nachmittag und Abend für mich verloren. Mit edlem Stolz verzichte ich auf den Rest der Zeit. Alles oder nichts ist meine Parole. Und weil jeder Schultag auf diese Weise profaniert ist, lebe ich in stolzer Abstinenz – und schreibe nicht. In dieser Kompromißlosigkeit liegt eine Art feudaler Mentalität. Was meinen Sie: soll man sie aufziehen, mästen, diese in Blüte stehende Ritterlichkeit hochpäppeln?

Außerdem teile ich Ihnen mit, daß ich zu den Feiertagen wahrscheinlich nach Warschau komme, wo ich auch die Halbjahrsferien zu verbringen gedenke. Werde ich Sie antreffen?[3] Ich freue mich sehr auf eine Begegnung.

Ich zeichne hochachtungsvoll und mit heißer Sympathie

Bruno Schulz

Drohobycz, 2. XII. 1934

P. S.: Können Sie mir eine billige Wohnung in Warschau verraten?

31. Lieber Tadzio!

Ärgere Dich nicht, daß ich bisher nicht geschrieben habe. Ich bin gleich in die Haspel des Schuljahres hineingeraten ... Ein Inspektor hat sich in Drohobycz niedergelassen und plagt uns wie ein Alptraum. Juna langweilt sich in Janów und sehnt sich nach Warschau. In Sachen meines Urlaubes liegt noch keine offizielle Benachrichtigung vor. In diesen Tagen der allgemeinen großen Trauer[4] kann man in dieser Sache keine Maßnahmen treffen. Hast Du die Abschrift beendet?[5] Verhandelst Du schon mit einem Verleger? Ich warte auf das Erscheinen wenigstens eines Bruchstückes.

Mit Witkacys Artikel[6] ist es mir sehr schlimm ergangen, weil ich ihn Grydzewski[7] gegeben habe. Witkacy hat sich darüber furchtbar geärgert und mir befohlen, das Manuskript auf der Stelle zurückzuziehen[8], was ich auch getan habe.

Ich habe eine Bitte an Dich. Ärgere Dich nicht, ich bitte Dich, daß ich mich damit an Dich wende, aber nur Dir kann ich es anvertrauen. Ein gewisser, in der gesellschaftlichen Hierarchie ziemlich hochstehender Herr, an dessen Wohlwollen mir gelegen ist, dürstet – weil es auf der Welt nichts Vordringlicheres gibt – nach dem Lorbeer des Dichters und hat angefangen, Verse zu schreiben. Nicht genug damit, hat er sich noch mit der Bitte an mich gewandt, bei meinen Bekannten aus der literarischen Welt Expertisen bezüglich des Wertes dieser Verse einzuholen (weil ich ihm erklärt habe, davon nichts zu verstehen). Wenn diese Expertise schlecht ausfällt, verliert der Herr sein Wohlwollen für mich. Wenn Du es also mit Deinem Gewissen vereinbaren kannst, sei so freundlich und schreibe ihm etwas unverbindlich Positives. Ich schicke Dir die Verse, über deren Inhalt ich selber mich schlecht orientieren kann. Ich sehe keinen Sinn darin.

Was treibt Nyczek?[9] Grüße sie herzlich von mir und von Juna. Ich umarme dich auf das herzlichste

Dein Bruno

Drohobycz, 13. V. 1935

32. Liebe Zosia!

Ich schäme mich, daß ich Euch schon so lange nicht mehr geschrieben habe und bin Dir dankbar, daß Du Dich an mich erinnert hast. Ich dachte oft an Euch, an Tadzio und an Dich, aber irgendwie konnte ich mich nicht zum Schreiben aufraffen. Die Sache mit meinem Urlaub geistert noch immer in irgendwelchen Kuratorien oder Ministerien umher; ich denke, daß ich, ohne den Urlaub abzuwarten, die ganze Schule hinwerfen werde.

Ich muß Dir eine Neuigkeit mitteilen, daß Juna, ich habe sie unlängst wieder zur gewöhnlichen Józia degradiert, seit kurzem in Warschau ist. Sie hat Euch in der alten Wohnung gesucht, danach war sie in der Redaktion und hinterließ dort ein Billett, aber Tadzio hat es offenbar nicht erhalten.

Ich gebe Dir ihre Adresse: Józefina Szelińska, Koszykowa 45, Wohnung 15, III. Stock ([am Rande des Briefes] Telefon 82769, ab 4 Uhr zu Hause), und bitte Dich sehr, sich ihrer ein wenig anzunehmen. Sie ist s. niedergeschlagen. Ich hoffe, wir werden uns noch vor dem neuen Jahr in Warschau sehen.
Ich grüße Dich herzlichst und küsse die Hand

Dein Bruno

33. Lieber Tadzio!

Oftmals denke ich mit Sehnsucht an Dich. Ist es nicht seltsam, daß wir einander nichts schreiben, daß wir indirekt oder auf Umwegen voneinander hören?

Ich möchte schon Dein Buch in der Hand haben. Wo wirst Du es herausgeben? Das Buch muß edel und vornehm herausgegeben werden, gutes Papier, schöne Type.

Mein Werk schreitet nur langsam fort.[10] Ich hatte keine guten Zeiten. In den Ferien konnte ich nicht schreiben. Jetzt, da ich schreiben könnte, habe ich Schule.

Ich habe jetzt die Absicht, wenn ich nach Warschau komme, dort wenigstens ein paar Monate zu bleiben. Ich werde sehen, ob ich dort auskommen kann – finanziell, und wie die Atmosphäre für meine Arbeit ist. Ich bitte auch Dich, lieber Tadzio, sich Juna anzunehmen. Es scheint, Du hast ihr Billett nicht erhalten.

Hast Du außer dem Buch noch etwas geschrieben? Hier kommt nichts an – man bekommt nicht einmal den »Skamander«. Ich freue mich, daß wir uns in Kürze aussprechen und nach Herzenslust satt freuen werden. Bleib gesund, ich umarme Dich

Dein Bruno

18. XI. 1935

34. Lieber Tadzio!

Ich habe in diesen Zeiten nicht nur einmal an Dich gedacht und zu schreiben beschlossen, doch ich konnte mich nur schwer dazu durchringen. Deshalb danke ich Dir auch herzlich, daß Du besser warst als ich und mir als erster geschrieben hast. Ich freue mich außerordentlich, daß Dein Buch erscheint. Mit Ungeduld erwarte ich ein Bruchstück. Gibst Du es bei Rój heraus? Ich möchte es sehr gern als ganzes vor mir haben.

Meine Fragmentchen, die Du – sie sind handgeschrieben – früher einmal gelesen hast, habe ich jetzt als eine Art Paralipomena[11] hervorgesucht. Deine Lobsprüche sind unbegründet. Es sind vielmehr schwache Sachen. Gombers[12] Fragment schien mir nicht auffallend zu sein. Erst nach Deinem Hinweis bestätige ich, daß es wirklich ausdrucksvoller ist als z. B. die »Keuschheit«[13], aber vielleicht nur wegen der größeren Kühnheit und Bewußtheit seiner Intentionen?

Ich habe nur eine größere Novelle von ungefähr 60 Druckseiten geschrieben.[14] Ich beabsichtige, sie in einer Zeitschrift abzudrucken und dann zusammen mit anderen Novellen in einem besonderen Band herauszugeben. Ich bin nicht zufrieden mit ihr. Ich sehne mich schon nach einem neuen Stil. Einige Novellen kann ich nicht vollenden.

Juna ist ständig in Warschau. Sie fürchtet, Euch zu stören. Vielleicht hat sie erwartet, daß Ihr sie einmal anruft. Ich beabsichtige, bald zu kommen. Ist Witkiewicz schon angekommen? Ich umarme Dich herzlich und bald auf Wiedersehen!

Dein Bruno

Liebe Zosia!

Ich danke Dir herzlich für die Grüße und das Gedenken. Wenn ich nicht da bin – interessiert Dich Juna überhaupt nicht. Aber ich ärgere mich nicht – Du bist noch mit Deinen eigenen Angelegenheiten sehr beschäftigt. Jetzt müßt Ihr dort sehr hübsch wohnen.

Juna will für den Sommer nach Leśna Podkowa[15] ziehen.

Ich küsse Deine Hände Bruno

Droh. 11. V. 1936

35. Lieber Tadzio!

Ich bin traurig, daß wir uns so selten treffen und nur über dritte Personen voneinander hören. Denke nicht, daß mich auch nur irgendetwas innerlich von Dir entfernt hätte, obgleich Tatsachen – unsere seltenen Begegnungen – leider davon zeugen könnten. Ich denke immer mit großer Zärtlichkeit an Dich, und manchmal ist mir, wie in einem der Träume, wenn wir träumen, daß jemand, der wirklich schon lange und unwiederbringlich abgereist ist – zurückkehrt, sich in unserer Stadt befindet und wir durch seltsame Saumseligkeit, durch unverständliche Zerstreutheit, ihn noch immer nicht besucht haben, obgleich es sich um jemand handelt, der uns nah und teuer ist.

Ich weiß nicht, ob Juna Dir meinen Artikel über »Grywald«[16] gegeben hat, den ich vor einem Monat geschrieben habe. Ich habe Czarski[17] eine Abschrift geschickt, doch bis jetzt hat er noch nichts gedruckt. Ich fürchte, er wird Dir nicht gefallen. Es ist ein Buch, das äußerst schwierig im diskursiven Stil über sich berichten und mit begrifflichen Mitteln seinen Gegenwert wiedergeben läßt.

Was treibst Du? Arbeitest Du viel? Was macht Nyczek? Wann heiratet Ihr? Grüß sie herzlich von mir.

Bei mir ist es sehr traurig und einsam. Ich möchte mich wenigstens nach Lemberg versetzen lassen, wenn es nach Warschau so schwierig ist.

Vor einiger Zeit traft Ihr Euch mit Juna, wie sie mir schrieb, doch dann ließen diese für Juna sehr angenehmen Begegnungen irgendwie nach, sicher durch ihr Verschulden. Sie steckt voller

Hypochondrie und unberechtigter Befürchtungen. Was macht Ihr an den Feiertagen? Ich umarme Euch herzlich und grüße

Bruno Schulz

Drohobycz, 29. XI. 1936

36. Lieber Tadzio!

Ich war vor zwei Wochen in Warschau und wollte Dich wiedersehen, leider gesellten sich meinem Aufenthalt sehr widrige Umstände bei. Juna war schwer krank, bald darauf erkrankte ich selber und lag 10 Tage lang zu Bett. In einer fremden Wohnung liegend und grippekrank, wollte ich Dich nicht zu mir bitten. Es besuchte mich nur Witold[18], der mir seinen neuen Roman[19] zu lesen gab. Er ist gerade fertig und herrlich. Meine Sache liegt noch in den Windeln. Statt dessen gebe ich bei Rój einen Band älterer Novellen heraus.[20] Er ist auf etwa 270 Seiten angewachsen, und zusammen mit 33 Illustrationen wird es an die 300 Seiten geben. Ich fürchte sehr um die Illustrationen, daß sie mir Rój verpatzen wird. Ich hatte nicht das Gefühl, in meiner Rezension das Wesen Deines Romans erfaßt und erschöpft zu haben. »Grywald« ist sehr schwer zu referieren und zu charakterisieren. Die Form ist wirklich sehr gut. Du hättest den ›Preis der Jungen‹[21] bekommen sollen. Aber dort scheinen hinter den Kulissen vorgetragene Ansichten zu entscheiden. Ich habe Juna nach Lemberg mitgenommen, wo sie sich noch kuriert. Sie hat einen 4-wöchigen Urlaub. Woran schreibst Du jetzt? Wird es etwas Ähnliches wie »Grywald« werden? Nałkowska[22] sagte, daß Du um ein mehr dramatisches Thema bemüht sein müßtest – dann würdest du eine vollendete Sache schreiben! Ich danke Dir für das Gedenken. Nyczek danke ich für den Gruß und grüße ebenfalls herzlich

Bruno

[3. II. 37]

37. Liebe Freunde!

Von ganzem Herzen gratuliere ich Euch zu Eurer schönen Verbindung, die längst erwartet und von allen Euren Freunden verlangt wurde. Ich wünsche Eurer schönen Gemeinschaft, die einer der angenehmsten und strahlendsten Mittelpunkte der allerliebsten Menschheit ist, erdenklich viel Glück, herzliche Wärme und edle Geistigkeit im – literarischen Warschau.

Leider muß ich Euch mit der Nachricht betrüben, daß meine Verbindung mit Juna sich völlig zerschlagen hat. Sie hat sich am Ende durch meine hoffnungslose Situation, die Schwierigkeiten, sich nach Warschau versetzen zu lassen, die sie – übrigens richtig – meiner Unbeholfenheit zuschrieb, entmutigen lassen. Ich weiß nicht einmal, wo sie sich jetzt aufhält, da sie sogar die briefliche Verbindung mit mir abgebrochen hat. Ich mache jetzt schwere Zeiten durch. Ich warte sehnsuchtsvoll auf das Ende des Schuljahres, um den Ort des Aufenthaltes zu wechseln.

Alle besten Dinge wünsche ich Euch innig sehr ergeben

Bruno Schulz

Drohobycz, 8. VI. 1937

38. Meine Lieben!

Mit Vergnügen schicke ich Frau Maria Leśnobrodska meinen Autographen – ergriffen von ihrer Begeisterung. Es ist für einen Autor sehr angenehm zu erfahren, daß er sich durchsetzt.

Dir, geliebter Tadzio, danke ich für die Worte – die positiven und die ungünstigen.[23] Du scheinst mit dem einen wie mit dem anderen recht zu haben. Ich brauche Dir nicht zu sagen, wie es mich freute, wenn Du über das Buch etwas schreiben würdest. Es wurde bisher so wenig darüber geschrieben. Die Presse verhält sich eigentlich taub. Herzlichen Dank schon im vorhinein.[24]

Dir, geliebter Nyczek, danke ich für das Gedenken und die Grüße und die Nachrichten und umarme Euch beide auf das herzlichste, um in aller Eile zu schließen, denn Eure Sendung, am 21. aufgegeben, habe ich erst heute erhalten.

24. II. 1938 Bruno Schulz

An Zenon Waśniewski

Zenon Waśniewski (1891-1945) – Maler und Grafiker, Mitbegründer und Herausgeber der literarischen Monatszeitschrift »Kamena«, die in den Jahren 1933-39 in Chełm Lubelski erschien. Er studierte zusammen mit Schulz Architektur in Lemberg, brach wie er das Studium ab und wurde Zeichenlehrer; er lehrte in Gymnasien in Radzyń und danach in Chełm Lubelski. In »Kamena« veröffentlichte er seine Grafiken, manchmal auch Gedichte. 1942 wurde Waśniewski von der Gestapo festgenommen und im Lubliner Schloß inhaftiert. Von dort gelangte er zuerst in das berüchtigte Majdanek-Lager bei Lublin, dann nach Auschwitz, Oranienburg und schließlich in das Lager Bergen-Belsen, wo er 1945, am Vortage der Befreiung, ums Leben kam. Durch die Erneuerung des Kontakts zwischen den beiden ehemaligen Kollegen nach Jahren, kam es zur Veröffentlichung zweier Prosafragmente in »Kamena«; eines davon – »Der Frühling« – das Schulz aus einer größeren Erzählung unter demselben Titel entfernt hatte, blieb in seinem ersten Teil nur dank dieser Veröffentlichung erhalten. Waśniewskis Initiative und seiner Pietät später ist es zu verdanken, daß die in seinen Papieren aufbewahrte Handschrift der Erzählung »Der andere Herbst« von Schulz bis heute als *einziges* literarisches Manuskript des Schriftstellers erhalten blieb. Die Briefe von Schulz an Waśniewski befinden sich in den Sammlungen von Jerzy Ficowski; Michalina Waśniewska, die Ehefrau des Adressaten, hatte sie unter den Andenken ihres Mannes aufbewahrt.

39. Sehr geehrter Herr Kollege!

Im Grunde schäme ich mich, daß ich mich nicht erinnere. Ich kann in meinem Gedächtnis kein Gesicht finden, das sich an diesen Namen hängen ließe. Könntet Ihr vielleicht so nett sein, mir mit einer Einzelheit, einem Vorfall, einem Bild aus jenen Zeiten behilflich zu sein? Wenn Ihr mir eine Fotografie oder wenigstens eine Beschreibung Eurer äußerlichen Person schikken würdet! Aus diesem Brief wehte die frühere Zeit auf mich, die ein für alle mal – so scheint es – verloren ist. Das ist angenehm und ein bißchen traurig. Hatte ich Euch nicht einmnal ein kleines Porträt in das Studienbuch gezeichnet?

Jedenfalls herzlichen Dank für den Brief und die prachtvolle Zeitschrift. Nie hätte ich gedacht, daß Chełm sich einer solchen Monatsschrift rühmen kann – auf solchem Niveau. Mit Vergnügen betrachtete ich Eure schönen Linolschnitte, nahm hier und da eine Kostprobe von einem Gedicht. Glänzende Übersetzungen russischer Dichter. Gerne schicke ich Euch ein Prosafragment. Ich werde dort nicht in schlechter Gesellschaft sein. Ich bitte Euch, aus meiner Vergeßlichkeit nicht den Schluß einer Unaufmerksamkeit meinerseits, eines Übersehens zu ziehen. Mit Sicherheit war es nicht so. Ich besitze einfach kein biografisches Gedächtnis – wenn ich es so sagen darf. Ganze Lappen meiner Biografie sind mir samt den in ihnen enthaltenen Menschen spurlos entwichen. Welch eine Analogie des Schicksals! Wir haben beide Technik studiert, wir haben sie beide nicht beendet und sind im Lehrerberuf gelandet. Und obendrein noch die gemeinsame Schwäche für Literatur und Malerei! Lehrt auch Ihr Handarbeiten? Mir sind sie bis zum Erbrechen überdrüssig geworden!

Ich erwarte von Euch mit Vergnügen weitere Nachrichten und grüße einstweilen herzlich und drücke die ehrbare Hand

Bruno Schulz

P. S. Seid Ihr schon einmal auf meine Radierungen gestoßen?[1]
Grüße und Worte der Anerkennung an Herrn Jaworski.[2]

Drohobycz, 15. III. 1934
Floriańska 10

40. Werter Herr Kollege!

Natürlich erinnere ich mich an Euch, und Euer Gesicht steht jetzt lebhaft vor meinen Augen! Ich habe oftmals an Euch gedacht und mich gefragt, was mit Euch wohl geschehen sein mochte. Nur der Name hatte sich diese Zeit über von Eurer Physiognomie losgerissen, und als er nach Jahren allein zurückkehrte – erkannte ich ihn nicht und konnte ihn nirgendwo einordnen. Jetzt erinnere ich mich vortrefflich, daß Ihr mir oft assistiert hattet. Ich erinnere mich an Spaziergänge und Gespräche. Ihr wart in bewölkter Stimmung, eher wortkarg und verschlossen. Seid Ihr so geblieben? Aber vielleicht hatte nur die Struktur Eurer Augenbrauen diese slawische, sanfte Düsterheit bewirkt?

Ich danke Euch herzlich für die Gedächtnisstütze, für dieses Fragment meiner Biografie, das Ihr mir zurückgegeben habt. Ich danke auch schön für die geschenkten Skizzen. Sie werden für mich ein liebes Andenken sein. Mein kleines Porträt habe ich sofort wiedererkannt; der im Profil dargestellte Kollege mit der Adlernase und dem Schatten von rasiertem Bartwuchs das ist Koll. Cygie aus Lodz. Ich habe mich auch an Sadlowskis Assistenten erinnert.

Ich freue mich sehr über den »Garten der Nachtigall« mit Euren sehr schönen Holzschnitten. Wenn wir uns irgendwo träfen, könntet Ihr mir die Technik des Holzschnitts beibringen. Ich kann mich noch immer nicht mit meinem Buch revanchieren, weil mir kein einziges Exemplar geblieben ist. Ich habe an »Roj« geschrieben mit der Bitte um ein paar Exemplare, aber man hat sie mir noch nicht geschickt. Ich werde Euch auch etwas von meinen Radierungen schicken, sobald ich etwas Zeit haben werde, um Abzüge anzufertigen. Ich habe Euch nicht sofort geantwortet, weil ich damit beschäftigt war, einen Parade-Unterricht in Handarbeiten (Schreinerei) vorzubereiten, der gestern in Anwesenheit des Visitators und Fachinstruktors stattfand[3]; zum Glück habe ich bei dieser Probe nicht schlecht abgeschnitten. Das alles langweilt mich entsetzlich, und ich möchte mich irgendwie davon befreien. Nächstes Jahr kommen noch Arbeiten in Metall dazu.

Wie ich aus der Fotografie sehe, stammt Ihr aus einer Gutsbesitzerfamilie und steckt vielleicht noch teilweise vom Interesse und von der Klassenzugehörigkeit her in der Landwirtschaft. Ferien verbringt Ihr auf dem Lande, auf eigenem oder familiärem Boden – das ist sehr schön.[4]

Wo ich die Ferien verbringen werde, weiß ich noch nicht. Gleich nach den Feiertagen werde ich mich ein paar Tage in Warschau aufhalten. Man kann mich im Internat für staatliche Lehrer antreffen. Es befindet sich in der Marszalkowska 4 – dies für den Fall, daß auch Ihr Euch in Warschau befinden solltet. Wie ich sehe, habt Ihr Euch in einer von mir nicht geahnten Richtung entwickelt. Nie hätte ich Euch literarische Neigungen zugeschrieben. Es wäre gut, sich im Sommer irgendwo zu treffen. Wir werden – so hoffe ich – in Kontakt bleiben und uns diesbezüglich noch verständigen. Die ganze Episode, Euch nach so vielen Jahren wiedergefunden zu haben, war für mich sehr angenehm, und ich danke Euch nochmals sehr herzlich für alle Geschenke und Andenken. Eure Fotografie und die von der Familie gebe ich Euch zurück. Was die Skizze anbelangt – nehme ich Eure Güte in Anspruch und behalte sie.

Darf es ein Prosafragment sein, das ich an die »Kamena« schikken könnte, oder muß es etwas Ganzes sein? Ich vermute, es kann auch ein Fragment sein. Ich werde es alsbald abschicken.

Ich umarme Euch herzlich und grüße

Euer Bruno Schulz

Drohobycz, 24. III. 1934
Floriańska 10

41. Sehr geehrter und werter Herr Kollege!

Heute in Eile, vor der Abreise nach Warschau, nur ein paar Worte des Dankes für den langen Brief, den ich erhalten habe. Leider ist das Programm meines Aufenthaltes in Warschau so ausgefüllt, daß ich keine Zeit haben werde, einen Abstecher nach Chelm zu machen, obwohl ich es gern täte.

Bislang fand ich auch noch keine Zeit, ein Fragment meiner Manuskripte ins Reine zu schreiben. Ich werde es nach meiner Rückkehr tun. Ich schicke Euch eine kleine Grafik[5] als Draufgeld weiterer Sendungen. Ich umarme Euch herzlich und verbleibe

aufrichtig ergeben
Bruno Schulz

2. IV. 1934

42. Werter Herr Kollege!

Nehmt mir nicht übel, daß ich spät und wenig antworte. Ich bin ebenfalls ergriffen und freue mich über unsere seltsame Begegnung. Mit Spannung und Wehmut las ich Eure Beichte. Wenn ich sie Euch nicht mit gleicher Fülle an Mitteilsamkeit lohnen kann, kommt dies von der seltsamen Hemmung, in der ich mich seit einer gewissen Zeit befinde, durch den Mangel an Freude, eine Depression, für die ich keine hinreichende Ursache finde. Ich bin bestimmt nervenkrank. Gerade jetzt hätte ich sehr viele Gründe, zufrieden zu sein, könnte mir ein wenig Freude leisten – und statt dessen lebe ich ständig in einer unbestimmten Angst, in Besorgnis, in einer Lebenswehmut. Ich vernachlässige wichtige Korrespondenz, an der mir gelegen ist, schreibe nichts, schon allein das Abschreiben bereitet mir unüberwindbaren Ekel. Und da legt sich ausgerechnet ein so unwahrscheinlich strahlender Frühling über die Welt mit all seinen Brisen, ätherisch, schimmernd voller Vorahnung – ich aber begegne ihm nur, um mir bewußt zu werden, daß ich mich schon jenseits aller Frühlinge befinde.

Nehmt mir nicht übel, daß ich noch immer zögere, ein Fragment an die »Kamena« zu schicken. Ich besitze nicht viel, man müßte eines auswählen, es bearbeiten, vollenden und abschreiben. Das wird bald geschehen. Für die Mickiewicz-Nummer kann ich nichts geben. Mickiewicz kenne ich noch von der Schule her. Auch Grafiken kann ich weder für diese noch für eine andere Nummer machen. Die Methode, deren ich mich bediene, ist mühsam. Es ist nicht die Aquaforte, sondern das sogenannte cliché verre – eine Glasplatte; man ritzt mit einer Nadel ein Glas, auf das eine dünne Schicht Gelatine aufgetragen wird, und behandelt die dadurch entstehende negative, durchscheinende Zeichnung wie ein fotografisches Negativ, das heißt, man kopiert es in einem fotografischen Rahmen auf lichtempfindlichem Papier, entwickelt, fixiert und spült es – es ist eine Prozedur wie bei Fotoabzügen – mit beträchtlichen Kosten – und auch viel Arbeit. Rój hat mehrere Mappen bei mir bestellt – ich führe sie aber nicht aus, wenngleich man ein paar Hundert Złoty verdienen könnte. Für die Massenproduktion ist diese Technik ungeeignet.

Eure Ungeduld und Sehnsucht nach breiterem Horizont kann

ich gut verstehen. Ich erlebte und erlebe dasselbe. Welch ein seltsames und schönes Ereignis, daß ich Euch gefunden habe. Nun werden wir miteinander wohl immer in Kontakt bleiben, erwartet aber von mir keine inhaltsreichen Briefe, wie Ihr sie selber schreibt – aus oben erwähnten Gründen. Das soll Euch nicht halten, und ich bitte Euch um weitere Briefe, die ich mit wahrem Vergnügen lese. Einstweilen grüße ich Euch herzlich.

Euer aufrichtig ergebener

24. IV. 1934 Bruno Schulz

43. Werter Herr Kollege!

Euer langes Schweigen lastete immer auf meinem Gewissen, wenn ich an Euch dachte. Ich hatte ein dunkles Gefühl, daß ich in meinem letzten Brief nicht so freundlich war, wie ich es nach Euren herzlichen Briefen hätte sein sollen. Eure verblichene slawische Seele versteht nicht die Verworrenheit und die Irrpfade, die meine dunkle und mäandrische Seele geht, voller Knoten und Schlingen. Ich bitte Euch herzlich, werter Kollege, laßt nicht den Gedanken aufkommen, ich hegte gegen die »Kamena« oder gegen Euch einen Vorbehalt, auch wenn ich das versprochene Fragment nicht geschickt habe. Ich empfinde für die »Kamena« aufrichtige Hochachtung und Sympathie, als für eine Zeitschrift, die die Fahne der reinen, kompromißlosen Dichtung hochhält. Nehmt vielmehr wahrheitsgemäß zur Kenntnis, daß ich völlig niedergeschlagen bin und es mir scheint, daß ich nie mehr etwas schreiben werde! Ich tröste mich und rede mir ein, es sei Neurasthenie, doch diese Abneigung gegen die Feder dauert schon sechs Monate, und das gibt doch einiges zu denken. Von den älteren Fragmenten habe ich eins ausgewählt (es ist eigentlich gar kein Fragment, sondern bis zu einem gewissen Grade eine abgeschlossene Sache, unter dem Titel »Julinächte«) und es für die »Kamena«[6] bestimmt. Doch siehe, ich finde nicht die Energie, es zu korrigieren und abzuschreiben, es ist nämlich im Konzept in einem noch etwas rohen Zustand. Ich habe das Gefühl, als würde ich dieses Prosastück durch eine wiederholte Bearbeitung profanieren; es ist aus einer bestimmten Art von Inspiration hervorgegangen, der ich jetzt nicht mehr gewachsen bin. Ob ich seit dieser Zeit woanders publiziert hätte – auch wenn mir alle Zeitschriften offenstünden! Wie könnt Ihr von einer Abneigung gegen die »Kamena« sprechen!

Ich danke Euch, daß Ihr trotz solcher Meinung über mich geschrieben habt. Ihr tatet gut, wer weiß, ob ich mich sonst zu einer Wiederaufnahme unserer Korrespondenz gebracht hätte – und es wäre schade, etwas aufzugeben, das mit so viel Vergangenheit geladen und mit einem solchen Kapital unserer Jugend beschwert ist. »Was zum Teufel bedrückt Euch denn?«, fragt Ihr. Ich weiß darauf keine Antwort. Wohl die Traurigkeit des Lebens, die Angst vor der Zukunft, das dunkle Vorgefühl eines kläglichen Endes von allem, irgendein dekadenter Weltschmerz oder weiß der Teufel was. Nein, nein, ich will nicht auf Eure Korrespondenz verzichten, ich möchte den Kontakt aufrechterhalten, auch wenn ich einer solchen Mitteilsamkeit, wie Ihr sie von mir erwartet, vielleicht gar nicht fähig bin. Nehmt mir's nicht übel und legt es nicht als Abneigung gegen Euch aus. Ich möchte Eure Briefe nicht missen und bitte Euch weiterhin um Eure Herzlichkeit und sympathische Natürlichkeit. Eben weil ich sie selbst nicht besitze, empfinde ich sie um so tiefer. Ich möchte Euch schrecklich gern treffen. Wohin fahrt Ihr am 20. VI.? Vielleicht wird der Ort während der Ferien für mich irgendwie erreichbar sein? Ich freue mich aufrichtig, daß sich Euch die Möglichkeit einer kleinen Reise nach Italien auftut. Das steht Euch schon seit längerem zu, einem solchen Enthusiasten des Schönen! Was mich betrifft, keine Rede davon, daß ich mich anschließen könnte. Mein Gehalt beträgt 240 Złoty. Von den »Zimtläden« hatte ich keinen Pfennig. Im Gegenteil, sie kosteten mich mehrere Reisen nach Warschau.

Rój[7] versprach mir zwar, falls die Auflage vergriffen sein würde, eine Rückzahlung, aber ich zweifle, ob er sein Wort halten wird. In Warschau war es sehr angenehm. Ich war dort sechs Tage, die Zeit vornehmlich mit Nałkowska[8] verbringend, meiner Protektorin und man kann sagen Freundin. Ich war auch bei Tuwim (er genas damals von einer Krankheit), bei Aleksander Wat[9], ich traf Ważyk[10], Brucz[11] und Gojawiczyńska[12]. Was ich während der Ferien tun werde, weiß ich noch nicht. Ich müßte mich irgendwo aufs Land zurückziehen und schreiben. Vielleicht werde ich nach Zakopane fahren, der Gesundheit we-

gen. Das hängt ganz davon ab, ob ich dafür eine Beihilfe bekomme. Wird »Kamena« nicht mehr weiter erscheinen? Ich möchte während der Ferien mit Euch in Kontakt bleiben. Schreibt mir, wo Ihr Euch aufhalten werdet. Leszczyc[13] kenne ich, aber es ist nur eine flüchtige Bekanntschaft. Sollte ich gelegentlich einmal einen Ausflug nach Truskawiec machen, werde ich mich bei ihm nach den Preisen erkundigen.
Ich grüße und umarme Euch sehr herzlich. Denkt an mich!

Bruno Schulz

Drohobycz, 5. VI. 1934

44. Werter Herr Kollege!

Leider kann aus der Reise nach Lemberg nichts werden. Meine Schwester[14] (die ältere – eine Witwe) ist sehr schwer nervenkrank, und ich kann sie nicht allein lassen. Ich werde sie wahrscheinlich in einer Pension in Truskawiec unterbringen müssen, aber vorerst wehrt sie sich gegen alle Reisevorschläge.

Für die vielen Beweise wahren Wohlwollens und echter Sympathie danke ich Euch herzlich. Ich hoffe, ich werde Euch während der Ferien sehen. Vielleicht werde ich Euch in Zwiniącz besuchen. Stellt Euch vor, am Tage, an dem ich Euer Angebot erhielt, gemeinsam ein Los zu kaufen, bot mir ein Ladenbesitzer, bei dem ich kurz vorbeikam, ein Papier zu kaufen, ein Viertellos für 10 Złoty an. Ich hatte kein Geld und kaufte es nicht. Vielleicht war dies die Chance – das Angebot des Schicksals! Noch nie bot mir jemand ein Los an. Ich bedauere sehr, daß wir uns jetzt in Lemberg nicht treffen können. Aber vielleicht könntet Ihr einen Sprung zu mir nach Drohobycz machen?

Ich habe mich für einen dreiwöchigen Ferienkurs in Handarbeiten in Żywiec ab dem 2. Juli angemeldet. Ich weiß nicht, ob ich fahren werde, wenngleich es für mich, wegen der Arbeiten in Metall im kommenden Jahr, in denen ich mich nicht auskenne, unerläßlich ist. Durch welches Wunder seid Ihr diesem Lehrfach entgangen, das jetzt das Zeichnen verdrängt hat?

Meine Depression läßt leider nicht nach. Vielleicht wegen der mißlichen Lage zu Hause (Krankheit der Schwester). Für die guten Worte des Trostes und der Begütigung danke ich herzlich.

Vergeßt mich nicht und schreibt mir wenigstens ein paar Zeilen aus Zwiniącz. Ist es schön dort? Podolien? Vergebt mir, daß ich es heute bei wenigen Worten bewenden lasse – demnächst werde ich mehr schreiben.

Ich umarme Euch herzlich und grüße Bruno Schulz

Drohobycz, 23. VI. 1934

45. Werter Kollege!

Ich hatte echte Gewissensbisse, daß ich die Unterbrechung in unserer Korrespondenz wieder verschuldet habe. Ich war auf gar keinem Kurs, da man mir am Vortage meiner Abreise einen ablehnenden Bescheid übermittelt hatte; und das war gut so, weil ich wenige Tage danach ernsthaft erkrankte und erst jetzt wieder langsam zu mir komme. Irgendeine urologische Geschichte plagte mich, eine sehr deprimierende und lästige, eine Krankheit, die jede Aktivität und Initiative in mir getötet hat. So brachte ich die Ferien in hypochondrischen Gedankengängen zu und verbitterte beim Verfolgen der unheimlichen und degradierenden Symptome meiner Krankheit. Erst vor einer Woche fuhr ich nach Lemberg zu einem Spezialisten, der die ganze Angelegenheit in Bahnen der Genesung lenkte. Ich gehe furchtbar ungern in die Schule zurück. Ich gerate in Verzweiflung beim bloßen Gedanken an die Arbeiten in Metall, von denen ich keinen blassen Schimmer habe. Überhaupt widert mich dieser ganze Kram an und langweilt mich bis aufs äußerste. Stellt Euch vor, am selben Tag, als ich Euren Brief mit dem Angebot erhielt, ein gemeinsames Los zu kaufen, ging ich in einen Papierladen um Briefpapier zu holen, und dort bot mir ein Verkäufer den Kauf eines Viertelloses an. Ich hatte kein Geld und kaufte es nicht. Dabei fiel unlängst auf ein in diesem Laden gekauftes Los ein Gewinn von 300 000 Złoty. Das Los war in Viertel oder Achtel aufgeteilt. Ein Bekannter von mir, ein Richter, gewann 60 000 Złoty. Hätte ich damals ein Los gekauft – säßen wir beide vielleicht heute nicht in der Schule, sondern wären irgendwo auf Reisen in Italien oder in Spanien.

Ich werde mich jetzt um einen mehrwöchigen Gesundheitsurlaub bemühen, da ich durch die Krankheit erschöpft bin.

Wojtow[15] kenne ich seit langem, erwarte aber keine Gefälligkeit von ihm. Was kann er schon für mich tun, auch wenn er es wollte? Ich bedauere, daß ich ein Angebot abgelehnt habe, das man mir in Warschau gemacht hatte, zu einer Zeitung zu gehen und eine journalistische Tätigkeit zu übernehmen.

Die ganzen Ferien habe ich nichts geschrieben – welch ein Zeitverlust. Dabei dachte ich, am Preisausschreiben für einen Roman im »Illustrierten Tageskurier«[16] teilnehmen zu können.

Soweit diese paar Nachrichten über mich. Ich danke für das Gedenken und umarme herzlich

Euer Bruno Schulz

28. VIII. 1934

46. Werter Kollege!

Verzeiht den Bleistift, aber in meinem »Studio« mangelt es zur Zeit an Tinte, weshalb die gesamte Amtsführung der zivilen Kanzlei auf Bleistiftdiät gesetzt ist.[17]

Ich bitte Euch dringend: denkt niemals, wenn meine Antworten sich verspäten, an einen Unwillen oder Abneigung. Wir werden wohl immer in diesem herzlichen und vertraulichen Briefwechsel bleiben. Stellt Euch vor, ich habe bei Leszczyc in Drohobycz eine Guaschmalerei von Euch gesehen, einen Garten oder eine Altane mit einer hellen fernen Landschaft, die durch nahe Bäume schimmert, mit einigen Menschen und einem Hund.

Die schwierige und präzise Technik, die leuchtenden und reinen Farben – das hat mir sehr imponiert. Diese Produktion, diese stille Meisterschaft muß Euch aber Genugtuung verschaffen. Diese Arbeiten gefallen mir besser als Holzschnitte. Leszczyc sagte mir, er habe ein paar Bildchen verkauft und könnte alle verkaufen, wenn sie etwas billiger wären, weil diese Dinge den Menschen gefallen. Er will Euch sicher ausbeuten, obwohl er ein sympathischer Mensch ist. Ich habe Gewissensbisse, wenn ich Euren Fleiß mit meiner Trägheit vergleiche. Soviel Arbeit in der Schule und dazu noch so ein Übermaß an Energie und Unternehmungslust! Wie ich zu den Handarbeiten kam? Ganz einfach: automatisch. Dieser langsame Verwandlungsprozeß, der aus Zeichnern Arbeiter macht, läßt sich in allen staatlichen Gymnasien beobachten, in welchen das Zeichnen als überpflichtiges Fach nur dazu dient, den Etat zu flicken. Im hiesigen Gymnasium werden zur Zeit – bei all der künstlichen und überzogenen Expansion dieses Faches: 12 Unterrichtsstunden in Zeichnen erteilt. Und für einen Etat braucht man 27 Stunden!

Ich habe jetzt Gesundheitsurlaub. Ich habe Angst nachzuerzählen, wieviele Tage mir bis Urlaubsende noch geblieben sind. Ich danke Euch herzlich für die »Kamena«. Ich habe Gewissensbisse, daß ich sie als etwas Selbstverständliches entgegennehme, das mir zusteht, ohne ein Abonnement zu bezahlen. Das schickt sich nicht.

In Kürze schicke ich Euch ein kleines Prosafragment. Ach, wie schön wäre es, ein Jahr Urlaub zu bekommen! Wenn ich ihn bekäme, würde ich Euch sicher in Chelm besuchen. Ich habe schon lange keine »Menschen« gesehen. Denn das, was man hier antrifft, läßt sich nur annähernd, im ironisch-übertragenen Sinne sozusagen, als Menschen bezeichnen. Das Leben könnte schön sein. Ich möchte mit dieser optimistischen Betrachtungsweise schließen, umso mehr, als ich jetzt in die Schule gehen muß, zu erfahren, wie es um meinen Urlaub steht.

Ich umarme Euch herzlich und grüße

Bruno Schulz

Drohobycz, 14. IX. 1934

47. Werter Kollege!

Ich danke herzlich für den Brief. Ich werde extra antworten. Vorerst schicke ich Euch ein Prosafragment für die »Kamena«.[18] Ich habe alle Eure Bilder bei Leszczyc gesehen; ich war 10 Tage in Truskawiec. Über die Bilder und alles andere werde ich schreiben. Ich umarme Euch innig.

Bruno Schulz

30. IX. 1934

48. Werter Kollege!

Ich hoffe, Ihr habt meinen *Einschreibebrief* mit dem Fragment für die »Kamena« erhalten. Ich bin sehr neugierig, ob Euch und Herrn Jaworski das Fragment gefallen hat und ob es veröffentlicht wird. Mir scheint, daß es zu lang ist und in 2 Nummern gebracht werden müßte.

Seid mir nicht böse, daß ich Euch so lange nicht geantwortet habe. Ich wollte die Antwort schon zusammen mit dem versprochenen Fragment geben, indessen aber hatte man mich nach Truskawiec eingeladen (später erwies sich, daß ich für den Aufenthalt selbst bezahlen mußte), wo ich 9 Tage zubrachte und wo ich mich nicht zum Schreiben aufraffen konnte. Es war schönes Wetter, und die Erholung tat mir gut. Mein Gesundheitsurlaub ist jetzt zu Ende, und ich habe schon wieder die Arbeit in der Schule aufgenommen. Dennoch reichte ich beim Ministerium ein Gesuch um Jahresurlaub ein[19], um einen Roman zu schreiben, und warte jetzt auf Antwort. Das Kuratorium hat den Antrag gebilligt und weitergereicht. Wenn sie mir den Urlaub ablehnen, gerate ich wirklich in Verzweiflung, weil ich mir in den Ferien so sehr die Schule und die Bengel abgewöhnt habe, daß ich mit ihnen überhaupt nicht mehr zurechtkomme und sie mir unmöglich zusetzen. Außerdem weiß ich nicht, was aus den Arbeiten in Metall werden soll, die ich einfach nicht kann. Es sind schöne Dinge – schöner als Holz, aber man müßte irgendwo die Elemente der Bearbeitung lernen können.

In Truskawiec sah ich bei Leszczyc Eure Arbeiten. Sie gefielen mir sehr, sehr gut. Die grünen Parkmassen, der grüne Zauberkreis, von Himmelsbogen durchleuchtet, das Interieur – so satt und in seinen Farben harmonisiert. Ich dachte immer, daß Tempera eine edlere Technik wären als Ölfarben. Es ist eine weniger realistische, kühlere und vornehmere Technik. Aber dafür sind die Schwierigkeiten unvergleichlich größer: die Unmöglichkeit Töne zu mischen und zu verschmelzen, die Notwendigkeit flächenmäßig vorzugehen und die Aufhellung nach dem Trocknen. Dafür aber haben diese Farben etwas Samtenes, Gobelinartiges an sich. Macht Ihr auch figurale Arbeiten? Ihr habt in dieser Technik eine echte Meisterschaft erreicht.

Für Euren Brief danke ich herzlich. Es ist gut und erquickend, Freunde zu haben – vom Geiste her. Herzlichen Dank für die

Einladung. Ich werde davon Gebrauch machen, wenn ich Urlaub erhalte.

In diesen Tagen hat mich Herr Kuryluk[20], ein Redakteur der Lemberger »Sygnały« besucht und mich um ein Prosafragment gebeten. Ich habe ihm eine ältere Sache gegeben, noch 1928 geschrieben, die ich in den Papieren gefunden habe. Sie haben sich darüber sehr gefreut und das Prosastück angeblich schon gedruckt.

Ich bin neugierig, was Ihr von meinem Fragment für die »Kamena« haltet. Die Idee ist etwas riskant, und ich weiß nicht, ob es mir gelungen ist, jene Quintessenz des Herbstes zu vermitteln, die dieser »meteorologische Traktat« auch sein soll.

In Erwartung Eures Briefes verbleibe ich mit dem herzlichsten Händedruck

Bruno Schulz

Drohobycz, 6. X. 1934

49. Werter Kollege!

Mit Rührung las ich Euren guten und ehrlichen Brief. Gott lohne soviel Anerkennung und Vertrauen, und Freundschaft – möge ich mir das auch verdient haben. In der Tat schätze ich mein Schreiben gar nicht so hoch ein, und wenn ich es mit Ergebnissen vergleiche, die in der polnischen Dichtung anzutreffen sind, erscheint mir das meine elend und ärmlich, Eure Worte erfüllen mich mit der Befürchtung, daß es sich vielleicht um ein zufälliges »Hoch« bei diesem Genre handelt, das vorübergeht wie andere Modeerscheinungen.

Wenn ich Urlaub erhalte, werde ich sicher zu Euch fahren, und dann werden wir nach Belieben über alles reden, was uns interessiert. Grüßt Herrn Jaworski auf das herzlichste von mir.

Mit Interesse las ich Eure Ausführungen zum Thema Aquarelle und deren Möglichkeiten. Wie schade, daß Ihr Euch nicht vollständig der Malerei widmen, einer Gruppe von Landschaftsmalern anschließen, Euch irgendwo vergraben, für Monate in eine Landschaft verdrücken könnt, um zu malen.

Ich erkundigte mich bei Leszczyc nach den Preisen Eurer Bilder, aber leider habe ich sie völlig vergessen. Ich war dort zweimal. Beim zweiten Mal – mit einem gewissen reichen Arzt, von dem ich dachte, er würde etwas von Euren Bildchen kaufen. Ich sah dort etwa 4-5 Bilder – mehr nicht. Vielleicht solltet Ihr ihm schreiben? Er ist von Truskawiec schon abgereist.

À propos Lotterie: gleichzeitig mit Eurem Brief erhielt ich von einer Lemberger Kollektur 2 Nummern, 2 Lose, und weil ich es als Omen betrachtete und nicht wußte, für welches ich mich entscheiden sollte – kaufte ich beide zu je 10 Złoty, so daß auf jeden von uns 10 Złoty kommen. Es versteht sich, daß, egal welches Los gewinnt – wir zur Hälfte teilen.

Es sind die Nummern 62 276 und 93 131. Die erste Ziehung ist schon am 18. dieses Monats. Seid Ihr einverstanden? Es legt uns allerdings die Pflicht auf, den Einsatz jeden Monat zu erneuern.

Ich danke Euch für den Rat bezüglich der Taktik gegenüber den Jungen in der Schule. Nein – so schlecht ist es nicht. Ich kann bei ihnen keine Boshaftigkeit feststellen, nur ein für dieses Alter natürliches Temperament. Ich versehe jetzt im 11. Jahr den Dienst. Mein Antrag um Urlaub hat gewisse Chancen, positiv beschieden zu werden, dies behauptet zumindest mein Visitator.

Was die beabsichtigten Arbeiten angeht, so fällt es mir schwer, darüber zu schreiben. Wenn wir zusammen sein werden, sprechen wir darüber. Ich werde Euch auch die Fragmente vorlesen, die ich habe. Es ist eine teuflisch schwierige Sache, etwas aus sich herauszuholen.

Manchmal scheint es dem Menschen, er habe ungeheuer viel Material und breche unter der Last der sich selbst auferlegten Mission schier zusammen – dann wiederum stellt er mit Verwunderung eine Leere bei sich fest. Dies sind gewöhnliche Peripetien – Ebbe und Flut, mit denen man irgendwie fertig werden muß. Man muß ständig in der Arbeit stecken, darf sie nicht unterbrechen – nicht lehren, z. B. in der Schule – weil dieser Mangel an Kontinuität die Inspiration tötet.

Vergeßt nicht, selbst wenn ich manchmal nicht schreibe, denke ich an Euch und bin Euch im Geiste nah und freue mich über Eure Freundschaft. Ich umarme Euch herzlich und grüße

Euer Bruno Schulz

Drohobycz, 15. X. 1934

50. Werter Kollege!

Entschuldigt vielmals mein langes Schweigen auf Euren schönen, traurigen und von Allerseelenstimmung umwehten Brief. Woher kommt der düstere Ton, woher das Kokettieren mit der schrecklich verführerischen und traurigen Herrin der Gräber? Ist es eine unterbewußte Reminiszenz des alten Naturfestes, der Feier des Todes, der Ausschweifung und der November-Orgien auf den Friedhöfen? Packt auch Euch schon das taedium vitae – ein mächtiger Überdruß, ein passiver Widerstand, die Lust zur Sabotage, auszubrechen aus der allgemeinen Tretmühle? Ich schäme mich vor Euch wegen meiner jammernden Unmännlichkeit, des Rückfalls in den Zweifel. Ihr seid um so viel tapferer als ich und ertragt um so viel männlicher Euer Schicksal!

Seit einem Monat schon schreibe ich nicht mehr, male nicht und fühle bisweilen, daß ich nichts Ordentliches mehr zu Papier bringen werde. Es wäre für mich ein großer Schaden, solch einen Erfolg hängen zu lassen, wie ich ihn mit den »Läden« errungen hatte.

Und ich werde ihn bestimmt vergeuden, wenn ich nicht in diesem Jahr noch eine Sache herausgebe auf zumindest gleichem Niveau. Ich würde sie schreiben, wenn ich Urlaub bekäme, doch gerade um den Urlaub ist es still geworden, die Eingabe steckt im unterirdischen Räderwerk des Ministeriums, und ich verliere die Hoffnung, daß sie jemals auftauchen wird. Ich beabsichtige, zunächst ein paar Artikel zu schreiben über Bücher. Es reizt mich, die »Geschichten Jakobs«[21] von Mann zu analysieren; ein großartiges Werk, man kann an ihm die Wandlung unseres Begriffs von der Wirklichkeit zeigen und die neue Anschauung über das Wesen des Lebens deuten.

Dieser wundervolle Herbst (ein wahrer ›anderer Herbst‹ aus dem Traktat) blättert von mir ab, ungenutzt und kaum bemerkt. Nur an Abenden, wenn die Luft farbig und voller Lichtreflexe ist und alle Gegenstände in der Dämmerung Buntheit ausladen, astrale Körper, Schatten um Schatten – betrachte ich gerne den hellen Grünspanhimmel, blaßgrün, topasfarben, wie ein Buch der Zauberei, gesprenkelt mit schwarzen Zeichen, mit dem türkischen Alphabet der Krähen, folge den riesigen Krähenschwärmen, lärmend und klagend, ihren breiten, phantastischen Flügen, dem Kreisen und Umkehren und schließlich ihrer jähen

Invasion des Himmels, den sie mit wogendem Schwingen und zuckendem Gekrächz ausfüllen. Habt Ihr bemerkt, wie sie, zuweilen sehr weit entflogen, gleich einer Staubwolke kaum sichtbar werden, sich aus den Augen verlieren und dann plötzlich, beim Umkehren, die Breite ihrer Flügel zu uns wendend, sich zu schwarzem Hagel schroten, wie Rußflocken herunterfallen und immer breiter, immer gewaltiger wachsen?

Ich muß Euch mitteilen, daß es falsch oder verfrüht von mir war, Euch über den Kauf von Losen der Klassenlotterie zu benachrichtigen. Es kam ein Brief von der Lotteriekollekte, den ich beifüge und aus dem Ihr erfahrt, daß wir gar nicht in der ersten Klasse spielten, weil die von uns erworbenen Nummern schon vergeben waren. Daher schickte mir die Lotteriekollekte ein Los der zweiten Ziehungsklasse zum Preis von 20 Złoty, weil sich der Einsatz in der zweiten Ziehung verdoppele. Das Los hat die Nummer 164 617. Schön, daß Ihr pünktlich an die Erneuerung des Einsatzes dachtet. Soll ich Euch das Los schicken oder es bis zur Dezember- und Januarziehung aufbewahren? Infolge dieses Manövers haben wir, scheint mir, nicht nur die erste Ziehung, sondern auch einen Teil des Betrages verloren. So spielt das Los mit einem. Nimmt Euch etwa diese Wende in der Sache den Mut zum weiteren Spiel?

Was gibt es Neues bei Euch? Malt Ihr? Hat Euch der Herbst zu einer neuen Farbenkunst inspiriert? Ist die Landschaft dort schön? Gibt es Nachricht von Leszczyc? Schreibt mir ausführlich von Euch!

Ich umarme Euch herzlich und grüße Euch

7. XI. 1934 Bruno Schulz

51. Werter Kollege!

Euer Schweigen bringt mich auf den Gedanken, ob Ihr auf mich nicht irgendwie böse seid. Ich bin mir Euch gegenüber keiner Schuld bewußt und ergehe mich in Vermutungen, womit ich Euch verletzt haben könnte. Ich höre auch, mein Fragment sei nicht in der »Kamena«, während ich doch von Euch weiß, es sei schon gesetzt worden. Steht auch dies im Zusammenhang mit meinem unbewußten Verschulden? Ich bin erstaunt, neugierig und besorgt über diese unverhoffte Wende in unseren Beziehungen. Oder ist etwas anderes die Ursache Eures Schweigens? Seid Ihr vielleicht krank?

Ich bitte Euch sehr, erklärt mir den Grund Eures Schweigens, und sollte ich etwas gefehlt haben, zeigt mir worin. Man darf jemanden nicht wegen eines Gerüchts, Verdachts oder einer Intrige verdammen. Ich wiederhole, ich grüble vergebens nach, was Euch in meinen Briefen kränken konnte. Habt Ihr meinen letzten erhalten?

In Erwartung Eurer gefälligen Erklärung grüße ich herzlich

Bruno Schulz

Drohobycz, 15. XI. 1934

52. Werter Kollege!

Verzeiht mir, daß ich so lange nicht geschrieben und nicht einmal den Empfang Eures herzlichen Briefes und die Sendung mit 3 Nummern der »Kamena« bestätigt habe. Ursache waren die aufregenden Bemühungen um Urlaub, die letztlich mit einer Ablehnung zu Ende gegangen sind. Ich schrieb und lief Sturm bei Ign. St. Witkiewicz, der tat, was er konnte, und bei Tuwim, der nichts tat. Angesichts des Erlasses des Ministerrats über die Einstellung von bezahltem Urlaub, erwiesen sich alle Bemühungen als wirkungslos. Das hat mich sehr niedergeschlagen, da ich mich schon in den Urlaub hineingelebt hatte, die Schule als Provisorium betrachtete und mir schien, daß ich in den Schulbetrieb nicht mehr wieder zurückkehren würde. Eine Zeitlang war ich völlig vernichtet. Erst die Ankunft des Malers Janisz[22] richtete mich wieder ein wenig auf – eines Surrealisten, sehr lieben Jungen, der in der Kirche Gemälde restauriert. Er hat mich zum Zeichnen ermutigt, was ich schon seit einigen Jahren nicht mehr tat. Dies beruhigte mich ein wenig. Ich mache mich gerade auf den Weg nach Warschau, um dort meine Bemühungen um Urlaub in Form eines Stipendiums fortzusetzen. Ich habe sehr wenig Hoffnung, will mir aber keine Vorwürfe machen, die Sache vernachlässigt zu haben. Wäre ich gleich nach den Ferien nach Warschau gefahren, vielleicht hätte ich dann die Sache besser im Auge behalten und vielleicht noch vor diesem

Erlaß des Ministerrats Urlaub erlangen können. Ich habe die ganze Zeit nichts geschrieben. Ich interessiere mich jetzt mehr für die Malerei.

Was gibt es Neues bei Euch? Sooft ich an Euch denke, habe ich Mitleid mit Eurem schweren Schicksal, über das Ihr nicht einmal klagt. Soviel mechanische, geistlose Arbeit bei jemand, der andere Dinge machen könnte – das ist allerdings ein großes Unrecht. Man hat es uns beiden angetan.

In der letzten Nummer war Euer Holzschnitt sehr hübsch. Hat Euer Handlungsreisender in Sachen Bilder Euch etwas geschrieben, hat er Geld geschickt? Ich bedauere sehr, daß wir uns auch jetzt nicht sehen werden, da ich beschlossen habe, nach Warschau zu fahren und dort eine gewisse Person auf mich wartet, die ich nicht enttäuschen darf. Sollte ich früher aus Warschau zurückkehren, werde ich in Sadowa Wisznia Halt machen. Wie lange bleibt Ihr dort? Die Warschauer Adresse kann ich Euch noch nicht geben, weil ich nicht weiß, wo ich wohnen werde. Wenn Ihr mir etwas Eiliges mitzuteilen habt – schreibt mir an die Adresse: Adam Ważyk, für Schulz, Warschau, Ceglana 10.

Ärgert Euch nicht über mich, daß ich so lange kein Lebenszeichen von mir gegeben und Euch vernachlässigt habe, und glaubt mir, daß ich sehr oft an Euch dachte und darunter litt, weil ich mich nicht zum Schreiben zwingen konnte. Ich wünsche Euch frohe Feiertage und angenehme Erholung und umarme Euch herzlichst

Euer Bruno Schulz

19. XII. 1934

53. Werter Kollege!

Verzeiht mir mein langes Schweigen und argwöhnt nicht, daß ich mich aus Menschenscheu im Elfenbeinturm einschließe. Euren Brief habe ich von Ważyk sehr spät erhalten. In die Mühle von Warschau geraten, hatte ich ganz vergessen, Euch die Adresse gegeben zu haben und meldete mich bei Ważyk überhaupt nicht; so wußte er nicht, wo mich suchen. Ich danke herzlich für Euer aufrichtiges Mitgefühl und daß Ihr an mich gedacht habt. »Spowiedź Chuligana« (›Die Beichte eines Rowdys‹)[23] und die

»Kamena« habe ich erhalten. Gelesen habe ich sie noch nicht, doch die Linolschnitte sind wunderschön, besser als die landschaftlichen oder architektonischen Studien. Hier, scheint's, seid Ihr Euch um ein ganzes Stück nähergekommen. Sehr interessant auch sind die kompositionellen Dinge, sie verraten eine große Leidenschaft zum Material und sind fast gegenstandslos. Was gäbe ich dafür, wenn ich die Technik des Holzschnitts erlernen könnte.

Auf der italienischen Ausstellung habe ich französische Holzschnitte aus dem XIX. Jahrhundert gesehen (Schraffierungen), sie gefielen mir sehr, obgleich unsere Kritik von dieser Ausstellung und besonders von der Graphik nicht entzückt war. Kaum aus Warschau zurück, traf mich ein Unglück im wahrsten Sinne des Wortes: mein Bruder, den ich noch einen Tag zuvor in Warschau gesprochen hatte, ist plötzlich gestorben.[24] Er war ein ungewöhnlicher Mensch, von allen geliebt, die mit ihm in Berührung kamen, ein Mensch von geradezu evangelischer Güte, jung, elegant, erfolgreich und auf dem Gipfel einer glänzenden Karriere; er war eine der Hauptfiguren in der polnischen Petroleumindustrie. Das ist der Grund, warum ich nicht sofort geschrieben habe. Mein Bruder unterhielt mein Haus, d. h. meine Schwester und meinen Neffen, er war der Ernährer einer ganzen Reihe von Familien, denen jetzt der Boden unter den Füßen entzogen ist. Jetzt wird es erst schwer sein – ich weiß selber nicht, was ich tun werde.

In Warschau habe ich viel interessante Bekanntschaften geschlossen: mit Witkacy[25], T. Breza, Wittlin[26], Czechowicz[27], Gombrowicz (sein »Tagebuch aus der Reifezeit« ist großartig!), meine Bemühungen um Urlaub hingegen sind bis jetzt immer noch ohne Erfolg. Man macht mir zwar Hoffnungen, ich weiß aber nicht, welche Bedeutung ich diesen Versprechungen beimessen soll.

Ich bitte sehr, legt Euch mein langes Schweigen nicht so aus, ich hätte kein Herz für Euch, oder hegte einen Groll und ähnliches mehr. Ich kann mir einfach die Zeit nicht einteilen, die aktuellen Verpflichtungen nehmen mich völlig in Anspruch, und oft vergesse ich zu schreiben oder schiebe in Gedanken die Antwort auf Euren Brief vor mir her. Ich habe ein Fragment für die »Kamena«, aber es ist ein ausdrückliches Fragment, d. h. ein

Bruchstück oder vielmehr die Einführung in eine noch nicht vollendete Novelle. Ich werde es Euch sofort schicken.[28]

Ich schreibe sehr wenig, und gerade jetzt müßte ich mehr schreiben und drucken, um etwas zu verdienen und das Haus zu unterhalten.

Leider ist unser Los dahin – wir haben den neuen Einsatz verloren. Ihr habt Euren Anteil ganz bezahlt.

Ich bitte Euch nochmals, nehmt mir mein Schweigen nicht übel und versichere Euch meiner aufrichtigen und unveränderlichen Freundschaft.

Ich umarme Euch auf das herzlichste und bitte, Herrn Jaworski schöne Grüße auszurichten.

Bruno Schulz

Drohobycz, 28. I. 1935
Floriańska 10

54. Werter Kollege!

Ich schicke Euch ein kleines Fragment – ich weiß nicht, ob es sich eignet – ich persönlich mag es, und es wäre auch zeitgemäß, weil es eben Frühling wird.[29]

Ich danke Euch herzlich für das Gedenken, und seid mir nicht böse, daß ich so selten schreibe. Ärgert Euch auch nicht, daß ich mit dem Schicken von Fragmenten so geize. Denn auch die »Gazeta Artystów«[30] in Krakau und der Verband der Bildenden Künste in Lemberg sowie die literarische Monatsschrift des Polnischen Lehrerverbandes – von Czechowicz[31] baten mich darum – aber von allen schicke ich nur an die »Kamena«, mit Rücksicht auf Euch. Seit Monaten schreibe ich nichts und zehre von den Resten früherer Manuskripte.

Ihr tut mir leid, daß Ihr Euch so überarbeitet. Ich freue mich ungemein auf Eure Ankunft! Natürlich werdet Ihr bei mir wohnen – wie könnte ich Euch ins Hotel gehen lassen! Ihr werdet mir den Holzschnitt und den Linolschnitt beibringen. Der Schulunterricht ist mir bis zum Äußersten überdrüssig geworden. Ich kann nicht unterrichten. Mich freuen sie nicht – die elenden Ergebnisse, die man (angeblich) erreichen kann. An Seredyński kann ich mich nicht erinnern – das muß vor langer

Zeit gewesen sein. Köpfe meiner Schüler skizziere ich äußerst selten – jetzt nie.

Ich danke Euch für die aufrichtigen Worte des Mitgefühls wegen des Todes meines Bruders. Er ist nicht nur seiner Familie weggestorben, die er hinterlassen hat, sondern auch mir und der Schwester, und dem Neffen, die er alle unterhielt. Er war ein Mensch, zu dem alle lächelten, von dem sie mit Begeisterung sprachen. Elegant, schön und vornehm, bezauberte er Menschen und zog sie an.

Habt Ihr vielleicht meine Novelle »Dodo« in einer Januar-Nummer des »Tygodnik Ilustrowany«[32] gesehen? Mit eigenen Illustrationen. Habt Ihr das Fragment vom Vater – Feuerwehrmann in den »Wiadomości Literackie«[33] gelesen? Es sind alles frühere Sachen. Sie haben mir noch nichts bezahlt. Es ist empörend, daß Leszczyc Euch mit 50 Złoty abspeist.

Habt Ihr Bąk[34] schon gelesen? Wie ist Eure Meinung? Ich habe nur das gelesen, was in den »Wiadomości Literackie« war. Sehr schön.

Die Umgebung von Drohobycz ist sehr hübsch. 12 Minuten nach Borysław – 15 Minuten nach Truskawiec. In 2 Stunden erreicht man die Bieszczady – im Gebirgszug der Ostbeskiden. Kommt mit Farben und Leinen. Ich erwarte Euch.

Herzlichste Umarmung

Euer Bruno Schulz

Drohobycz, 16. III. 1935

55. Werter Kollege!

Herzlichen Dank für den Brief und Eure lieben, von Herzen kommenden Worte. Ich bewundere Eure Opferwilligkeit und Selbstverleugnung in der Arbeit für die »Kamena«. Das ist absolut achtungswürdig. Wenn es doch mehr solcher Leute wie Ihr und Kollege Jaworski gäbe.

Ich lade Euch herzlichst zu mir ein. Ich werde mich wirklich freuen und fürchte gar nicht, daß wir kein Thema fänden. Es gibt wohl genug gemeinsame Dinge zwischen uns. Am liebsten würde ich Euch zu den Feiertagen oder gleich nach den Feiertagen einladen, aber ich muß zu einer gewissen Dame fahren, mit der ich eng befreundet bin, und sie erwartet mich. Also erwarte ich Euch in den Ferien. Ihr habt ja selbst im vorigen Brief geschrieben, daß Ihr mich frühestens in den Ferien besuchen könntet. Denkt an mich. Übrigens werden wir bis dahin noch ein paar Briefe wechseln. Wenn ich über die Feiertage in Drohobycz bleiben könnte – was ich bezweifle – würde ich Euch schreiben, wenngleich ich nicht weiß, ob Ihr jetzt kommen könntet. Ich umarme Euch sehr herzlich und erwarte Euren lieben Besuch mit größter Freude

Euer Bruno Schulz

[25. III. 1935]

56. Werter Kollege!

Ich bin voller Reue und Mißbehagen über mich, daß ich Euch so lange ohne Antwort ließ. Ich hatte inzwischen verschiedenes durchgemacht, war auf Reisen und ähnliches mehr. All dies rechtfertigt mein Schweigen nicht, kann es aber in Euren Augen vielleicht ein wenig verständlicher machen. Ich danke Euch herzlich für das stetige Gedenken.

Jetzt müssen wir etwas unternehmen hinsichtlich unseres Treffens. Ich bleibe bis zum 1. Juli in Drohobycz. Wenn es Euch möglich wäre, jetzt für ein paar Tage vorbeizukommen, träfet Ihr mich noch in Drohobycz an. Falls es Euch ungelegen ist, dann Anfang Juli oder später in Zakopane. Möglicherweise werde ich mich hier noch ein paar Tage nach dem Ersten aufhalten. Ich muß Euch aber bekennen, daß ich bis Freitag einen Gast habe und ein wenig in Verlegenheit wäre wegen des Platzes für Euch; erst ab Freitag ist mein ›Hotel‹ wieder frei. Wenn Ihr nach Zakopane kommen könntet, wäre es herrlich. Ihr würdet gleich viele Leute kennenlernen, meine Bekannten, vor allem Witkacy, mit dem ich mich angefreundet habe, und es wäre auch sonst sehr interessant. Ich werde wahrscheinlich außerhalb der Stadt wohnen, vielleicht in einer Hütte bei Bergbauern, wo sich vermutlich auch für Euch Platz finden ließe.

Ich weiß nicht, ob ich Euch schon mitgeteilt habe, daß mein Jahresurlaub konkrete Gestalt annimmt? Wenngleich ich noch keine definitive Nachricht habe, betrachte ich die Angelegenheit jedoch schon als sicher.

Das war der Gipfel meiner Träume, indes zeigt sich die Sache nicht so rosig, wie ich dachte. Ich werde nicht ganz 200 Złoty monatlich haben (10 Monate lang). Das würde für mich schon ausreichen, wenn ich nicht das Haus meiner Schwester unterhalten müßte, die mit einem Neffen und mit einer Cousine bei mir wohnt. So bleibt mir nichts anderes, als mich auf meine Feder zu verlassen, und da bin ich voller Befürchtungen, ob sie mit dem Schreiben auch nachkommen wird. In Zakopane werde ich mit meiner Braut sein (jawohl – so spät) – ein wahnsinniges Risiko das ganze Unternehmen. Laßt mich wissen, ob Ihr kommt. Wenn es Euch nicht viel ausmacht, würde ich Euch lieber bei mir in Zakopane bewirten, und zwar, weil Ihr Euch dort länger aufhalten könntet, und ich nicht durch Reisevorkehrungen zu Hause daran gehindert wäre, mich Euch zu widmen. Ich fürchte nur, daß Ihr vielleicht wegen der Reisekosten lieber nach Drohobycz kommen würdet. Wenn dem so ist, dann kommt.

Herzlichen Dank für die »Kamena«. Ich lebe in einer solchen Unordnung, daß ich keine Zeit finde, sie zu lesen.

Vergeßt nicht das Werkzeug für den Holzschnitt mitzubringen. Ich grüße und umarme Euch herzlich

Bruno Schulz

Drohobycz, 24. VI. 1935

57. Werter Kollege!

Ich danke Euch herzlich für die schönen und lieben Wünsche. Ihr stellt Euch das alles viel zu romantisch vor. Ich kenne meine Braut schon seit drei Jahren, vor zwei Jahren sind wir uns näher gekommen und verbringen dann und wann ein paar Wochen Ferien zusammen, weil wir nicht am selben Ort wohnen. Wir sind beide arm, sie ist eine arbeitslose Gymnasiallehrerin auf der Suche nach einer Stellung.

Eure pessimistischen Betrachtungen hinsichtlich der Zukunft und Eurer Möglichkeiten haben mich sehr betrübt. Es gibt keinen Grund zu resignieren und aufzugeben. Ihr müßt Eurer inneren Stimme gehorchen, denn sie ist die Stimme der wahren Berufung. Ein solch starkes Verlangen, eine solche Leidenschaft müssen ein Zeichen und eine Vorahnung künftiger Kraft sein. Habt Geduld mit Euch. Wartet andächtig und bereit. Ich bin sicher, es wird ein Augenblick kommen, da sich Eure eigentliche Vision erhellt, das, was zu sagen Euch bestimmt ist.

Meine Abreise zieht sich hin. Ich werde erst nächste Woche nach Zakopane fahren und etwa vier Wochen dort bleiben. Habt keine Skrupel und kommt wenn möglich rasch. Ich erwarte Euch mit Freude. Ihr müßt jedoch meine Nachricht aus Zakopane abwarten, da ich meine künftige Adresse nicht kenne. Wir werden eine Lokalität außerhalb von Zakopane suchen, in Kościeliska, Cyrhla oder in Jaszczurówka.

Ich glaube, Ihr solltet länger in Zakopane bleiben, es zahlt sich nicht aus, nur für so kurz zu kommen. Ich werde Euch mit sehr interessanten Leuten bekannt machen, vor allem mit St. Ig. Witkiewicz. Ich hoffe, wir werden die Zeit gut verbringen. Da ich arbeiten will, werdet Ihr Euch an einem Teil des Tages mit der Gesellschaft meiner Braut, Frau Szelińska, begnügen müssen. Ich grüße Euch auf das herzlichste und drücke Eure Hand

Euer Bruno Schulz

Drohobycz, 13. VII. 1935

Falls Ihr keine Nachricht von mir erhaltet, schreibt an die Drohobyczer Adresse.

58. Werter Kollege!

Ich bin seit einer Woche in Zakopane, wohne in der Pension »Pani«, am Slowacki-Bulwar. Nutzt die Woche billiger Fahrten (Feiertag der Berge) und kommt hierher. Eine Masse von Menschen wird zusammentreffen. Ein ungewöhnlicher Betrieb. In meiner Pension gibt es keine freien Zimmer, aber vielleicht läßt sich ein zweites Bett in mein Zimmer stellen oder Ihr werdet nebenan irgendwo unterkommen. Ich erwarte Euch mit Neugier und mit Freude. Kommt! Alles andere besprechen wir mündlich. Bleibt gesund, ich grüße Euch herzlich.

Euer Bruno Schulz

Zakopane, 3. VIII. 1935

Eure Karte habe ich erst heute von zu Hause erhalten.

59. Werter Kollege!

Ich bedauere zwar, daß Ihr nicht gleich kommen könnt, aber die Umstände sind wirklich ungünstig. Eine Wohnung zu finden ist sehr schwer, und auch die Preise sind beachtlich gestiegen. Ich werde wahrscheinlich bis zur 3. Augustwoche, also etwa bis zum 20sten, hier bleiben. Ich glaube, das Bezahlen der Kurtaxe wird sich vermeiden lassen. Es scheint, das ›Bergfest‹ geht am 14. zu Ende. Ich möchte, daß Ihr bei mir wohnt, und das ist erst nach der Abreise der Gäste möglich, die sich jetzt in die Pension gepfercht haben. Vom ›Bergfest‹ habe ich eigentlich noch gar nichts Interessantes gesehen. Wider Erwarten lebe ich hier sehr einsam und treffe nur manchmal Witkiewicz und den Kritiker Płomieński[35]. Ich arbeite auch nicht, ich will mich nur ein wenig physisch erholen, da ich, wie Ihr Euch erinnert, immer sehr schwach war und es auch weiterhin bin (53 kg).

Herrn Jaworski habe ich nicht getroffen. Ich rechne also damit, daß Ihr am 14. oder 15. abreist und wir hier gemeinsam noch einige Tage verbringen können. Ich gehe nicht in die Berge – ich bin schwindelig und leide an Raumangst. Als ich mich einmal höher hinaufwagte, mußte ich eine fremde Person bitten, mich wieder herunterzuführen.

In Erwartung Eurer Ankunft verbleibe ich mit herzlichen Grüßen

Euer Bruno Schulz

Mittwoch,
[8. VIII. 1935]

60. Werter, alter, treuer Freund!

Sooft ich in dieser Zeit an Euch dachte, plagten mich empfindlich mein schlechtes Gewissen und die Scham darüber, daß ich mich damals Euch gegenüber so verhalten hatte. Warum dies geschah, habt Ihr mir selber in Euerm treuen Brief erklärt. Ich war damals nicht Herr meiner Nerven, meiner Aufregung und meiner Verzweiflung.[36] Warum ich danach schwieg, wiewohl Ihr Euch in Erinnerung gebracht und die »Kamena« geschickt habt? Bestimmt, weil ich mich schämte und mein Verhältnis zu Euch als versumpft und verdorben betrachtete. Indessen habt Ihr

Euch in Eurer Treue selbst an mich gewandt. Und wieder trefft Ihr mich in einem schweren Augenblick an. Der endgültige Bruch mit meiner Braut liegt hinter mir. Meine Bekanntschaft mit ihr war ein Bündel von Leiden und schweren Augenblicken. Schließlich empfinde ich es als Erleichterung, daß sie mit mir endgültig gebrochen hat. Die Information in der Zeitung war irreführend. Wir waren nicht getraut. Wenngleich ich mit diesem Bruch zufrieden sein sollte, fühle ich eine schreckliche Leere und Nichtigkeit des Lebens in mir. Ich kann nichts tun, ich kann kein Buch in die Hand nehmen, weil es mir davon nur übel wird und ich mich schrecklich langweile. Habt Ihr schon einmal so etwas durchgemacht? Ich erkenne mich selber nicht mehr. Ich, der immer einen Kopf voller Probleme hatte, von verschiedenen Ideen gereizt war, taste mich jetzt leer, gedankenlos dahin und habe das Gefühl, alles hätte ein Ende genommen. Seit Monaten schreibe ich nichts mehr; nicht den kleinsten Artikel bringe ich zustande, ja sogar das Schreiben eines Briefes kostet mich enorme Überwindung. Ich erhalte auch seit länger schon keine Post mehr und schreibe selbst an niemanden. Ich fühle, daß dies nicht nur eine Folge meiner Herzenserlebnisse ist, sondern daß ich in eine neue Lebensphase eingetreten bin, deren Dominante große und prinzipielle Enttäuschung, die Nichtigkeit des Lebens ist.

Mein Buch[37] habe ich noch im Januar in Druck gegeben. Wann es erscheinen wird, weiß ich nicht, ich kümmere mich nicht darum, das Buch freut mich nicht mehr. Es ist eine Sammlung von Novellen, die schon in Zeitschriften abgedruckt waren. Der »Messias«[38] liegt brach.

Was treibt Ihr denn? Wie seid Ihr mit dem Leben zufrieden? Gewiß wird mir jede Nachricht von Euch sehr lieb sein. Seid mir nur nicht böse, wenn ich manchmal nicht gleich antworte. Ich habe noch kein Programm für die Ferien; ich kann mich zu gar keiner Entscheidung durchringen. Und Ihr? Werdet Ihr irgendwo in der Nähe sein?

Ich umarme Euch herzlichst — Euer Bruno Schulz

Drohobycz, 2. VI. 1937

61. Werter Kollege!

Ich habe schon wieder ein schlechtes Gewissen, weil ich Euch nicht geschrieben habe, aber irgendwie konnte ich mich nicht zu einer Antwort entschließen auf Euren schönen und tiefgründigen Brief. Ich war 4 Wochen lang auf dem Lande in der Nähe von Turki, fast völlig einsam. Ich hatte aber keinen Trost von dieser Einsamkeit und bin eine alte und tief in mir verwurzelte Illusion losgeworden, daß ich zur Einsamkeit wie geschaffen sei. Vielleicht war ich es einmal, heute gähnt Leere und Leblosigkeit von der Landschaft auf mich, ich kann mich am Tische des Herrn nicht mehr nähren. Es ist nicht schön, wenn man ständig klagt, und auch nicht männlich, aber ich muß sagen, daß in mir etwas verdorben ist. Findet Ihr denn in der Welt noch etwas wirklich Schönes und Hinreißendes vor, seid Ihr noch zu Enthusiasmus fähig? Mir scheint, daß die Welt langweilig geworden ist.

Ist Czortków bei Krzemieniec Podolski? Dort ist mein Freund, der Maler Janisch beim Restaurieren von Gemälden im Lyceum von Krzemieniec beschäftigt. Ich hatte vor, zu ihm zu fahren, um Podolien und die Steppen und den Steppenmond zu sehen. Aber ich weiß nicht, ob daraus etwas wird. Wenn Ihr in Krzemieniec seid, grüßt ihn von mir. Er ist ein sehr intelligenter und famoser Kerl. Wenn ich dorthin führe, würde ich Euch sehen.

Ich umarme Euch herzlich und grüße

Bruno Schulz.

4. VIII. 1937

62. Werter Zenon!

Euer Brief erreichte mich in Posen, wo ich mich bei einer Freundin aufhalte.[39] Ich danke Euch sehr für das herzliche Gedenken. Vorerst schreibe ich nur ein paar Worte, nehme mir die eigentliche Antwort nach meiner Rückkehr zu Hause vor. Von dort werde ich Euch eine Kleinigkeit für die »Kamena« schicken, weil ich hier nichts habe. Ich komme hier mit »Prom«[40] in Berührung. Was die Werke zur Illumination betrifft und die Adressen – ich verfüge nur über einige Nummern der »Grafika«.[41] Wenn Ihr das nicht kennt, schicke ich es Euch gern. Es sind davon verschiedene Sachen darunter. Ich bin bei sehr lieben und intelligenten Menschen, aber schon morgen reise ich ab. Kennt Ihr Posen?

Ich umarme Euch herzlich und grüße

Bruno

Lest unbedingt »Ferdydurke«[42] – ein geniales Werk!!

[5. I. 1938]

63. Werter Zenon!

Vergebt mir, daß ich so selten und spärlich schreibe, mich nicht hinreichend für Euere Herzlichkeit revanchiere. Ihr habt mir ein schönes und trauriges Gedicht geschickt, für das ich herzlich danke. Mit dem Ton dieses Gedichts ist meine Trauer im Einklang. Es ist unsere gemeinsame Trauer des Älterwerdens, der Enttäuschung, des nackten Gerippes der Wahrheit. Meint Ihr, man kann diese Trauer zum Antrieb einer schöpferischen Inspiration machen, sie künstlerisch nutzen, Opfer eigener Niederlage des schöpferischen Dämons werden?

Ich bin dazu nicht fähig. Meine Muse begehrt der Heiterkeit und Wärme. Dem Herbst des Lebens zu, wird sie schlafsüchtig und träge wie Fliegen um diese Jahreszeit. Andererseits könnte ich sagen, daß ich inhaltlich reicher werde und das Material wächst, es fehlt nur der Anreiz, der Antrieb, die Passion, es in eine Form umzuschmieden.

Ich bin zu der Erkenntnis gelangt, daß unser einziger Zufluchtsort Arbeit sein kann, irgendeine, selbst unter unserem Niveau, selbst eine mechanische. Anders wird uns die Trauer auffressen. Deshalb ist es gut, daß Ihr Diplome macht, Gründungsurkunden anfertigt. Das ist ein sehr angenehmes und schönes Vergnügen und muß auch finanziell etwas einbringen. Bemüht Euch, auf diesem Gebiet breitere Kreise zu ziehen, dringt in die Hauptstadt vor, mir scheint, es mangelt in Polen an Spezialisten für Diplome, und Ihr habt Bedingungen dafür.

Über meine Pläne möchte ich nicht schreiben. Ich bin abergläubisch, daß sie nicht gelingen, wenn man vorzeitig von ihnen spricht. Übrigens sind sie gar nicht so hochfahrend und kühn. Habt Ihr das »Sanatorium«[43] gelesen? Ich konnte Euch kein

Autorenexemplar schicken, wie ich es wollte, weil »Rój« mir nur eine kleine Anzahl gab, die ich gleich in Warschau an Kritiker und einflußreiche Personen austeilte. Die Resonanz war schwach. Wie gefällt es Euch?

Die »Kamena« habe ich erhalten und danke sehr. Ist das nicht ein allzu großzügiges Gegengeschenk für meine bescheidenen Zeichnungen?[44]

Ich umarme Euch sehr herzlich und bitte um Gedenken

Euer Bruno Schulz

24. IV. 1938

An die Redaktion der Sygnały

Die Briefe waren an zwei Redakteure der Lemberger Zeitschrift gerichtet. Der Adressat des ersten Briefes war Tadeusz Hollender (1910-1943), ein Dichter, der in den Jahren 1933-34 Chefredakteur der »Sygnały« (Signale) war. Er wurde während des II. Weltkrieges von deutschen Nationalsozialisten ermordet. Adressat der übrigen Briefe war Karol Kuryluk (1910-1967), ein kulturell und gesellschaftlich engagierter Mitbegründer der »Sygnały«, der Schulz persönlich in Drohobycz besucht hatte, um ihn zur Mitarbeit als Autor einzuladen. Die Briefe von Schulz befinden sich im teilweise erhaltenen Archiv der »Sygnały« in der Ukrainischen Staatsbibliothek in Lemberg.

An die Redaktion der Sygnały
(an Tadeusz Hollender und Karol Kuryluk)

64. Sehr geehrter Herr!

Gleich nach dem Gespräch mit Herrn Kuryluk mußte ich unverhofft nach Drohobycz abreisen und kehrte erst vorgestern zurück. In Eile schrieb ich eine Novelle[1] ab, vielleicht schaffen Sie es noch, sie zu drucken.

Ihr Brief war mir an meinen Aufenthaltsort nachgesandt worden und kam erst heute zurück, ohne mich dort noch angetroffen zu haben.

Ich verbleibe hochachtungsvoll und grüße herzlich

Bruno Schulz

Drohobycz, 28. IX. 1934
Floriańska 10

65. Sehr geehrter Herr!

Natürlich weiß ich von der Wiedererscheinung der »Sygnały« und lese sie sogar mit Interesse, wenn es mir gelingt, ein Exemplar zu erstehen.

Gern übersende ich Ihnen das Manuskript von Herrn Korabiowski[2], und in Zukunft werde ich noch etwas schicken. Ich erinnere mich gut an den Sommertag, als sie mit Frau Baranowska kamen. Oder war es etwa Herbst?

Bitte grüßen Sie mir herzlich Herrn Korabiowski, dessen lustige Wellen-Produkte[3] ich aufrichtig bewundere. Seine Prosa kenne ich noch nicht.

Sollte sich Ihnen die Gelegenheit bieten, würde ich Sie bitten, auch Frau Kuncewiczowa[4] zu grüßen, die in dieser Woche in Lemberg sein soll, wie ich hörte.

Ich umarme Sie herzlich

Bruno Schulz

Drohobycz, 19. III. 1936

66. Sehr geehrter Herr!

Sehr gern überreiche ich Ihnen eine Fragment aus dem »Prozeß« von Kafka[5], und zwar übersende ich 2 Auszüge zur Wahl. Einer davon mit dem Titel »Der Prügler« ist kürzer, aber für das Ganze weniger bedeutsam. Der andere, dem ich den Titel »Das Gleichnis vom Eintritt ins Recht« gegeben habe, enthält die essentielle Idee des Werkes.* Ich stelle Ihrem Belieben anheim, eine Auswahl zu treffen. Ich habe eine kurze Einführung in das Wesen des Werkes von Kafka[6] beigefügt.

Die letzte Nummer der »Sygnały« stellt sich sehr interessant dar. Aber werden Sie mir glauben, daß ich noch nicht dazu gekommen bin, sie ganz zu lesen? Ich behalte mir also meine Bemerkungen bis zum nächsten Brief vor.

Ich verbleibe mit herzlichem Händedruck und den besten Grüßen

Bruno Schulz

Drohobycz, 12. V. 1936

* Aber er ist vielleicht etwas langweilig.

67. Sehr geehrter Herr Redakteur!

Ich erlaube mir, Ihnen ein Prosafragment zu schicken, das von einer jungen Person geschrieben wurde, welches mir der Aufmerksamkeit wert und sogar etwas mehr als nur eine schöne Ankündigung erscheint. Ich sehe in dieser Arbeit überdurchschnittliche Werte.

Ich lege es Ihnen zur gütigen Beurteilung vor und würde mich sehr freuen, wenn Sie es in die Zeitschrift aufnehmen könnten. Es wäre für die junge Autorin ein großer Anreiz und Verpflichtung zu einer ernsthaften Arbeit.

In jedem Falle bitte ich Sie um Ihre Meinung und um Bewahrung des Manuskripts.

Ich verbleibe hochachtungsvoll und mit herzlichen Grüßen

Bruno Schulz

Drohobycz, 4. IX. 1938
Floriańska 8

68. Sehr geehrter Herr Redakteur!

Ich beteilige mich sehr gern an der Dezember-Nummer. Ich weiß noch nicht, was ich vorbereiten werde, aber sicher etwas Belletristisches.

Ich verbleibe mit dem Ausdruck tiefer Hochachtung und herzlichen Grüßen

Bruno Schulz

Drohobycz, 24. IX. 1938

69. Sehr geehrter Herr Redakteur!

Ich übersende Ihnen das versprochene Fragment einer Erzählung für die Dezember-Nummer der »Sygnały«.[7]

Wenn möglich, würde ich Sie bitten, mir Abzüge für die Korrektur zu schicken, da bei meiner Schreibweise Druckfehler besonders schmerzlich sind.

Ich verbleibe mit dem Ausdruck tiefer Hochachtung und herzlichen Grüßen

Bruno Schulz

4. XI. 1938

An Jarosław Iwaszkiewicz

Jarosław Iwaszkiewicz (1894-1980) – Romancier, Dichter, Dramaturg, Essayist, kannte Schulz nicht persönlich, war auch kein Freund seiner Dichtung. Der einzige Brief von Schulz an ihn, den wir veröffentlichen, beruht auf einem reinen Zufall. Er blieb in Stawisko, im Haus von Iwaszkiewicz erhalten, das nach dem Tode des Schriftstellers in ein Museum umgewandelt wurde und heute eine Zweigstelle des Warschauer Literaturmuseums ist.

70. Sehr geehrter Herr!

Frau Dorota Wygard[1] in Wien, Übersetzerin in die deutsche Sprache, möchte gern Ihr Bühnenstück »Lato w Nohant«[2] für einen bedeutenden deutschen Verlag übersetzen. Sie wendet sich an mich mit der Bitte um Vermittlung. Frau Wygard möchte gern wissen, ob sie damit rechnen könne, von Ihnen autorisiert zu werden und was Ihre Bedingungen wären.

Von Frau Wygards Übersetzungen kenne ich die sehr gute Übertragung einiger Kapitel der »Zimtläden«, die noch nicht im Druck erschienen sind.

Mit der höflichen Bitte um eine gütige Antwort[3], verbleibe ich mit dem Ausdruck tiefer Hochachtung.

Bruno Schulz

Drohobycz, 10. II. 1937
Floriańska 10

An Wacław Czarski

Wacław Czarski (ursprünglicher Name: Folman) – Chefredakteur des »Tygodnik Ilustrowany« (bis 1939) – starb nach dem Krieg in der Emigration. Der erste der beiden Briefe von Schulz ist jetzt Eigentum von Frau Jadwiga Sosińska, der andere wiederum (in Form eines mit Bleistift geschriebenen Briefentwurfs, der von Paris nach Warschau geschickt wurde) befindet sich im Besitz der Familie von Ludwik de Lille in Frankreich.

71. Sehr geehrter und werter Herr!

Herzlichen Dank für den lieben und guten Brief, für die Worte des Trostes und der Ermutigung. Ich brauche sie wirklich, weil ich am Ende meiner Kräfte bin. Ich weiß nicht, ob ich diese Marter noch lange aushalten werde. Es ist nicht mehr die Schule von früher, diese wahre Idylle unter den Berufen, beinah schon eine Nebenbeschäftigung, die sich im Leben bescheiden im Hintergrund hält. Seitdem sie sich gemausert hat, frech und schamlos geworden ist, wurde sie anmaßend, stellt immer deutlicher den Anspruch, durch sich allein das Leben des Menschen auszufüllen. Sie erträgt keine Konkurrenz. Schon lange hat sie jene anmutige Bescheidenheit eingebüßt, die sie zum Erwerbsberuf von Menschen prädestinierte, die eine Mission, eine erhabene, aber nicht einträgliche Aufgabe zu erfüllen haben.

Was tun? Soll ich mich davon lossagen, was ich für meine Mission, für meine eigentliche Aufgabe halte?

Soll ich in den Handarbeiten das Ziel und den Zweck meines Strebens sehen?

Ich bin schon von Natur aus nicht dazu geschaffen, Widerstand zu leisten, Einspruch zu erheben, sich jemandes Willen entgegenzustellen. Ich besitze nicht die Überzeugungskraft, jenen engen Glauben an die Rechtmäßigkeit meiner Sache, der dazu notwendig ist. Warum bin ich – ein Freund der Natur und ihrer elementaren Erscheinungen – dazu verurteilt, mich ihr entgegenzusetzen, den Kindern in ihrem natürlichen und schönen Antrieb und Unfug, ihrem elementaren Vandalismus einen Dämpfer aufzusetzen? Nein, dieser Kampf mit der solidarischen und sympathischen Bande von 26 Buben (soviel hat jeder Kurs), die mit Hämmern, Sägen und Hobeln bewaffnet sind – ist kein rühmlicher Kampf, und die gewaltsamen, verzweifelten Mittel des Terrors, zu denen ich greife, um sie im Zaume zu halten, widern mich an. Ich gehe daraus jeden Tag brutalisiert und innerlich schmutzig, mit Mißbehagen gegenüber mir selbst und mit einem so enormen Verlust an Energie hervor, daß ein paar Stunden nicht ausreichen, mich zu regenerieren.

Übrigens habe ich nachmittags verschiedene Übungen in der Werkstatt.

Warum retten Sie mich nicht, guter und werter Herr? Warum benötigt Herr Zawistowski[1] soviel Zeit, um den Boden für die Erneuerung meiner Eingabe um Urlaub vorzubereiten?

Bitte geben Sie mir noch zwei Wochen Zeit für die Anfertigung der Illustrationen zu »Edzio«[2]. Ich hatte wirklich keine Zeit. Mein Artikel über mich (in Form eines Interviews mit Witkacy – ein Briefwechsel – ein Interview per Brief sozusagen)[3], befindet sich seit einer Woche bei Witkiewicz in Zakopane, und ich fürchte, er wird das Tageslicht nicht mehr erblicken. Wenn ich mich nicht fürchtete, mir bei Witkiewicz Abneigung einzuhandeln, würde ich den Beitrag Ihnen in den »Tygodnik« als Interview mit mir selbst schicken. Darüber hinaus schreibe ich nichts – ich träume nur vom Schreiben – habe kaum Zeit, etwas zu lesen.

Gombrowicz hat mir sein Fragment, das ich illustrieren sollte, nicht geschickt. Offenbar hat er es sich anders überlegt.

Ich empfehle mich inständig dem Gedenken des Werten Herrn und verbleibe mit dem Ausdruck der Hochachtung und herzlichen Grüßen

Bruno Schulz

[im Winter von 1934 auf 1935]

72. Werter und lieber Herr!

Ich bin seit einer Woche in Paris, eine schreckliche Stadt, was für Frauen! Ich bin am Boden zerstört. Ein wahres ausschweifendes Babylon!

Ich bin hier mit Herrn Ludwik Lille[4] zusammen, einem Maler und glänzenden Essayisten sowie Kunstkenner, der Ihnen auf Dauer oder zeitweise Korrespondenzen aus Paris über alle Lebensbereiche schicken möchte. Er ist ein sehr talentierter Mensch, ich würde Ihnen raten, doch von ihm ein paar Artikel zu übernehmen. Wie geht es Ihnen, werter Herr? Vor einer Woche waren Sie nicht in Warschau. Ich wünsche alles Beste und bitte, mir ein paar Worte an die Adresse von Herrn Ludwik Lille, 51, Bd. St. Jacques, zu schreiben.

Ich grüße herzlich

Bruno Schulz

[um 10. VIII. 1938]

An Władysław Zawistowski

Władysław Zawistowski (?-1944) – Theaterwissenschaftler, Literaturkritiker, Kulturschaffender, Vorstand der Abteilung Kunst im Ministerium für Kultus und Öffentliche Bildung. Von Deutschen nach der Niederlage des Warschauer Aufstandes 1944 aus Warschau verschleppt, kam er im Konzentrationslager Neuengamme bei Hamburg am 31. XII. 1944 ums Leben. Die Briefe von Schulz sind jetzt Eigentum von Frau Jadwiga Sosińska.

73. Sehr geehrter Herr Vorstand!

Vom Brief des sehr geehrten Herrn Vorstands war ich zuvor durch die Ankündigung von Herrn Wierzyński[1] und von Herrn Czarski benachrichtigt worden – dennoch, als er in so entscheidender und definitiver Form ankam, die Erfüllung meiner innigen Wünsche brachte – ich bin tief gerührt und grenzenlos dankbar. Wenn man von Glück sprechen kann, dann fühle ich heute diese tiefe Sättigung, die feierliche und etwas traurige Ruhe der Erfüllung in mir, die Glück ist.

Wie soll ich dem sehr geehrten Herrn danken?

Von meinen ehrbaren Fürbittern ist dem sehr geehrten Herrn bekannt, mit welcher Qual ich mich den meinem Geiste fremden Anforderungen des Schulbetriebs gebeugt, wie sehr ich darunter gelitten habe. Mit welchem Seufzer der Erleichterung, mit welchem Gefühl der grenzenlosen Befreiung, werde ich mich jetzt den Dingen zuwenden, zu denen ich, wie ich glaube, geschaffen bin!

Der Gedanke von der Verantwortung, die ich auf mich nehme – entsetzt mich ein wenig. Es beruhigt mich allerdings die bisherige Erfahrung, die mich bis jetzt noch nie getäuscht hat, nämlich daß stets kurze Zeitabschnitte meiner Freiheit produktive Perioden waren. Wenn von außen der Druck nachließ – kehrte die Natur gleichsam zu ihren normalen Rechten, zu ihrer natürlichen Funktion zurück. Sobald mein Mechanismus sich selbst überlassen war – produzierte er.

Was die Einzelheiten der Übereinkunft in meiner Angelegenheit betrifft, bin ich voller Anerkennung und Dankbarkeit. Die Verbindung des Überschusses meines Gehalts (nach Abzug des Entgelts für die Vertretung) mit dem Zuschuß des Ministeriums scheint mir ein Gipfel der Erfindungsgabe und der Kombination zu sein. Ich wäre nie auf einen solchen Gedanken gekommen. Ich bin dem sehr geehrten Herrn Vorstand unermeßlich dankbar für das, was er für mich getan hat.[2]

Die Eingabe an das Kuratorium um Urlaub werde ich dem Direktor heute überreichen, das Gesuch an das Ministerium um ein Stipendium erlaube ich mir dem Brief beizufügen. Sollte sich im Ton oder im Inhalt des letzteren etwas Unpassendes finden – möge es mir der sehr geehrte Herr Vorstand zurückschicken, damit ich es redigieren kann.

Indem ich mich weiterhin dem Wohlwollen des sehr geehrten Herrn empfehle, verbleibe ich mit dem Ausdruck tiefer Hochachtung.

Bruno Schulz

Drohobycz, 19. III. 1935
Floriańska 10

74. Sehr geehrter Herr Vorstand!

Eingedenk des großen Wohlwollens, welches mir durch Ew. Wohlgeborenen Herrn Vorstand zuteil geworden war, sowie seiner besten Absichten mir gegenüber, habe ich in der schwierigen Situation, in der ich mich befinde – obwohl es sich vielleicht gar um eine Geringfügigkeit handeln könnte – den Entschluß gefaßt, mich auf die fürsorgliche Schirmherrschaft zu berufen, welche Ew. Wohlgeborener Herr Vorstand über die polnische Kunst und Literatur ausüben, und darum zu bitten, mir gütigst Hilfe zu gewähren.

Seit vielen Jahren träume ich von einer Reise nach Paris, um einmal die französische Kunst zu sehen und die Luft der reinen Kunstfertigkeit zu atmen. Wenn es mir gegenwärtig möglich ist, das bescheidene Autorenhonorar für ein Buch für einen mehrwöchigen Aufenthalt in Frankreich zu verwenden, stoße ich auf große Schwierigkeiten seitens geltender Vorschriften. Die Devisenzentrale hat es abgelehnt, mir die nötigen Kreditbriefe zu erteilen, vom Besitz eines Kreditbriefes wiederum macht die Starostei die Erteilung eines Touristenpasses (zum Vorzugstarif) abhängig.

Ich glaube, die Spitze dieser Einschränkungen ist gegen rein kommerzielle Reisen gewöhnlicher Touristen gerichtet, der Verwaltungsapparat in seinem Gange jedoch unfähig ist, darin – ohne die Intervention höherer Stellen – eine Bresche zu schlagen. Wenn aber das Ministerium für Kultus und Öffentliche Bildung meine Bitte in Form einer Empfehlung meiner Person befürworten könnte, indem es den künstlerischen und produktiven Charakter meiner Reise unterstreicht, zweifle ich nicht, daß dies alle Hindernisse beseitigen würde.

Ich erlaube mir, den Ew. Wohlgeborenen Herrn Vorstand innig darum zu bitten, mir diese Unterstützung gütigst gewähren zu wollen.

Ich vertraue diese für meine Entwicklung und Zukunft so lebenswichtige Angelegenheit in voller Zuversicht der gütigen Fürsorge des Ew. Wohlgeborenen Herrn Vorstands an, warte auf eine entgegenkommende Entscheidung und verbleibe mit dem Ausdruck tiefster Hochachtung

Bruno Schulz

Drohobycz, 21. VI. 1938
Floriańska 10

An Stanisław Ignacy Witkiewicz

Stanisław Ignacy Witkiewicz (1885-1939) – einer der vielseitigsten polnischen Künstler des XX. Jahrhunderts, Maler, Dramaturg, Romancier, Philosoph, Kunsttheoretiker. Autor bahnbrechender Werke besonders auf dem Gebiet der Dramaturgie. Er war als erster von Bruno Schulz' literarischem Werk hoch begeistert, verlieh dem Autor der »Zimtläden« öffentlich den höchsten künstlerischen Rang zu einer Zeit, da der beginnende Schriftsteller kaum in literarischen und außerliterarischen Kreisen bemerkt worden war, und in Veröffentlichungen, die sein Werk gelten ließen – selbst in äußerst bejahenden Beiträgen – die eigentliche Kunst seiner Prosen noch von niemand erkannt wurde. Witkiewicz beging am 18. IX. 1939 Selbstmord, nachdem ihn die Nachricht vom Einmarsch der Roten Armee in Polen erreicht hatte. Sehr viele Briefe von Schulz an Witkiewicz verbrannten in Warschau während der Verteidigung, Belagerung und Bombardierung der Stadt im September 1939. Nur ein Brief blieb im Haus des Künstlers in Zakopane erhalten; er ist jetzt im Besitz des Finders, Herrn Zbigniew Skotnicki. Bei dem zweiten Brief handelt es sich um einen Text, der zum Druck bestimmt war und auch veröffentlicht wurde (in »Tygodnik Ilustrowany« 1935, Nr. 17).

75. Sehr geehrter, werter Herr!

Schon am Gründonnerstag habe ich an Ihre Adresse einen Brief abgeschickt, ein Manuskript, 14 Grafiken und habe bis jetzt noch keine Empfangsbestätigung. Ich bin beunruhigt und besorgt. Ich fürchte, Sie vielleicht abgeschreckt zu haben durch den Ton einer phantastischen Buffoneria, zu welchem ich mich im letzten Brief habe hinreißen lassen, provoziert durch eine ähnliche Färbung Ihrer Briefe. Aber vielleicht halten Sie diesen Ton für Ihr Privileg, das Sie bei anderen nicht gelten lassen. Ich wäre untröstlich, wenn Sie sich aus diesem Grunde betroffen fühlten.

Meine Phantasie, Form oder schriftstellerische Miene neigt, vergleichbar mit Ihrer, zur Abweichung in Richtung Persiflage, Buffoneria, Selbstironie. Wo konnte ich auf Verständnis rechnen, wenn nicht gerade bei Ihnen!

Nein, Sie sind mir deshalb nicht böse!

Ich bitte Sie sehr um Beruhigung meines Gewissens mit der Nachricht, daß Sie auf mich nicht böse sind und sich nichts in unserer Beziehung geändert hat. Ich war eine Woche in Warschau. Ich habe beschlossen, mich um einen Jahresurlaub zu bemühen und ihn zur Hälfte in Warschau und in Zakopane zu verbringen. Bei Hoesick und im Haus des Polnischen Buches habe ich Ihre Werke abgeholt und freue mich mit Ihnen über die Maßen.

Ich verbleibe mit dem Ausdruck der Hochachtung und herzlichsten Grüßen

Bruno Schulz

Drohobycz, 12. IV. 1934

76. Bruno Schulz an St. I. Witkiewicz[1]

Die Anfänge meiner Zeichnungen verlieren sich in mythologischem Nebel. Ich konnte noch nicht sprechen, als ich schon alle Papiere und Zeitungsränder mit Kritzeleien bedeckte, welche die Aufmerksamkeit der Umgebung erregten. Es waren anfänglich lauter Wagen mit Pferden. Die Prozedur der Fahrt mit einem Wagen schien mir voller Gewicht und geheimer Symbolik zu sein. Seit meinem sechsten oder siebenten Lebensjahr kehrte in meinen Zeichnungen immer von neuem das Bild einer Droschke mit aufgesetztem Kasten und brennenden Laternen wieder, die aus einem nächtlichen Wald herausfuhr. Dieses Bild gehört zum eisernen Kapital meiner Phantasie, es ist eine Art Knotenpunkt vieler in die Tiefe führender Bahnen. Bis auf den heutigen Tag habe ich den metaphysischen Gehalt dieses Bildes nicht erschöpft. Der Anblick eines Droschkenpferdes hat bis auf den heutigen Tag nichts an Faszination und erregender Macht verloren. Seine schizoide Anatomie voll Ecken, Knoten, Knorren, Kanten und Höckern wurde gleichsam in seiner Entwicklung in einem Augenblick aufgehalten, als sie noch weiter wachsen und sich verästeln wollte. Und auch der Wagen ist ein schizoides Gebilde und dem gleichen anatomischen Prinzip entsprungen – vielgliedrig, phantastisch, aus flossenförmig gebogenen Blechen, Pferdehaut und riesigen ratternden Rädern verfertigt.

Ich weiß nicht, woher wir in der Kindheit zu bestimmten Bildern mit entscheidender Bedeutung für uns gelangen. Sie spielen die Rolle jener Fäden in Lösungen, um die herum sich für uns der Sinn der Welt kristallisiert. Zu diesen Bildern gehört bei mir noch das Bildnis eines Kindes, das vom Vater durch die Räume einer riesigen Nacht getragen wird, der dabei mit der Finsternis spricht. Der Vater drückt es an sich, umschließt es mit den Armen, beschirmt es vor dem Element, das spricht und spricht, aber für das Kind sind die Arme durchsichtig, die Nacht erreicht es durch sie hindurch, und trotz der Liebkosungen des Vaters hört es in einem fort ihre schrecklichen Überredungen. Und gequält, voller Fatalismus antwortet es auf die Belästigungen der Nacht, mit tragischer Bereitschaft, ganz dem großen Element ausgeliefert, vor dem es keine Flucht gibt.

Es gibt gewissermaßen Inhalte, die für uns vorbestimmt, vorbereitet sind und auf uns am Eingang ins Leben warten. So nahm ich Goethes Ballade[2] im Alter von acht Jahren mit ihrer ganzen Metaphysik auf. Trotz der mir nur halb verständlichen deutschen Sprache begriff, empfand ich den Sinn und weinte, bis ins Mark erschüttert, als die Mutter sie mir vorlas.

Solche Bilder stellen ein Programm dar, bilden das eiserne Kapital des Geistes, das uns sehr früh, in Form von Gefühlen und halb bewußter Erkenntnis verliehen wird. Mir scheint, daß der ganze Rest des Lebens damit vergeht, diese Einblicke zu interpretieren, sie ihrem ganzen Inhalt nach auseinanderzunehmen und durch die ganze Spannweite des Intellekts zu geleiten, die uns zusteht. Diese frühen Bilder bestimmen den Künstlern die Grenzen ihres Schaffens. Ihr Schaffen ist eine Ableitung aus fertigen Voraussetzungen. Später entdecken sie nichts Neues mehr, sondern lernen nur immer besser das ihnen am Eingang anvertraute Geheimnis verstehen und machen ihr Schaffen zu einer ständigen Exegese und zu einem Kommentar über diesen einzigen Vers, der ihnen aufgegeben wurde. Übrigens entwikkelt die Kunst dieses Geheimnis niemals bis zum Ende. Es bleibt ungelöst. Der Knoten, auf den unsere Seele angesetzt wurde, ist kein falscher Knoten, der aufgeht, wenn man an einem Ende zieht. Im Gegenteil, dann zieht er sich immer fester zusammen. Wir manipulieren an ihm, verfolgen den Lauf der Fäden, suchen das Ende – und aus diesen Manipulationen entsteht die Kunst.

Auf die Frage, ob in meinen Zeichnungen derselbe Einschlag sich offenbart wie in der Prosa, möchte ich bejahend antworten. Es ist doch auch dieselbe Wirklichkeit, nur in einem etwas anderen Ausschnitt. Das Material und die Technik wirken hier als selektives Filter. Die Zeichnung setzt durch ihr Material engere Grenzen als die Prosa. Deshalb glaube ich, mich in der Prosa vollständiger ausgesprochen zu haben.

Der Frage, ob ich die Wirklichkeit der »Zimtläden« philosophisch interpretieren könnte, möchte ich am liebsten ausweichen.[3] Ich glaube, daß die Verrationalisierung des Sehens der Dinge in einem Kunstwerk einer Demaskierung der Schauspieler gleichkommt und das Ende des Spiels, die Verarmung der Problematik eines Werkes bedeutet. Nicht deshalb, weil die Kunst ein Logogriph mit verstecktem Schlüssel ist, die Philosophie dagegen derselbe Logogriph, nur gelöst. Der Unterschied sitzt tiefer. Im Kunstwerk wurde noch nicht die Nabelschnur gelöst, die es mit der Gesamtheit unserer Problematik verbindet, dort kreist noch das Blut des Geheimnisses, die Enden der Gefäße wandern in die uns umkreisende Nacht und kehren von dort voll dunklen Fluidums zurück. In der philosophischen Interpretation haben wir nur mehr Ausschnitte aus der Gesamtheit der Problematik vor uns, ein anatomisches Präparat. Dennoch wäre ich selber neugierig, wie etwa in Diskussionsform das philosophische Credo der »Zimtläden« lautete. Es wird eher der Versuch einer Beschreibung der dort gegebenen Wirklichkeit als deren Begründung sein.

Die »Zimtläden« geben ein bestimmtes Rezept für die Wirklichkeit, stellen eine besondere Art der Substanz fest. Die Substanz dieser Wirklichkeit befindet sich in einem Zustand permanenten Gärens und Keimens, verborgenen Lebens. Es gibt keine toten, festen, begrenzten Gegenstände. Alles dringt über seine Grenzen hinaus und währt nur einen Augenblick in bestimmter Form, um sie bei erster Gelegenheit aufzugeben. In den Lebensbräuchen und -gewohnheiten dieser Wirklichkeit erscheint ein Prinzip besonderer Art – die Panmaskerade. Die Wirklichkeit nimmt bestimmte Formen nur zum Schein, zum Scherz, zum Spiel an. Der eine ist ein Mensch, der andere eine Schabe, aber diese Form erreicht keine Wesenhaftigkeit, sondern ist nur eine flugs, für einen Augenblick angenommene Rolle, nur eine Haut, die im nächsten Augenblick wieder abgeworfen wird. Es wird ein bestimmter extremer Monismus der Substanz angenommen, für welche die einzelnen Gegenstände lediglich Masken sind. Das Leben der Substanz beruht auf der Verwendung einer endlosen Menge von Masken. Diese Wanderung der Formen ist das Wesen des Lebens. Deshalb fließt aus dieser Substanz auch die Aura einer gewissen Panironie. Dort ist ständig die Atmosphäre von Kulissen, von hinteren Wänden der Szene vorhanden, wo die Schauspieler nach Ablegung der Kostüme über das Pathos ihrer Rollen lachen. In der Tatsache eines allgemeinen Daseins allein ist schon Ironie, Windbeutelei, die närrisch herausgestreckte Zunge enthalten. Da ist, scheint mir, ein Berührungspunkt zwischen den »Zimtläden« und der Welt Deiner malerischen und szenischen Kompositionen.

Worin der Sinn dieser universalen Desillusion der Wirklichkeit liegt, vermag ich nicht zu sagen. Ich behaupte nur, daß die Wirklichkeit unerträglich wäre, wenn sie keine Entschädigung in irgendeiner anderen Dimension erführe. Je nachdem, auf welche Weise wir tiefe Genugtuung über diese Lockerung des Gewebes der Wirklichkeit empfinden, sind wir an diesem Bankrott der Realität interessiert.

Es wurde über die destruktive Tendenz des Buches gesprochen. Schon möglich, daß es vom Gesichtspunkt bestimmter festgelegter Werte aus so ist. Aber die Kunst operiert in einer vormoralischen Tiefe, in einem Punkt, wo der Wert erst in statu nascendi ist.

Die Kunst als spontane Lebensäußerung stellt der Ethik Aufgaben – nicht umgekehrt! Wenn die Kunst nur bestätigen sollte, was seit eh und je festgelegt wurde, dann brauchte man sie gar nicht. Ihre Rolle ist die einer Sonde, die ins Namenlose hinabgelassen wird. Der Künstler ist ein Apparat, der Vorgänge in einer Tiefe registriert, in der Werte geschaffen werden.

Destruktion? Aber die Tatsache, daß dieser Inhalt ein Werk der Kunst wurde, bedeutet, daß wir sie bestätigen, daß unsere spontane Tiefe sich für sie ausgesprochen hat.

Zu welcher literarischen Gattung die »Zimtläden« gehören? Ja, wie soll man sie klassifizieren? Ich betrachte die »Zimtläden« als autobiographischen Roman. Nicht nur deshalb, weil sie in der ersten Person geschrieben sind und bestimmte Ereignisse und Erlebnisse aus der Kindheit des Autors enthalten. Sie sind eine Autobiographie oder vielmehr geistige Genealogie kat' exochen, weil sie den geistigen Stammbaum bis in jene Tiefe zeigen, wo dieser in Mythologie übergeht und sich in mythologischen Phantasien verliert. Immer schon habe ich gefühlt, daß die Wurzeln des individuellen Geistes, genügend weit in die Tiefe gesenkt, sich in einer Art mythologischen Urwalds verlieren. Das ist der unterste Grund, über den man nicht mehr hinausgehen kann.

Eine imponierende künstlerische Realisierung dieses Gedankens habe ich später in den Geschichten Jakobs von Th. Mann[4] gefunden, wo sie in einem monumentalen Ausmaß durchgeführt wird. Mann zeigt, daß auf dem Grund aller menschlichen Ereignisse, wenn man sie aus den Hülsen der Zeit und Vielheit schält, bestimmte Urschemata bestehen, Geschichten, auf denen sich diese Ereignisse als große Wiederholungen formen. Bei Mann sind es die biblischen Geschichten, die uralten Mythen Babylons und Ägyptens. Ich bemühte mich, auf meinem bescheideneren Niveau eine eigene, private Mythologie zu finden: eigene ›Geschichten‹ und einen eigenen mythologischen Stammbaum. So wie die Alten ihre Vorfahren aus mythologischen Ehen mit Göttern bezogen, unternahm ich den Versuch, für mich eine mythische Ahnengeneration herzustellen, eine fiktive Familie, aus der ich mein wahres Geschlecht ableite.

Irgendwie sind diese ›Geschichten‹ wahr, sie stellen meine Lebensweise dar, mein besonderes Schicksal. Die Dominante dieses Schicksals ist tiefe Einsamkeit und Absonderung von den Dingen des alltäglichen Lebens.

Die Einsamkeit ist jener Faktor, der zur Gärung der Wirklichkeit und zur Leerung ihres Schauplatzes von Figuren und Farben führt.

An Witold Gombrowicz

Witold Gombrowicz (1904-1969) – Schriftsteller, Prosaiker, Dramaturg, Essayist; bekannt durch seinen entdeckerisch-intellektuellen und grotesk-satirischen Roman »Ferdydurke« (1938, dt. 1960), mit welchem er bedeutenden Einfluß auf die junge Generation der polnischen Schriftsteller ausübte. Gombrowicz lebte seit 1939 in der Emigration, zuerst in Argentinien, dann in Westeuropa. 1967 erhielt er den »Internationalen Literaturpreis«. In den dreißiger Jahren unterhielt er enge, freundschaftliche Kontakte zu Schulz, der sein Werk sehr schätzte. Der Umschlag und die Illustrationen zum polnischen Erstdruck von »Ferdydurke« stammen von Bruno Schulz, der über diesen Roman auch einen umfassenden Essay schrieb (den wir in der vorliegenden Buchausgabe veröffentlichen). Die zahlreichen Briefe von Schulz an Gombrowicz sind während des Krieges verlorengegangen.

77. An Witold Gombrowicz[1]

Du möchtest mich in eine Arena locken, lieber Witold, die rings von Neugier der Menge umstellt ist, Du möchtest mich als wütenden Stier sehen auf der Jagd nach dem flatternden Laken der Frau Doktor; ihr luftiges, aramantfarbenes Peignoir soll Dir als Schild dienen, hinter welchem die Stiche Deines Degens auf mich warten.

Du hättest, mein Lieber, eine Farbe nehmen sollen, die noch rasender macht, einen Pfeil, der noch giftiger ist, und ein Gift, das noch tödlicher wirkt als der Speichel der Frau Doktor von der Wilcza-Straße. Du hättest mir eine gescheitere Frau Doktor unterschieben sollen, eine verlockendere, eine Frau, die es lohnte, auf die Hörner zu nehmen. Du unterschätzt ein wenig meine Empfindlichkeit, mir eine mit Lumpen ausgestopfte Puppe anzusinnen. Ich bin ein alter, blasierter Stier, ich kann bei bestem Willen nicht mehr tun als meinen Kopf senken und mit dräuendem, blutunterlaufenem Auge zwischen den Lanzen herausschauen, mit welchen Du mich gespickt hast. Leider ermangele ich des edlen Feuers und jenes blinzelnden, fanatischen Jähzorns, der mich auf Deinen Gedanken forttrüge, hin zu einer glänzenden Attacke. Im vorhinein schon hast Du die Linie abgesteckt, die Seitenwege versperrt, um mich ja mitten in die Arena zu bekommen. Du hast mir diesen wesentlichen Endkampf im voraus verekelt, hast das Publikum gestellt, die Akustik des Platzes bestimmt und genau festgesetzt, was man von mir erwarten darf. Und was wäre, wenn ich mich als Stier wider alle Konventionen erwiese, als Stier ohne Ehre und Ambition in der Brust, wenn ich die Ungeduld des Publikums mißachtete, der Frau Doktor von der Wilcza-Straße, zu der Du mich treibst, den Rücken kehrte und tapfer erhobenen Schwanzes auf Dich loszöge? Nicht um Dich zu Boden zu werfen, edler Torero, sondern Dich auf den Rücken zu nehmen – wenn dies kein Größenwahn ist – und Dich aus der Arena zu tragen, aus ihren Gesetzen und Kodizes.

Um es deutlich zu sagen, ich glaube nämlich nicht an den heiligen Kodex der Arenen und Foren, ich verachte ihn, auch wenn Du, von ihm verblendet, seinen Rand mit den glänzendsten Stimmen und Kommentaren versehen hast – fürwahr, eine seltsame Andacht, die sich über den Gegenstand ihres Kultes erhebt und im Tanz einer sich überschlagenden Ironie schwelgt!

Du bist also einverstanden, lieber Witold, daß wir diese interessante Tauromachie abblasen und, die aufgeschlitzte Puppe in den Sand geworfen und den Lärm des enttäuschten Publikums hinter uns habend, Schulter an Schulter – der Stier und sein Torero – hin zum Ausgang schreiten, in die Freiheit, ungezwungen, vertieft in ein intimes Gespräch, noch ehe wir die letzten Ränge des Theaters verlassen.

Nein! Welch ein Paradox! Du ein Verteidiger forensischer Spiele und ihrer lauten Akustik! Was ist die Akustik des Forums und der Arena, welche Wahrheiten und Argumente kommen in ihr zu Wort, woher stammt der unwiderlegbare Appell in unseren Herzen und Überzeugungen? Welcher Teil unseres Wesens ist es, der ihm voller Bejahung entgegeneilt, wider besseren Willen? Verehrst und schätzt Du den Witz des Haufens, den Witz im Sinne der Menge, jenen Witz, der den Gegner außerhalb seiner Rechte und Argumente besiegt, ihn zur Lächerlichkeit verurteilt, ihm die Waffe aus der Hand schlägt, ohne die Degen des Sachlichen zu kreuzen? Verführt Dich die Unmittelbarkeit des Effekts, die sofortige außerlogische Solidarität aller Arztfrauen von der Wilcza-Straße, der Applaus aller gewöhnlichen, vitalen und durchschnittlichen? Und was denn noch? Verfolgst Du aus der Tiefe Deines Wesens erstaunt die zunehmende unwillkürliche Bejahung und Solidarität mit etwas, das Dir im Grunde fremd und feindselig ist? Nun, was Dir als frevlerische, individuelle Macht erscheint, ist nur Schwäche Deines Wesens. Die Menge ist es, die in uns applaudiert, lieber Witold, die in uns sühnende und verwurzelte Menge gibt ihr Gemurmel von sich, betäubt unser besseres Wissen und erhebt unsere zuckenden Hände zur blinden Akklamation. Das sind die Reflexbewegungen der Herde, die in uns das klare Urteil verfinstert, veraltete und barbarische Urteilsmethoden einführt und das Arsenal einer atavistischen und besiegten Logik. Dieser Witz wendet sich an die Menge in Dir, zuversichtlich, daß auf dieses Signal hin in Dir ein dunkler, nicht artikulierter Laut entstehe, wie im Bär, der auf die Stimme einer Zigeunerpfeife dressiert ist.

Die Frau Doktor von der Wilcza-Straße! Wolltest Du meine Pläne durchkreuzen, meine Gefühle verwirren, als Gegenspieler die Vertreterin einer starken, mächtigen Korporation vor mich hinstellen und die Linie unseres Gefechtes hart an der ausgedehnten Kampffront des Geschlechts abstecken? Wolltest Du mich in Deiner Arglist auf sumpfiges, Dir so gut bekanntes Gelände locken, wo die Nordnadel unserer Gefühle zu wirren anfängt, wo Pole moralischer Bedeutungen in einer seltsamen Ambivalenz ihre Zeichen austauschen und Haß wie Liebe ihre Eindeutigkeit in einer großen, umfassenden Unordnung verlieren? Nein, nein, lieber Witold, ich habe mich davon befreit, ich kann dieser großen Verwirrung schon entgegenwirken, das teilen und abgrenzen, was nicht zueinander gehört. Gewiß, ich schätze und bekenne aus ganzem Herzen: Frau Doktor hat wunderschöne Schenkel; aber ich beschränke diese Tatsache auf die ihr eigene Sphäre. Ich kann dem abhelfen, daß die Verehrung für die Beinchen der Frau Doktor sich nicht in einem völlig ungeeigneten Bereich entlädt. Dabei stört mich die Schwäche für diese Schenkel keineswegs, in intellektueller Sphäre einen offenen Haß gegen den philiströsen Stumpfsinn der Frau Doktor, gegen ihr formelhaftes Denken und gegen diese völlig fremde und mir feindliche Mentalität zu hegen. Jawohl – und ich bekenne es offen –, ich hasse die Frau Doktor von der Wilcza-Straße, sie ist ein Geschöpf, jeder Sachlichkeit beraubt, die Frau eines Arztes in reiner, destillierter Form, das Schulbeispiel der Frau eines Arztes oder einfach einer Frau... auch wenn es mir in einer anderen und völlig abgesonderten Sphäre schwerfällt, dem Reiz ihrer Beine zu widerstehen.

Zugegeben, die schillernde Ambivalenz meines Wesens, die Janusköpfigkeit, abhängig davon, ob ich die Frau Doktor nun als Eigentümerin ihrer Beine oder ihres Intellekts betrachte, macht neugierig, sie verwundert, reizt zu philosophischen Verallgemeinerungen und zu metaphysischen Perspektiven. Es scheint mir, als hätten wir hier eine von den grundsätzlichen Antinomien der menschlichen Seele auf frischer Tat ertappt, wären auf einen zuckenden metaphysischen Lebensnerv gestoßen.

Ich bin kein Anhänger leichter Vereinfachungen, doch ehe uns die Psychologie über diese Fragen nicht exakt Auskunft geben wird, schlage ich vor, eine vorläufige Erklärung anzunehmen, nämlich, daß unsere Geschlechtlichkeit, samt ihrer ganzen ideologischen Aura, zu einer anderen Entwicklungsepoche gehört als unser geistiger Zustand. Ich bin überhaupt der Meinung, daß unsere Psyche, hinsichtlich der Entwicklungsstufen verschiedener Sphären, höchst uneinheitlich ist und ihre Antinomien sich durch das Zusammenleben und Sich-kreuzen vieler gleichzeitiger Systeme erklären lassen. Hier ist die Quelle der verwirrenden Vielgleisigkeit unseres Denkens.

Ich bin absichtlich auf das Gebiet der Geschlechtlichkeit abgestiegen, weil wir schon lange gewohnt sind, sie, unter dem Druck der Lebenserfahrung, abzusondern und ihre Probleme auf ein getrenntes Konto zu buchen. Gerade in diesem Punkt ist die Vielschichtigkeit unseres Geisteszustandes am deutlichsten. Weniger deutlich wird sie auf dem Gebiet allgemein moralischer, biologischer und gesellschaftlicher Wertungen, und hier rücke ich in Deine höchstpersönliche Domäne ein. Ich kenne Deine merkwürdige Reizbarkeit in diesem Punkt, Deine geradezu pathologische (und deshalb schöpferische) Unruhe. Das ist Dein wunder Punkt, hier gipfelt Deine übermäßige Empfindlichkeit, das ist Deine Achillesferse, die Dich juckt und wurmt, als wollte ihr ein neues Organ entwachsen, eine neue Hand, greifsicherer als die andere. Versuchen wir, diese besonders schmerzhafte und reizbare Stelle zu begrenzen und abzusondern, sie chirurgisch zu lokalisieren, auch wenn sie wuchert und in alle Richtungen ästelt. Die Tatsache, daß es ein ungeschriebenes Gesetzbuch der Werte gibt, eine anonyme Mafia, einen consensus omnium, der sich jeglicher Kontrolle entzieht – so scheint mir –, beunruhigt Dich und bringt Dich aus der Fassung. Außer den offiziellen Werten, die wir gutheißen und bekennen, hält sich eine inoffizielle, aber mächtige Verschwörung verborgen, ein unfaßbares und heimliches System – zynisch und amoralisch, irrational und spöttelnd. Dieses System (und es besitzt absolut die Züge eines konsequenten Systems) sanktioniert die Untreue einer perversen Frau, setzt paradoxe Hierarchien fest, gibt dem faulen Witz eine zerschmetternde Kraft, rafft uns unter die Macht eines solidarischen Lachens wider unser Wollen und Wissen. Dieses unfaßbare, nirgendwo lokalisierte System, das gleichsam unsere Wertungen zwischenmolekularisch lüftet, sich der Verantwortung entzieht, jedem Versuch, es zu fangen oder zu fixieren, entgeht – dieses unfeierliche und unseriöse System, das mit der mächtigen Waffe der Lächerlichkeit tötet, ist seinem Wesen nach eine beunruhigende und merkwürdige Erscheinung. Ich weiß nicht, ob es jemand gibt, der frei wäre von seiner Faszination.

Ich halte es für ein großes Verdienst, daß Du als erster unsere Gedanken und Gefühle auf diese Fragen gebracht hast. Wenn ich mich nicht täusche, ist es Dir als erstem gelungen, den Drachen in seinen tausend Schlupfwinkeln ausfindig zu machen und ihn auf Armlänge heranzuholen. Schon jetzt will ich Dich mit dem Lorbeerkranz eines zukünftigen Drachentöters schmücken. Denn ich halte dieses anonyme System für etwas Böses, das überwunden werden muß. Deshalb beunruhigen mich Deine allzu langen Ränke mit ihm, Dein weitschweifiges Gezischel, Verhandlungen, Deine ganze heuchlerische und undurchsichtige Politik. Um Gottes willen, komm zur Besinnung! Leg Deine Verblendung ab! Durchschau endlich, wo der Feind ist und wo der Freund! Du prädestinierter Drachenmörder, von Natur aus bewaffnet mit mächtigen Mordinstrumenten, Du, mit Deinem feinen Spürsinn, der den Feind in seinem tiefsten Versteck wittert – pack ihn endlich mit den Fangzähnen, wälz ihn im Maul, klapp zweimal mit den Zähnen, durchbeiß ihm die Kehle, zermalm ihn!

Nein, Witold, ich glaube an Dich. Du willst ihn nur durch die Bewegungen des Magiers reizen, ihn mit Schmeicheleien beräuchern, hypnotisieren und läßt ihn dann in der Pose eines Idols, das Du ihm ansinnst, erstarren. Jawohl, und ich werde Dir dabei sekundieren. Setzen wir sie auf den Thron, die Frau Doktor von der Wilcza-Straße, hosanna, hosanna, werfen wir uns nieder. Sie soll aus den Fugen geraten, ihren weißen Bauch herausstrecken, sich dick aufblasen – die Frau Doktor von der Wilcza-Straße, das ewige Idol, das Ziel all unserer Sehnsüchte, hosanna, hosanna, hosanna . . .

Während sie so dasitzt, trunken, und über ihre Ufer fließt, mit den blauen Augen, die uns übersehen und nicht wahrnehmen, untersuchen wir ihr Gesicht, versenken uns in ihre Miene, setzen eine Sonde an den Grund dieser unerforschten Fratze.

Du sagst, sie sei das Antlitz des Lebens? Nicht nur wir, weiseren und besseren – sagst Du – hätten das Recht, Frau Doktor auszulachen, auch ihr billigst Du Gleiches zu, zu spotten, zu verachten und zu höhnen. Du hältst zur Unterlegenheit gegen die Überlegenheit. Du mühst Dich, unser ganzes Tun bloßzustellen, indem Du uns den amorphen Leib der Frau Doktor vor Augen schleuderst und Dich verbunden fühlst mit ihrem stumpfsinnigen Gequake. In ihrer Person behauptest Du die Lebenskraft zu verteidigen, die Biologie gegen die Abstraktion, gegen unsere Lebensfremdheit. Wenn Biologie, Witold, dann wohl die Kraft ihrer Bewegungslosigkeit; wenn Vitalität, dann ihre passive schwere Masse.

Die Avantgarde der Biologie ist jedoch ein Gedanke, ein Experiment, eine schöpferische Erfindung. Wir sind nämlich diese streitende Biologie, diese Eroberungsideologie, wir sind wirklich vital.

Lach nicht. Ich weiß, was Du denkst, wie wenig Du von unserem Leben hältst. Und das schmerzt mich. Du vergleichst es mit dem Leben der Frau Doktor von der Wilcza-Straße, und dieses scheint Dir real zu sein, stärker im Boden verwurzelt, während wir, unter den Wolken bauend und dem Druck Hunderter von Atmosphären Langeweile den Phantasien ausgeliefert, unsere fast niemandem mehr nützlichen Ausgeburten destillieren. Langeweile, Witold, heilsame Langeweile! Das ist unsere hohe Askese, das ist unser feiner Geschmack, der es uns nicht erlaubt, beim verschwenderischen Festmahl des Lebens zu tafeln, das ist die Unbestechlichkeit unseres Geschmacks, der eingeschworen ist auf neue und unbekannte Speisen.

Erlaube, daß ich Dir zum Schluß in zwei Worten sage, wo ich Dich wissen möchte, wo ich Deinen eigentlichen Platz und Posten sehe. Du hast das Zeug zu einem großen Humanisten, was ist denn Deine pathologische Empfindlichkeit für Antinomien sonst, wenn nicht Sehnsucht nach dem Universalen, Sehnsucht nach dem Humanisieren *nicht vermenschlichter* Gebiete, Sehnsucht nach der Enteignung partikularer Ideologien und ihrer Eroberung zugunsten der großen Einheit. Ich weiß nicht, auf welchem Wege Du dies vollenden wirst, dennoch sehe ich darin einen positiven Sinn und die feierliche Bestätigung Deines Tuns, wodurch das Tier in diesem halbmenschlichen Jagdrevier bis jetzt nur scheu gemacht und ins Schußfeld getrieben wurde.

Ich grüße Dich, Dein

Bruno Schulz

[Juli 1936]

An die Redaktion des Tygodnik Ilustrowany (Illustrierte Wochenzeitung)

78. Anstatt einer Antwort[1]

An den Redakteur der Tygodnik Ilustrowany

Ich lese gerade den Artikel von J. E. Skiwski[2] mit dem Titel »Eine Kette des Glücks«; da ich selber die Ehre habe, mit der Zeitschrift zusammenzuarbeiten, erlaube ich mir, einige Bemerkungen zu diesem Thema zu machen. Ich habe von mir nicht den Eindruck, naiv und eingebildet zu sein, wie Herr Skiwski mir dies gern bescheinigen möchte. Ich glaube auch nicht, daß ich ein snobistischer Schriftsteller bin auf der Suche nach dem leichten Erfolg; auch würde ich alles das, was ich bis heute geschrieben habe, nicht in der Richtung einschätzen, die diesen Vorwurf rechtfertigte. Auf alle Fälle fühle ich mich vollkommen unfähig, eine Polemik in die Wege zu leiten, die dieses Thema betrifft – ein Umstand, der bestimmt niemand in Erstaunen setzt. Und ich bedauere wirklich, daß die an mich gerichteten Vorwürfe nicht auf elegantere Weise formuliert wurden, vor allem weniger primitiv – in bezug auf den psychologischen Angriff – da es in diesem Falle möglich gewesen wäre, eine treffendere Erklärung abzugeben.

Bruno Schulz

[1936]

An Kazimierz Truchanowski

Kazimierz Truchanowski (geb. 1904) – Prosaiker, Übersetzer. Die polnische Literaturkritik ist fast ohne Ausnahme zu der Erkenntnis gelangt, daß Truchanowskis Werk, wegen verblüffender Ähnlichkeiten mit der Prosa von Bruno Schulz, die in nachahmerischer Weise hervorstechen, zur Kategorie der literarischen Imitation zählt, die Ergebnisse von zweifelhafter Qualität erreicht und mit der Quelle, bei der sie ihre Anlehnungen macht, unvergleichbar bleibt. Die vom Empfänger zugänglich gemachten Briefe von Schulz stammen aus der Zeit vor Truchanowskis Debüt als Buchautor. In einem späteren Brief an Andrzej Pleśniewicz spricht Schulz in drastisch scharfen Formulierungen Truchanowskis Werk jeden literarischen Wert ab. Die Briefe befinden sich im Besitz des Adressaten.

Drohobycz, 6. X. 1935

79. Sehr geehrter Herr!

Ich bin ergriffen von Ihrem Verhältnis zu meinem Werk und danke Ihnen von Herzen für die Worte der Sympathie und Solidarität.

Der »Messias«[1] geht nur langsam voran – es wird eine Fortsetzung der »Zimtläden« sein. Novellen daraus erschienen teilweise schon in Zeitschriften. Unlängst erschien die Novelle »Edzio«[2] im »Tygodnik Ilustrowany« Nr. 40. Die Übersetzung aus dem Deutschen[3] ist fertig, sie muß nur noch abgeschrieben und durchgesehen werden. Ich warte damit bis auf den Winter, weil ich dann in Warschau sein werde und die Sache persönlich im »Rój«-Verlag erledigen kann. Ich habe sehr wenig Zeit, da ich in der Schule wöchentlich 27 Stunden Handarbeiten unterrichte, obgleich man mir Urlaub versprochen hat.

Was die Illustration der »Zimtläden« betrifft, ich habe sie nicht illustriert, ich habe nur die Absicht, es zu tun und zu diesem Zwecke muß ich den Holzschnitt erlernen. Ich kann Ihnen also nicht mit Illustrationen dienen. Hingegen schicke ich Ihnen, falls

Sie daran interessiert sind, 2 ältere Grafiken[4], allerdings nicht gegen Bezahlung, weil ich Geld nur von reichen Bourgeois nehme. Ich schicke sie Ihnen, sobald mir der sehr geehrte Herr seine Warschauer Adresse nennt.

Ob ich für Ihre Werke Illustrationen anfertigen würde? Bitte vergeben Sie mir, daß ich das nicht übernehmen kann. Ich habe keine Zeit zur Illustration eigener und zum Schreiben, ich darf sie also nicht der Illustration fremder Werke opfern. Allerdings würde ich gerne einige Ihrer Werke kennenlernen. Vielleicht schicken Sie mir was Kleineres.

Sehr gerne treffe ich mich mit Ihnen in Warschau. Vorerst grüße ich Sie herzlich, bitte um Nachricht und verbleibe mit dem Ausdruck der Hochachtung

Bruno Schulz

80. Werter Herr!

Eigentlich bin ich bei unserem Treffen nicht zu Ihnen vorgedrungen, zu den Schichten, die am interessantesten wären. Sie müssen im Innern voll spannender Dinge sein, ich möchte mit Ihnen gern einmal eine Woche oder zwei auf dem Lande verbringen. Sie müssen ein vortrefflicher Kollege, ein Gefährte zum Phantasieren, Vagabundieren und zum Wandern sein.

Mögen Sie etwa Bücher mit Abenteuern für Kinder? Möchten Sie nicht mit mir und mit noch jemand auf einer menschenleeren Insel, in einer autarken Festung wohnen, leicht bedroht von wilden Tieren, Piraten und dergleichen? Haben Sie »Die Schatzinsel« von Stevenson gelesen? Haben Sie nie daran gedacht, ein solches Buch für Kinder und kindliche Phantasten zu schreiben?

Sie rühren an eine schmerzhafte Wunde, wenn Sie vom »Messias« sprechen. Die Arbeit geht mir nicht von der Hand. Die Übersetzung Kafkas ist schon in Druck gegeben. Bestimmt haben Sie das Fragment im »Tygodnik Ilustrowany«[5] gelesen. Hat es Ihnen gefallen?

Ich bitte Sie sehr um Verzeihung, daß ich aus Vergeßlichkeit die Grafiken nicht signiert habe. Was die Zeichnungen angeht, werde ich Ihnen noch schreiben. Bitte vergeben Sie mir, daß ich nicht viel schreibe.

Halten Sie mich bitte für einen Menschen, der Ihnen wohlgesonnen und ergeben ist. Gern würde ich mich wieder mit Ihnen treffen.

Ich grüße Sie herzlich

Bruno Schulz

4. III. 1935
Ich schicke Ihnen den »Vater« und »Adele«.[6]

(auf einem losen, möglicherweise von einem Briefpapier abgerissenen Zettel – den Schulz dem obigen Brief beifügte:)

Soll ich Ihnen die Manuskripte zurückschicken? Sehr gut gefiel mir das Kreisen des Vaters unterwegs zur Bahnstation. Auch diese Zylinderhüte in den »Gästen«[7] sind glänzend und die Mannequins, in die die Gäste sich verwandeln.

81. Werter Herr!

Bitte verzeihen Sie, daß ich auf zwei Ihrer Briefe nicht geantwortet habe. Schuld daran ist eine ständige Depression, die mein Leben beschwert: ich fühle, daß ich nichts von mir geben kann, obgleich Sie sich soviel von mir erhoffen und erwarten. Ich weiß einfach nicht, womit ich auf soviel Enthusiasmus von Ihnen antworten soll. Außer meiner künstlerischen Unfruchtbarkeit belasten mich viele materielle und existentielle Sorgen, so zum Beispiel erhalte ich im nächsten Monat kein Stipendium mehr (150 Złoty) und weiß auch nicht, wovon ich einige Monate leben soll, weil ich jetzt auch kein Gehalt mehr beziehe. Der Frühling war für mich bis jetzt irgendwie hart, herb, ungastlich und brachte mir nichts – fast nichts. Tagtäglich besuche ich einen Freund, der an Krebs stirbt.[8] Ich bedauere, daß ich Ihre Legende von meinem Glück so entzaubere. Ich sehe mich jetzt vor ein schwieriges Eheproblem gestellt, die Verbindung mit einer liebenden und tapferen ungewöhnlichen Frau ist wegen meiner materiellen Verhältnisse erschüttert worden.

Ihr Hörspiel habe ich mit Aufmerksamkeit gelesen. Außer meinem subjektiven Interesse kann ich Ihnen nichts dazu sagen ich kenne mich darin überhaupt nicht aus. In Warschau können Sie Irzykowski die Sache zeigen – er ist mit Drehbüchern für das

Radio sehr befaßt und kann Ihnen gute Tips geben, wie man die Sache den Bedingungen des Radios anpaßt. Er kann Sie auch unterstützen, weil er junge, nicht entdeckte Talente mag. Soll ich Ihnen das Manuskript zurückschicken?

Meine Übersetzung Kafkas wird demnächst erscheinen, ich werde sie Ihnen schicken, wenn sie erschienen ist. Außerdem werde ich noch vor den Ferien einen Band mit Novellen[9] herausgeben, die bereits in Zeitschriften erschienen sind plus eine größere neue.[10] Ich möchte das mit Illustrationen herausgeben. Den »Messias« rühre ich nicht an.

Bitte vergeben Sie mir, daß ich wenig schreibe. Ich hoffe, wir sehen uns in Kürze und werden viel reden. Indessen wünsche ich Ihnen von Herzen frohe Feiertage und alles Gute.

Bruno Schulz

Drohobycz, 11. IV. 1936

An Andrzej Pleśniewicz

Andrzej Pleśniewicz (1909-1945) – Literaturkritiker, Essayist. Publizierte seine Artikel u. a. in den »Wiadomości Literackie«. Während der deutschen Besatzung hielt er sich in Warschau auf, wo er an konspirativen Treffs teilnahm. Er verfaßte Rezensionen über Bruno Schulz. Nach der Niederlage des Warschauer Aufstandes wurde er zunächst verschleppt und hielt sich dann auf dem Lande versteckt. Anfang Februar 1945 begab er sich zu Fuß nach Warschau, um die in der Wohnung verborgenen Manuskripte zu retten. In Babsk überraschte ihn ein Luftangriff deutscher Bomber, bei dem er ums Leben kam. Drei Briefe von Schulz, die Pleśniewicz während des Krieges ausgeliehen hatte, befinden sich in der Sammlung von Jerzy Ficowski.

82. Werter und sehr geehrter Herr Andrzej![1]

Ihr Brief hat mir Freude bereitet, irgendwie hatte ich nicht damit gerechnet, daß Sie Ihr Versprechen ernst nehmen würden. Einst lebte ich mich im Briefeschreiben aus, das war damals meine einzige schöpferische Betätigung. Schade, daß wir unsere Korrespondenz nicht in jene Zeiten zurückführen können. Jetzt kann ich nicht mehr so schreiben, und diese Zeit – die gar nicht so weit zurückliegt – scheint mir in der Perspektive reich, lebensvoll und blühend zu sein im Vergleich mit dem jetzigen Einerlei des Alltags und seiner Unordnung. Sie haben eine Handschrift, die ich mag. Ich habe gute Erfahrung gemacht mit Menschen, die solch eine Schrift schreiben.

Sie überschätzen die Vorteile meiner Drohobyczer Situation. Was mir auch hier fehlt – ist Stille, eigene, musische Stille, ein beruhigtes Pendel, das nur seiner eigenen Gravitation gehorcht, mit der reinen Linie seiner Bahn, die durch keine fremden Einflüsse getrübt wird. Diese substantielle Stille, positiv – voll – ist an sich schon beinah schöpferisch. Jene Geschichten, die, wie ich vermute, durch mich zur Sprache kommen wollen – ereignen sich oberhalb einer bestimmten Grenze der Stille, formen sich in einem Mittelpunkt, der zum vollkommenen Gleichgewicht geführt wird. Selbst die Ruhe, wie ich sie hier habe, wenngleich sie vollkommener ist als in jener glücklichen Epoche – wurde unzureichend für die immer empfindsamere, wählerische Vision. Es fällt mir immer schwerer an sie zu glauben. Aber gerade diese Dinge verlangen einen blinden Glauben, der auf Kredit gegeben ist. Erst mit diesem Glauben geeint, willigen sie mit Mühe ein – zu sein, bis zu einem gewissen Grade zu existieren.

Das, was Sie von unserer künstlich verlängerten Kindheit sagen – von der Unreife – verwirrt mich ein wenig. Denn es scheint mir, daß die Art von Kunst, wie sie mir am Herzen liegt, eben ein Rückzug, wiedergekehrte Kindheit ist. Wenn es möglich wäre, die Entwicklung rückläufig zu machen, durch einen Umweg die Kindheit wiederholt einzufangen, noch einmal deren Fülle und Maßlosigkeit zu besitzen – dann wäre das die Erfüllung der »genialen Epoche«, der »messianischen Zeiten«, die uns von allen Mythologien versprochen und verheißen werden. Mein Ideal ist, zur Kindheit »heranzureifen«, das wäre erst die wirkliche Reife.

Ich lebe hier völlig einsam. Ich habe mir die traurige Pflicht auferlegt, einen Freund zu besuchen, der an Krebs stirbt.[2] Der Frühling weckt in mir das Verlangen nach einer Wanderung zu zweit, einem Camping wie in der Gymnasialzeit. Vielleicht wird ein Freund – ein Maler zu mir kommen.

Über meine Arbeiten ist es besser nichts zu schreiben – es ist sehr wenig, geringfügig und kaum der Rede wert.

Wenn Sie Witold sehen[3], bitte grüßen Sie ihn herzlich. Er soll mir nicht böse sein, daß ich ihm noch nicht geschrieben habe.

Ich schließe schon, danke Ihnen herzlich für das Gedenken, verbleibe mit dem Ausdruck der Hochachtung und einem herzlichsten Händedruck

Bruno Schulz

Drohobycz, 4. III. 1936
Ich bitte um baldige Nachricht und Fortsetzung der Korrespondenz.

83. Werter Herr Andrzej!

Ich danke Ihnen herzlich für die schöne und tiefe Verteidigung, die ich von Ihrer Seite in den Spalten des »Kurier Poranny«[4] erfahren habe. War es wert, in dieser Sache eine Lanze zu brechen? Ich habe den Eindruck, daß mein Spektakel mit Witold erst ex post einen Sinn erhält, bei näherer Beleuchtung dieser Epiphänomene, die seinen Spuren folgen.[5] An sich war es in der Tat eine geringfügige Spielerei. Ich wunderte mich, daß man es so ernst nimmt. Auf jeden Fall bin ich Ihnen sehr dankbar. Fakten und Taten sprechen eine härtere Sprache als Absichten, und Absichten, die nicht durch Fakten bekräftigt werden, verdienen nicht, daß man ihnen Glauben schenkt. Deshalb glauben Sie mir womöglich nicht, daß ich in Warschau oft an Sie gedacht habe, und wenn es nicht zu Begegnungen kam, dann nicht aus meiner Schuld. Ich bedauere, daß unser Kontakt sich so unbefriedigend gestaltet hat. Ich weiß selber nicht, wer Schuld hat, daß ich Sie, Breza und Witold so wenig sah, obwohl ich mit Euch so vieles gemeinsam habe.

Ich bin zu der Erkenntnis gelangt, daß meine chronische Depression von der quietistischen und eudemonistischen Einstellung kommt, aus jedem Augenblick eine Bilanz der Zufriedenheit und Beschaulichkeit zu ziehen. Jeden Augenblick stelle ich mir die Frage: habe ich ein Anrecht auf Zufriedenheit, ist der Fall »Schulz« es wert, daß man sich auch weiterhin darum bemüht. Und von der Antwort auf diesen Fragebogen des Glücks mache ich einen defätistischen oder optimistischen Entschluß abhängig, des öfteren ist es ein defätistischer. Indessen sollte die Frage lauten: habe ich ein Maximum von dem getan, was im gegebenen Zeitabschnitt zu tun war? Sein Leben auf Arbeit gründen, auf Tätigkeit, sich vom Barometer des Glücks unabhängig machen – darauf sollte die Organisation des Lebens beruhen.

Ich kann mich nicht entschließen, einen Band Novellen zum Druck zu geben[6] – ein Widerwille gegen den Entschluß. Ist dies eine Form von Krankheit?

Was machen Sie? Was schreiben Sie? Mit wem verkehren Sie? Was gibt es Interessantes in der Literatur? Ich würde mich sehr über eine Nachricht von Ihnen freuen. Zu den Feiertagen werde ich wahrscheinlich nicht nach Warschau kommen.

Ich umarme Sie herzlich und grüße

Bruno Schulz

Drohobycz, 29. XI. 1936
Floriańska 10

84. Werter Herr Andrzej!

Über Ihren unerhofften und lieben Brief habe ich mich sehr gefreut. Gestern erst schrieb ich an Sie, und ehe ich den Brief aufgeben konnte (ein Umschlag fehlte mir) – war gleichsam schon die Antwort da. Auf welchen Ihrer Briefe haben Sie keine Antwort erhalten? Seit dem letzten Brief, den ich erhielt, sahen wir uns doch in Warschau. Haben Sie später noch an mich geschrieben? Vielleicht ist er abhanden gekommen? Ich fühle mich ein bißchen schuldig, daß ich Sie während meines Aufenthaltes in Warschau so selten sah. Ich glaube, daß in dieser Frage die Initiative vielmehr bei mir gelegen hatte. Aber das läßt sich noch beheben.

Ihr Artikel hat mich sehr angenehm berührt, weshalb mein Urteil über ihn vielleicht nicht objektiv ist. Ich stellte mir vor, Witold könnte Sie wirksam angreifen. Sein Standpunkt ist sehr stark und schwierig zu widerlegen. Das, was Sie von der Objektivierung der Erlebnisse bei einem Künstler sagen, von der Distanz zwischen dem Leben und der Kunst – das dachte auch ich fast genauso. Auch was die Grundlosigkeit der Forderung angeht, ein Schriftsteller sollte, wie Gomber[7] es nennt, ein »voller Schriftsteller« sein. Dieses sein Kriterium gegenüber einem Schriftsteller berührt, meiner Meinung nach, gar nicht das Wesen des Künstlers, es betrifft seine Lebens- oder Gesellschaftsfähigkeit, oder ähnliche Dinge. Ein realer persönlicher Nutzen aus der Beherrschung des Wortes »darf kein« Prüfstein der Kunstfertigkeit »sein«. Alles das haben Sie treffend formuliert. Überhaupt stelle ich fest, daß wir in vielen Punkten übereinstimmen, dies war mir bereits während unserer vorigen Korrespondenz aufgefallen, und daß wir, hinsichtlich der Art wie wir die Probleme angehen, gleichsam parallele Wege gehen.

Es ist lieb zu hören, daß Sie sich für meine Person interessieren. Leider kann ich Ihnen über mich nichts Tröstliches berichten. Ich falle von einer Depression in die andere, und dies lähmt meine Aktivität. Ich komme zu der Einsicht, daß die Schuld meiner spärlichen Produktion dem Mangel an Disziplin oder Lebenstechnik zuzuschreiben ist, der Unfähigkeit, sich den Tag zu organisieren. Ich unterliege dem Vorurteil, daß schöpferische Tätigkeit dann erst beginnen kann, wenn auf dem gesamten Gebiet des Lebens alle Schwierigkeiten bewältigt sind, wenn nichts droht und ein Hauch von Heiterkeit über der besänftigten »Seele« schwebt. Und darauf muß man lange warten. Es genügt eine verschleppte, unerledigte Sache, eine innere Unpäßlichkeit, um mir die Lust am Schreiben zu verderben.

Haben Sie meinen »Frühling« gelesen? Ich selbst bin mit ihm nicht zufrieden, deshalb suche ich Bestätigung von außen.

Nein, ich habe beim Ministerium kein Gesuch eingereicht. Ich danke Ihnen schön, daß Sie es so gut meinen. Ich nehme an, es liegt nicht in Ihrer Macht, den Minister zu bewegen, mir in Warschau einen Posten zu verschaffen? Ich habe beim Kuratorium des Schulsprengels eine Eingabe gemacht[8], mich nach Lemberg zu versetzen.

Truchanowskis Buch[9] gehört zu den Dingen, die mich in letzter Zeit deprimieren. Ich halte dieses Buch für eine unwillkürliche Parodie meines Buches, eine Karikatur, die durch Unfähigkeit und Naivität des Autors angerichtet wurde. Die Selbstkritik dieses Menschen scheint mir gelähmt zu sein. Er nimmt nicht wahr, oder macht sich nichts daraus, daß er meine Wendungen, Sätze und Formulierungen wiederholt, trivial und stümperhaft. Haben Sie schon einmal verpfuschte Kopien von Gemälden gesehen, die Dilettanten angefertigt haben? Einzelheiten des Originals sind darin auf ähnliche Weise vergröbert, verunstaltet und verdreht. Meine Abneigung kommt daher, daß ich mich vor dieser groben, naiven und primitiven Mentalität ekele, die mit unfähiger Hand meine Erfindungen berührt. In seinen Händen arten sie zur Karikatur aus. Dieses Buch kann mir sehr viel Schaden zufügen: unser Leser ist kein gewissenhafter Leser. Wer wird sich schon die Mühe machen, wieder nach den »Zimtl.[äden]« zu greifen, um den Unterschied zwischen mir und Truchan.[owski] festzustellen. Auf diese Weise wird sich seine Karikatur von Prosa im Bewußtsein des Lesers an die Stelle meiner Prosa setzen. Ich möchte sehr, daß Sie – falls dies in Übereinstimmung mit Ihrer Absicht ist – den Leser vor dieser Gefahr warnen und einen Graben ziehen zwischen ihm [d. i. Truchanowski, d. Übers.] und mir. Daß meine Befürchtungen keine Erfindung sind – belegt die Rezension von Łaszowski[10], in welcher der Schund von Truchanowskis Buch den Anlaß bietet, mich und mein ganzes Genre zu attackieren.

Was machen Sie außer Artikel? Schreiben Sie etwas Eigenes?

Ich verstehe sehr wohl Ihr Bedürfnis nach Absonderung und Stille. Napierskis Rezension[11] habe auch ich nicht richtig verstanden, aber ich schreibe dies der Tiefe und den schwierigen Gedankengängen zu, durch die er führt. Sind Sie nicht auch dieser Meinung?

Ich danke Ihnen herzlich für das Gedenken und verbleibe mit dem Ausdruck der Hochachtung und herzlichsten Grüßen

Bruno Schulz

1. XII. 1936

An Mendel Neugröschl

Mendel Neugröschl – geboren in Sącz, Rechtsanwalt, Autor etlicher Gedichtzyklen in jiddisch; er war auch Herausgeber einer Anthologie polnischer Dichtung in jüdischer Sprache. Neugröschl gehörte zur Gruppe der Lemberger Schriftsteller, die sich »Cusztajer« nannte. Aus Wien, wo er lebte, wurde er von deutschen Nationalsozialisten in das Konzentrationslager Dachau verschleppt, dem er entkommen konnte; danach ging er, dank des energischen Einsatzes des PEN-Clubs in die Emigration. Er starb in den Nachkriegsjahren. Schulz' Brief ist in deutscher Sprache geschrieben und war Eigentum der Witwe des Empfängers, die in den Vereinigten Staaten lebt.

[Original des von B. Schulz in deutscher Sprache verfaßten Briefes]

Herrn Dr. M. Neugröschl
Wien, Sterng. 11

85. Sehr geehrter Herr Doktor!

Meine liebe Freundin, Frau Debora Vogel[1] berichtet mir, dass Sie in einem Schreiben an sie einiges Interesse für mein Buch – Sklepy cynamonowe bekündet hätten.

Ich erlaube mir mit gleicher Post, Ihnen ein Exemplar des Buches zu übersenden und würde es mich sehr freuen, wenn Sie es der Mühe wert finden, einiges daraus, oder gar das ganze Buch zu übersetzen. Für diesen Fall gilt dies Schreiben als Erteilung des Übersetzungsrechtes.

Ich bitte Sie um Verzeihung, wegen des beschädigten Exemplars, aber ich habe kein anderes zur Hand und wahrscheinlich liegt Ihnen nichts an einem neuen.

Ich verbleibe mit vorzüglicher Hochachtung

Bruno Schulz

Drohobycz, den 4. XI. 1936
Floriańska 10.

An Mieczysław Grydzewski

Mieczysław Grydzewski (1894-1970) – Begründer und Chefredakteur der Wochenzeitschrift »Wiadomości Literackie« sowie der Monatsschrift »Skamander«; Publizist. Seit 1939 in der Emigration; er gab in London bis zu seinem Tode die Wochenzeitschrift »Wiadomości« (Nachrichten) heraus (ursprünglich: »Wiadomości Polskie« – Polnische Nachrichten), gedacht als Fortsetzung der »Wiadomości Literackie« aus der Zeit vor dem Krieg. Grydzewski starb in London.

86. An den Redakteur der »Wiadomości Literackie«

In Nr. 762 der »Wiadomości Literackie« erschien die für mich ehrenvolle Rezension Emil Breiters[1] über mein Buch »Das Sanatorium zur Todesanzeige«, die u. a. folgende Stelle enthält: »(Schulz) ist es schon gelungen, eine literarische Schule zu gründen, die neben einigen unfähigen Epigonen ernste Talente hervorgebracht hat, die wie Gombrowicz z. B. neue und unabhängige Wege des Ausdrucks suchen.«

Mit diesem Urteil kann ich mich schwerlich einverstanden erklären.

Gombrowicz ist eine ausnehmend selbständige Erscheinung, auf eigenem Grund gewachsen und seine Quellen und Reserven selber in sich tragend. Er operiert in einer völlig anderen Dimension der Wirklichkeit als ich und gehört – ungeachtet bestimmter abweichender Anscheine – einer ganz anderen Schriftstellerfamilie und einer anderen geistigen Formation an.

In Anbetracht unserer völlig inkommensurablen inneren Welten ist die Frage des zeitlichen Primates gänzlich gleichgültig, obgleich auch dieser die Angelegenheit ohne jeden Zweifel zu Gombrowiczs Gunsten entscheidet. Sein erstes Buch, »Tagebuch aus der Reifezeit«, das ihn schon als völlig kristallisierte und reife schöpferische Persönlichkeit zeigte, erschien 1933, während meine »Zimtläden« erst 1934 das Licht der Welt erblickten.

Ich glaube, daß weitere Argumente zur Bekämpfung dieser falschen These überflüssig sind, da ihre psychologischen Quellen bei näherem Hinsehen klar werden. Zur Verbindung unserer Namen und Werke haben bestimmte zufällige Konvergenzen geführt, nämlich die relative Gleichzeitigkeit des Auftretens, die ungenierte Behandlung der konventionellen Wirklichkeit (die in beiden Fällen verschiedene Wurzeln hat) und ganz besonders die beiden Erscheinungen gemeinsame Schwierigkeiten der Klassifikation.

Dieses Zusammenspannen unserer Namen und Werke unter dem illusorischen Zeichen der Gleichheit ist im Grunde genommen für beide nachteilig, da es weder die tatsächliche Autonomie noch die Eigenart eines jeden von uns würdigt.

Bruno Schulz (Drohobycz)

[Datum des Druckes: 19. VI. 1938]

An Georges Rosenberg

Georges Rosenberg (vel Gregory R. Marshak) – Bruder von Maria Rey-Chazen (vel Chasin), einer Freundin von Schulz, wohnhaft in Paris. Schulz' Brief ist im Besitz des Adressaten.

87. Sehr geehrter und werter Herr![1]

Ich bin gerührt von Ihrem schönen Geschenk, wertvoll für mich als Beweis des Gedenkens und Ihrer subtilen Aufmerksamkeit. Ich danke Ihnen herzlich dafür, wie auch für die ganze Zeit, in der Sie mir soviel von Ihrer Person opferten, in deren Bann ich mich während der ganzen Zeit unserer Begegnungen befand. Ich bekenne, daß mir diese Mischung aus Subtilität und breitgefächertem Naturell, Diszipliniertheit und Freiheit, Unabhängigkeit und Zurückhaltung sehr recht war. Ihr Zauber schien umso größer, als sie auf Güte gründet, einer sehr diskreten und gezügelten. Bitte verzeihen Sie mir, daß ich mich unbeholfen mühe, etwas zu analysieren, was einheitlich ist, sich auf nichts zurückführen, nicht definieren läßt – individuum est ineffabile – es aber allein die Sucht des Schriftstellers ist, der alles in Elemente zerlegen, besprechen, bereden muß – so übrigens, wie wir über verschiedene Dinge redeten wahrend unserer Pariser Nächte und vor keinen Schranken Halt machten, mit der Gelassenheit freier Geister jeden Widerstand brachen, mit dem sich zweideutige, drastische und schamhafte Fragen entgegenstellen. Es ist übrigens ein Postulat des Humanismus, den ganzen Bereich des Lebens zu humanisieren, auf daß es weniger Dinge gäbe, die das Licht der Gedanken meiden und das Wort scheuen. Das Ausgesprochene ist schon zur Hälfte beherrscht. Noch einmal erinnere ich an die Leichtigkeit der Verständigung, die sich zwischen uns vom ersten Augenblick an installiert hat. Diese sichere Kollegialität im Humanismus gründete auf der gemeinsamen Plattform des Humanismus, die unser Sprungbrett, unsere Reserve und Instanz war, auf die sich unsere Gedanken beriefen.

Dank Ihrem Taktgefühl, das ebenfalls ein Derivat des Humanismus ist, überschritten unsere Gespräche nie die Grenzen einer gemeinsam verbindlichen Objektivität. Da sie rein privat waren, wurden sie nicht intim. Wir unterbrachen sie weit vorher, ehe sie im Begriff waren, die Grenzen unserer Intellekte zu erreichen, dergestalt, daß sie einen gewissen Anreiz und Hunger nach Fortsetzung hinterließen. Ich glaube, wir wären imstande uns lange in diesem Zustand der Spannung zu halten. Ich hoffe, es wird mir noch die Möglichkeit einer weiteren Entwicklung dieser sich so gut und interessant ankündigenden Beziehung gegeben sein. Frau Maria[2] habe ich über unsere Begegnung noch nicht berichtet, ich schulde ihr eine Antwort auf den letzten Brief. Ich grüße Sie herzlich und bitte um weiteres Gedenken.

Bruno Schulz

Drohobycz, 28. VIII. 1938
Floriańska 8
P. S. Leider habe ich, wie ich sehe, mir nur Ihre Telefonnummer notiert.

An Ludwik Lille

Ludwik Lille (1897-1957) – Maler, Essayist, Mitbegründer der Lemberger Gruppe bildender Künstler »Artes«. Schulz lernte ihn zu Beginn seiner Arbeiten auf dem Gebiet der Grafik in Lemberg kennen, wo Lille ihm eine der ersten Ausstellungen seiner bildnerischen Werke organisierte. In den dreißiger Jahren ging er für immer nach Paris, wo er nach etwa zwanzigjährigem Aufenthalt starb. Während des kurzen Besuches von Schulz in Paris (2.-26. VIII. 1938) hatte er ihn eine Zeitlang bei sich zu Gast. Drei Briefe an Ludwik Lille befinden sich in der Sammlung der Familie des Adressaten in Frankreich.

An Ludwik Lille

Drohobycz, 2. IX. 1938

88. Werter und lieber Herr! Floriańska 8

Nehmen Sie es mir nicht übel, daß ich aus Paris abgereist bin, ohne [von] Ihnen Abschied zu nehmen. Ich habe seit langem eine Fobie vor Abschiedsszenen und meide sie immer, wenn ich nur kann. Ich habe Paris am vergangenen Freitag Morgen verlassen.[1]

Mit großer Freude empfand ich, daß Sie mir Sympathie schenkten und gern in meiner Gesellschaft waren. Auch ich fühlte mich gut und sicher bei Ihnen, obwohl sich Ihr Pessimismus mir erteilte und mit Trauer ansteckte. Aber es war ein milder und unschädlicher Pessimismus – eher ein statischer, weltanschaulicher, als dynamischer und affektvoller.

Ich bin schon wieder zu Hause, eingeschlossen im kleinen und sicheren Kreis des Drohobyczer Horizonts. Ich beginne mit dem Schulbetrieb. Es ist Herbst und überall blühen Astern und Dahlien. Ich rate Ihnen dringend, einmal in die Provinz und sei es nach Versailles zu fahren. Das Schloß brauchen Sie nicht anzusehen, aber das Städtchen ist bezaubernd. Dort würde ich gern wohnen. Ziehen Sie doch in die französische Provinz, wenn Sie schon unbedingt in Frankreich und in der Nähe von Paris sein wollen. Sie werden sehen, wie wundervoll es dort ist. Es muß auch billiger sein als in Paris.

Hat Czarski Ihnen etwas auf unseren Brief geschrieben? Wenn nicht, sieht es ihm sehr ähnlich. Vielleicht sollten Sie an Winkler[2], an die Adresse des »Pion«[3], Warsch[au], Chmielna 33 schreiben.

Es würde mich freuen, wenn Sie einmal etwas schreiben könnten. Ich grüße sehr herzlich und umarme

Bruno Schulz

Monsieur
Ludwik Lille
Paris 14 e
51 Bd. St. Jaques 51
Frankreich

89. Werter Herr Ludwik!

In der Nummer des »Tygodn.[nik] Ilustr.[owany]« vom 4. IX. erschien ein Artikel von Ihnen über die chinesische Malerei, gezeichnet mit »Junius«. Er nimmt eine ganze Seite ein und enthält etwa 200 Zeilen, Sie müßten also, mit 15 Gr.[oschen] pro Zeile gerechnet – 30 Złoty erhalten. Fordern Sie sie aber noch nicht ein, schicken Sie weitere Artikel, vielleicht auch Interviews mit verschiedenen Persönlichkeiten, selbst fiktiven (wer kontrolliert das schon?). Dann werden Sie jemand in Warschau haben müssen, der das Geld von Czarski eintreibt. Ich erinnere an die Adresse:

Red. Wacław Czarski, Warschau, Zgoda 12, »Tyg. Ilustr.« Ich wünsche Ihnen alles Gute und verbleibe mit herzlichen Grüßen

Bruno Schulz

[5. IX. 1938]

Monsieur
Luis Lille
Paris IV
51, Bd. St. Jaques, 51
Frankreich

90. Werter Herr Ludwik!

Ich danke Ihnen für den netten und wichtigen Brief und bitte um Vergebung, daß ich nicht mit einem ebensolchen antworte, aber zur Zeit bin ich dazu nicht fähig. Ich möchte Ihnen mitteilen, daß Czarski mir schrieb, er werde sich wegen weiterer Artikel an Sie wenden, was mich sehr gefreut hat. Es spricht dafür, daß ihm der Artikel gefallen hat. Schicken Sie ihm doch ungeniert alles, was Sie haben. Warum sollte nicht jede Woche ein Artikel von Ihnen erscheinen?

Für den Rat bezüglich der Lithografie danke ich sehr. Auch Basler[4] riet mir, mich mit der Lithografie zu befassen. Für weitere Bemühungen um die Übersetzung meiner Werke danke ich Ihnen ebenfalls. Ich werde zusehen, daß ich etwas übersetze.[5]

Wie geht es Ihnen gesundheitlich? Was machen Sie? Wie steht es um die Arbeit? Vor einigen Tagen war ich in Warschau, aber Czarski sah ich nicht. Ich grüße Sie sehr herzlich

Bruno Schulz

[18. IX. 1938]

An Romana Halpern

Romana Halpern (1900-1944), Empfängerin der meisten Briefe von Bruno Schulz. Tochter des bekannten Journalisten Aleksander Kenig. Nach nicht beendetem Studium in der Theaterschule, war sie in einer Filmagentur in Warschau beschäftigt. Als Liebhaberin der Literatur und Kunst, verkehrte sie in literarisch-künstlerischen Kreisen der Hauptstadt. Sie war eine Zeitlang eng mit St. I. Witkiewicz befreundet, durch den Schulz sie – im Winter 1936, zu Beginn seines Halbjahresurlaubs – kennenlernte. Bekannt durch ihre selbstlose Bereitschaft zu helfen, scheute sie vor keinen Anliegen zurück, in welchen der Unbeholfene aus Drohobycz sich an sie wandte. Die Bekanntschaft und die Korrespondenz hielt über drei Jahre an; Schulz besuchte seine Freundin und Vertraute in Warschau in der Jasna-Str. 17, wo in ihrem Zimmer ein Dutzend ihrer Porträts hingen, die St. I. Witkiewicz angefertigt hatte. Während der deutschen Besatzung befand sie sich zusammen mit ihrem kleinen Sohn im Warschauer Ghetto, aus dem sie, nach der ersten Liquidierung von Juden im Juli 1942, bald nach der Flucht ihres Sohnes Stefan, den sie später in der Nähe von Kielce in einer Landwirtschaftsschule untergebracht hatte, auch selbst geflohen war. Sie zog nach Krakau, wo sie – dank guter Kenntnisse in vier Sprachen und in Stenographie – unter einem falschen Namen als Janina Sokołowska lebte und Büroangestellte einer deutschen Import-Export-Firma war. Im September 1944 von der Gestapo verhaftet, wurde sie kurz vor der Befreiung Krakaus erschossen. Die an sie geschriebenen Briefe blieben in ihrer früheren Wohnung in der Jasna-Str. erhalten in einem Gebäude, das durch Zufall den Flammen entging. Nach der Befreiung der Ruinen von Warschau fand Romana Halperns Sohn sie mitten in Trümmern und zerscherbten Glases. Sie befinden sich jetzt in den Sammlungen des Warschauer Literaturmuseums.

91.

Ich bin Ihnen gegenüber voll schlechten Gewissens, obgleich ich meine Schuld mit Zerstreuung und Desorganisation meiner Warschauer Zeit rechtfertigen könnte. Ich versuche nicht, mich für unschuldig zu erklären, es gibt Beweggründe, die, je genauer sie den wahren Zustand wiedergeben möchten, umso künstlicher und überzogener erscheinen sie. Gut, daß Sie mich an Rilke erinnert haben. Wenn man wegen seiner Niederlagen im künstlerischen Schaffen (von denen niemand weiß) deprimiert ist – dann tut die Erinnerung seines Namens gut. Die Existenz seiner Bücher ist eine Garantie, daß die verworrenen, tauben Massen in uns, die nicht zur Geltung gekommen sind, noch wundervoll destilliert an die Oberfläche geraten können. Die Präzision und die Reinheit von Rilkes Destillation ist ein Trost für uns. Ich quäle mich sehr mit meinen Schreibversuchen. Ein Schriftsteller (zumindest von meiner Art) ist die elendste Kreatur auf Erden. Er muß unentwegt lügen, muß überzeugend das als verwirklicht und real darstellen, was in ihm selbst in Wahrheit in einem elenden Zerfall und Chaos begriffen ist. Daß ich für jemand das sein kann, was Rilke für mich – scheint mir zugleich rührend und beschämend als auch unverdient zu sein. Ich nehme es auch nicht ganz ernst.

Der Kontakt mit Ihnen wird mir sehr lieb sein. Ich bin neugierig, wie sich der Text dieses Kontakts gestalten wird.

Ich schicke Ihnen ein Exemplar der »Zimtl.[äden]« mit derselben Post und verbleibe mit Hochachtung und Sympathie

Bruno Schulz

Drohobycz, 16. VIII. 1936

92.

Ich bitte mir zu verzeihen, daß ich so spät und unter ganz veränderten Bedingungen antworte, in welchen die Probleme, in unserer Korrespondenz behandelt, einer merkwürdigen Verjährung anheimgefallen sind. Die abstrakten Dinge, mit denen ich stets in der Tiefe beschäftigt war, sind weit von mir fortgelaufen. Ich mache sehr konkrete und schwere persönliche Dinge durch. Meine Verlobte (haben Sie von ihrer Existenz gewußt?)

will mich verlassen und nimmt meine Rückkehr nach Drohobycz zum Anlaß, die Beziehungen zu mir abzubrechen. Ich muß ihr leider rechtgeben. Zu lange wartet sie schon auf mich und verschwendet ihre Tage in Einsamkeit und sinnloser Arbeit im Statistischen Amt. In meiner Aversion gegen alle praktischen Dinge habe ich die Sache unserer Trauung vernachlässigt, als die angemessene Zeit dafür war und als sie mich darum bat. Jetzt sind die technischen Schwierigkeiten noch größer, aber ich habe den Eindruck, daß die Angelegenheit, wenn es gelänge, jene Formalitäten zu erledigen, noch nicht verloren wäre.

Nur: sind Sie denn an meinen Privatangelegenheiten interessiert? Sie wollten Kontakt mit einem Dichter und finden einen Menschen, der in sehr konkreten Lebensangelegenheiten steckt. Leider bin ich jetzt nur ein Privatmensch, der nach Menschenart leidet, dem der Boden unter den Füßen weggezogen wurde und der in seinem Leben keinen Sinn findet. Sie, meine Verlobte, stellt meinen Anteil am Leben dar, durch ihre Vermittlung bin ich Mensch und nicht nur ein Lemure oder Kobold. Sie liebt mich mehr als ich sie, aber ich brauche sie mehr zum Leben. Sie hat mich durch ihre Liebe losgekauft, einen fast schon Verlorenen, und den unmenschlichen Sphären, dem unfruchtbaren Hades der Phantasie Verfallenen. Sie hat mich in das Leben und in die Zeitlichkeit zurückversetzt. Sie ist mir der nächste Mensch auf Erden.

Wissen Sie, daß mich H. Szturm[1], ehe ich Sie kennenlernte, in eben dieser Angelegenheit zu Ihnen schicken wollte, in der Hoffnung, daß Sie einen Rat für mich fänden. Es handelte sich eben um meine Heirat mit Juna. Ich weiß nicht, worauf er seine Hoffnungen stützte. Haben Sie Erfahrung auf dem Gebiet ziviler Eheschließungen? Wollten und könnten Sie etwas für mich tun? Entschuldigen Sie, daß ich mich damit an Sie wende. Ich werde Ihnen meinen Fall darstellen – vielleicht finden Sie irgendeine Rettung für mich. Ich wäre Ihnen unendlich dankbar. Gestatten Sie, daß ich Ihnen den konkreten Tatbestand schildere:

Meine Verlobte ist Katholikin. Ihre Eltern haben sich taufen lassen. Es gibt gewisse Gründe, weshalb sie nicht aus dem katholischen Glauben austreten kann. Ich habe ihr nur das Zugeständnis gemacht, daß ich aus der jüdischen Gemeinde ausgetreten bin. Unter diesen Bedingungen ist eine Heirat nur nach dem deutschen Gesetz möglich, das noch im ehemaligen preußischen Teilungsgebiet gültig ist, z. B. in Kattowitz. Wie man mir mitteilt, werden aber dort nur Leute getraut, die mindestens drei Monate auf dem Gebiet der schlesischen Woiwodschaft gewohnt haben. Man kann dieses Gesetz umgehen, indem man sich dem Schein halber in einer schlesischen Stadt anmeldet. Wissen Sie etwas von diesen Dingen? Kennen Sie jemanden, irgendeinen Advokaten, der es auf sich nähme, die Angelegenheit durchzuführen? Vielleicht kennen Sie jemanden, der vor einiger Zeit nach dem deutschen Gesetz standesamtlich getraut wurde? Sind Sie imstande, etwas für mich zu tun?

Das sind die Probleme, um die gegenwärtig meine Gedanken kreisen. Ich muß die gesicherte Nähe und Verbindung mit Juna (so heißt meine Verlobte) haben, um überhaupt zu funktionieren. Das ist der Nullpunkt, vom dem aus ich auf der Skala der Phantasie emporsteige. Ich kann jetzt weder schreiben noch zeichnen. Ich warte mit Ungeduld auf Ihre freundliche Antwort. Vor ein paar Tagen habe ich eine Karte von Witkacy erhalten.

Ich grüße Sie sehr herzlich

Bruno Schulz

Drohobycz, 19. IX. 1936
Floriańska 10

93. Werte Frau!

Ich melde Ihnen, daß das Mißverständnis zwischen mir und Juna für diesmal beseitigt ist – auf wie lange, weiß ich nicht. Ich danke Ihnen herzlich für die Information und die guten, warmen Worte. Mit Staunen und Freude frage ich mich selber, womit ich Ihre Freundschaft erworben, womit ich sie verdient habe. Ist es nicht ein unverdientes und ungerechtes Glück, daß uns ein Buch – außer anderen Werten – auch noch Freunde bringt? Aber ich nehme es mit Dankbarkeit an. Ich habe heute einen besseren Tag, einen beruhigten und windstillen Tag. Ich habe etwas Fieber und liege im Bett und bin heute nicht in die Schule gegangen. Draußen ist ein kalter, harter und ungastlicher Tag voll Prosa und Roheit. Aber mein Bett ist von guten Geistern umstellt, neben mir liegen zwei Bände Rilke, die ich mir ausgeliehen habe. Von Zeit zu Zeit betrete ich für ein Weilchen seine schwierige und anstrengende Welt und tue ein paar Schritte unter die vielfältigen Gewölbe seiner Himmel und kehre wieder zu mir zurück. Ich weiß nicht, ob Sie Rilke kennen. Als den Höhepunkt seines Schaffens betrachte ich die »Neuen Gedichte«. Das, was er dann noch schrieb, die »Duineser Elegien« und die »Sonette an Orpheus«, ist schon zu raffiniert und esoterisch. Ich habe auch meine Zeichnungen neben mir liegen, und mitunter scheint mir, daß sie tatsächlich gut sind und daß ich noch bessere machen könnte. Mein großer Feind ist der Unglaube an mich selber und der Mangel an Eigenliebe. Es vergehen lange Monate, und nichts, was ich mache, findet meine Billigung, nicht ein Gedanke, der auftaucht, befriedigt mich, nichts gefällt mir. Dieser Zustand der Unzufriedenheit mit mir selber verurteilt mich zur Untätigkeit. Aber manchmal denke ich auch, daß diese Roheit gerechtfertigt ist und daß ich die mißlungenen und unvollkommenen Dinge mit Recht zum Untergang verurteile. Leider haben die Dinge den Nachteil an sich, daß man zuerst auf unvollkommene Dinge eingehen muß, um in Schwung zu kommen, sich zu erheben und sich zu betäuben und dabei irgendwo an der Grenze seiner Möglichkeiten vollkommene Dinge zu finden. Ihre Befürchtungen, daß mich ein Leben zu zweit aus dem eigentlichen Klima meines Schaffens verdrängen könnte, haben mir zu denken gegeben. Es kann schon sein, daß die Einsamkeit die Quelle meiner Inspirationen ist, ob aber ein Leben zu zweit diese Einsamkeit tatsächlich zerstört? Wird es trotzdem nicht einsam bleiben? Und weshalb vertauschen alle Dichter schließlich doch ihre Einsamkeit gegen ein Leben zu zweit? Ich habe menschliche Angst vor der Einsamkeit, vor der Unfruchtbarkeit eines überflüssigen und außenseiterischen Lebens, das ich im »Pensionisten«[2] schildern wollte. Und daher meine Flucht in die Ehe. Schließlich ist sie mir die nächste und teuerste Person, der ich sehr viel bedeute – und ist es nicht eine große Sache, jemandem alles zu bedeuten?

Haben Sie meinen »Frühling« im Septemberheft des »Skamander« gelesen? Im Oktober erscheint der zweite Teil dieses »Frühlings« – der bessere, wie mir scheint. Ich möchte etwas mehr über Sie wissen, über Ihr Leben in Ihrer Vergangenheit. Wollen Sie mir nicht etwas über sich schreiben? Ich danke Ihnen noch einmal herzlich – Ihr sehr ergebener und dankbarer

Bruno Schulz

Drohobycz, 30. IX. 1936
Floriańska 10

94. Werte Frau!

Habe ich Sie durch irgend etwas verletzt oder gar gekränkt in meinem letzten Brief? Weshalb sind Sie verstummt? Oder haben Sie diesen Brief nicht erhalten? Sie waren doch voll des besten Verlangens, eine richtige Korrespondenz mit mir anzuknüpfen! Habe ich Sie durch etwas enttäuscht? Ich denke oft an Sie, wobei mich stört, daß ich mich nicht erinnere, wie Sie aussehen. Ich weiß nur, daß Sie Morgenpantöffelchen an den sehr kleinen Füßen hatten und dann, als Sie den Hut aufsetzten, plötzlich anders und jünger waren. Was treiben Sie? Ich habe neulich André Gides »Die Verliese des Vatikans«[3] gelesen. Ein herrlicher Roman! Bitte, lesen Sie ihn unbedingt. Haben Sie meinen »Frühling« in den letzten Skamander-Heften gelesen? Ich fürchte, daß Ihr Schweigen entweder Niedergeschlagenheit oder Enttäuschung bedeutet. Es würde mich freuen, wenn sich herausstellte, daß es weniger ernste Gründe sind. Meine Beziehungen zu Juna haben sich gebessert, obgleich die reale Situation die gleiche geblieben ist – d. h. die Heiratsschwierigkeiten weiterhin bestehen und ebenso unsere erzwungene Trennung. Von Stasio Witkiewicz habe ich von Zeit zu Zeit kurze Nachrichten. Sehen Sie Szturm? Ich möchte, daß Sie eine richtige Korrespondenz anfangen – irgendeine Diskussion veranlassen, irgendein Problem anregen. Ich weiß nicht: habe ich nur geträumt, daß Sie mir von Ihrem Töchterlein erzählt haben? Wo ist es? Ist es schon groß? Ich bitte sehr um ein paar Worte Antwort und grüße herzlich

[ohne Datum] Bruno Schulz

Ich beabsichtige, am I. XI. für zwei Tage nach Kattowitz zu fahren, um das Terrain in Sachen meiner Heirat zu erkunden. Haben Sie einen Rat für mich?

95. Werte Frau Romana!

Die Nachricht über den Kummer, den Sie mit Ihrem Söhnchen haben, hat mich traurig gestimmt. Aber sind Sie nicht ein wenig überspannt in Ihrer Verzweiflung, für die es, scheint mir, keinen Anlaß gibt? Soviel ich weiß, sind vergrößerte Drüsen und erhöhte Temperatur oder gar Fieber sehr verbreitete Krankheiten des Kindesalters. Sogar in unserer Familie hat es mehrere solche Fälle gegeben. Alle diese Kinder sind zu gesunden Jünglingen herangewachsen. Ich glaube auch, daß Sie sich allzusehr darüber aufhalten, daß das Kind liegt. Das Liegen ist notwendig – und das Kind selber empfindet dies durchaus nicht als so schmerzlich, wie es Ihnen scheint. Ich selber bin einmal über sechs Monate gelegen (ich war schon 22 Jahre alt), und diese Zeit kommt mir in der Erinnerung keineswegs als die schlimmste meines Lebens vor. Verzweifeln Sie nicht, werte Frau Romana, Sie werden sehen, daß diese Drüsenentzündung vergeht und das Bürschlein ohne Spur davon genest. Ich weiß nicht, weshalb ich gedacht habe, daß Sie ein Mädchen hätten.

Es hat mich auch traurig gestimmt, was Sie über Juna schreiben. Ich bin zwar überzeugt, daß Sie die Angelegenheit auf Grund oberflächlicher Symptome beurteilen und Juna nicht wirklich kennen – trotzdem hat sich mir etwas von dem Schrekken, mit dem Sie mich schrecken, unwillkürlich mitgeteilt. Ich sage Ihnen ehrlich, daß die Furcht vor der Einsamkeit nicht mein tiefstes Motiv ist, das mich an Juna bindet. Werden Sie mir glauben, daß mich mit soviel Gefühl und soviel inbrünstiger Liebe noch keine Frau beschenkt hat und daß ich wahrscheinlich im Leben kein zweitesmal mehr einem so von mir erfüllten Wesen begegnen werde? Dieses große Gefühl zwingt und verpflichtet mich. Ich könnte dieses Gefühl nicht verschleudern, das einem nur einmal im Leben begegnet. Das geht über meine Kräfte. Außerdem bin ich sehr an sie gebunden, liebe sie und fühle mich gut bei ihr. Ich kann mir nicht vorstellen, daß unsere Ehe philisterhaft oder spießbürgerlich wird – wie es sich in Ihrer vorwegnehmenden Phantasie darstellt. Juna liebt mein Schaffen sehr, jede neue Sache freut sie maßlos. Sehen Sie in diesem Bund tatsächlich eine solche Gefahr für mein Schaffen? Ich bin neugierig, welcher Meinung Szturm ist. Haben Sie einmal mit ihm darüber gesprochen?

Ich danke Ihnen heiß für die in meiner Sache unternommenen Schritte. Ich bin erregt und bin Ihnen sehr dankbar. Ich freue mich über Ihre Freundschaft, die mir so ohne Verdienst als Geschenk zufällt. Ich war nicht in Kattowitz. Ich habe von dort Nachricht, daß eine fiktive polizeiliche Anmeldung in Kattowitz unmöglich ist, denn die Behörden wissen von den Mißbräuchen, die getrieben werden, indes läßt sich das in der schlesischen Provinz noch durchführen. Ich möchte es sehr gern schon hinter mir haben. Ich mag solcherlei Geschichten mit den Behörden nicht gern und kann auch solche Dinge nicht erledigen. Ich bin in solchen Sachen sehr ratlos.

Ich möchte nicht klagen, aber ich lebe in sehr engen und genierenden Verhältnissen, ich wohne in zwei Zimmern mit meiner verwitweten Schwester, einer sehr angenehmen, aber kranken und traurigen Person, mit einer älteren Cousine, die uns die Wirtschaft führt, und einem Vetter, einem 26jährigen Jüngling, der so etwas wie ein Melancholiker ist. Deshalb scheint mir, daß eine Ehe für mich eine Wendung zum bessern sein wird. Ich weiß nur nicht, ob es mir gelingen wird, zwei Haushalte zu bewältigen, da meine Familie ohne Einkünfte ist. Herr Szturm und andere bemühten sich um einen Posten für mich in Warschau, aber bis jetzt hat dies leider zu keinem Ergebnis geführt. Ich bin sehr müde von der Schule und gelangweilt (ich unterrichte jetzt an einer Grundschule) und möchte ohne Posten auskommen und nur dem Schaffen leben. Vielleicht muß ich mich völlig isolieren wie Rilke, allein leben und niemanden haben.

Als Sie einmal über Ihre Einsamkeit schrieben, taten Sie mir sehr leid – ich bedauerte, nicht frei zu sein. Lachen Sie nicht. Sie haben ja auch einen solchen Freund wie Szturm – ein wunderbarer und ungewöhnlicher Mensch. Worüber sprechen Sie mit ihm?

Ich bitte mir zu schreiben, ob es dem Söhnchen schon besser geht, ob er noch Temperatur hat und was die Ärzte sagen. Quälen Sie sich damit nicht. Das ist ungefährlich und vergeht immer. Wie alt ist er?

Ich danke Ihnen noch einmal und grüße sehr herzlich

[ohne Datum] Bruno Schulz

Bitte, grüßen Sie H. Szturm von mir.

96. Werte Frau!

Ich danke für die Nachrichten und die für mich stets interessanten Äußerungen, wenn sie meine Angelegenheiten betreffen, denn die Menschen sind unersättlich im Zuhören, wenn ihnen jemand etwas über sie selber sagen will.* Seitdem Sie geschrieben haben, geht es mir sehr schlecht, nicht äußerlich, aber die innere Situation hat sich sehr verschlechtert. Ich habe jeglichen Mut verloren. Ich habe mir gesagt, ich sei weder ein Maler noch ein Schriftsteller noch auch nur ein ordentlicher Lehrer. Mir scheint, daß ich die Welt mit einem Blitz betrogen habe, daß in mir nichts vorhanden ist. Ich habe versucht, mein Schaffen aufzugeben, als durchschnittlicher Mensch zu leben – und das kommt mir sehr traurig vor. Außerdem hängt meine tägliche Existenz von meiner Kunst ab, da ich mit der Kunst entlehnten Werten meine krüppelige Lehrerei stütze. Ich war schon in Gedanken meines Postens enthoben und in allerhöchster Not. Beim Anblick der städtischen Verrückten und der Bettler in Lumpen dachte ich: Vielleicht werde ich bald so aussehen. Wissen Sie, daß ich zu keiner redlichen Arbeit tauge? Ich kann mich nicht überwinden, ich kann in der Lehrerei nichts Anmutiges sehen.** Dadurch unterscheide ich mich eminent von meinen Kollegen, den Lehrern. Ich möchte feiern, nichts tun, bummeln – ein wenig Freude an der Landschaft, an dem mit abendlichen Wölkchen ins Jenseits geöffneten Firmament haben. Dann würde vielleicht die Melodie zu mir zurückkehren und eine Welle Prosa anschwemmen. Die dienstlichen Verpflichtungen erfüllen mich mit Schrecken, mit Ekel, sie lassen die Freude am Leben gefrieren. Bei dieser Arbeitslosigkeit hört man nur Drohungen und Ermahnungen. Die Verpflichtungen nehmen apokalyptische Ausmaße an. Die Drohung der Entlassung schwebt über jedem. Vor einigen Jahren konnte man in unserem Beruf noch die Ruhe des sicheren Hafens, eines Landeplatzes fürs Leben fühlen. Es gab ein wenig Heiterkeit und Freude. Jetzt ist die Freude aus unserem Leben vertrieben, und ohne Freude, ohne kleine Zuwaage an Freude kann ich nicht schaffen. Nur – erzählen Sie Szturm nichts

* Darauf beruht der Erfolg aller Wahrsagerinnen, Chiromantinnen usw.

** Ich kann nicht ohne Anmut, ohne ein bißchen Pfeffer, ohne irgendeine begehrte Würze des Lebens existieren.

von meiner Arbeitsunlust, er kann das nicht leiden, obgleich er für die anderen so viel Verständnis hat.

Damit haben Sie unrecht, wenn Sie glauben, daß man zum Schaffen Leiden braucht. Das ist ein altes, gebräuchliches, vielleicht manchmal auch richtiges Schema, aber in meinem Fall nicht. Ich brauche eine schöne Stille, ein wenig geheime, nahrhafte Freude und eine kontemplative Gier auf Stille und Heiterkeit. Ich kann nicht leiden. Leiden steigert mich nicht. Aber vielleicht irre ich mich.

Ich korrespondiere mit keiner Frau außer mit Juna. Schade, daß wir uns nicht vor ein paar Jahren gekannt haben. Damals konnte ich noch schöne Briefe schreiben. Aus meinen Briefen sind allmählich die »Zimtläden« entstanden. Diese Briefe waren größtenteils an Frau Debora Vogel gerichtet, die Autorin von »Die Akazien blühen«. Der größte Teil dieser Briefe ist verschollen.[4]

Die Lektüre der laufenden literarischen Zeitschriften irritiert mich. Ich sehe, wieviel die Leute schreiben, und ich nichts. Ich danke Ihnen schön – bemühen Sie sich nicht mit der Zusendung der »Wiadomości Literackie«[5], ich weiß nicht, ob ich sie lesen werde. Was ich H. Szturm schreiben soll, weiß ich nicht. Ich bin deprimiert – ohne hinreichenden Grund bin ich auch in dieser Angelegenheit ein Egoist, vergraben in meine Angelegenheiten. Wie soll Szturm das verstehen – er, der ganz den Menschen ergeben ist – ohne Privatleben, eine Antithese des Egoismus?

Bangen Sie nicht um Stefan. Das muß seine Zeit dauern, vergeht aber. Sie werden sehen.

Ich grüße Sie sehr herzlich Bruno Schulz

15. XI. 1936

Gefallen Ihnen die »Läden« wirklich noch? Glauben Sie an mein Schaffen?

Grüßen Sie herzlich Witkacy. Können Sie etwas tun in Sachen meiner fiktiven polizeilichen Anmeldung in Schlesien? In der schlesischen Provinz genügt der Nachweis einer mehrwöchentlichen Anmeldung – wie mich ein Advokat aus Kattowitz informiert hat. Wie das anfangen? Aber kümmern Sie sich nicht allzusehr darum. Sie haben genug eigene Sorgen und außerdem ist Stef krank. Ich warte, bis es ihm gut geht.

97. Werte Frau Romana!

Sie teilen mir den Verlust Ihrer Stellung so nebenbei mit, als ginge es um eine nicht sehr wichtige Tatsache! Mußten Sie es denn nicht schon seit einiger Zeit voraussehen? Haben Sie Aussicht auf eine andere? Wird Szturm nicht etwas raten, seinen Einfluß geltend machen? Merkwürdig, daß sich die Drüsengeschichte Ihres Bürschleins so lange hinzieht! Oder steckt vielleicht etwas anderes dahinter? Teilen Sie mir mit, wie es ihm jetzt geht und was der Arzt sagt.

Sehen Sie auf den literarischen Abenden jemanden von den gemeinsamen Bekannten? Mit wem sind Sie dort bekannt? Über die Korrespondenz mit Gomber[6] habe ich nicht geschrieben, weil es im Grund genommen eine törichte Angelegenheit war – ich weiß nicht, aus welchem Grund man darüber soviel spricht. Gombrowicz ist ein sehr interessanter Schriftsteller, einer der talentiertesten. Kennen Sie sein »Tagebuch aus der Reifezeit«? Bitte, lesen Sie es unbedingt – ein verblüffendes Buch. Ich habe wegen meiner Ankunft in Warschau deshalb nicht geschrieben, weil ich nicht wußte, wie sich alles gestalten wird. Jetzt sieht es so aus, als ob ich nicht kommen könnte oder nur auf ganz kurze Zeit. Juna fährt nach Janów bei Lemberg. Wir werden uns in Lemberg sehen. Ich komme vielleicht selber im Zusammenhang mit der Herausgabe meiner Novellen. Vorher will ich aber noch die Sache meiner Heirat in Ordnung bringen und nach Kattowitz fahren. Gerade suche ich jemanden in der schlesischen Provinz, der sich bereit erklären würde, mich bei sich anzumelden. Ich kenne niemanden. Ich weiß nicht einmal, welche Orte sich dort befinden. Vielleicht können Sie mir raten?

An Szturm habe ich nicht geschrieben, weil mir scheint, daß ich ihn durch die Verpflichtung, mir zu antworten, unnötigerweise belaste – einen so beschäftigten Mann, ich erachte es als Sünde, ihm auch das bißchen Zeit wegzunehmen, das ihm andere nicht abzuluchsen vermochten. Wie können Sie annehmen, daß ich seiner überdrüssig sei? Wie kann er das annehmen? Wie kann man Szturm überhaupt etwas übelnehmen? Ich empfinde nichts als Hochachtung und Zärtlichkeit für diesen Mann und werde ihm alsbald schreiben.

Ich komme zu der Überzeugung, daß die Hauptursache meiner Depression die Untätigkeit und die Unproduktivität ist. Die

Ursache meiner Untätigkeit wiederum ist das Vorurteil, nur dann arbeiten zu können, wenn alles in Ordnung ist und wenn ich zufrieden bin und wenn ich ein wenig Heiterkeit im Herzen habe. Indes muß man sich in jeder Stimmung überwinden und arbeiten. Sich unabhängig machen von den Wetterumschlägen und Launen der Stimmung. Nicht nach Zufriedenheit oder Glück fragen – sein Leben auf Arbeit gründen, auf Anstrengung und auf Ergebnisse. Wenn mir das gelänge, wäre ich glücklich.

Ich war in der vergangenen Woche in Lemberg, besuchte meine alte Freundin Debora Vogel, eine sehr angenehme und edle und auch weise Person, sowie meine Verwandten. Erklärte mich bereit, im künstlerisch-literarischen Kasino einen Vortrag über Th. Mann zu halten. Habe aber noch nicht damit angefangen, ihn auszuarbeiten.

Ärgern Sie sich nicht über die Dürftigkeit des heutigen Briefes und schreiben Sie mir rasch. Ihre Briefe lese ich mit großem Vergnügen und . . . Leichtigkeit.

Ich grüße Sie herzlich Bruno Schulz

29. XI. 1936

Die Zeichnung schicke ich extra.

98. Werte Frau Romana!

Ihr Brief hat mich traurig gestimmt. Staunend erkenne ich Zug um Zug das Bild meiner eigenen depressiven Zustände. Wie ähnlich sich doch die Menschen letzten Endes sind! Ebenso wie alle die gleichen Glieder und Organe haben, erfahren sie auch die gleichen Zustände. Wären denn auch im entgegengesetzten Fall Bücher und Kunstwerke und deren Verbreitung möglich? Aber eine große Neuigkeit ist für mich Ihr Versuch in Prosa! Sie schreiben vollendet! Es fragt sich nur, ob Sie größeres Material haben beziehungsweise ob Ihr Atem für eine größere Sache reichte. Versuchen Sie es doch! Mir fällt der deutliche Narzißmus des kurzen Stückes auf. Das hätte ich Ihnen nicht zugetraut. Das ist eine Eigenschaft, die mich stets an einer Frau fasziniert – als Ausdruck ihres grundsätzlich anderen Wesens und einer mir unzugänglichen, unerreichbaren Harmonie und Übereinstimmung mit mir selber. Das ist das, was mir für immer fremd und daher anziehend und ersehnenswert bleiben wird. Ich selber bin vom Narzißmus weit entfernt, und es scheint mir ein metaphysisches Privileg zu sein, sich ihm so unbesorgt und ohne Skrupel hinzugeben. Schreiben Sie weiter! Die Schlußpointe ist sehr gut.

Was soll ich Ihnen wegen Ihrer Zustände raten? Irgendeine Arbeit! Das ist das beste Narkotikum. Ich spreche wie ein Moralist, aber ich bin von diesen abgedroschenen Gemeinplätzen weit entfernt. Ich spreche vom Standpunkt der inneren Hygiene und Lebenstechnik. Das ist unsere einzige Rettung. Fragen Sie Witkacy, ob er auch nur einen Augenblick, ohne verrückt zu werden oder Selbstmord zu begehen, leben könnte, wenn er keine Arbeit hätte.

Ich lese jetzt die »Alpträume« von Zegadłowicz.[7] Sie interessieren mich sehr und erheben mich. Hinter diesem Buch sehe ich die Konturen eines anderen Buches, das ich gern schreiben möchte. So daß ich eigentlich nicht weiß, ob ich dieses Buch lese oder auch das potentielle und nicht realisierte. So liest es sich am besten, wenn man zwischen die Zeilen sich selber und das eigene Buch hineinliest. So haben wir in der Kindheit gelesen, deshalb sind auch dieselben Bücher, einst so reichhaltig und dicht, im Erwachsenenalter gelesen, wie Bäume ihrer Blätter beraubt – nämlich unserer Hinzudichtungen, mit denen wir ihre Lücken ausgefüllt haben. Es gibt die Bücher nirgends mehr, die wir in der Kindheit gelesen haben, sie wurden auseinandergeweht – sind nackte Skelette geworden. Wer noch die Erinnerung und die Dichte der Kindheit hätte, müßte sie aufs neue schreiben, so wie sie damals waren. Dann würden der echte Robinson und der echte Gulliver entstehen.

Ich freue mich, daß es dem Söhnchen schon so gut geht. Sie sehen, daß es vergangen ist. Und dennoch freuen Sie sich nicht und haben jetzt andere Sorgen. Was ist mit Ihrer Stellung? Vielleicht werden Sie ins Statistische Hauptamt[8] eintreten? Was treibt Staś?[9] Bitten Sie ihn, daß er mich wegen der Anmeldung in der schlesischen Provinz berät. Er hat dort Bekannte. Und vielleicht kann auch Szturm etwas tun. Das muß aber rasch geschehen, denn um den 20. will ich nach Kattowitz fahren. Setzen Sie also den beiden etwas zu. Ich bemühe mich jetzt um eine Versetzung nach Lemberg. Zu den Feiertagen habe ich die

Absicht, auf ein paar Tage nach Warschau zu kommen. Natürlich werde ich Sie besuchen. Ich grüße sehr herzlich

Bruno Schulz

Drohobycz, 5. XII. 1936

99.

Ich danke Ihnen herzlich für den Brief. Ich war es, der Gewissensbisse hatte, der gegen sich selbst einen Groll hegte, weil er Sie abgeschreckt hätte. Wiederholt fragte ich Lieberwerth[10] brieflich, wie es Ihnen und Ihrem kleinen Sohn geht. Irgendwie konnte ich nicht schreiben. Gut, daß Sie sich dazu durchringen konnten, dieses Schweigen zu unterbrechen. Weshalb sollte ich gegen Sie einen Groll hegen?

Da Sie bereits über das andere Bescheid wissen, ist Ihnen bestimmt bekannt, daß die Beziehungen zwischen mir und Juna abgebrochen oder zumindest (wenn ich mich täuschen sollte) auf unbestimmte Zeit ausgesetzt sind.[11] Sie tut mir sehr leid, ich weiß nicht, wie es ihr geht nach all den schweren Erlebnissen, auf meine Briefe antwortet sie nicht. Wir beide tun mir leid samt unserer Vergangenheit, die dazu verurteilt ist, vernichtet zu werden. So eine andere wie sie werde ich nicht mehr finden.

Ich lebe jetzt ziemlich elend, ich schreibe nichts. Es hält mich die Hoffnung aufrecht, daß ich in den Ferien vielleicht ein paar Wochen ganz allein – nur mit mir – verbringen werde, obwohl ich nicht weiß, ob ich es jetzt mit mir allein aushalte. Ich möchte mich irgendwo in eine völlige Einsamkeit verkriechen.

Im Mai wird mein Buch erscheinen[12], über das ich mich nicht freue, im Gegenteil – es erfüllt mich mit Lampenfieber und Befürchtung. Was treiben Sie? Wie geht es Ihnen? Was macht das Söhnchen? Bitte schreiben Sie mir ausführlich über sich. Ich danke noch einmal innig für das Gedenken. Mehr kann ich heute nicht schreiben

Bruno Schulz

30. IV. 1937

100. Werte Frau Roma!

Ich weiß nicht, ob dieser Brief Sie noch erreichen wird. Wie schade, daß Sie mir nicht früher geschrieben haben, da ich mich bis vor kurzem ganz in Ihrer Nähe befand, in Boberka bei Łomna, und wir hätten uns sehen können. Unlängst bin ich eben von dort zurückgekehrt, wo ich mich sehr langweilte, ganz im Gegensatz zu dem was ich vom wohltuenden Einfluß der Einsamkeit auf mich stets gehalten habe. Ich bedauere, daß Sie unangenehme Dinge durchmachen mußten. Wenn auch ich sie jetzt durchmache, dann vielmehr auf einem allgemeineren und philosophischen als persönlichen Hintergrund. Natürlich würde ich Sie gern sehen, aber meine Beweglichkeit ist wegen des Mangels an Geld äußerst begrenzt. Sie müßten sehr in der Nähe sein, z. B. in Truskawiec – wo es übrigens sehr schön ist. Was schreibt dieser Hatlingberg über die Liebe? Was mich betrifft, so suche ich eher eine Arznei gegen die Unfähigkeit zu lieben als gegen die Liebe. Ich beneide die Menschen, die lieben können.

Ich danke Ihnen herzlich für die Hilfsbereitschaft, welche Sie mir anbieten. Könnten Sie sich zum Beispiel für mich um eine Stelle in einer Redaktion in Warschau bemühen? Ich will nicht viel schreiben, weil der Brief Sie vielleicht nicht mehr antreffen wird. Mein Name lautete immer so, wie Sie ihn eben geschrieben haben. Ich grüße Sie herzlich und wünsche Ihnen alles Gute

Bruno Schulz

Drohobycz, 24. VII. 1937

101. Werte Frau Romana!

Man sollte doch meinen, daß auf Ihre Frage bezüglich des Vorschlages eines Besuches ohne Schwierigkeiten, klar und entschlossen zu antworten wäre. Indes verhält es sich nicht so. Meine Reaktion auf Ihre Einladung ist gemischt: sie setzt sich abwechselnd aus Impulsen und Hemmungen zusammen. Ich fürchte, unsere Bekanntschaft der Probe eines mehrtägigen Besuches unter für mich etwas deprimierenden Bedingungen auszusetzen. Ich analysiere mich, woher meine Widerstände kommen, was mich an diesem – doch angenehmen – Unternehmen bedrückt. Eben eine lächerliche Sache, welcher Art von Depressionen eine nervöse Gemütsart gleich der meinen unterliegt. Erstens: der Gedanke, daß ich etwas so Ungewöhnliches wie eine Reise für rein vergnügliche Zwecke unternehme – also die fehlende Sanktion irgendeines ernsten Zweckes, ferner das Risiko eines Mißlingens oder einer Enttäuschung, die ich Ihnen bereiten oder selber erfahren könnte, ferner die beschränkten Geldmittel, die Notwendigkeit, mit dem Geld rechnen zu müssen und Ihnen Kosten zu verursachen. Vielleicht hätte ich dies alles verschweigen müssen, wenn ich entschlossen bin zu kommen. Aber weil Sie Aufrichtigkeit verlangen, da ist sie also – für mich aber ist diese Aufrichtigkeit eine Art von Rückversicherung für den Fall eines Mißlingens des Unternehmens und eine Abwälzung der Verantwortung. Das ist kein sehr gentlemanhafter Zug, aber so bin ich. Ich überlasse Ihnen also die Entscheidung, ob Sie mich trotz meiner Widerstände empfangen und mit mir die Verantwortung für das Risiko dieser Tat teilen wollen. Was die Impulse betrifft, die mich zu einem Wiedersehen mit Ihnen bewegen, beschränke ich mich lediglich auf die Feststellung, daß etliche vorhanden sind, ich lasse mich jedoch nicht auf ihre nähere Analyse ein. Wenn Sie also wollen, daß ich komme, dann bitte ich, mir auf der Stelle zu schreiben, wie lange Sie noch dort bleiben und ob es Ihnen genehm wäre, wenn ich an einem Donnerstag oder Freitag käme. Ich habe seit über drei Wochen die Korrektur meines neuen Buches im Haus, die ich aus Widerwillen gegen dieses noch nicht gemacht habe. Ich muß es vor der Abreise erledigen, sonst würde es mir auf dem Herzen lasten. Ich möchte auch noch eine Rezension über ein Buch von K. Michaëlis schreiben, die von den »Wiadomości« bestellt wurde.[13]

Mit herzlichen Grüßen Bruno Schulz

Drohobycz, 3. VIII. 1937

102. Werte Frau Roma!

Ich möchte Ihnen sehr für die paar Tage danken, die wir gemeinsam verbracht haben. Ich befürchte, daß Sie von mir ein wenig enttäuscht waren, was mich betrifft, bin ich seltsam animiert, gestärkt und geistig aktiv nach Hause zurückgekehrt. Das hat die ganze Woche gedauert. Ich habe in dieser Zeit viel gedacht, gelesen und notiert. Ich war sozusagen in guter Form. Um mich ganz wohl zu fühlen, fehlte mir nur eine Selbstbestätigung, irgendein Resultat. Ich dachte auch an Sie und an die Ursachen Ihrer Unproduktivität – eines von der Natur so reich und vielseitig bedachten Wesens. Sie sollten aber alle Kräfte zusammennehmen und sich zur Produktivität zwingen. Für Menschen einer bestimmten Sorte ist ein Leben ohne Schaffen ganz ohne Reiz.

Ich habe auch über meine eigene, schon so lange währende Unproduktivität gegrübelt. Ich rechtfertige sie und beschuldige sie – obgleich es mir schwerfällt, dies zu erklären. Ich habe bei Richard Wagner eine Stelle gefunden, unter die ich meinen Namen setzen könnte (si parva cum magnis. . .). Der Brief lautet:

»Eigentlich spanne ich mich diesmal voller Verzweiflung in das Joch der Arbeit: wenn ich etwas vollbringe, und wenn ich erneut dieses Leben voller Schweiß und unsäglicher Mühe führen muß, wenn ich in die Welt der Phantasie eintauche, um mich für die Entsagungen in dieser Welt zu entschädigen – da verlange ich, daß mir dabei geholfen wird. Ich kann dann nicht leben wie ein Hund, auf Stroh schlafen und faden Sud schlürfen: ich muß mich dann geistig erhaben fühlen, muß mich von allen Seiten bestätigt und beruhigt fühlen – wenn mir das übermenschlich schwere Werk der Schöpfung einer nichtexistierenden Welt gelingen soll . . .«

Was mich betrifft, möchte ich in continuo, viele Monate lang, freie Zeit zum Denken, zum Lesen, zur inneren Arbeit haben. Es gibt so viele Dinge zu überlegen, so viele zu ordnen. Auch die Frage meiner geistigen Ernährung ist so schlecht geregelt. Ich verspüre Hunger nach Ideen, Büchern, neuen Gedankensystemen. Und wenn nur diese Depressionsperioden nicht wiederkehrten, die mich lähmen! Ich müßte mich vielleicht von einem Psychiater kurieren lassen. Diese Depressionen desorganisieren mich, machen die Fortführung der Arbeit unmöglich. Von sieben Wochentagen habe ich vielleicht sechs durch sie verloren.

Es ist möglich, daß ich in diesen Tagen nach Warschau komme. Frau Kister (vom Rój Verlag)[14] will mich in verschiedenen Angelegenheiten, mein Buch betreffend, sprechen. In diesem Fall werde ich natürlich Sie als erste besuchen.

Waren Sie in Kazimierz? Haben Sie vielleicht Lieberwerth getroffen?

Haben Sie H. Szturm gesehen? Grüßen Sie ihn herzlich von mir. Ich bin seit langem dabei, an ihn zu schreiben, aber es will mir nicht von der Hand gehen. Zu traurige Erinnerungen knüpfen sich an seine Person.[15]

Jetzt noch eine Angelegenheit, mit der ich mich an Sie wende. Die Eltern eines gewissen jungen Mannes, der mein Schüler war und dann während seiner Studien in Laibach in Jugoslawien wegen angeblicher umstürzlerischer Tätigkeit verhaftet wurde, haben sich an mich gewandt. Es handelt sich um eine Intervention im Ministerium für auswärtige Angelegenheiten, in dem ein Gesuch der Familie des ehemaligen Häftlings liegt. Es ist ein schwer lungenkranker Jüngling. Im Belgrader Gefängnis war er schon am Sterben, kam aber wie durch ein Wunder wieder zu sich und wurde nach 31/2 Jahren freigelassen. Die Polizei wartete erst gar nicht die Ausstellung des Reisepasses ab, um den er eingekommen war, sondern beförderte ihn an die ungarische Grenze (ohne Zweifel eine Sekkatur). In Ungarn wurde er, da er keine Papiere besaß, wieder verhaftet und im sogenannten Schubhaus in Budapest festgehalten, bis er Papiere erhielte. Das polnische Konsulat in Belgrad benachrichtigte die Familie, daß sie den Reisepaß der ungarischen Polizei übergeben habe. Seit dieser Zeit sind ein paar Wochen vergangen, in deren Verlauf weder Nachrichten vom Häftling noch vom polnischen Konsulat in Budapest noch von der Polizei in Budapest eintrafen – trotz mehrerer Anfragen. Die Familie richtete ein Gesuch an das Ministerium für auswärtige Angelegenheiten, um eine Intervention des polnischen Konsulates in Budapest zu erreichen. Keine Antwort. Es ginge um die Beschleunigung der Intervention, da der freigelassene Häftling krank ist und sich dort in den schlimmsten Bedingungen befindet. Haben Sie jemanden, der sich der Intervention im Ministerium annehmen und das Gesuch der Familie befürworten könnte? Er heißt Izaak Feuerberg.[16] Ich bitte Sie um Nachricht, was sich machen läßt.

Ich grüße Sie sehr herzlich, Komplimente an Stefanek

16. VIII. 1937 Bruno Schulz

103. Werte Frau Roma!

Ich danke für die rasche Antwort und für die guten Worte.

Wenn man selber kein Selbstvertrauen hat, tut fremdes sehr gut, obgleich es das eigene nicht ganz ersetzen kann. Mir fehlt nicht so sehr der Glaube an meine Fähigkeiten als etwas Allgemeineres: Vertrauen zum Leben, sicheres Beharren im eigenen Schicksal, Glaube an das endgültige Wohlwollen des Daseins. Früher hatte ich es, ohne davon zu wissen. Dieser Glaube, dieses Vertrauen tut in uns die Reserven des Schaffens auf, ist dieses reiche, satte und warme Klima, in welchem jene späten und schwer erreichbaren Früchte reifen. Fälle, in denen Defizit und Tragik des Lebens schöpferisch werden, sind für mich unverständlich. Diese Art Produktivität muß ganz anders sein als meine.

Wenn ich mir über meinen gegenwärtigen Zustand im klaren sein will, drängt sich mir das Bild eines aus tiefem Schlaf geweckten Menschen auf. Es wacht jemand auf, sieht noch die in Vergessenheit untertauchende Welt der Träume, hat noch deren verdämmernde Farben in den Augen und spürt unter den Lidern die Weichheit des Träumens – und schon setzt ihm die neue, nüchterne und scharfe Welt des Wachzustandes zu – und er läßt sich, noch voll innerer Trägheit, wenn auch zögernd, in dessen Dinge und Prozesse einspannen. So versinkt auch meine Persönlichkeit, mein Ausnahmezustand, ohne sich zu entfalten, gleichsam in Vergessenheit. Sie, die mich vor den Attacken der Welt abschloß, zieht sich sanft und gelinde in die Tiefe zurück, während ich, gleichsam ein aus der Puppe geschlüpftes Insekt, den Stürmen eines fremden Lichts und den Winden des Himmels ausgesetzt, wie zum erstenmal mich den Elementen anvertrauen muß. Wohin mich das führen wird – ich weiß es nicht. Ob diese neue Nüchternheit nur die Leere der abfallenden, schöpferischen Nebel oder neuer Welthunger, neue Konfrontierung mit dem äußeren Element ist – ich weiß es nicht. Die Besonderheit, Ungewöhnlichkeit meiner inneren Erlebnisse hat mich hermetisch abgeschlossen, unempfänglich, unwillig gegen die Invasion der Welt gemacht. Jetzt öffne ich mich erneut der Welt, und alles wäre gut, gäbe es nicht diese Furcht und dieses innere Schaudern wie vor einem riskanten und weiß Gott wohin führenden Unternehmen.

Was ist bei Ihnen? Was für eine innere Situation? Wen haben Sie gesehen? Hat Witkacy Ihnen etwas geschrieben? Ich weiß nicht, ob ich jetzt komme, ich warte auf Nachrichten aus dem »Rój« in dieser Angelegenheit. Ich habe in Warschau einen Vetter, Ingenieur Wilhelm Schulz[17], einen sehr tüchtigen und gescheiten Burschen (dazu noch sehr hübsch), der mir von Herzen gern helfen möchte, aus Drohobycz hinauszukommen. Darf ich ihn zu Ihnen schicken, um sich von Ihnen Inspirationen und Anweisungen zu entsprechendem Wirken zu holen

Ich danke Ihnen herzlich, daß Sie sich der Sache des armen F.[18] so eifrig angenommen haben. Er ist keiner meiner Verwandten, sondern nur mein ehemaliger Schüler und ein unglücklicher Junge. Er hat sehr arme Eltern, die für ihn nichts tun können. Ich werde ihnen sagen, was sie zu tun haben, und werde auf das Ergebnis warten. Ärgern Sie sich nicht, daß ich Sie in dieser Sache bemüht habe, aber Sie haben sich für keine schlechte Sache bemüht.

Ich grüße Sie sehr herzlich und bitte um häufige Nachrichten

Bruno Schulz

Drohobycz [zwischen dem 20. u. 26. VIII. 1937]

104. Werte Frau Romana!

Ärgern Sie sich nicht, daß ich Ihre Mühen und Sorgen mit einer Absage belohne. Wenn Sie Lust haben, meine Situation genauer kennenzulernen, werden Sie einsehen, daß ich diesen Vorschlag nicht annehmen konnte. Ich habe Ihnen schon einmal gesagt, daß ich drei Personen (Schwester, Cousine, Neffe) ernähren muß, die ich nicht vollständig der Gnade des Schicksals ausliefern kann. Ich verdiene jetzt 300 Złoty monatlich. Wenn ich in Warschau eine Beschäftigung zu den gleichen Bedingungen erhielte, würde ich fahren, da ich dort mit 200 Złoty selber auskommen und 100 der Familie schicken würde. Bei Ramberg[19] hätte ich aber nur zwei bis sechs Stunden – ich würde also höchstens 100 Złoty verdienen. Für diese paar Stunden kann ich nicht den Staatsdienst (VII. Dienstrangstufe) aufgeben, der mir die Pensionierung sichert. Ich habe nicht genügend Mut, genügend Auftrieb oder Unternehmungsgeist, um einen so riskanten Schritt zu tun. Ich glaube, daß es trotz allem möglich wäre, etwas Besseres zu bekommen, wenn man mit aller Energie an die

Sache herangeht. Das ist keine Anspielung, um Sie zu noch größeren Anstrengungen zu veranlassen! Ich weiß sehr gut, in welch schwierigen Verhältnissen Sie arbeiten und daß Sie kein leichtes Leben haben. Ich habe gar nicht erwartet, daß Sie bei alledem noch Zeit und Lust haben, an mich zu denken. Ich sehe auch keine Veranlassung, daß Sie für mich noch mehr tun sollten, aber dennoch gebe ich die Hoffnung nicht auf. Ich bitte zu entschuldigen, daß ich mir bei der Empfehlung meines Neffen erlaubt habe, zur Ermutigung für Sie im Scherz hinzuzufügen, daß er stattlich ist (das ist aber tatsächlich einer seiner hervorstechenden Züge). Ich hatte dabei keine versteckten Absichten. Schließlich habe ich nach einigem Nachdenken darauf verzichtet, Sie beide für meine Zwecke zu benutzen, denn ich fürchte, daß mein Neffe ein zu unabhängiger Charakter ist, um mit jemandem zusammenzuarbeiten. Er hat seinerzeit eine große Aktivität zu meinen Gunsten entwickelt und dazu mit großem Eifer. So war er bei Wierzyński, bei Szturm, bei Czarski in meiner Angelegenheit. Aber gegenwärtig ist er zu sehr von seiner eigenen Karriere in Anspruch genommen, um sich intensiv mit etwas anderem zu beschäftigen. Was Gombrowicz betrifft, werde ich versuchen, euch beide miteinander bekannt zu machen, da es sich lohnt, ihn kennenzulernen. Oder darf ich einfach schreiben, daß Sie ihn kennenlernen wollen? Das wäre das einfachste.

Ich erinnere mich nicht mehr, worüber ich im letzten Brief geschrieben habe. Meine eigene Diagnose meines geistigen Zustandes und meiner inneren Situation wandelt sich ständig. Mir scheint, daß die Welt und das Leben für mich immer nur als Material für mein künstlerisches Schaffen wichtig ist. In dem Augenblick, da ich das Leben nicht schöpferisch benutzen kann, wird es für mich entweder schrecklich und gefährlich oder tödlich unfruchtbar. Die Neugierde, die schöpferischen Funken in mir wach zu halten, dem Prozeß der Sterilisierung und der Langweile Widerstand zu leisten – das ist für mich die wichtigste und vordringlichste Aufgabe. Ohne diesen Pfeffer des Lebens verfalle ich – lebendig – in tödliche Lethargie. Die Kunst hat mich an ihre Aufregungen und grellen Sensationen gewöhnt. Mein Nervensystem hat einen feinen Geschmack, es ist so wählerisch und empfindlich, daß es den Anstrengungen eines Lebens, der Sanktion der Kunst beraubt, nicht gewachsen ist. Ich fürchte, daß dieses Jahr Schularbeit mich umbringt. Solange ich jünger und lebensfähiger war, konnte ich noch irgendwie aushalten. Jetzt hängt es mir zum Hals heraus. Vielleicht sollte man als Gegengewicht für diese erdrückende Walze der Schule – Ausschweifung wählen? Ich habe schon daran gedacht. Aber das erschüttert mich nervlich zu sehr und erschöpft mich – in diesen schwierigen und gefährlichen Bedingungen, die ich hier habe – eine Kleinstadt – Lehrer. Um künstlerisch schaffen zu können, müßte ich ein allgemein wohltuendes und wohlwollendes Klima um mich haben – guten Glauben an mich selber, Stille, Sicherheit. . . Ich bin jetzt reifer und reicher als damals, als ich die »Zimtl.« schrieb. Ich habe nur nicht mehr diese Naivität, diese Sorglosigkeit. Ich habe damals keine Verantwortlichkeit für mich selber gefühlt, keine Belastung, ich habe für mich geschrieben. Das macht vieles leichter. Ich verstehe gut, daß so ein Berent[20] keine Kritiken seiner Werke liest und der Presse ausweicht. Er schafft sich eine künstliche Einsamkeit und Leere, in welcher er schafft. Das ist nötig. Freilich, in Warschau hätte ich diese schöpferische Einsamkeit nicht. Aber dafür drohte mir dort auch nicht der Tod aus Langweile, die Versauerung, der schreckliche Brechreiz wegen der Unfruchtbarkeit des Lebens. Nach einer bestimmten Zeit würde ich mich in die Stille zurückziehen, um zu schreiben. Dem, was ich da sage, kann man viele Widersprüche vorwerfen, aber Sie werden mich verstehen, wenn Sie sich in meine Situation hineindenken.

Vielleicht könnten Sie mir gelegentlich Husserl[21] (den deutschen Philosophen) leihen. Vielleicht wende ich mich da an Witkiewicz. Überhaupt möchte ich Abonnent in einer großen Warschauer Leihbibliothek werden, die Bücher in die Provinz verschickt. Aber vielleicht sollte man dies besser in Lemberg tun?

Sind Sie von mir enttäuscht: Werden Sie nichts mehr für mich tun? Ich fühle es, weiß es – und Sie brauchen mich nicht zu überzeugen, daß Sie mir sehr helfen möchten. Sie sind jetzt die einzige, der es damit wirklich ernst ist. Denken Sie an mich und schreiben Sie mir bald ein paar Zeilen.

Ich grüße herzlich Bruno Schulz

30. VIII. 1937

105. Werte Frau Roma!

Nach der Rückkehr aus Warschau hatte ich die ganze Zeit über eine Periode der Sanftheit und Ruhe. Das Wiedersehen mit Juna hat mich, statt zu erregen und aufzuwühlen, gewissermaßen beruhigt. Ich habe sie völlig beruhigt, versöhnt mit der Tatsache der Trennung vorgefunden – und das hat mich ernüchtert. Ihr Wert wächst oder verringert sich im Verhältnis zu den Schwankungen, die meine Phantasie über ihre Bindung an mich erlebt. Weil die Sache nicht leicht zu entscheiden ist und sich mir stets in neuen Aspekten darstellt – im Verhältnis zu den Erinnerungen, die mir einfallen –, liegen also meine Depressionen und meine Trauer geduckt und sprungbereit da. Jetzt z. B. fällt mir ein, daß ihre Ruhe vielleicht nur scheinbar war, daß sie möglicherweise eine entweder vom Stolz oder von einem Befehl ihrer Selbstbeherrschung diktierte Pose war. Aber darum geht es nicht.

Zu meinem guten Selbstbefinden haben – bitte, lachen Sie nicht über mich – Ihre Hellseherei oder Intuition beigetragen, die eine fruchtbare Periode für mein Schaffen voraussagten. Erinnern Sie sich noch? Dazu kam noch ein inneres Gefühl der Fülle und des Vermögens, über hinreichende Vorräte und Reserven zu verfügen. Weil ich jetzt ständig an eine Übersetzung in irgendeine europäische Sprache denke, fiel mir ein, irgend etwas gleich auf deutsch zu schreiben. Ich habe es teilweise schon realisiert und ein deutsches Werk zu schreiben angefangen (ich habe schon über 20 Heftseiten[22] fertig). Bis heute war ich ziemlich damit zufrieden, heute habe ich den ersten Angriff des Zweifels über mich ergehen lassen, der mir mit der Verwerfung dieses Vorhabens droht. Aber vielleicht rette ich es noch. Die Sprache bereitet mir keine größeren Schwierigkeiten, ich bewege mich in ihr mit absoluter Freiheit, aber die Sache leidet an einer gewissen Unfähigkeit zur letzten Anstrengung, zu entdeckerischen Blicken – eine prinzipielle Krankheit, an der jetzt mein Schaffen leidet. Erst nach dem Abschreiben werde ich mir darüber klar sein, ob die Sache etwas wert ist.

Auf mein Exposé über die »Zimtläden« habe ich aus Italien keine Antwort.[23] Das wundert und quält mich. Der Vorschlag kam von italienischer Seite und war sehr warmherzig. Weshalb jetzt auf zwei Briefe keine Antwort? (Ich habe Ihnen doch von diesem Vorschlag erzählt?)

Was hört man bei Ihnen. Sind Sie immer noch so mit Arbeit überhäuft? Ist die Auflösung Ihres Büros, von dem Sie erzählt haben, unwiderruflich? Haben Sie schon irgendwelche Pläne und Aussichten? Wie ist Ihr Befinden? Sehen Sie jemanden? Haben Sie Szturm gesehen? Mit gleicher Post schreibe ich an Gombrowicz über Sie. Ich hoffe, daß es mir gelingen wird, eine Annäherung zwischen Ihnen beiden zu arrangieren. Aber er ist jetzt scheint's nicht ganz gesund und nicht in der besten Form.

Ich möchte in Kürze ein paar Worte von Ihnen erhalten und erfahren, wie es Ihnen äußerlich und innerlich geht. Werden Sie mir schreiben?

Ich grüße sehr herzlich Bruno Schulz

Drohobycz, 29. IX. 1937

106. Werte Frau Roma!

Mit Gombrowicz habe ich Pech. Er befindet sich jetzt in einem Zustand von lauter Depressionen und meidet Menschen. Er versprach mir, Sie anzurufen, wenn er sich besser fühlt. Auch Witkacy hat mir geschrieben. Er hat mit Gombrowicz gebrochen, sich aber dafür mit Marusia Kasprowiczowa[24] versöhnt, bei der er jetzt oft anzutreffen ist. Er rät mir, die Thematik völlig zu ändern, »um die Eileiter zu spannen und einen endgültigen Spermienguß zu vollbringen«. Aber bitte zitieren Sie ihm diesen Satz nicht, er würde mich der Indiskretion zeihen, wenngleich es hier um meine Potenz geht, nicht um seine.

Ich habe meine deutsche Novelle schon lange beendet, aber das Abschreiben geht nur sehr langsam voran, da ich anderweitig beschäftigt und von dem, was ich geschrieben habe, wenig überzeugt bin. Es wird eine lange Sache sein, von der Thematik her mit dem »Sanatorium zur Todesanz[eige]« verwandt.

Leider ist es vorerst still um das italienische Angebot, keine Antwort auf mein Exposé über die »Läden« in zwei Sprachen. Es kam durch die Vermittlung von Frau M. Chasin zustande, einer Pianistin, die ich in Zakopane kennenlernte und die tolle Bekanntschaften in der Welt hat.

Weshalb ist Ihr Wohlbefinden so schlimm? Was könnte Ihnen denn etwas Ruhe und innere Festigkeit geben? Wie steht Ihnen das geschnittene Haar? Ich freue mich, daß Sie Ihre Vertretung beendet haben. Ach, wenn Sie doch bloß ein bißchen Geld verdienen könnten, um für einige Wochen ins Ausland zu fahren. Ich träume auch davon. An Juna denke ich in letzter Zeit nicht. In der vergangenen Woche hatte ich heftigen familiären Ärger und dachte schon, daß ich diesmal meine Absonderung in die Tat umsetzen und extra wohnen werde. Doch irgendwie hat sich alles wieder besänftigt, aber es ist nicht ausgeschlossen, daß ich ausziehe. Was raten Sie mir, was soll ich tun? Es wäre zum Nachteil für die Familie, weil ich dann für das Zimmer und den Unterhalt zahlen muß.

Ärgern Sie sich nicht, daß ich so wenig schreibe, aber ich habe sehr viel Schulunterricht und bin auch anderweitig beschäftigt. In Kürze schreibe ich wieder. Bislang fiel mir nichts in die Hände, was Ihrer Übersetzung wert wäre.

Ich grüße sehr herzlich

Bruno Schulz

Drohobycz, 13. X. 1937

107. Werte Frau Romana!

Bitte, denken Sie nicht, daß ich Sie vergessen hätte, aber in diesen ständigen Trauer- und Depressionszuständen komme ich nicht dazu, meine Gedanken in die Form eines Briefes zu kleiden. Aber dieses lange Schweigen, das zwischen uns ausgebrochen ist, fängt an, mich zu beunruhigen. Was treiben Sie? Wie geht's dem Söhnchen? Haben Sie noch immer so viel Arbeit? Wie ist Ihre Stimmung?

Meine letzten Tage sind unter dem niederschmetternden, betäubenden Eindruck vergangen, den Gombrowiczs Buch[25] auf mich gemacht hat. Alle Versuche, dieses Buch zu klassifizieren, scheitern. Es ist ein Buch ganz großen Ausmaßes, enthüllend und offenbarend. Ich stelle es als geistige Leistung neben Erscheinungen wie Freud oder Proust. Er hat mir geschrieben, Ihnen ein Exemplar seines Buches zu schicken. Ich bin überzeugt, daß Sie erschüttert sein werden. Ich will über das Buch etwas schreiben, vermag mich aber fortwährend nicht zu sammeln, obgleich es mich unterminiert und hochreißt. Ich bin von dem Buch geladen. Gombrowicz selber ist merkwürdigerweise sehr deprimiert und besorgt über das Schicksal seines Buches. Ein seltsames Gefühl, wenn man mit jemandem auf so vertrautem Fuß verkehrt, und da schießt plötzlich der Genius aus ihm hervor. Gombrowicz ist genial.

Ich bekam von der Kuncewiczowa einen Brief über dieses Buch – in den höchsten Tönen.

Mein Buch ist noch immer nicht erschienen, aber Gomber meldet mir, daß es in den nächsten Tagen herauskommen wird. Ich schreibe nichts. Die deutsche Novelle (30 Seiten in Maschinenschrift) habe ich vollendet und sie Berman[26], Wittlins Übersetzer ins Deutsche, zum Beurteilen gegeben.

Im übrigen ist bei mir nichts Neues. Ich warte mit Ungeduld auf Nachricht von Ihnen.

Ich grüße sehr herzlich Bruno Schulz

16. XI. 1937

108. Werte Frau Roma!

Soeben bin ich zu Hause angekommen, liege endlich in meinem Bett und möchte Ihnen für die Güte und Freundschaft herzlich danken. Im Gedränge der Menschen konnte ich mich nicht so mit Ihnen beschäftigen, wie Sie dies verdient haben – schon allein als Initiatorin dieses Abends. Es schien mir, daß Sie sich ein wenig verwaist fühlen. Ich bitte Sie innig um Verzeihung, wenn Sie sich nicht so gut fühlten, wie es hätte sein sollen. Ich weiß nicht weshalb – aber ich verließ diesen Abend leicht niedergeschlagen wegen der glänzenden Ansprachen der Diskussionsteilnehmer und mit Mißbehagen über meinen Vortrag[27], aber es geht schon allmählich vorüber.

Ich möchte Ihnen nur ein paar Worte schreiben, damit Sie nicht den Glauben an unsere Freundschaft verlieren, die sehr dauerhaft sein wird.

Wie war der weitere Verlauf des Abends? Ist noch viel gesprochen worden? Haben Sie die Kuncewiczowa kennengelernt? Haben Sie gehört, daß Brochwicz[28], der große Blonde, mir seine Intervention in der deutschen Übersetzung der »Läden« angeboten hat?

Ich danke Ihnen herzlich für alles und verspreche, in Zukunft weniger zerstreut und fahrig zu sein.

Ich grüße Sie allerherzlichst und küsse die Hand

Bruno Schulz

12. I. 1938

Bitte danken Sie Frau Kragen[29] herzlich dafür, daß sie von mir so begeistert ist, und entschuldigen Sie mich, daß ich nicht auf sie zugehen und ihr danken konnte.

Haben Sie Grydz[30] den »Kometen« ausgehändigt?

Herzlichen Dank! Verzeihen Sie das Papier – ich habe kein anderes. Das Buch schicke ich morgen weg!

109. Werte und gute Frau Roma!

Ihr Brief hat mich sehr gerührt, werte Frau Roma. Sie unterschätzen sich und Sie unterschätzen die Bedeutung Ihrer Freundschaft für mich. Ich kann nicht damit aufhören, mir Vorwürfe zu machen, daß ich Sie während des Vortrags vernachlässigt habe, aber ich rechtfertige es allein damit, daß ich Personen, die sich mir aufdrängen, einfach nicht widerstehen kann, und dort fiel eine Menge Leute über mich her und schnitt mich einfach von Ihnen ab. Es tat mir auch leid, daß ich die letzten Minuten vor der Abreise nicht mit Ihnen zubringen konnte, aber mein Neffe ist ein sehr schwieriger und kantiger Geselle, ich fürchtete, aus der gemeinsamen Fahrt könnten [Unannehmlichkeiten – *das Wort ist durchgestrichen, Anm. v. J. F.*], Mißklänge entstehen. Sie überschätzen meine Empfindlichkeit, wenn Sie glauben, Eigers Ansprache würde mich aus der Fassung bringen. Ich mache mir nichts daraus, und nie würde mir einfallen, Ihnen übel zu nehmen, daß Sie diesem Abend den ersten Anstoß gaben. Gombrowicz schreibt mir, wir hätten ihm einen riesigen Gefallen getan, der Effekt sei, wie von allen Seiten zu hören, hervorragend gewesen, er fühle sich uns gegenüber enorm in der Pflicht. »So oder so hat dies eine gewaltige Bedeutung für das Buch, es regt an, macht Sensation, ermutigt jene, die verwandter Meinung sind und bringt Bewegung in das Ganze« – soweit Gombrowicz' Worte. Auch ich rechne damit, daß Gombrowicz den Preis der Jungen erhält, das hätte eine große moralische Bedeutung.

Die Nachricht über Ihre Krankheit hingegen macht mir Sorge. Man darf so etwas nicht bagatellisieren, sondern sollte sich gewissenhaft behandeln lassen. Ich fürchte, es wird länger als eine Woche dauern. Bitte nehmen Sie die Sache nicht auf die leichte Schulter, holen Sie den Rat eines guten Arztes ein, man darf es nicht vernachlässigen, wenn Sie unangenehme Komplikationen vermeiden wollen. Versprechen Sie mir, den Anweisungen des Arztes gewissenhaft zu folgen.

Über die Öffnung des Briefes von Gombrowicz ärgere ich mich natürlich nicht, wir haben keine Geheimnisse. Auch ich liege seit Freitag mit einer leichten Grippe darnieder, morgen schon will ich wieder in die Schule gehen. Ich hatte einen Brief von Prof. Chwistek[31], in dem er mir seine Hilfe bei der Versetzung nach Lemberg anbietet, aber in eine der Volksschulen. Doch irgendwie paßt mir das nicht. Ich bin mit Drohobycz zusammengewachsen, auch habe ich die Befürchtung, die Arbeit in Volksschulen, die sehr überfüllt sind, könnte mich noch mehr martern. Was raten Sie? Ich danke Ihnen für die Warnung in bezug auf Brochwicz. Ich schreibe ihm jetzt nicht. Ich warte ab, bis er schreibt. Er gab mir die Adresse einer Übersetzerin in Wien, meiner früheren Bekannten. Ich habe ihr geschrieben.

Gombrowicz gefiel Egga Haardt sehr gut, er beabsichtigt, diese Bekanntschaft in Warschau fortzusetzen, sie hat einen großen Eindruck auf ihn gemacht.

Die Beweise Ihrer Verbundenheit und der starke Wille, mir zu helfen, rühren mich zutiefst. Ich wünsche, daß es Ihnen gelingen möge, eine große Wohnung zu mieten, in der Sie auch mich bewirten können für die Zeit des Aufenthaltes in Warschau. Ihr freundschaftliches »Du« nehme ich an, möchte aber, im Gegensatz zu Ihnen, mit dem mündlichen »Du« beginnen. Ich geniere mich beim Schreiben mehr als beim Sprechen. Übrigens – fangen Sie doch an, ich will es versuchen.

Danke, daß Sie mein Manuskript bei den »Wiadomości« einreichen konnten. Haben Sie es in einen Umschlag gelegt und adressiert? Vielleicht sind Sie so nett und rufen an einem der Tage zwischen 4 und 6 Uhr an und erkundigen sich, ob das Manuskript auch bei der entsprechenden Stelle angekommen ist?

Für den Vortrag habe ich 50 Złoty erhalten, später warf mir die Melcer[32] vor, er sei zu kurz gewesen.

Ich lege einen Brief an Wanda Kragen bei und bitte Sie, ihn ihr auszuhändigen. Ich habe ihre Adresse nicht. Ich konnte sie nicht einmal begrüßen und für die so wohlwollende Meinung über mich danken. Sie hatte dabei verschiedene Unannehmlichkeiten.

Ich wünsche Ihnen baldige Genesung und alles erdenklich Gute, ich danke nochmals herzlich für alles und grüße Sie herzlich

Bruno Schulz

18. I. 1938

110. Werte Frau Roma!

Ich fürchte, daß Sie mich überschätzen, daß Sie in übertriebene Begeisterung verfallen. Das ist ein ungesunder Zustand – für den Urheber ebenso wie für den Gegenstand dieser Begeisterung. Das ist eine für mich sehr angenehme Art von Gefühlsausschweifung, aber ich fürchte den Katzenjammer. Ich sehe keinen Grund, Wanda Kragen nicht einen gewissen Schadenersatz für die Unannehmlichkeiten zu leisten, die sie wegen ihres enthusiastischen Auftretens für mich hatte. Außerdem muß man sie als Rezensentin für die Zukunft günstig stimmen. Ich glaube, daß Sie ihr den Brief aushändigen können.

Ich freue mich, daß es Ihnen besser geht. Es war bestimmt nur eine Reizung der Gallenblase, aber vergessen Sie nicht: Diät!

Was Egga Haardt betrifft – ich bin nicht engagiert und überhaupt ist die Gefahr eines Engagements bei mir nicht sehr groß. Gefährlich für mich ist lediglich das starke gefühlsmäßige Engagement einer Frau. Ich bin eher eine reagente Natur – und das macht mir zu schaffen, aber auch nur selten. Trotzdem werde ich Gombrowicz schreiben, mir keine Hindernisse in den Weg zu legen. Schön von seiner Seite, daß er die Angelegenheit so loyal darstellt.

Eine große Annehmlichkeit haben mir Ihre Worte über das Buch bereitet. Sehr gut, daß es Ihnen gefällt. Es fehlt wenig, um den Glauben an das Buch zu verlieren. Niemand außer Ihnen hat mir ein gutes Wort darüber gesagt.

Das Geld nach Posen habe ich abgeschickt – und merkwürdig: weder eine Bestätigung noch einen Dank habe ich erhalten. Aus Höflichkeit ziemt es sich nicht, danach zu fragen. Erst jetzt habe ich Ihre Überschrift verstanden. Also das ist der Übergang zum ›Du‹? Wir sollten nicht kleinlich sein, gehen wir zum ›Du‹ über, liebe Roma.

Du kannst also mit dem Brief an Wanda Kragen tun, was Du willst. Was die Veröffentlichung des Vortrages über Gombrowicz betrifft, hatte sie Grydzewski bereits für den »Skamander« angenommen, nur muß ich ihn ihm noch schicken. Ich danke Dir für die Zusendung des »Kometen«.

Dieser Sandauer[33], der im »Pion« über Gombrowicz schreibt, ist ein guter Bekannter von mir, ein 23jähriges Bürschchen, sehr intelligent. Den Artikel kenne ich längst im Manuskript. Er wohnt in Krakau.

Ärgere Dich nicht, daß heute nur ein kurzes Briefchen kommt. Bleib gesund, ich grüße Dich herzlich

Dein Bruno Schulz

Drohobycz, 23. I. 1938

111. Werte und liebe Freundin!

Dein Schweigen beunruhigt mich. Habe ich Dich durch etwas verletzt, hat Dich etwas betrübt oder abgeschreckt? Was macht Deine Gallenblase, stellt sie keine Ansprüche mehr? Wie ist es um Deinen Humor bestellt?

Ich war 3 Tage in Lemberg – unnötigerweise. Ich habe dort freie Zeit verloren, die ich besser hätte nutzen können, und bin krank zurückgekehrt. Seit Mittwoch schon liege ich an einer Entzündung der Luftröhre darnieder, aber bereits ohne Fieber und ohne Beschwerden. Ich könnte etwas tun, ziehe es aber vor, zu denken. Irgendwie fühle ich mich wohl beim Denken und Konzipieren. Vielleicht wird etwas daraus.

In Lemberg traf ich Juna. Sie ist noch immer ohne Stellung und in einem fatalen Humor, aber sehr elegant und gefallsüchtig. Ich war mit ihr bei den Chwisteks[34], dort hat sich die junge

Tochter der Chwisteks in sie verliebt, ein 19-jähriges großartiges Mädchen mit ungewöhnlichen Fähigkeiten. Vielleicht weißt Du, wie man für Juna eine Stelle finden könnte?

Legst Du Wert auf meine Kandidatur für den Preis der »Wiadomości«? Weißt Du nichts Näheres? Ich nehme an, daß nur Wittlin meine Kandidatur aufgestellt hat. Kann es sein, daß ihn jemand dabei unterstützte?

Brochwitz hat mir sein Buch geschickt mit der Bitte, es zu rezensieren. Ich habe ihm geantwortet, ich hätte das Schreiben von Rezensionen aufgegeben, er solle mir das nicht für übel nehmen. Ich habe den Eindruck, es ist das Buch eines Graphomanen, obwohl Grombrowicz angeblich davon begeistert ist (ich weiß nicht, ob aufrichtig).

Im »Chochół«[35], einer neuen satirischen Zeitschrift, hat Korabiowski (Strońć) eine ungeheuerliche, wenn auch treffende Parodie auf meine Prosa gebracht. Im »Pion« erschien als Rezension ein Artikel von Sandauer: »Über das Schaffen der Mythologen«[36], Gombrowicz und Schulz. Außer dem weiß ich nichts von Rezensionen, da ich kein Abonnent der Presseinformation bin.

Hast Du Witkacy nicht getroffen? Was für ein Leben führst Du? Triffst Du jemand? Ich habe einen Brief von Wanda Kragen vorgefunden, in welchem sie mir über Artikel von Skiwski und Piasecki[37] berichtet, die »Ferdydurke« angreifen. Ich fürchte, der Fall »Ferdydurke« könnte für sie zu einem psychischen Trauma werden.

Egga[38] hat die Illustration für den »Kometen« schon gezeichnet. Ich denke, er wird in Kürze erscheinen.

An Thomas Mann[39] habe ich noch nicht geschrieben. Es fehlt mir dazu noch das nötige Selbstvertrauen.

Wenn ich in Kürze von Dir keinen Brief erhalte, werde ich sehr unruhig sein.

Ich verbleibe mit herzlichen Grüßen und der Bitte um Nachricht

Bruno Schulz

Drohobycz, 6. II. 1938

112. Werte Roma!

Die Nachricht über Deine Krankheit macht mich besorgt. Ich hoffe, ich hoffe, durch den Roentgen wird sich die Grundlosigkeit Deiner Befürchtungen herausstellen. Du warst im Leben schon genug krank und irgendwie paßt das nicht zu Dir. Ich bin schon wieder auf, gehe aber noch nicht hinaus, ich huste noch sehr und habe Urlaub bis Montag.

Alle Nachrichten und Gerüchte, die Du für mich sammelst, interessieren mich sehr. Sollte ich wirklich gewisse Chancen haben, den Preis der »Wiadomości« zu erhalten? Ich lasse diesen Gedanken bei mir nicht zu, um später nicht enttäuscht zu sein. Übrigens scheint mir, daß bei seiner Verleihung Beziehungen und Einflußnahme eine gewisse Rolle spielen, über die ich in meiner fernen Provinz nicht verfüge. Ich denke, Gombrowicz[40] wird ihn erhalten. Ich danke Dir für die liebe Bereitwilligkeit, mich über das Ergebnis zu benachrichtigen, ist aber nicht nötig, weil es ohnedies der Rundfunk gleich bringen wird.

Ich habe das Schreiben von Rezensionen für die »Wiadomości« eingestellt, weil es mir keinen Spaß macht, im Gegenteil, es kostete mich immer viel Überwindung.[41] Ich wundere mich sehr darüber, daß Gombr[owicz] eine so gute Rezension über Brochwicz geschrieben hat. Ich konnte dieses Buch nicht lesen, aber ich bitte Dich, sage es niemand, weil ich ihm natürlich geantwortet hatte, das Buch gefiele mir. Wenn Du kannst, schikke mir die Artikel von Skiwski und Piasecki als Kreuzbandsendung.

Ich danke Dir für den Rat in bezug auf Juna, vielleicht mache ich davon Gebrauch. Aber Witkacy ist für solche Missionen furchtbar ungeeignet. Er ist nicht imstande etwas praktisch Gutes für jemand zu tun. Ich nehme ihm das nicht übel. Ich bin ihm dankbar für die Bekanntschaft mit Szturm.

Egga hat den »Kometen« jetzt illustriert, er wird sicher bald erscheinen.

Vor etwa 2 Wochen bat ich Kister (Rój), mir ein Ex[emplar] der »Läden« zu schicken, das ich für eine Übersetzerin in Wien benötige. Sowohl diese Bitte, wie auch die angegebenen Adressen der Kritiker, die um das »Sanatorium« gebeten hatten – wurden mißachtet. Die bagetellisieren mich schrecklich. Zwar möchte ich Dich nicht einer unangenehmen Antwort aussetzen, aber könntest Du vielleicht anrufen und Dich erkundigen?

Warum hast Du so lange nicht geschrieben? Siehst Du jemand von den Bekannten? Szturm, Lieberwerth?

Ich bitte Dich um Nachricht über die Diagnose aufgrund der Durchleuchtung. Ich grüße Dich herzlich und danke für die Nachrichten.

Bruno

Ich habe von Montherlands Roman den 1. Teil: »Die jungen Mädchen«[42] gelesen. Einfach großartig. Lies es unbedingt!

[um Mitte Februar 1938]

113. Liebe Roma!

Die Nachricht, daß Du krank bist, daß Du im Spital liegst, hat mich sehr traurig gestimmt und quält mich. Weshalb hat sich Deine Unterbringung im Spital als unerläßlich erwiesen? Zur Beobachtung oder zur Behandlung, die sich daheim nicht durchführen läßt? Ich weiß, daß Gallenschmerzen (›Koliken‹) schrecklich weh tun und ohne Narkotika nicht auszuhalten sind. Hast Du gute Pflege? Ist man gut zu Dir? Besucht Dich jemand? Hast Du etwas zu lesen? Hast Du etwas, worüber Du nachdenken kannst? Wie ist diese Spitalwelt? Liegst Du mit jemandem zusammen oder allein? Schreib mir oft und berichte mir über alles, besonders, was Deine Gesundheit betrifft. Wie kannst Du schreiben, mich mit Deinen Briefen zu langweilen?!

Wie gut Du bist, daß Du selbst im Spital noch an meine Angelegenheiten denkst und der ärztlichen Pflege davonläufst, um etwas zu regeln, worum ich Dich gar nicht gebeten habe, da ich weiß, wie beschäftigt Du bist! Ich danke Dir herzlich.

Ich hätte diesen Preis[43] hauptsächlich deshalb gern entgegengenommen, weil er eine Plattform ist, um über die Grenzen der polnischen Sprache hinauszugelangen. Na, und das Geld bedeutet auch etwas! Trotz allem hat Dein vorletzter Brief Hoffnungen in mir erweckt, obgleich ich wußte, daß dort Rücksichten auf die Literaturpolitik entscheiden, das gegenseitige Erweisen von Gefälligkeiten, um sich die Unterstützung der Preisträger zu sichern.

Piaseckis Artikel habe ich bekommen, und ich danke Dir. Er ist ordinär und dumm. Eine große Rezension von Pomirowski[44] ist im »Tygodnik Ilustrowany« erschienen, aber ohne Enthusiasmus. In Nr. 5 des »Pion«, glaube ich, war ein schöner Artikel über mich (hauptsächlich) und über Gombrowicz von A. Sandauer, dem jungen Kritiker, der sich mit einer seiner intelligenten Besprechungen meines (und Gombrowiczs) Schaffen die literarischen Sporen verdient hat. Einen zweiten Artikel desselben Kritikers über das »Sanatorium« habe ich an den »Skamander« geschickt – zusammen mit dem meinen über »Ferdydurke«[45].

Mit Gombrowicz bin ich ständig in Kontakt. Er fährt doch nach Italien und wartet vielleicht auf das Ergebnis des Literaturpreises. Von Egga Haardt und ihrem Freund habe ich ständig enthusiastische Stimmen über mein Buch, das sie gemeinsam lesen. Sie sehen eine Verwandtschaft dieses Buches mit den »Geschichten Jakobs« von Th. Mann, welche Verwandtschaft mir sehr schmeichelt. Die Mutter meines Freundes will die »Heimkehr« Th. Mann bringen, da sie nach Zürich[46] fährt. Trotzdem wundert mich das Schweigen, das über dem »Sanatorium« schwebt. Welchem Umstand ist das zuzuschreiben? In einer einzigen Lemberger Zeitschrift war eine sehr lobende Rezension J. Bermans, den ein paar Tage später nationaldemokratische Studenten schwer verprügelten. J. Berman[47] ist der Herausgeber der satirischen Zeitschrift »Chochół« – so nach dem Muster der »Szpilki« und mit den gleichen Mitarbeitern.

Ich würde mich jetzt nicht gerade schlecht fühlen, wäre nicht die Umgebung dieser durch die Entlegenheit ihrer geistigen Sphäre ziemlich deprimierenden Menschen. Mich interessiert jetzt das Zeichnen. Ich möchte hier jemanden aus meiner Sphäre haben. Ich habe etlichemal einen gewissen Lemberger Maler zu mir eingeladen, doch er antwortet nicht.

Ich weiß nicht, ob Dich solche Nachrichten jetzt interessieren, da Du jener anderen Welt angehörst, von der Du schreibst. Nałkowska hat mir als Revanche für mein Buch vier oder fünf ihrer Bücher geschickt. Auf einem steht die Widmung: »B. S. mit weitgehender Approbation Seines Buches.«

Wanda Kragen habe ich noch nicht geschrieben.

Ich wünsche Dir von ganzem Herzen baldige Rückkehr zur

Gesundheit und vorläufig viel Ruhe und Heiterkeit und freundliche Gedanken. Ich erwarte Nachrichten.
Mit herzlichen Grüßen

Bruno Schulz

21. II. 1938

114. Werte Roma!

Warum kommt keine Antwort, keine Nachricht von Dir? Ich bin unruhig. Bist Du noch krank, bist Du noch im Spital? Vielleicht bereitet Dir das Schreiben Schwierigkeiten? Oder ist es nur eine Depression? Nach einigen ziemlich guten Monaten ist auch bei mir ein Niedergang eingetreten. Ich bin so aus dem Gleichgewicht gebracht, aus den Scharnieren gehoben, daß ich mich nicht einmal aufschwingen kann, einen dringendsten Brief zu schreiben. Schade um die verlorene, dumm vergeudete Jugend: es ist irgendein Fieber, eine Unruhe und eine »Torschlußpanik« in mir. Aber ich will nicht über mich schreiben, ehe ich keine Nachrichten von Dir habe. Gibt es noch immer keine Besserung? Wie lange mußt Du noch in Behandlung bleiben? Schreibe mir doch wenigstens ein paar Worte oder diktiere sie Stefan. Vielleicht ist es besser, Du gibst mir die Adresse des Spitals?

Aus meiner Reise nach Paris ist vorerst nichts. Kister schickt mir kein Geld. Heute habe ich ihm endlich geschrieben. Von den Pressestimmen erreichte mich Bermans begeisterte Rezension in der Lemberger »Opinia« und eine positive in den »Sygnały« von Promiński[48]. Warschauer Zeitungen lese ich nicht. Darüber hinaus herrscht völlige Monotonie. N. Spiegel[49], einer der bedeutenden jüdischen Maler kam hier an, er war von meinen Zeichnungen begeistert und riet mir, nach Paris zu fahren und dort eine Ausstellung zu machen.

Ich warte ungeduldig auf Nachricht von Dir und grüße Dich herzlich

Bruno Schulz

3. III. 1938
Drohobycz, Floriańska 10

115. Werte Roma!

Ich ahnte es, daß Dein Schweigen einen ernsten Grund haben mußte, und so war es auch, arme, tapfere Roma. War es ein großer Eingriff? In welcher Gegend? Hast Du sehr gelitten? War jemand bei Dir? Deine Verwandten, Freunde? In welcher Beziehung steht diese Zyste mit der Krankheit der Leber? Hatte sie Beschwerden gemacht, mußte sie entfernt werden? Warum ist Dein nervlicher Zustand fatal? Möchtest Du nicht für die Zeit der Krankheit jemand von der Familie bei Dir haben, um Dich zu pflegen? Warum läßt Dich Deine Familie in einer solchen Situation allein? Liefere Dich nicht dem Zweifel aus. Es wird alles wieder gut. Der Frühling naht. Du mußt, nach all dem, was Du durchgemacht hast, irgendwohin fahren, Dich erholen. Ein paar Meilen von Drohobycz liegt ein sehr schönes Sanatorium für Rekonvaleszenten, dort hat ein gewisser Phantast ein Asyl für Menschen eingerichtet, die »an der Seele krank« sind. Soweit seine Absicht. Die Realität hat dies ein wenig geändert, aber es ist ein schöner Berghang da in völliger Einsamkeit, bedeckt von einem Park mit etlichen zehntausend Rosen und mit Nelkenfeldern. Es gibt ein Hotel aus einer Mischung von Huzulenstil und Empire oder Biedermeier, einen sehr schönen Vorraum, einen Speisesaal, etwas wie ein Forsthaus oder polnisches Landhaus. Dabei nicht teuer, ein netter Hausherr und in der Frühlingssaison nur ein paar Gäste. Ich würde immer zu Dir fahren, weil es nicht weit ist und ich den Besitzer kenne: Reitman[50], *Korostów* bei Skole. Du mußt irgendwo Geld auftreiben, um dorthin zu fahren. Eigene Elektrizitätsanlage, eigene Post, mit einem Wort, eine Festung in der Einsamkeit der Berge. Denke darüber nach, unternimm etwas, damit Du für 4 Wochen im April kommen kannst. Deine Familie soll Dir dabei behilflich sein.

Ich würde mich sehr freuen, wenn Du kämst, Du mit Deiner Empfindlichkeit gegen Schönheit, mit Deiner Phantasie und Fähigkeit, ungewöhnliche Situationen zu erleben – wärst dort wie im eigentlichen Vaterland.

Über mich gibt es eigentlich nichts zu schreiben. Ich wünsche mir etwas Heiterkeit, eine Veränderung der Umgebung, z. B. Deine Gesellschaft. Ich sehne mich nach Stille, Natur, empfindsamen Seelen, vor denen man sich nicht verschließen oder in eine fremde Sprache übersetzen muß. Kann sein, daß auch ich im

April für 2 Wochen nach Korostów fahren würde. Zur Zeit richte ich mir in unserem Haus ein Einzelzimmer ein, aber die Kosten erschrecken mich: das Schlafsofa usw. Ich habe ein großes, helles Zimmer und einen Teil der Möbel, was mir fehlt, ist ein Schlafsofa, Gardinen, ein Teppich.

Darf ich Dich um öftere Nachrichten bitten. Ich werde jetzt um Dich besorgt sein, wenn Du nicht schreibst. Beschreibe mir genau Deine medizinische Situation. Hast Du Beschwerden, bist Du allein?

Wie aus der Berichterstattung hervorgeht, hat sich Wittlin nicht allzu sehr für mein Buch eingesetzt, mehr die Kuncewiczowa und Dąbrowska[51].

Ich grüße Dich sehr herzlich und bitte um Nachricht.

Dein Bruno Schulz

Drohobycz, 10. III. 1938

116. Liebe Roma!

Ärgere Dich nicht, daß ich nicht gleich geantwortet habe. Die räumliche Entfernung bewirkt, daß das geschriebene Wort zu schwach, unwirklich erscheint und sein Ziel nicht erreicht. Und das Ziel selbst, die Person, die am Ende dieses räumlichen Weges unsere Worte entgegennimmt, scheint nur halb wirklich zu sein, wie eine Person aus einem Roman, und von ungewisser Existenz. Das verdirbt einem die Lust am Schreiben, nimmt diesem die Aktualität und bewirkt, daß es gegenüber seiner aufdrängenden nahen Wirklichkeit als problematische Tätigkeit erscheint, als Magie und Geste von zweifelhafter Wirkung. Solche Dinge sollte man vielleicht nicht sagen, besser ist es, diese Schwäche der Phantasie zu überwinden, die nicht an die Wirklichkeit entfernter Dinge glauben will. Es ergreift mich sehr, daß Du, so schwach und erschöpft, zu einem Gedenken, selbst zu Briefen und zum Interesse an meinen Angelegenheiten Dich aufschwingst. Es ist wirklich sehr schön, daß es solche Frauen, daß es solche Uneigennützigkeit und solche Kontakte gibt. Kannst Du wenigstens lesen? Hast Du irgend welche Beschwerden? Ich hoffe, daß die Steine sich auflösen und aus dem Organismus verschwinden. Dafür ist Truskawiec (eine Viertelstunde von Drohobycz) sehr gut, aber dafür bist Du noch zu schwach. Ich hoffe, daß Du vielleicht im Mai nach Truskawiec kommst. Um diese Zeit ist es dort zauberhaft. Du wohnst unter weißen Kirschbäumen, von denen Truskawiec voll ist. Es ist mein Lieblingsort, über den ich vielleicht dereinst noch einen Roman schreiben werde. Im Mai ist es dort wunderschön traurig und feierlich. Die Nachtigallen singen, und alle Bäume sind weiß. Korostów ist für Dich in dieser Situation nicht ratsam. Ich glaube, daß wir bei Reitman einen Preis von 5–6 Złoty täglich für ein sehr gutes Unterkommen erreichen könnten.

In der Zwischenzeit sind so bedrückende historische Ereignisse geschehen.[52] Der Lauf der Dinge wird immer schlechter. Das deprimiert mich sehr. Ich war in gewissen Augenblicken der Verzweiflung nahe, wie vor einer unmittelbaren Katastrophe. Der Frühling ist so schön – man müßte leben und die Welt schlucken. Und ich verbringe die Tage und Nächte ohne Frau und ohne Muse und verschwende mich fruchtlos. Unlängst bin ich mit der jähen tiefen Verzweiflung aus dem Schlaf hochgefahren, daß das Leben verfliegt und ich von ihm nichts erwische. Hielte solche Verzweiflung lange an, könnte man wahnsinnig werden. Aber vielleicht kommt diese Verzweiflung einmal und läßt sich für ständig nieder, wenn es schon für das Leben zu spät ist. Werde rasch gesund und lebe, denn das ist das größte Unglück – das Leben nicht auszuleben. Bist Du schon in Śródborów[53]? Ist es schön dort? Bist Du schon ein wenig gesünder und kräftiger? Mir scheint, das war eine innere Operation, ohne Narbe von außen? Ich habe jetzt das herrliche Buch von Huxley gelesen: »Geblendet in Gaza«[54]. Ich habe es mit echtem Staunen über die bestialische Klugheit dieses Mannes gelesen. Außer dem kann ich nichts lesen. Es interessiert mich nichts. Ich glaube deshalb, weil ich keine Frau habe.

Schreib mir alles über Dich. Wen hast Du in Śródborów getroffen? Besucht Dich jemand? Kommt Wanda Kragen zu Dir? Meinst Du, daß ich Wittlin, Kuncewiczowa und Dąbrowska dafür danken muß, daß sie mich in der Jury unterstützt haben?

Gombrowicz ist nicht in Warschau. Er schreibt mir nichts. Ich erhalte jetzt keine Briefe.

Ich grüße Dich sehr herzlich und wünsche Dir viel Gesundheit und gute Erholung

Bruno Schulz

Drohobycz, 20. III. 1938

117. Liebe Roma!

Ich weiß so lange schon nichts mehr von Dir. Hast Du meinen Brief bekommen? Nimmt Dir etwas die Lust zum Schreiben oder bist Du vielleicht immer noch zu schwach, um zu schreiben? Bist Du in Śródborów? Besucht Dich Stefan? Es ist schwer zu schreiben, da ich nichts über Deine gesundheitliche, geistige und stimmungsmäßige Situation weiß. Ich weiß nicht, was Dich jetzt interessieren kann, was zu Dir dringt. Verschreiben Dir die Ärzte keine Kur in Truskawiec? Wie schön wäre das, wenn Du nach Truskawiec kämst – 15 Minuten von Drohobycz.

Ich bin gerade jetzt völlig vereinsamt. Von Juna weiß ich seit Monaten nichts mehr. Unlängst ist Gombrowicz nach Warschau zurückgekommen und hat mir nach längerer Unterbrechung geschrieben. Ansonsten habe ich keinen Kontakt. Egga Haardt ist auch verstummt.

Ich bin jetzt mehr mit der Schule beschäftigt als bisher. Ich bemühe mich, den Behörden keinen Vorwand zu meiner Entlassung zu geben, aber es scheint vergeblich zu sein, da im Fall des Inkrafttretens der unser Land aufwühlenden Strömungen[55] Vorwände nicht nötig sein werden. Ich richte mir sehr zur Unzeit jetzt eine Wohnung ein. Ich habe ein sehr schönes Zimmer 6 x 6 m und ein zweites kleineres. Ich habe mir ein Schlafsofa bestellt. Ich tue es ohne Glauben und ohne Lust. Ich hätte mich schon vor Jahren von der Schule unabhängig machen und zum Journalismus überwechseln sollen. Damals wäre es möglich gewesen, und ich hätte mich an die Produktion auf Bestellung gewöhnt und vielleicht sogar unter dem Zwang einen gewissen Ansporn zum Schreiben und eine feste, banalere, alltägliche Schreibform gefunden.

Glaubst Du, daß ich Kuncewiczowa und Wittlin für ihre Bereitwilligkeit, mich bei der Verteilung des Preises durchzudrücken, danken müßte?

Schreib mir wenigstens ein paar Worte über Dich, in welchem Zustand Du bist und was Du treibst. Ob Du Dich ein wenig besser fühlst, ob ich Dir schreiben soll und was Dich jetzt interessiert. Hast Du in Śródborów Gesellschaft? Besuchen Dich Freunde aus Warschau? Es beunruhigt mich, keine Nachrichten von Dir zu haben. Ich glaube, wenn Du meine Briefe nicht beantwortest – dann mußt Du Dich schlecht fühlen. Kannst Du mich nicht mit ein paar Worten beruhigen?

Ich grüße Dich sehr herzlich und wünsche Dir viel Gesundheit und Wohlergehen

Bruno

Drohobycz, 31. III. 1938

118. Werte Roma!

Verzeih mir, daß ich Dir durch mein Schweigen Grund zur Unruhe gab. Einen Deiner Briefe habe ich jedoch nicht erhalten und, wie das gewöhnlich so ist, wenn man eine Antwort aufschiebt – die Aktualität des Kontakts war dahin, und ich schrieb nicht zurück. Den anderen Brief, von dem Du schreibst, habe ich nicht erhalten. Ich freue mich über die Möglichkeit Dich zu sehen. Komm nach Truskawiec. Das wäre für mich am bequemsten, weil es auch sehr nah und hübsch ist. Ich vermute aber, daß die Ärzte Dich nach Morszyna schicken werden. Das weiter liegt. Aber Truskawiec ist vom Klima her am mildesten und größer und hübscher. Deinen intimen Erlebnissen in »Herzens- und anderen Angelegenheiten« entnehme ich, daß es Dir gesundheitlich besser geht, und das freut mich sehr. Meine Pause im Schreiben läßt sich, abgesehen vom Aufenthalt des Schulvisitators, auch durch meine spätere Reise nach Lemberg erklären, wo ich mich eine Woche lang in Gesellschaft von Debora Vogel, Prominskis und des Malers Janisch aufhielt. Es hat sich aber nichts Interessantes ereignet. Gombrowicz hat einen Artikel über mich geschrieben und ihn an den »Kurj[er] Porann[y]«[56] geschickt. Außerdem teilt er mir mit, daß Otwinowski[57] in »Czas« über mich schreiben wird – und Łaszowski, mein bisheriger Gegner, in »Prosto z Mostu«[58] eine schmeichelhafte Rezension über mich geschrieben haben soll. Auch Breza schreibt etwas über mich.

Gombrowicz schickt mir viele Komplimente über mein Buch. Es freut mich sehr, daß ich Dich treffen werde. Ich mag diese Frühlingsbegegnungen sehr. Ich habe mein Zimmer eingerichtet, es hat mich in hohe Kosten gestürzt – unnötigerweise, denn im Grunde ist mir an Luxus und Bequemlichkeit gar nicht gelegen. Außer Dir werde ich jetzt eine Reihe von Gästen haben: den Maler Janisch, Sandauer, eine gewisse Frau Hermanowa[59], aber am meisten freue ich mich auf Dich.

Ärgere Dich nicht, daß ich wenig schreibe, ich muß die liegengebliebene Korrespondenz aufarbeiten; gib mir in Kürze Bescheid über Dich – ich grüße Dich sehr herzlich

Bruno Schulz

17. IV. 1938

119. Werte Roma!

Ich hegte einen Groll gegen Dich, weil Du auf meinen Alarm nicht reagiert hast, und ich fürchtete, daß Dir vielleicht etwas Schlimmes zugestoßen sei. Aber es ist schon alles wieder gut, weil Du mich nicht vergessen hast. Seit einigen Tagen fühle ich mich besser. Ich möchte unbedingt gegen Ende Juni für 2-3 Wochen nach Paris fahren. Vom »Czas« erhalte ich einen Journalistenausweis als Korrespondent dieser Zeitschrift. Nur weiß ich nicht, wie ich zu einem ermäßigten Paß kommen soll. Mir scheint, Du hast Beziehungen im Ministerium des Äußeren. Könntest Du Dich erkundigen, wie ich auf schnellem Wege einen Reisepaß zum Vorzugstarif bekomme? Braucht man für Zeichnungen, die ich mitführe, eine Genehmigung? Durch die Vermittlung des Berufsverbandes der Literaten erhalte ich eine 66prozentige Ermäßigung bei der polnischen Eisenbahn. In der französischen Botschaft kann man sich angeblich sogar um eine Ermäßigung für die französischen Eisenbahnen bemühen, aber ich weiß nicht wie. Wie es scheint, werde ich am 25. Juni (nach Ende des Schuljahres) nach Warschau fahren. Ich rechne sehr mit Deiner Fähigkeit und dem Willen zu helfen, auf Deine stets treue und gute Bereitschaft. Ich will dem Pen-Club beitreten und habe mich in dieser Sache bereits an Gombrowicz gewandt.

Könntest Du Dich bemühen, für mich Empfehlungen an bedeutende Personen in Paris in die Wege zu leiten? Vergib mir, daß ich über lauter technische Einzelheiten schreibe, aber ich bin wie in einem Fieber, es ist mir bange, ich könnte mit verschiedenen Dingen in Verzug kommen und es bis Ende Juni nicht schaffen. Ich hätte gleich geantwortet, aber Du hast tatsächlich Deine neue Adresse nicht angegeben. Wirst Du für mich etwas Zeit haben? Ich bin mir zwar darüber im klaren, daß mir die Reise nichts Konkretes bringen wird, aber ich will es versuchen. Über meine anderen Pläne werde ich Dir schreiben oder Sie Dir erst mündlich mitteilen, weil ich mich irgendwie fürchte, sie vor ihrer Erfüllung den Briefen anzuvertrauen. Ich will etwa 100 Zeichnungen nach Paris mitnehmen. Vielleicht mache ich eine Ausstellung. Eine Dame will mich mit Jules Romains[60] bekanntmachen.

Was gibt es Neues bei Dir, Werte? Auf welche Erlebnisse spielst Du an, wenn Du sagst, daß sie schrecklicher als die Schwierigkeiten im praktischen Leben wären? Machst Du auch Depressionen durch? Warum schreibst Du nichts Näheres darüber? Ist eine Liebe im Spiel? Schreib mir darüber.

In diesen Tagen wird endlich der »Komet« erscheinen. Marj. Eile[61] soll für die Woche eine Vitrine im Zeichen der »Zimtläden« anfertigen.

Bei mir kommen keine Rezensionen über mich an. Ich habe Gombrowicz gebeten, mir seine zu schicken.

Vergib, daß ich so telegrafisch schreibe. Bald mehr und eingehender darüber. Ich grüße Dich herzlich

Bruno Schulz

Drohobycz, 19. V. 1938

120. Werte Roma!

Ich danke Dir herzlich für alle Mühe, die Du Dir in meiner Angelegenheit gibst. Grombrowicz riet mir ebenfalls, einen Paß vorort zu holen. Ich will nicht durch Deutschland fahren, weil es mich deprimieren würde. Trotz höherer Kosten, möchte ich lieber durch Italien fahren und mich vielleicht 2 Tage in Venedig aufhalten. Zu Pfingsten kann ich nicht nach Warschau kommen.

Ich hätte nur 2 Tage und dazu noch Feiertage. Staś W.[62] wäre ich für Adressen und Empfehlungen sehr dankbar. Was treibt er, wie fühlt er sich? Ist er wieder überm Berg?

Du hast sicher Breiters[63] Rezension über mich gelesen. Sie enthält einen Passus über Gombrowicz, der mich gezwungen hat, an Grydzewski einen Brief zu schreiben, in welchem ich in möglichst delikater Form die Behauptung zurückweise, zwischen Gombrowicz und mir ließe sich ein Zeichen der Gleichheit setzen. Gombrowicz' erstes Buch, die Frucht eines kristallisierten und reifen Talents, erschien im Mai 1933, während meine »Zimtläden« erst 1934 das Licht der Welt erblickten. Wie kann hier von meiner »Schule« die Rede sein? Es ist mir sehr peinlich wegen Breiter, aber ich hielt es für eine Pflicht aus Loyalität gegenüber Gombrowicz. Habe ich einen Fehler gemacht? Grydzewski wird den Brief sicher in den »Wiadomości«[64] veröffentlichen, aber sage zu niemand etwas.

Im Zusammenhang mit der Rezension gab mir Grydzewski die Vitrine der Wiad[omości] Lit[erackie], die Eile, der Autor des »Gryps«[65], ein sehr lieber Junge, mit meinen Zeichnungen arrangiert hat. Wie sieht das denn aus? Schön von Grydzewski.

Ich habe an Natanson[66] geschrieben, der mir den Korrespondentenausweis des »Czas« schicken soll. Auch das bringt gewisse Erleichterungen. Ich würde Dich noch bitten, beim Berufsverband der Literaten folgendes in Erfahrung zu bringen: was ist zu tun, um für die polnischen Eisenbahnen eine 66prozentige Ermäßigung zu bekommen, auch für den Fall einer Reise durch Italien – der Weg durch Polen ist kurz – Lawoczne-Budapest. Oder vielleicht lohnt es deshalb gleich gar nicht danach zu fragen.

Maria Chasin, die Pianistin, schrieb mir, daß sie, wie es scheint, im Juni auch in Paris sein wird. Dies wäre für mich von großer Bedeutung, weil sie sehr viele französische Schriftsteller und Intellektuelle kennt, darunter hervorragende Persönlichkeiten.

Wie fühlst Du Dich jetzt? Ist Deine Gesundheit wiederhergestellt? Überarbeitest Du Dich nicht? Hast Du eine bequeme Wohnung? Meine Junggesellenbleibe sieht ziemlich hübsch aus, aber ich habe noch kein Schlafsofa, diese Ausgabe habe ich mir für später vorbehalten, weil ich fürchte, daß mir das Geld für Paris nicht reicht.

Schreibe mir oft, wenn die Zeit es Dir erlaubt. Bist Du mit jemand beschäftigt? Warum schreibst Du mir nicht darüber? Wie ist Dein Verhältnis zu Staś W.?

Ich grüße Dich sehr herzlich

Bruno Schulz

Drohobycz, 28. V. 1938

121. Werte Roma!

Ich bin schon wieder sehr deprimiert. Meine Reise nach Paris gerät wegen Schwierigkeiten, die sich türmen, ins Schwanken. Ich werde Dir die Schwierigkeiten erklären, vielleicht weißt Du, was man dagegen machen kann.

1) Ein Touristenpaß wird aufgrund angekaufter Devisen ausgestellt. Die Devisenzentrale hat sich in diesem Jahr eine individuelle Zuteilung von Devisen vorbehalten, sie hat den Banken keine Devisen zugeteilt. Ich habe über die Allgemeine Vereinsbank in Drohobycz einen Antrag auf Zuteilung von Devisen gestellt, das Gesuch hat die Nummer 1175 und das Datum des 4. VI. Die Devisenzentrale befindet sich in der Zgoda Nr. 11. Vorstand der Abteilung ist Mikucki. Vielleicht hast Du jemand, der das befürworten könnte.

2) Man kann ferner einen Touristenpaß aufgrund einer gelösten Schiffskarte Gdynia-Cherbourg erhalten. In diesem Falle braucht man keine Devisen, es dürfen aber nur 200 Złoty ausgeführt werden.

3) Man kann (als Literat) über das Ministerium des Inn.[ern] einen ermäßigten Reisepaß für 2 Monate bekommen, muß aber Belege des Berufsverbandes der Literaten vorweisen oder eine Befürwortung des Verbandes vorlegen.

4) Man kann sich einem Ausflug anschließen, dessen Organisatoren sich um die Pässe und Devisen der Teilnehmer bemühen. Es gibt Ausflüge, die nur die Fahrt in beide Richtungen enthalten.

Ich bitte Dich sehr, tue in dieser Angelegenheit, was Du kannst, weil mir die Zeit davonrennt, und in der zweiten Julihälfte in Paris schon Sauregurkenzeit ist. Gib mir einen Rat, was ich tun soll. Vielleicht kannst Du bei »Orbis« und bei Cook erfahren, was für Ausflüge es nach Frankreich gibt, und mir eventuell Prospekte schicken lassen. Es wäre für mich der einfachste Ausweg, wenn es einen Ausflug gäbe, der nur die Ausreise beinhaltet, denn an eine Gruppe gebunden sein, hat für mich keinen Sinn.

Vielleicht hast du jemand, der mich in der Devisenzentrale unterstützen könnte, wo ich gewiß unbekannt bin. Vielleicht könnte es der Literatenverband tun.

Es ist abgemacht, daß Gombrowicz mir die Sache mit dem Pen-Club erledigt und den Journalistenausweis einer Zeitschrift besorgt. Aber vielleicht könntest Du mir einen solchen Ausweis beschaffen?

Hast Du Breiter gelesen und hast Du die Vitrine der »Wiadomości Lit.[erackie]« gesehen, die mir gewidmet ist? Warum schreibst Du nicht? Nimmt Dich etwas in Anspruch? Was macht Witkacy? Wie fühlt er sich?

Ich bitte Dich um baldige Antwort, was Du mir rätst, erkundige Dich, wie man es am vorteilhaftesten erledigen kann. Ärgere Dich nicht, daß ich Dich damit belaste.

Ich grüße Dich sehr herzlich

Bruno

8. VI. 1938

122. Werte Roma!

Ich danke Dir herzlich für die Informationen und Bemühungen. Ich habe einen Brief an den Literatenverband geschrieben mit der Bitte um Unterstützung in der Devisenzentrale und wurde belehrt, wie ich auf kürzestem Wege einen Paß fürs Ausland erlangen kann. Mir scheint, ich bin auf die Reise nicht gebührendermaßen vorbereitet. Ich habe keinen Plan und keine entsprechenden Empfehlungen, denke aber, daß ich sie an Ort und Stelle erhalte. Ich habe gehört, daß Lechoń[67] in Warschau ist. Das macht sich nicht gut, weil ich mit ihm gerechnet hatte.

Kazimiera Richter[68] war hier und brachte mir Fotos von der Vitrine der »Wiadomości« mit, denn es ist die Tante von Marian Eile, der die Vitrine eingerichtet hat. M. Eile setzt sich im Zodiak[68a] dafür ein, daß man mich dort eine Ausstellung mit

Zeichnungen und Grafiken machen läßt, damit ich etwas verkaufen kann für die Reise. Menasze Seidenbeutel[69] ist hier, er sagt, eine solche Ausstellung könnte ein finanzieller Erfolg werden. Beide Seidenbeutel werden sich für einige Monate in Drohobycz niederlassen.

In »Prosto z Mustu« ist eine nicht sehr günstige Rezension über mich erschienen.[70]

Was gibt es Neues bei Dir? Warum sind die Nachrichten so kurz? Wohin gedenkst Du im Sommer zu fahren? Werden wir uns treffen? Ich danke Dir nochmals und grüße Dich herzlich

Bruno

Kannst Du mir Empfehlungen nach Paris geben?

[nach dem 12. VI. 1938]

123. Werte Roma!

Ich danke Dir herzlich für das Gedenken. Ich habe Leśmians »Wiese«[71] erhalten, aber so fatal verpackt, daß der Umschlag an mehreren Stellen gebrochen ist. Aber es lohnt nicht, zu beanstanden. Man schreibt mir, Thomas Mann sei nicht zu bekommen.

Meine Bemühungen um Devisen werden, wie es scheint, mit gutem Erfolg gekrönt sein, was mir jetzt eigentlich gar nicht mehr recht ist. In Paris ist Sauregurkenzeit, alle verreisen. Wenn ich fahre, dann wohl aus Konsequenz und damit die vielen Bemühungen nicht vergeblich waren.

Ich habe angefangen zu schreiben. Ich komme sehr schwer und langsam voran. Hätte ich 4 Wochen freie Zeit, würde ich das Buch beenden. Auch dies ist ein Grund, weswegen ich nicht fahren möchte.

Hast Du schon Stroćć[72] gesehen? Ich bedauere sehr, daß ich ihn nicht mehr sehen konnte. Ich habe ihm gleich nach der Ankunft geschrieben, aber er hat mir nicht geantwortet. Ich möchte, daß er seinen Aufsatz über mich vielleicht im »Tygodnik Ilustr.[owany]« veröffentlicht, für den er schreibt. Hast Du noch jemand von diesen Leuten getroffen? Etwa Eile? Was machst Du? Wann reist Du ab?

Szturm schrieb mir, Witkacy wäre völlig gebrochen abgereist. Du hättest ihm ein bißchen beistehen sollen, so Du Einfluß auf ihn hast. Wirst du nicht nach Zakopane fahren?

Ich grüße Dich sehr herzlich und wünsche alles Gute

Dein Bruno

Drohobycz, 12. VII. 1938

124. Werte Roma!

Ich habe ein schlechtes Gewissen Dir gegenüber, weil ich Dir die ganze Zeit nicht schrieb.[73] Ich rechne mit Deiner erprobten Nachsicht und Güte. Ein paar Mal wollte ich schreiben, wußte aber nicht, wo Du bist, fürchtete, die Karte (ich schrieb von dort nur Karten) würde Dich nicht erreichen. Ich weiß auch nicht, ob Du jetzt schon in Warschau bist, oder ob eventuell Stefan dort ist, der Deine Post entgegennimmt.

Ich hielt es in Paris über 3 Wochen aus, obwohl ich mir bereits nach der ersten Woche darüber im klaren war, daß ich mein hiesiges Programm nicht werde verwirklichen können. Es war eine Naivität, sich so wie ich auf den Weg zu machen, um Paris zu erobern, die exklusivste, autarkste und geschlossenste Stadt auf der Welt. Mit meinen Sprachkenntnissen konnte ich nicht einmal davon träumen, zu Franzosen Kontakt aufzunehmen. Die Botschaft nahm sich meiner überhaupt nicht an, kurzum, ich kann auch in Zukunft nicht mehr mit ihr rechnen. Außerdem war Paris leer – alle besseren Kunstsalons waren geschlossen. Zwar habe ich Beziehungen zu einem Kunsthändler in der Faub. St. Honoré aufgenommen, der mir eine Ausstellung machen wollte, aber später zog ich mich selbst davon zurück. Dennoch blieb ich zufrieden, daß ich in Paris war, so viel erstaunliche Dinge sah, einmal aus der Nähe und nicht mittels von Reproduktionen die Kunst der großen Epochen sehen konnte – und schließlich, daß es meine Illusionen von einer Weltkarriere verwehte.

Ich sah Dinge, die schön, erschütternd und schrecklich waren. Großen Eindruck machten die wundervollen Pariser Frauen auf mich – aus der Gesellschaft und die Kokotten, die Freiheit der Sitten und das Tempo des Lebens.[74] Mehr will ich vorerst nicht schreiben, da ich nicht weiß, wo Du bist und wie es Dir geht.

Warst Du in Krynica? Wie fühlst Du Dich? Wie geht es Stefan? Ich warte auf irgendeine Nachricht von Dir und grüße Dich vorerst herzlich.

Bruno

29. VIII. 1938

125. Werte Roma!

Sicherlich bist Du auf mich böse wegen meines Schweigens und weil ich, als ich unlängst in Warschau war, Dich nicht besucht habe. Nimm es mir nicht übel, ich war sehr kurz (1½ Tage) und habe niemand gesehen außer Dir. Die »Wiadomoéci« hatten mich kommen lassen, um eine gewisse Reportage zu schreiben.[75] Warum ich auch später nicht geschrieben habe? Ich weiß es selbst nicht. Ich habe meine Korrespondenz sehr eingeschränkt. Außer Gombrowicz schreibt mir niemand Briefe – ich bin völlig verlassen. Was machst Du? Wie steht es um Deine Gesundheit? Wie geht es Stefan? Ich wäre sehr froh wenn Du mir ein wenig schreiben würdest. In letzter Zeit habe ich große Unannehmlichkeiten wegen Egga Haardt, die sich als eine gewöhnliche Abenteuerin, Erpresserin und Betrügerin entpuppte. Sicher hat man Dich auf meinen Artikel über sie im »Tygodnik Ilustr.[owany]« Nr. 40 aufmerksam gemacht. Dieser Artikel ist zur Hälfte von ihr gefälscht. Ich gab ihr seinerzeit das Manuskript zur Einsicht, mit der Erlaubnis, allzu persönliche Stellen zu streichen. Diese Person beschloß auf diese Weise, meinen Namen zu mißbrauchen, indem sie Abschnitte einfügte, die ihr eigenes Elaborat waren, höchst geschmacklos und skandalös in der Form. Ich ringe mit dem Entschluß, ob ich eine Richtigstellung veröffentlichen soll, weil ich dies nicht anders tun kann, als daß ich sie dadurch vernichte, dabei fürchte ich sie, weil es sich um eine Person handelt, die zu allem fähig ist. Schreibe mir, was man darüber redet und ob bekannt ist, daß es sich um eine Fälschung handelt.[76]

Diesen Brief[77] überreiche ich durch Zygfryd Bienstock, einen jungen, talentierten Musiker, der unlängst auf einem Musikwettbewerb für seine Jazzkompositionen den ersten Preis erhielt.

Herr Bienstock ist das erste Mal in Warschau und sucht Kontakte. Es würde mich freuen, wenn Du Gefallen an ihm fändest und ihn ein bißchen in die Warschauer Welt einführtest. Herr B. ist ein sehr netter und sympathischer junger Mensch von großer geistiger Frische und einer gewissen Naivität, die eine sehr gute Entwicklung verspricht.

Ich grüße Dich herzlich und erwarte Nachrichten von Dir

Bruno

Drohobycz, 13. X. 1938

126. Werte Roma!

Im Laufe dieser Zeit habe ich Dir 2 Briefe geschrieben, die ich durch junge Menschen, die nach Warschau reisten, überreichen ließ. Wahrscheinlich haben sie sich ihres Auftrages nicht entledigt. Trotzdem sehe ich mich nicht als entschuldigt an. Der Rückgang meiner Korrespondenz ist allgemein, außer Gombrowicz, kommuniziere ich mit niemand. Ich führe ein Leben, das von meinem Niveau sehr abweicht. Außer Büchern, die spärlich eintreffen (ich muß lesen, was da ist, ich kann nicht das lesen, worauf ich Lust hätte), habe ich keine Stützen für mein inneres Leben, und rund um mich gähnt alles im Dunst einer unbeschreiblichen Prosa, die mit ihrer brutalen Schwere auch auf mich einwirkt. Weder ein Spaziergang mit einer lieben Person, noch eine Stunde ruhiger und heiterer Kontemplation – alles ist mit täglicher Sorge und Prosa verseucht. Ich glaube, produktive Künstler grenzen sich von ihrer Umwelt durch eine gewisse Lebensweise, eine gewisse Organisation ihrer Alltäglichkeit ab, welche die Prosa des Alltags, des Berufs usw. nicht zu ihnen vorläßt. Ich spüre den Mangel einer solchen Regel sehr, die Unmöglichkeit, sich in solcheine Disziplin zu fügen. Man muß z. B. sein Innenleben abgrenzen, nicht zulassen, daß sich dort das Gewürm gewöhnlicher Sorgen einnistet. Früher schützte mich eine gewisse Blindheit davor, ich hatte Scheuklappen vor den Augen wie ein Pferd im Gespann. Jetzt hat mich die Wirklichkeit eingeholt und ist in mein Inneres eingedrungen.

Ich werde jedoch ernsthaft über die Absicherung meines intimen Innenlebens und die Errichtung von Befestigungen in Gestalt einer regulären geistigen Arbeit nachdenken müssen.

In den 4 Tagen Ferien fahre ich nirgendwohin. Ich werde sie, so scheint es, sehr traurig – zu Hause verbringen.

Was gibt es Neues bei Dir? Wie steht es um Deine Gesundheit? Wie amüsierst Du Dich? Unterhältst Du viele Kontakte zu Literaten? Weißt Du, daß Witkacy sich mit seiner Freundin ausgesöhnt hat?

Hast Du etwas von dem Skandal gehört, den Egga Haardt mir gemacht hat, indem sie unter meinem Namen einen Artikel veröffentlichte, der fast zur Hälfte von ihr gefälscht war? Ich werde Dir bei Gelegenheit erzählen, was mich veranlaßte, ihr diese Fälschung durchgehen zu lassen und die Sache nicht breitzutreten.

Schreibe mir über Dich und alles, was um Dich geschieht. Ich grüße Dich sehr herzlich

Bruno

29. X. 1938

127. Werte Roma!

Seit langem schon hatte ich Gewissensbisse, daß ich Dir nicht geantwortet habe. Es geschah keineswegs aus Gründen, die Du anführst. Warum sollte mich Deine Reaktion auf Beziehungen verletzen? Ob ich das nicht empfinde und ob irgend jemand frei ist davon? Mache aus mir kein Türmchen aus Elfenbein und schreibe mir nicht das Bedürfnis eines Kults um meine Person oder meine Kunstfertigkeit zu, das mir fremd ist. Du hältst Künstler für sonderbare Tiere, die, wer weiß warum, sich stets beleidigt fühlen und bei denen man nicht genug vorsichtig sein kann im Umgang mit ihnen. Es ist gar nicht so. Ich bin im alltäglichen Leben ein völlig normaler Mensch.

Für die gütige, so opferwillige Gastlichkeit danke ich Dir herzlich. Ich werde von ihr jetzt keinen Gebrauch machen, weil ich zu der Erkenntnis gelangt bin, daß Reisen mir nichts bringen außer Ermüdung. Ich war in letzter Zeit krank – herzkrank. Ich glaube, es ist schon vorbei, aber eine entsetzliche Nervosität und Depression ist geblieben – besonders am Morgen. Was tun.

Lieberwerth verreist in diesen Tagen nach Paris für längere Zeit. Siehst Du ihn manchmal?

Wie lebst Du? Wie ist Dein erotisches Leben? Hast Du damit nicht allzu große Verwicklungen? Wen triffst Du?

Ich grüße Dich herzlich und wünsche ein glückliches Neues Jahr und alles Gute!!

Bruno Schulz

Drohobycz, 26. XII. 1938

128. Werte Roma!

Dein Brief machte mich besorgt und niedergeschlagen. Ich konnte nicht gleich antworten, weil ich selbst eine große Depression habe, diesmal ist es nicht nur eine moralische, sondern ein Zustand des Verfalls meines ganzen Wesens. Ich bin seit 6 Wochen krank, das heißt, fühle mich krank, während die Ärzte nicht herausfinden können, warum es mir so schlecht geht. Ich bin aber überzeugt, daß sich in meinem Organismus etwas Böses abspielt, das vorerst durch Ärzte noch nicht erkennbar ist. Ich fürchte mich vor einer schweren Krankheit. Trotz dieser meiner ständigen Sorge und Trauer hat Dein Brief auf mich einen deprimierenden Eindruck gemacht. Ich denke, Du hast ihn in einem Augenblick großer Mutlosigkeit geschrieben. Da scheint uns das ganze Leben als verfehlt, als eine Kette von Fehlern und Irrtümern. Ich denke, daß jeder eben sein Leben hatte, ein solches, das ihm zustand und zu dem allein er das Recht hatte. Wir konnten nicht anders leben als wir lebten. Nur, daß die Bilanz des ganzen Lebens, wenn wir sie in einem bestimmen Augenblick ziehen, immer eine Nullbilanz sein wird. In jedem Fall zeugt eine solche »Bilanzierung« von einer tiefen Depression.

Was Deine Arbeitsstelle betrifft, so ist das wirklich traurig. Vielleicht aber könnte gerade dies ein Wendepunkt in Deinem Leben sein, vielleicht könntest Du Dich mit Deinem Mann aussöhnen und zu ihm zurückkehren? Ist das unmöglich? Du hättest Deinen Stefan immer bei Dir und wärst glücklich.

Natürlich kann ich Dir, was die Stelle betrifft, keine Ratschläge geben. Du weißt selbst am besten, wohin Du Dich wenden und was Du unternehmen kannst. Hauptsache, Dein Befinden bessert sich und Deine vitale Kraft kommt wieder ins Gleichgewicht.

Du hast doch eine Familie mit ausgedehnten Verbindungen, sie sollten für Dich etwas tun. Ich möchte in Kürze von Dir einen Brief mit besseren Nachrichten erhalten. Ich bin, trotz meiner Krankheit, der Depression und der Schule, die mich plagt und erschöpft, geistig ziemlich aktiv und sehr erregt. Ich schreibe jetzt nicht. Vor 2 Wochen fragte ich bei Mortkowicz[78] an, ob eine Monografie über den deutscher Maler Karl Hofer[79] erschienen sei, die ich bestellen wollte. Ich erhielt keine Antwort. Vielleicht wärst Du so gut, Dich bei Gelegenheit einmal zu erkundigen, ob man das kommenlassen kann und zu welchem Preis. Es geht mir hauptsächlich um Illustrationsmaterial (wieviele Illustrationen?). Ich brauche es.

Mehr schreibe ich nicht, weil es mich anstrengt. Gib in Kürze über Dich Bescheid. Ich grüße Dich herzlich und wünsche Dir alles Gute

Bruno

Drohobycz, 21. I. 1939

Ich hörte, im »Pióro« war ein Artikel von Fryde über mich, der mich angreift.[80] Ist er gefährlich? Wenn ja, dann will ich ihn nicht lesen. Im Grunde genommen geht mich das jetzt wenig an.

129. Werte Roma!

Es schien mir wirklich so, als hättest Du mich vergessen. Und irgendwie hatte es sich so gefügt, daß sich der schwärmende Kreis meiner Freunde beträchtlich gelichtet hat, die Kontakte haben nachgelassen, und ich befinde mich gleichsam wieder unterwegs in jene Regionen und Zonen des Schicksals, wo Einsamkeit herrscht. Wie einst. Von Zeit zu Zeit erfüllt mich Trauer und Angst vor der Leere, dann wieder lockt mich ein vertrautes, von jeher bekanntes Verlangen an.

Was ist geschehen, daß Du nach so langer Zeit wieder geschrieben hast? Irgendwie fürchte ich mich, nach Warschau zu fahren. Ich fürchte Kontakte und Menschen. Am liebsten würde ich mich mit einem einzigen Menschen in einen völlig einsamen Ort zurückziehen und mich wie Proust anschicken, endgültig meine Welt zu formulieren. Eine Zeitlang fand ich eine Stütze in dem Gedanken, mich nächstes Jahr pensionieren zu lassen (40 Prozent Pension). Jetzt habe ich diesen Gedanken mit Rücksicht auf meine Familie verworfen, die ich nicht ernähren könnte.

Die Wahl eines Urlaubsortes bringt mich in Verlegenheit. Ich verfüge nur über sehr begrenzte Mittel – (ich habe noch nichts, werde es leihen). Ich sehne mich nach Stille und Einsamkeit, aber nicht nach völliger. Einen oder 2 ungenierte Menschen.

Was gedenkst Du mit den Ferien anzufangen?

Gombrowicz bat mich, ihn bei Dir zu entschuldigen, daß er Dich nicht gegrüßt hat. Schuld daran war sein fatales visuelles Gedächtnis, das ihn sehr oft täuscht.

Kennst Du in Warschau einen guten Neurologen, der mich umsonst behandeln würde? Ich bin absolut krank – es ist eine Verstimmung, der Anfang einer Melancholie, Verzweiflung, Trauer, das Gefühl einer unvermeidlichen Niederlage, eines unwiederbringlichen Verlusts ... Man müßte sich beraten lassen. Aber ich glaube nicht an Ärzte.

Über meine Pläne und Arbeiten schreibe ich nicht, kann ich nicht schreiben. Es regt mich zu sehr auf, und ich kann nicht ruhig darüber sprechen.

Vernachlässige mich nicht länger so. Schreib' mal wieder etwas!

Ich grüße Dich herzlich Bruno Schulz

[Juni 1939]

An Marian Jachimowicz

Marian Jachimowicz (geb. 1906), war als Bibliothekar und Buchhalter in Borysław bei Drohobycz tätig, wo er mit Juliusz Wit, Anna Płockier und Marek Zwillich befreundet war und 1938 Schulz kennenlernte. Jener Zeit und ihren Menschen widmete er Erinnerungen mit dem Titel »Borysław – ein Kulturbecken« (in »Twórczość«, 1958, Nr. 4). 1942, nach dem tragischen Tod seiner Freunde, Anna und Marek, rettete er Schulz' Briefe an Anna Płockier, nachdem er sie in der verwüsteten Wohnung von Marek Zwillich in Borysław gefunden hatte.

130. Sehr geehrter und werter Herr!

Ich schreibe im Auftrag von Fräulein Laura[1], das sich bemüht, die Aufmerksamkeit gewisser einflußreicher Leute auf Sie zu richten und überhaupt voll des Wohlwollens und höchster Anerkennung für Sie ist. Für diese und auch andere, noch weiter reichende Plane wäre es erforderlich, daß Sie sofort einen kurzen Lebenslauf mit Angaben Ihrer Fachkenntnisse als Präparator[2] schickten (den Namen der Budapester Anstalt, in der Sie beschäftigt waren) sowie Allgemeines, wobei Sie Ihre literarischen Absichten und Ziele erwähnen sollten. Dies ist vorerst nur eine gewisse Möglichkeit, aber ich hoffe, es läßt sich, wenn nicht auf diesem Wege und durch diese Leute – über andere etwas tun. Es wäre auch gut, wenn Sie in der nächsten Woche in Drohobycz sein könnten. Wir erwähnen Sie oft und beabsichtigen, Sie zu besuchen. Sooft auch immer es Ihnen möglich wäre, hierher zu kommen, würde ich mich sehr freuen, wenn Sie mich besuchten, erwarte dies auch. Bitte vergessen Sie nicht meine Bitte um Ihre Manuskripte. Ich grüße Sie herzlich und übermittle Ihnen auch Empfehlungen von Fräulein Laura, das Sie schön grüßen läßt.

Ihr aufrichtig ergebener

Bruno Schulz

[27. XI. 1938]

131. Lieber Herr Marian!

Bitte verzeihen Sie mir das lange Schweigen. Ich war 4 Wochen krank, eben während der Weihn.[achts]feiertage. Wir haben Sie aber nicht vergessen. Fräulein Laura hatte die Idee, die Aufmerksamkeit bestimmter Leute aus dem »Polmin«[3] auf Sie zu richten, dadurch wurde sie zu Frau Dr. Jakóbowska, die Sekretärin des Generaldirektors Biluchowski, vorgelassen. Anschließend erläuterte auch ich Frau Jakóbowska Ihre Vorzüge und Fähigkeiten, ich sprach auch über Möglichkeiten, die unter günstigen Bedingungen in Ihnen geweckt werden könnten; und ich erhielt eine sehr wohlwollende Antwort. Frau Jakóbowska versprach, ihren großen Einfluß im »Polmin« geltend zu machen, um etwas für Sie zu tun, das Ihnen neue Lebenschancen böte. Leider hat sich die Sache verzögert, da Frau Jakóbowska nach ihrer Krankheit in Kur gefahren ist, sie wird sich aber gleich nach der Rückkehr Ihrer Angelegenheit annehmen, und ich hoffe, es wird diesmal etwas Radikales unternommen werden, um Sie Ihrer Lage zu entreißen und Ihnen die Möglichkeit einer Entwicklung zu geben. Wir sprechen mit Laura oft über Sie und haben vor, Sie zu besuchen. Wir sind neugierig, wie es Ihnen geht, ob Sie und Ihre Familie gesund sind. Fräulein Laura befindet sich jetzt auch in einer sehr schlechten Lage und vegetiert ärmlich dahin. Man müßte auch für sie etwas tun. Seien Sie guter Dinge. Die Sache hat sich verzögert, weil Frau Jakóbowska schwer krank war und nichts unternehmen konnte. Ich grüße Sie herzlichst und bitte um ein paar Worte.

Bruno Schulz

[ohne Datum]

132. Werter Herr Marian!

Herzlichen Dank für den Brief, den ich wirklich nicht verdient habe. Seien Sie mir nicht böse, daß ich nicht gleich geantwortet habe. Ich dachte, Ihnen etwas Konkretes bezüglich Ihrer Lage mitteilen zu können, aber die Sache zieht sich hin. Frau Jakóbowska ist aus dem Urlaub zurückgekehrt, und Ihre Angelegenheit wird von Personen erörtert, die Ihnen wohlgesonnen sind. Dennoch gibt es große Schwierigkeiten, so daß ich Ihnen nichts Günstiges berichten kann. Es wurde dort eine gewisse Konzeption vorgebracht, die ich mir Ihnen gegenüber nicht zu erläutern wage, weil sie mir unpassend scheint für Sie. Im Personalbüro des »Polmin« liegen 600 unerledigte Gesuche, so daß die Eingabe eines weiteren Stellengesuches wenig Aussichten hat, falls man nicht über eine sehr einflußreiche Unterstützung verfügt. Nun, der besagte Personenkreis, der auf Sie aufmerksam geworden ist, schlug vor, Sie als Saisonarbeiter für einen geringen Lohn einzustellen, wobei Sie nach einer gewissen Zeit, dank der über Sie wachenden Fürsorge, in die Liste der Festangestellten aufgenommen würden und eine Stelle für Sie gefunden werden könnte, die Ihren Absichten entspräche. Die Verfasser des Projekts fühlen selbst, daß es für Sie ungeeignet sei, weshalb sie es auch nur mit großem Zögern anregten. Ich aber entschloß mich, Ihre Meinung über dieses Angebot einzuholen. Unabhängig davon werden wir nach einer anderen Lösung suchen.

Letzte Woche bedauerten wir sehr, daß Sie nicht bei uns weilten, weil Zegadlowicz[4] hier war, ein sehr lieber Mensch, den Sie sicher kennenlernen wollten. Es kann sein, daß wir Sie mit Laura am kommenden Sonntag besuchen werden. Am liebsten würde ich Sie zu mir einladen, aber ich weiß im voraus nicht, wann ich frei sein werde und auch nicht, ob Sie an dem gegebenen Tag frei sind. Schreiben Sie mir doch etwas über sich und wann Sie an einem Nachmittag Zeit hätten, uns zu besuchen. Ich grüße Sie sehr herzlich und verbleibe mit herzlichen Empfehlungen von Laura

Bruno Schulz

5. III. 1939

133. Werter Herr Marian!

Ihre Sache (im »Polmin«) ist insofern spruchreif geworden, als man Sie dort kennenlernen will. Ich habe den Auftrag erhalten, Sie zu veranlassen, sich am Freitag um 2 Uhr Nachmittag im »Polmin« zu melden. Seien Sie bitte so gut, bei Frau Majorin Pitakowa in der Polminer Kolonie vorzusprechen, die Ihnen alle weiteren Informationen erteilen und an einen Direktor weiterempfehlen wird. Frau Majorin ist jene Dame, die sich Ihrer angenommen hatte. Bemühen Sie sich, ihr zu gefallen, was Ihnen nicht schwerfallen wird, wenn Sie sich auf Ihre Natur und den angeborenen Charme verlassen. Dies ist erst der Anfang, und ich muß Sie bitten, sich noch keine Hoffnungen zu machen, weil noch nichts sicher ist.

Bitte kommen Sie nach der Rückkehr vom »Polmin« zu mir, weil ich neugierig bin auf das Ergebnis. Fräulein Laura wird sicher auch zu mir kommen. Regen Sie sich nicht auf und seien Sie nicht beunruhigt. Frau Pitakowa wird Sie herzlichst weiterempfehlen, so daß Sie sicher sein können, während dieses Besuches gut behandelt zu werden.

Ich grüße Sie sehr herzlich und umarme Sie

Bruno Schulz

22. III. 1939

134. Werter Herr Marian!

Wit[5] kam von Ihnen zurück, geblendet von Ihrer Dichtung wie durch eine Offenbarung. Er war tief ergriffen, daß in einer solchen Einöde große Dichtung entstehen kann. Die Aufrichtigkeit seiner Erschütterung unterliegt für mich keinem Zweifel. Auch ich selbst war tief ergriffen und erfreut, wenn auch traurig zugleich, daß ich wie ein Blinder von anderen diese freudige Nachricht empfangen muß. Es hält mich die Hoffnung aufrecht, daß sich mir die Augen vielleicht noch öffnen werden, denn ich befinde mich jetzt in einer sehr aufnahmebegierigen Periode, in der Phase einer Objektivität und Klarheit. Weniger mit sich selbst beschäftigt, weniger in meine eigene Welt versunken – beginne ich andere zu verstehen. Ich wünsche, Sie zu sehen und mich noch einmal Ihrer Dichtung zu ergeben. Marek S.[6] sagte mir, Sie wollten zu mir kommen. Es ist mir peinlich zu gestehen, daß ich mich über Ihren Besuch doppelt freuen würde, wenn Sie allein bei mir wären, weil Wits Anwesenheit mich – ich weiß nicht weshalb – deprimiert und lähmt. Frau Ania war Zeuge, wie gelähmt ich neulich durch seine Anwesenheit war. Natürlich sage ich Ihnen dies im Vertrauen. Vielleicht könnten Sie es so einrichten, bei mir extra oder an einem anderen Tag zu sein, oder auch zuerst bei mir, und später bei Wit.

Ich hoffe, daß der so starke Widerhall bei einem guten Dichter, der auch nicht geneigt ist, andere zu überschätzen, Ihren Glauben und Ihr Selbstvertrauen stärken wird. Ich freue mich, daß ein Dichter wie Sie Anhänger meiner Werke ist. Von der Begegnung mit Ihnen erwarte ich eine Belebung und Stärkung.

Ich umarme Sie herzlich

Bruno Schulz

28. V. 1941

An Tadeusz Wojciechowski

Tadeusz Wojciechowski (1902-1982) – Architekt, bildender Künstler, bekannt durch Entwürfe und Kompositionen von Kirchenfenstern, Mitglied der Lemberger Malergruppe »Artes«. Lernte Schulz durch den Maler Jerzy Janisch noch vor dem Krieg kennen. 1940 wurde die Bekanntschaft erneuert, als Wojciechowski an der von der damaligen Sowjetmacht bestätigten Lemberger Künstlerschule Vorträge hielt. Die Folge des wiederaufgenommenen Kontakts war der Austausch von etlichen Briefen. Wojciechowski ging 1942 nach Krakau, wo er bis Ende seines Lebens ansässig war und dort zahlreiche Fensterkompositionen für Kirchen, darunter auch für die Kathedrale auf dem Wawel schuf.

Die Briefe befinden sich in den Sammlungen des Literaturmuseums in Warschau.

135. Werter Herr Tadeusz!

Ein junger und sympathischer Musiker[1] überbrachte mir Grüße von Ihnen. Es erwies sich, daß Sie, von dem ich dachte, er würde sich irgendwo im Westen aufhalten, – in Lemberg weilen. Ein Hauch früherer Zeiten wehte um mich, die heute so weit zurückliegen . . . es war, als hätte mich jemand aus einem langen Scheintod geweckt, mich beim eigenen Namen genannt, den ich vergessen hatte. Ich bin dermaßen anonym, mir selber fremd geworden, daß ich denke, wenn jemand von früher mich aufsuchen kommt, er befände sich in einem Irrtum, hätte sich in der Zeit verloren, und daß es mich schon lange nicht mehr gibt . . . Es ist, als kehrte jemand nach vielen, vielen Jahren heim. Es scheint ihm, daß er sich selbst sein eigener Grabstein sei, er weiß nicht, ob dies die Kinder derer sind, die er kannte, ob sie selbst . . . Er hört unglaubwürdige Dinge: z. B. daß Jurek[2] geheiratet hat . . . – eine Tatsache, die absolut unannehmbar, mit nichts vergleichbar ist . . . Und Sie selbst, was machen Sie? Haben auch Sie sich geändert? Leben Sie noch von dem Schluck

Paris[3], von dem Sie damals etwas abbekommen haben? Werden Sie mir überhaupt antworten?

Es ist mir der Gedanke gekommen, daß Sie mir helfen könnten, mich aus meinem dumpfen Scheintod herauszuholen, in welchem ich lebe. Es wurde eine Künstlerschule[4] eingerichtet, in der Sie lehren. Vielleicht ließe sich dort für mich ein Platz finden? Vielleicht könnte man mich mit einem der Nebenfächer betrauen: der polnischen Literatur, Kunstgeschichte, Perspektivlehre, oder vielleicht gibt es für mich einen Platz in der Werkstatt für Grafik, vielleicht Geschichte der Architektur?

Ich weiß nicht, ob Ihnen bekannt ist, wie jetzt die Anforderungen und Maßregeln in gewöhnlichen Schulen sind, wo ich Zeichnen lehre. Ein Mensch in meiner Art kann das nicht einen Monat lang aushalten, er verwandelt sich in eine seelenlose Maschine. Können Sie mich vor der physischen und geistigen Vernichtung retten? Geben Sie mir einen Rat, holen Sie den Rat der Kollegen, der Freunde ein. Wie lebt Jurek? Hat er eine Stelle? Benachrichtigen Sie ihn über mein Schicksal, weil ich seine Adresse nicht kenne. Ärgern Sie sich nicht über den Angriff und lassen Sie mich nicht ohne Antwort.

Ich grüße Sie herzlich

Bruno Schulz

Drohobycz, 4. IX. 1940
Sedowa 8

136. Werter Herr Tadeusz!

Ich danke Ihnen sehr herzlich für die liebe und erschöpfende Antwort. Ich habe nicht mehr mit ihr gerechnet, gewöhnt an die Sitten nach dem Krieg, wußte ich nicht, daß ich noch so viel Gunst und Herzlichkeit begegnen werde, und freue mich sehr darüber. Es ist mir angenehm zu hören, Sie hätten meinen Brief zum Teil provoziert. Aus Herrn Mareks Bericht[5] konnte ich das nicht vermuten, und so schrieb ich auf eigene Anregung. (Nebenbei gesagt, ist Herr Marek sehr nett, intelligent und witzig, und ich bin Ihnen für die Vermittlung dieser Bekanntschaft dankbar.) Auch ich möchte gern ein bißchen in Ihrer Nähe sein. Ihre Arbeiten in Malerei und Architektur interessieren mich. Ich könnte bei Ihnen viel profitieren. Ich habe das Gefühl, daß sich mir erst jetzt die Augen auf die Welt geöffnet haben (da ich bis jetzt in mir eingeschlossen war), und ich bin sehr aufnahmefähig und lernbegierig, ich, der nie etwas ordentlich gelernt hat. Aber, obgleich ich in Ihrer Nähe sein möchte, (auch Marek zieht mich durch seine künstlerische Empfindsamkeit und den Geschmack an) – kann ich vorerst nicht kommen. Es ist so, daß ich eine »Putiovka« [Bescheinigung über eine Reise; von russ. put: der Weg, d. Übers.] nach Truskawiec erhalten habe, von der ich Gebrauch machen muß wegen meiner Gesundheit, um die es stets schlecht bestellt ist. Ich reise in den nächsten Tagen ab. Ich hoffe, daß ich in die Schule nicht mehr zurückkehren werde. Dies ist die einzige Hoffnung, die mich aufrechthält. Dann werde ich mit den Bemühungen in Ihrer Schule beginnen. Nach welchen Kriterien wird man eingestellt? Muß man Arbeiten vorlegen? Werde ich angesichts der Konkurrenz so vieler »echter« Maler in Lemberg eine Chance haben? Ich denke, das Ende meines Aufenthalts in Truskawiec wird mit Ihrer Rückkehr aus Moskau[6] zusammentreffen. Haben Sie auf dem Wettbewerb[7] einen Preis erhalten? Bis zum heutigen Tage erinnere ich mich an eine Lemberger Ausstellung mit Ihren Entwürfen einer Basilika[8], die ich sehr bewunderte.

Es waren die schönsten Projekte, die ich je sah.

Gleichzeitig bemühe ich mich auch um eine literarische Beschäftigung.[9] Vorerst habe ich noch keine Antwort. Hauptsache ist aber, daß ich gesundheitlich wieder hochkomme, sonst werden alle Pläne nichts nützen.

Besuchen Sie Frau Ziuna H.?[10] Was macht sie? Unterhalten Sie außer zu Ihren Mitbewohnern auch gesellschaftliche Beziehungen?

Für die Einladung danke ich herzlich. Ich werde später von ihr Gebrauch machen.

Es schien mir, daß ich Ihnen sehr viel mitzuteilen hätte, aber, wie das manchmal so ist, bin ich während des Schreibens irgendwie unfruchtbar geworden und sehe, daß ich nicht fähig bin, Ihnen etwas Wesentliches zu sagen. Also genug für heute. Ich grüße Sie nochmals herzlich und umarme Sie herzlich

Bruno Schulz

Herzliche Grüße an H.[errn] Marek.
Drohobycz, 28. IX. 1940
Sedowa 8

An Anna Płockier

Anna Płockier (1915-1941) – Absolventin der Akademie der Schönen Künste in Warschau, Malerin, eine der letzten Frauen, von der Schulz erotisch fasziniert war. Sie kam gemeinsam mit ihrem Bräutigam, Marek Zwillich, am 27. XI. 1941 ums Leben, ermordet von der faschistischen, mit Hitlerdeutschland kollaborierenden ukrainischen Miliz unweit vom Kurort Truskawiec bei Drohobycz. Marian Jachimowicz hatte die Briefe 1941 kurz nach der Ermordung des jungen Malerpaares gefunden und aufbewahrt. Sie sind heute sein Eigentum.

137. Werte Frau Ania!

Ich freue mich, daß wir zu einer Verständigung gekommen sind, was ich übrigens von Ihrer großen Nachsicht erwartet hatte. Dies ist notwendig, trotz der leichten Enttäuschung, die mir dieser Verzicht (denn es ist von meiner Seite ein Verzicht) bereitet. Ich fürchte nicht, daß es uns bei der Fortsetzung unserer Beziehungen an intellektuellem und menschlichem Substrat ermangeln würde. Solange ich selbst innerlich angeregt und in Anspruch genommen bin, bleibt die Gelegenheit, mit Ihnen die Gegenstände meines Interesses zu teilen, immer erwünscht. In Augenblicken der leeren inneren Stagnation kann ich mit Impulsen rechnen, die von Ihrer Person und Ihren freundschaftlichen Gefühlen kommen, die Sie für mich empfinden. Ungeachtet dessen, was ich Ihnen einmal im Zorn zum Vorwurf gemacht hatte, sind Sie für mich eine ernsthafte Partie.

Trotzdem und trotz des öfteren Bedürfnisses, mit Ihnen zu sprechen – kann ich mich nicht aufraffen, zu Ihnen zu fahren. Mein mit Mühe erreichtes inneres Gleichgewicht ist noch sehr schwankend und immer an der Grenze des Umkippens. Ich kann nicht für 2 Tage, ja nicht einmal für einen Tag voraussehen, ob ich mich nicht in einer höchst defaitistischen und menschenfeindlichen Stimmung befinden würde, die sowohl Ihnen, als auch mir den Nachmittag verderben könnte. Vielleicht belieben

Sie dies zu berücksichtigen und ziehen, ohne auf mich böse zu sein, um so häufigere Besuche bei mir in Betracht, und zwar abwechselnd allein und mit Ihrer Begleitung, in die man auch H.[errn] Jachimowicz[1] aus der Bibliothek einbeziehen könnte. Ist das gut? Wenn Sie auf meinem Besuch bestehen, bitte schreiben Sie.

Ich grüße Sie sehr herzlich

Bruno Schulz

Für die Nachricht über H.[errn] S. Gottlieb[2] danke ich herzlich, ich werde ihm schreiben.

[10. VII. 1940]

138. Werte Frau!

Ich freue mich sehr, daß Sie sich für Rilke so empfänglich erwiesen haben. Mit der Zeit, wenn Sie sich mit seinen Versen vertraut machen, werden sich Ihnen Welten einer noch mehr verdichteten Schönheit öffnen. Mögen Sie noch oft solche Offenbarungen erfahren und immer genügend Elastizität bewahren für eine Revision Ihrer Ansichten und für Korrekturen. Was mich betrifft, ich sehe nach der Periode besinnungsloser Begeisterung für »Malte«[3] heute seine Grenzen und den Punkt, mit dem ich mich bewußt von dieser Prosa entferne. In seinen Poesien hat Rilke eine Entwicklung in mehreren (3–4) Stadien durchgemacht, von welchen jedes immer wieder eine Stellungnahme zu dieser Dichtung verlangt.

Ich war vier Tage in Lemberg. Traf dort viele Leute aus dem Schriftstellerverband, doch engeren Kontakt hatte ich nur mit D. Vogel und mit Weber[4], der wahrhaft genial ist. Möglich, daß es mir gelingen wird, ihn für kurz nach Drohobycz zu holen. Bitte kommen Sie hierher, wir werden über »Malte« sprechen.

Ich grüße Sie sehr herzlich

Bruno Schulz

[23. VIII. 1940]

139. Werte Frau Ania!

Danke für die Karte, ich dachte, Sie wären von mir enttäuscht. Ich habe mich gefreut, daß es nicht so ist. Leider werde ich am Sonntag, wie es scheint, nicht ankommen können, weil ich mich an diesem Tag einer erneuten Operation[5] unterziehen muß. Ich bin aus diesem Grunde traurig und unruhig, wenngleich keine Gefahr besteht. Ich lasse mich im hiesigen Krankenhaus operieren. Morgen soll darüber entschieden werden, ob schon am Sonntag, oder später. Am Samstag Nachmittag bin ich frei, wenn Sie kommen, werde ich mich freuen. Ich grüße Sie sehr herzlich

Bruno Schulz

[13. IX. 1940]

140. Werte Frau Ania!

Für die aufrichtige Besorgtheit und das für mich sehr angenehme Mitgefühl danke ich Ihnen sehr. Ich darf schon aufstehen und bereite die Zeichnungen für den Unerricht am 17. IX.[6] vor. Wenn Herr Marek[7] Zeit und Lust hat, könnte er dem Hauptspital seine Dienste anbieten, aber wie es scheint, ist es nur für kurze Zeit. Wäre Herr Marek nicht damit einverstanden, mich in der Schule für die Zeit etwa eines Monats zu vertreten? Ich frage nur aus Prinzip, denn ich weiß, daß er nicht einverstanden sein wird.

Ich bitte Sie sehr um Ihr Kommen, aber erst am 17., weil ich dann schon frei vom Zeichnen sein möchte. Es scheint, daß ich an dem Tag einen freien Tag haben werde. Ich danke noch einmal herzlich und grüße

Bruno

[13. IX. 1940]

141. Werte Frau Ania!

Ich bitte Sie herzlich um Verzeihung für die Atmosphäre, die um mich entstanden ist, und die ich nicht von Ihnen fernhalten konnte. Es ist sozusagen der häusliche Horst eines Dichters, seine Frau hat kein Niveau, seine Kinder sind unerzogen und verderben wahren Freunden das Vergnügen, mit ihm zusammenzuleben. Beurteilen Sie mich nicht nach dieser Atmosphäre und seien Sie davon überzeugt, daß nur meine Krankheit diesen Schwanz von Gespenstern herbeigelockt hat, der sich sofort wieder verstreuen wird. Ich darf bei bestem Willen das Verhalten dieser Menschen nicht mit Unhöflichkeit vergelten und rechne mit Ihrer Nachsicht, daß ich hier mit ganz anderer Münze bezahle. Über Ihre Güte und Opferbereitschaft dachte ich viel nach, fürchte aber, Sie könnten sie bereuen. In Anwesenheit anderer Menschen konnte ich Ihnen nicht sagen, welchen Eindruck ich von Ihren Zeichnungen und Bildern genommen habe. Sie sind wirklich eine Individualität, der kürzeste Satz Ihres Briefes beschwört in meiner Seele dsa Bild Ihres ganzen Wesens, und so ist es auch mit den Zeichnungen. Ich verspreche Ihnen, daß Sie mich beim nächsten Mal wirklich allein antreffen werden. Ich weiß nicht, ob es richtig war, daß Sie mich so gut von Seiten der Schlafzimmerkulissen kennengelernt haben ...

Ich grüße Sie herzlich und bitte innigst um Verzeihung

Bruno

[17. IX. 1940]

142. Werte Frau Ania!

Ich bin seit gestern in Truskawiec, wohne in der »Aida« und bringe lange Stunden mit Herrn Artur[8] zu, die mir manchmal als wesentlich erscheinen. Das Wetter und die Landschaft sind uns hold. Einmal wanderten wir an einem frühen Herbstabend durch den Park im Regen, hinter uns entwickelten sich in den beleuchteten Fenstern Familiengeschichten, die intimste Hausgeschichte. Wir haben Sehnsucht nach Ihnen, die unser Suchen verknüpfen und zum Kern der Synthese werden würde. Wir bitten darum, tauchen Sie eines Tages in einer Parklichtung auf – ätherisch, eine leichte Wanderin, die aus den Hainen Boryslaws in die Alleen von Truskawiec schreitet. Werden Sie Ihr Versprechen halten? Ich grüße herzlich

Bruno Schulz

Grüße, an welche ich mich integralst anschließe, Sie erwartend

artur rzeczyca[9]

[7. X. 1940]

143. Werte Frau Ania!

Ich nehme Bezug auf Ihre für mich so denkwürdigen Worte und lade Sie erneut nach Truskawiec ein. Und es wird allein von Ihrer Gemütsstimmung abhängen, ob wir allein sein werden oder Sie auch den Kreis der Teilnehmer zu erweitern gedenken. Die Natur ist jetzt wunderschön. Es gibt exotische Bäume, die wie Paradiesvögel aussehen im Prunk ihrer herrlichen Purpurschwänze. Ich habe gehört, Sie haben sehr viele Unterrichtsstunden und fürchte, dies könnte ein Hindernis sein. Es beunruhigt mich auch, daß Sie neulich irgendwie enttäuscht und abgeneigt schienen. Aber ich hoffe, es ist vorüber. Ich wohne in der Pens.[ion] »Aida« auf dem Wege zum Bahnhof, im Zimmer 8. Aber ich kann auch im Park in der Nähe der Musik sein.

Ich erwarte Sie mit Sehnsucht und grüße herzlich

Bruno Schulz

[10. X. 1940]

144. Werte Frau Ania!

Vor allem mache ich mir Vorwürfe, daß ich Sie ohne eine Erklärung zurückließ und den Schein erweckte, als stünde mein Schweigen im Zusammenhang mit jener Szene, die Sie mir gemacht hatten. Um die Wahrheit zu bekennen, diese Szene war nicht ohne poetischen Reiz, den Ihre ganze Person und alle Ihre Launen ausstrahlen. Ich empfand sie wie einen heftigen Windstoß mit Regen im April, da diese Regenspritzer nicht anders können als nur nach Frühling zu duften.

Am Samstag kam ich nicht, weil ich in einer wichtigen Familienangelegenheit nach Stryj gerufen wurde, wo ich die ganze Woche verbrachte. Es war häßlich von mir, mein Nichterscheinen unentschuldigt zu lassen. Bitte glauben Sie niemals, ich wäre Ihrer überdrüssig, oder ich hätte kein Interesse an Ihnen. Ich denke immer nur ergriffen und in Dankbarkeit an Sie. Alles, was Sie tun, ist lieb und poetisch. Ich denke, unsere Freundschaft hat noch eine lange Geschichte vor sich und trägt das Potential vieler Ereignisse und Peripetien mit; auf unseren Mut und unsere Unternehmungslust wird es ankommen, ob diese potentielle Geschichte, die sich zwischen uns spannt, sich konkret entwickelt.

Ich bin zur Zeit mit Erwerbstätigkeit, mit Handwerksmalerei[10], beschäftigt. Für das, was ich in Ihrer Anwesenheit gemalt hatte, erhielt ich noch kein Geld. In einem besonderen Brief wurde ich zur Mitarbeit an den »Nowe Widnokręgi« eingeladen[11], einer polnischen Monatsschrift unter der Redaktion von Wanda Wasilewska[12]. Doch was kann ich für diese Leute schon schreiben? Ich komme immer mehr zu der Überzeugung, wie fern ich vom wirklichen Leben bin und wie wenig ich mich im Geist der Zeit zurechtfinde. Alle haben irgendwie einen Wirkungskreis gefunden, ich bin auf dem Eis geblieben. Das kommt von dem Mangel an Elastizität, von einer gewissen Kompromißlosigkeit, die ich nicht lobe. Vielleicht kommen Sie einmal? Ich habe nur die Nachmittage dienstags und donnerstags belegt, die restlichen sind immer frei.

Ich grüße Sie herzlich

15. XI. 1940 Bruno Schulz

Frau Chwistek ist herzlich eingeladen.

145. Werte Frau Ania!

Bitte verzeihen Sie mir das lange Schweigen. Seine Erklärung wird für Sie nicht überzeugend sein. Nehmen Sie aber zur Kenntnis, daß sich in meiner Beziehung zu Ihnen nichts geändert hat. Ich habe verschiedene Schwierigkeiten, die ich Ihnen einmal mündlich erzählen werde. Aus diesem Grunde konnte ich nicht nach Borysław kommen. Immer stellte sich ein Hindernis in den Weg. Bitte kommen Sie, ich warte auf Sie mit Freude. Jeden Dienstag und Freitag bin ich bis Nachmittag beschäftigt. Ich bin etwas nervenkrank, unfähig eine Arbeit zu verrichten, die nicht auf der Linie meiner Neigungen liegt. Manchmal breche ich völlig zusammen, manchmal rette ich mich noch aus dem Sturz.

Ich grüße Sie herzlich

Bruno Schulz

13. I. 1941

146. Werte Frau Ania!

Ihr Schweigen war wie ein dumpf schmerzender Stachel in meinem Bewußtsein. Ich dachte, Sie wären enttäuscht und abgeneigt wegen meiner geistigen Stumpfheit beim letzten Mal. Indessen bin ich wieder sehr lebendig und innerlich aktiv, nur physisch kränkle ich ein wenig, und so konnte ich mich nicht aufraffen, mich zu Fuß auf den Weg zu Ihnen (in die Mościcki-Straße 30) zu machen. Ich leide an einer Aortaerweiterung, doch in letzter Zeit ist es wieder etwas besser.

Kommen Sie am Sonntag, ich werde mich sehr freuen. Vielleicht wird endlich schönes Wetter sein, dann gehen wir ein wenig hinaus in die Landschaft wie im vergangenen Jahr. Sie übersiedeln also unwiderruflich nach Lemberg? Schade, meine Umzugspläne haben sich zerschlagen. Ważyk[13] hat meine Novelle nicht angenommen. Ich werde sie Ihnen vorlesen. Ich erwarte Sie mit Freude. Zur Zeit weilt der jüd[ische] Dichter Ben Horowitz bei mir.[14]

Ich grüße Sie herzlich

Bruno Schulz

10. V. 1941

147. Werte Frau Ania!

Am Sonntag kam Sandauer zu mir, und aus diesem Grund konnte ich mein Versprechen nicht halten. Er ließ mich sehr niedergeschlagen zurück. Mein Komplex vom ›verlorenen Leben ohne Zukunft‹ ist unter seinem Einfluß wieder wach geworden. Er kam in sehr guter Form an, mit der ganzen Rücksichtslosigkeit der jungen Generation, die verlangt, daß man für sie den Platz räume. Natürlich schien das alles nur durch, direkt kam es nicht zur Sprache. Sie werden sich freuen über diese meine Erfahrung, die im übrigen vielleicht sogar von meiner Hypochondrie suggeriert wird. Sie wirken ganz anders auf mich.

Ich bitte Sie sehr, einmal zu mir zu kommen (noch vor dem Sonntag). Unabhängig davon komme ich am Sonntag, möglicherweise vormittags. Jetzt sind die Tage so herrlich, auch wenn es regnet, daß man sie mit einem sensiblen und nahen Menschen verbringen muß, wenn man selbst allzu verarmt und heruntergekommen ist, um Freude und Hoffnung zu empfinden. Immer öfter erfahre ich, daß die Entzückung von der Welt, die Kurzschlüsse uneigennütziger Freude nur Formen persönlicher Hoffnung, allgemeine Bilder der Vitalität sind, die in künstlerische Empfindsamkeit projiziert werden. Ich erwarte Sie jeden Tag bis 6 Uhr abends. Herzlichen Gruß

Bruno Schulz

4. VI. [1941]

148. Werte Frau Ania!

Ich war sehr besorgt, als ich erfuhr, daß ich Sie verpaßt hatte. Ich war am Sonntag erkältet und beschloß, zu Hause zu bleiben. Am Abend lockte mich Wit von zu Hause fort, wodurch ich das Treffen mit Ihnen verpaßte. Ich bitte Sie sehr, meiner nicht überdrüssig zu werden und in den nächsten Tagen zu mir zu kommen. Ich bin jetzt sehr traurig und befinde mich in einem unendlichen Tief. Vielleicht richten Sie mich wieder etwas auf. So schlecht ging es mir noch nie. Geben Sie mir doch irgendeinen Rat. Vielleicht sollte ich dennoch Dr. [sic!] Reinhold in Truskawiec konsultieren? Kennen Sie ihn? Vielleicht könnten Sie bei ihm in dieser Angelegenheit intervenieren?

Ich erwarte Ihre Ankunft mit Ungeduld und grüße herzlich

Bruno Schulz

9. VI. 1941

149. Werte Frau Ania!

Machen Sie sich keine Skrupel wegen des ungleichen Privilegs. Es wird durch meine sich verringernde Beweglichkeit, das Alter und durch Komplexe kompensiert. Ich freue mich, daß Sie manchmal an mich denken und nicht vergessen. Ich lade Sie herzlich und mit Freude ein. Jeden Tag werde ich bis 6 Uhr Abend warten, da Sie, wie ich glaube, später nicht ankommen werden. Ich fühle mich etwas besser und habe große Lust auf einen Spaziergang mit Ihnen, auf ein Gespräch. Ich danke Ihnen für die Karte und grüße herzlich

Bruno Schulz

Vielleicht können Sie mir *Die Heimkehr*[15] mitbringen. Bitte grüßen Sie Ihre Freundin[16] von mir.
13. VI. 1941

150. Werte Frau Ania!
Ich befinde mich ständig im Bann Ihrer Verwandlungen. Ich glaube, sie sind deshalb so ergreifend, weil Sie so unabhängig von Ihrem Willen, so automatisch und unbewußt sind. Es ist, als ob man heimlich jemand anderen unterschöbe, Sie eintauschte, und Sie diese neue Person annähmen, sich mit ihr identifizierten und Ihre Rolle auf einem neuen Instrument weiterspielten, ohne zu wissen, daß es schon eine andere Person ist, die sich auf der Bühne fortbewegt. Natürlich übertreibe ich diese Angelegenheit und führe sie zum Paradox. Halten Sie mich nicht für naiv. Ich weiß, es ist nicht ganz unbewußt, aber Sie stellen sich gar nicht vor, wieviel Wirken tieferer Kräfte darin steckt, wieviel metaphysische Marionettenhaftigkeit. Und dabei reagieren Sie so unerhört schnell, nehmen sofort die ergänzende Gestalt an und formen sich zu einem wundervollen Akkompagnement. . . Alles das scheint sich gleichsam außerhalb des Intellekts zu vollziehen, auf einem kürzeren und einfacheren Weg als dem des Denkens, ganz einfach als physische Reaktion. Zum erstenmal widerfährt mir, einem solchen Reichtum von Natur zu begegnen, der, von der Skala einer Person nicht erfaßt, gleichsam Hilfspersönlichkeiten zu aktivieren scheint, die Pseudopersönlichkeiten improvisieren ad hoc eingeführt für die Dauer einer kurzen Rolle, die Sie spielen müssen. So erkläre ich mir Ihre Proteusnatur. Vielleicht denken Sie, ich gehe so leicht ins Garn und schiebe tiefe Interpretationen unter das Spiel einer gewöhnlichen Koketterie. Ich versichere Ihnen, Koketterie ist etwas Tiefes, Geheimnisvolles und für Sie selbst Unverständliches. Gewiß, Sie können dieses Geheimnisvolle nicht sehen und deshalb muß es Ihnen unproblematisch und gewöhnlich erscheinen. Aber das ist eine Täuschung. Sie unterschätzen Ihre Möglichkeiten und verderben den herrlichen Dämonismus Ihres Wesens durch den naiven Snobismus einer Gottgefälligkeit. Es genügt Ihnen nicht, ein Dämon zu sein, Sie wollen nebenbei und zu-

sätzlich noch eine Heilige sein, als ließe sich das so ohne weiteres miteinander vereinen. Sie, so empfindlich gegen künstlerischen Kitsch, verlieren Ihren Instinkt und Geschmack, wenn es um die Sphäre des Moralischen geht und betreiben ruhigen Gewissens den heiteren und unbewußten Dilettantismus einer Heiligkeit. Nein, Frau Ania, Heiligkeit ist eine schwierige und blutige Sache, die sich nicht als schöne Ergänzung eines ausgefüllten und reichen Lebens erringen läßt. Dieser Dilettantismus ist übrigens sehr reizvoll und rührend bei einem Wesen, das um einen Schritt mit dem Abgrund kommuniziert, einem Abgrund mit großem A. Ich weiß nicht, wie das geschieht, aber Sie spielen mit den Schlüsseln zum Abgrund. Ich weiß nicht, kennen Sie den Abgrund der Vernichtung eines jeden Menschen, oder nur den meinen? Jedenfalls bewegen Sie sich leicht und mondsüchtig auf jener Kante, die ich mit Angst und Bange in mir meide und wo man unter sich den Grund verliert. Ich muß annehmen, daß Sie sich selbst wohl in Sicherheit wiegen. Leicht und sachte lösen Sie sich von dem in die Tiefe Gleitenden los und lassen ihn allein in den Abgrund sausen. Ein paar Schritte lang tun Sie sogar noch, als verlören auch Sie unter sich den Boden, zuversichtlich, in einem bestimmten Augenblick werde sich ein Fallschirm auftun und Sie heil davontragen. Und bei all dem sind Sie wahrhaftig unschuldig und nehmen gleichsam gar nicht teil an dem, was Sie tun. Sie sind wahrhaftig ein Opfer, und die ganze Schuld liegt allein bei jenem, der diesen Abgrund in sich trägt, auf dessen Rand Sie so unachtsam getreten sind. Ich weiß, die ganze Schuld liegt bei mir, denn es ist mein Abgrund, und Sie sind nur eine Sylphe, die sich in meinen Garten verirrt hat, wo es meiner Pflicht obliegt, Ihren Fuß vor dem Ausgleiten zu bewahren. Deshalb sollten Sie keine Skrupel haben. Sie sind immer unschuldig, was immer Sie auch tun, und hier offenbart sich mir wieder eine neue Perspektive Ihrer Heiligkeit. Ihre Heiligkeit kostet Sie wirklich nichts, denn Sie sind eine Sylphe, und das ist kein Dilettantismus, sondern die übermenschliche, elfische Virtuosität eines Wesens, das keiner moralischen Kategorie unterliegt.

Kommen Sie, sicher und unbedroht wie immer, und schonen Sie mich nicht. Für jeden Fall stimme ich Ihnen in allen Metamorphosen zu. Wenn Sie Kirke sind, will ich Ulysses sein und jenes Kraut kennen, das Ihren Zauber brechen wird. Doch vielleicht prahle ich, vielleicht provoziere ich nur.

Ich warte jeden Tag bis 6 Uhr abends. Für den Sonntag hätte ich einen Vorschlag: treffen wir uns in Truskawiec[17]. Ich habe einen Morgenzug hin und einen Abendzug zurück, wir könnten den ganzen Tag in Truskawiec verbringen.

Sind Sie einverstanden?

Ich grüße Sie herzlich und danke Ihnen sehr für Ihr Kommen

Bruno Schulz

[19. VI. 1941]

151. Werte Frau Ania![18]

Der Gedanke an Sie ist für mich ein wahrer heller Punkt, ich grenze ihn von den alltäglichen Gedanken aus und bewahre ihn für bessere Augenblicke auf, am Abend. Sie sind Partnerin meiner inneren Dialoge über Dinge, die für mich wesentlich sind. Ich sehne mich nach der Zeit, da es möglich sein wird, einen öfteren und intensiven Kontakt zu pflegen, fürchte aber, Sie könnten inzwischen abreisen. Ich habe nicht gleich geantwortet, und zwar aus dem lächerlichen Grunde, weil mir ein paar Groschen für die Karte fehlten. Für mein Kommen kann ich mich nicht entschließen. Es ist für mich ein allzu großes Unternehmen und scheint mir abenteuerlich und gefährlich zu sein. Ich freue mich, daß Sie manchmal an mich denken und davon träumen, eines Tages zu kommen. Ihre Freundin tat mir durch die kurzen Besuche einen großen Gefallen. Schreiben Sie etwas? Sind Sie geistig tätig? Ich grüße Sie und alle herzlich

Bruno Schulz

23. IX. 1941

152. Werte Frau Ania!

Danke für den lieben und unverdienten Brief. Ich fühle mich beschämt und gerührt durch Ihre Freundschaft, mit der Sie mich beschenken. Ich denke oft mit Andacht an Sie, wenn ich auf Ihre Ankunft warte. Die Tage sind so wundervoll, daß sie nach Ihnen als Ergänzung verlangen. Schade nur, daß ich Sie nicht länger bei mir zurückhalten kann, und die Polizeistunde zu einer raschen Abreise nötigt. Außerdem mache ich mir Sorgen, daß ich Sie nicht so bewirten kann, wie es sich gehörte. Aber kommen Sie trotzdem. Ich tue jetzt nichts, ich kontempliere den »inneren Reichtum«, zehre am Vorrat, hole die Ernte meines Lebens ein. Darf man das?

An was arbeiten Sie? Bringen Sie die Ergebnisse Ihrer Arbeit mit. Ich grüße Sie herzlich

Bruno

[4. X. 1941]

153. Werte Frau Ania!

Ich bin nicht imstande, die Zeit zu entschuldigen, die ich zwischen Ihrem Brief und meiner Antwort verstreichen ließ. Es scheint mir, ich hatte keine Kraft, den Knoten Mißverständnisse zu lösen, in welchen – wie mir schien – Sie sich verstrickt haben, und wollte diese Arbeit vor mir herschieben. Der Realismus als ausschließliche Tendenz zum Kopieren der Wirklichkeit scheint mir eine Fiktion zu sein. Nie hat es einen solchen gegeben. Der Realismus wurde zu einem Alp, zum Schreckbild der Nicht-Realisten, zu einem wahren Satan des Mittelalters, grellfarben an alle Wände gemalt. Ich würde vorschlagen, die Bezeichnung ›Realismus‹ als rein negativen Terminus zu verwenden: es ist eine Methode, die bemüht ist, ihre Mittel im Bereich einer bestimmten Konvention unterzubringen, die beschlossen hat, eine bestimmte Konvention nicht zu brechen, die wir Wirklichkeit, gesunder Menschenverstand oder Wahrscheinlichkeit nennen. Im Bereich dieser Grenzen bleibt ihm eine sehr breite Skala von Mitteln, wie breit beweist Mann, der alle Sphären und Höllen ausschöpft, ohne die realistische Konvention zu durchbrechen.

Ein Mann oder ein Dostojewski beweisen (lesen Sie den »Doppelgänger« oder die »Brüder Karamasow«)[19], wie wenig vom Überschreiten oder Wahren der Grenzen des Realismus abhängt, daß alles einfach Sache einer Geste, Pose oder des Stils ist. Wenn wir unter Realismus eine gewisse Ebenerdigkeit, Alltäglichkeit der geschilderten Wirklichkeit verstehen wollen, dann sind diese Autoren die augenscheinlichste Verneinung einer solchen Definition. Andererseits ist mit dem Durchbrechen realistischer Konventionen die Schlacht noch keineswegs gewonnen. Das Durchbrechen des Realismus allein ist überhaupt kein Verdienst – alles hängt davon ab, was dadurch erreicht wurde. Die bewußte und absichtliche Vergewaltigung des Realismus hat zwar gewisse neue Möglichkeiten eröffnet, dennoch darf man sich nicht der Illusion hingeben, das Besitzen dieses Tricks befreie uns von der Pflicht, den Reichtum des Inhalts, seine eigene Welt zu geben. Keine Methode, auch die genialste nicht, ist imstande, die Mühe, eigenen Inhalt hervorzubringen, zu ersetzen. Ich fürchte nämlich, daß Sie sich auf dem Weg der Opposition, der Negation befinden, daß Sie, anstatt selber etwas zu schaffen, beobachten, was dieser oder jener Feind und Satan nicht schon alles vollbracht hat, und daß eben dieses Verfolgen von Sünden und Fehlern des Realismus Sie zu keiner eigenen, positiven Produktion kommen läßt. Sie wissen genau, wie sehr ich Ihr Schaffen schätze und an Ihre Möglichkeiten glaube, aber gerade deshalb fürchte ich, Sie könnten Ihr eigenes Schaffen und Ihre Arbeit durch Kritik am Realismus kompensieren. Die unrealistischen Methoden haben sich schon längst eingebürgert, sie haben es nicht mehr nötig, um ihre Existenz, um Glaubwürdigkeit zu ringen. Sie haben in ihrem Bereich nur das zu erbringen, was der Realismus in dem seinen nicht vollbracht hat. Das wird ihre beste Rechtfertigung sein. Die Proben, die Sie mir vorlasen, haben mir sehr gefallen. Ich möchte, daß Sie Mut faßten, in Schwung kämen, um ein breiteres Thema zu übernehmen, mit dieser Methode größere Massen Ihrer inneren Welt zu schmieden. Im Bereich des künstlerischen Schaffens immer nur recht haben, bringt an sich noch keine Erlösung. Ich fürchte, ein richtiger und wirklicher Einblick in diese Angelegenheit könnte Sie in solche Zufriedenheit versetzen, daß Ihr Bedürfnis zu schaffen vollends einschläft.

Was nun die Analyse Manns anbelangt, mögen Sie zum Teil vielleicht recht haben. Mann vermittelt einem diese Verdichtung des Eindrucks vielleicht nicht, aber er kauft sie mehrfach durch Breite und Reichtum seiner Welt los.

Ich möchte Sie um nichts in der Welt entmutigen, kann aber nicht umhin, Sie darauf aufmerksam zu machen, was ich falsch finde. Daß ich mit Ihnen polemisiere, sollte für Sie ein Beweis sein, wie ernst ich Sie nehme. Ich habe großen Respekt vor Ihrer Malerei, der gleichzeitig verbunden ist mit dem Gefühl der eigenen Inkompetenz. In literarischen Fragen jedoch maße ich mir eine gewisse Kompetenz an, die Sie mir ja zugestehen, wenn Sie sich damit an mich wenden.

Ich bin neugierig, was Sie geschrieben haben. Wann werde ich es lesen können? Wann kommen Sie? Ich grüße Sie und Marek auf das herzlichste. Herzl. Grüße auch an Hilda[20] und Marek S.

Bruno Schulz

6. XI. 1941

154. Werte Frau Ania!

Gerade heute plagen mich starke Gewissensbisse in Gedanken an meinen letzten Brief an Sie, in welchem es mich gelüstete, meinem ratgeberischen und moralisatorischen Drang Luft zu machen, anstatt mich über den Erfolg und die Entdeckungen eines mir nahestehenden und teueren Menschen zu freuen. Ich dachte auch, Sie beabsichtigen bestimmt, nach Warschau zu fahren und würden mich in böser Erinnerung mitnehmen. Ihr Brief bestätigt, daß ich recht hatte, ich sehe aber auch aus ihm, daß Sie mir nicht böse sind, wofür ich Ihnen tausend Dank sage. Ihre Abreise stimmt mich sehr traurig. Ich habe es nicht verstanden, Ihre Anwesenheit auszunutzen, ich habe sie nicht ausgebeutet, denn schon allein Ihre Nähe war für mich bis zu einem gewissen Grade ein Zufluchtsort, etwas, wo man sich festklammern konnte. Eigentlich sprachen wir nie über wesentliche Dinge. Wir tauschten miteinander die Ergebnisse unserer Erfahrungen nicht wie Eingeweihte einer und derselben Lehre aus, sondern wie Profane. Jetzt erst sehe ich, wir hätten mehr Vertrauen in unsere Nähe haben und Angelegenheiten besprechen sollen, die für uns aktuell waren, sie so frisch diskutieren, wie wir es in Monologen mit uns selber tun. Unsere Distanz war künstlich und konventionell, sie beruhte nur auf Terminologie und dem Wortschatz verschiedener Schulen, identisch miteinander nur, was den Geist und die Intention anbelangt.

Ich möchte, daß unser enger Kontakt durch Ihre Abreise nicht aufhört, daß wir miteinander weiterhin in reger und wesentlicher Verbindung bleiben. Möglich, daß ein solcher Kontakt aus der Entfernung für uns sogar produktiv sein und reichlich die Frucht eines am Rande betriebenen Schaffens tragen wird. Das Vorgefühl sagt mir, daß wir uns bald wieder treffen werden, und die Geschichte unserer Freundschaft noch nicht zu Ende ist. Jetzt erst wird sie objektiv beginnen, während sie sich bislang nur in den Grenzen des Privaten hielt.

Würden Sie es als hoffnungslos betrachten, mich als Adept der Malerei in Ihre Lehre zu nehmen? Mit mir – vielleicht mit Mareks Hilfe – den Kurs einer vom Akademischen geläuterten Malerei durchzumachen? Ich würde dafür meine schriftstellerische Erfahrung mit Ihnen teilen.

Jetzt scheint mir, als hätte ich Ihnen noch viel zu sagen, unerschöpfliche Vorräte lebhaft uns bewegender Dinge. Jetzt, da ich Sie – gewöhnlich gesagt – verliere. Schreiben Sie mir noch, ob Sie bereit sind, mir mit gleichem Eifer meine Vorschläge zu beantworten, ob unser Kontakt aufrecht erhalten bleibt. Wenn uns nur gegeben wäre, unser so wichtiges und wesentliches Gespräch in Ruhe und ohne Überraschungen aufrechtzuerhalten. Vielleicht schreiben Sie mir noch von hier. Anderenfalls erwarte ich von dort[21] rasche Nachricht.

Ich grüße Sie herzlich und heiß

Bruno

19. XI. 1941

Wie traurig zu denken, daß es in der Mazepa-Straße 22, wo ich so viel Nettes erlebte, niemand mehr geben und alles nur mehr eine Legende sein wird. Ich weiß nicht warum, aber ich fühle mich vor mir selber schuldig, als verlöre ich aus eigener Schuld etwas.

Anmerkungen

Briefe an Schul- und Bildungsbehörden

1 Fragmente der Abschrift aus der Geburtsurkunde: »... Von Seiten des hiesigen isr.[aelitischen] Standesamtes wird hiermit bescheinigt [...], daß *Bruno Schulz*, Sohn des verstorbenen Kaufmanns Jakub Schulz und seiner Ehefrau Hendel Schulz geborene Kuhmerker aus Drohobycz, am 12. des Monats Juli 1892 geboren wurde und daß er am 19. Juli 1892 beschnitten wurde und dabei den Namen »Bruno« erhielt. – Drohobycz, 11. Oktober 1921.«

2 »Bruno Schulz, geboren am 12. Juli 1892 in Drohobycz in Galizien, jüdischer Religion, beendete seine Gymnasialstudien in den Jahren 1903–1910 im K.u.K. Gymnasium in Drohobycz und bestand die Reifeprüfung [...]. Auf Grund dieser Prüfung wurde er für reif mit Auszeichnung für die Universitätsstudien befunden. – In Drohobycz, am 8. Juni 1910.«

3 »Polytechnische Schule in Lemberg. Fakultät für Bauwesen zu Lande. Zeugnis der Staatsprüfung [Erste Staatsprüfung]. Herr Bruno Schulz [...] besuchte in den Jahren 1910/11–1913/14 die K.u.K. Politechnische Schule in Lemberg. Der Genannte stellte sich am heutigen Tage zur Prüfung vor der unterfertigten Kommission [...]. Die Kommission hält den Kandidaten für befähigt. [...] In Lemberg, am 27. Februar 1914.«

4 In jener Zeit stellte Schulz auch seine Grafiken in Wilna im Jahre 1923 aus.

5 Auf der Rückseite der Eingabe vom 9. VIII. 1924 befindet sich ein amtlicher Vermerk: »Schulz [war] vor 3 Jahren vom hiesigen Kuratorium zum Zeichenlehrer am Gymnasium in Drohobycz ernannt worden, nahm aber damals die Stelle nicht an.«

6 »Krakau, 6. Februar 1926. An Herrn Bruno Schulz [...] Das Präsidium der Prüfungskommission an der Akademie der Schönen Künste in Krakau teilt mit, daß das Ministerium für Kultus und öffentliche Bildung [...] das von Ihnen an der Technischen Hochschule absolvierte Studium auf die dreijährigen Studien angerechnet hat, wie sie von Kandidaten für Zeichenlehrer verlangt werden, hiermit sind Sie zur Schlußprüfung im Fach Zeichnen zugelassen [...] die im laufenden Schuljahre am 19. April 1926 stattfindet.«

7 Schulz wurden eineinhalb Monate Urlaub (vom 15. III.-30. IV. 1925) bewilligt.

8 »*Zeugnis.* – Herr Bruno Schulz, geboren am 12. Juli 1892 in Drohobycz, Woiwodschaft Lemberg, jüdischen Bekenntnisses, wurden nach Absolvierung seiner Studien an der Technischen Hochschule Lemberg diese [. . .] seinen dreijährigen künstlerischen Studien angerechnet [. . .] er bestand die Prüfung im Fach Zeichnen [. . .] mit der Note sehr gut. Das vorliegende Zeugnis befähigt ihn zur Anmeldung für die Prüfung für Lehrer allgemeinbildender Mittelschulen und Lehrerseminarien [. . .]. Krakau, 27. April 1926. – Der Rektor der Akademie der Schönen Künste, Dr. A. Szyszko-Bohusz, Vorsitzender der Prüfungskommission, T. Axentowicz.

9 »LEHRERDIPLOM FÜR DIE MITTELSCHULEN. – Herr Bruno Schulz [. . .] hat nach Ablegung der vorgeschriebenen Prüfungen im Fach Zeichnen [. . .] sowie nach Absolvierung des vorgeschriebenen Lehrerpraktikums im Staatlichen Gymnasium in Drohobycz, sich der Staatsprüfung für Lehrer der Mittelschulen unterzogen und diese mit der Note *gut* bestanden. [. . .] Warschau, 20. Oktober 1928. Staatliche Prüfungskommission für Lehrer an Mittelschulen in Warschau.

10 Der zweimonatige Urlaub im Jahre 1930 wurde nicht bewilligt. Im früher ausgestellten ärztlichen Attest, vom 17. II. 1929, steht die Diagnose zu lesen: »Herr Bruno Schulz leidet an Herzneurose und Magendyspepsie.«

11 Über das Gesuch um Jahresurlaub wurde ablehnend beschieden: »Ministerium für Kultus und öffentliche Bildung in Warschau, am 31. Oktober 1934. – An das Kuratorium des Lemberger Schulsprengels in Lemberg. – Das Ministerium ist nicht damit einverstanden, Herrn Bruno Schulz, Lehrer am Staatlichen Gymnasium in Drohobycz, für das Schuljahr 1934/35 einjährigen bezahlten Urlaub zu gewähren.« Der ablehnende Bescheid enthält keine Begründung des Beschlusses.

12 Der Gesundheitsurlaub wurde für die Zeit vom 30. VIII. bis 15. IX. 1934 bewilligt. Beigefügte Bescheinigung: »Dozent Dr. Stanisław Laskownicki, Lemberg, Kościuszko-Str. 6. – Lemberg, 24. VIII. 34. *Ärztliches Attest.* Herr Bruno Schulz litt an einer chronischen Entzündung der Blase, des Nierenbeckens sowie der Prostata [. . .] und ist für die Zeit von 3-4 Wochen noch arbeitsunfähig.«

13 Der Brief mit der Bitte um zehnmonatigen bezahlten Urlaub wurde durch die Vermittlung des Direktorats des Gymnasium an das Lemberger Kuratorium vermittelt; das Direktorat fügte diesem Schreiben gleichzeitig eine Befürwortung des Bittgesuches von Schulz bei: »Hiermit legt die Direktion in der Anlage ein Gesuch von Herrn Bruno Schulz vor mit der Bitte [. . .], ihm bezahlten Urlaub zu bewilligen [. . .]. Der Bittsteller ist ein gewissenhafter Lehrer, der mit Eifer

seine Dienstpflichten versieht. Er arbeitet an der Vertiefung seines Lehrfaches als auch an der Abfassung eines Romans und novellistischer Artikel. Die Direktion unterstützt wohlwollend das Gesuch des Bittsteller und bittet hiermit um die Ernennung eines geeigneten Lehrers als Vertretung für die Zeit seines Urlaubs [. . .]. Direktor Tadeusz Kaniowski.«

14 Wegen Schwierigkeiten bei der Suche nach einer geeigneten Urlaubsvertretung, erhielt Schulz den bezahlten Urlaub letztlich nur für ein halbes Jahr (vom 1. I. 1936-30. VI. 1936).

15 In derselben Zeit richtete auch der Direktor des Gymnasiums, Tadeusz Kaniowski, einen Brief an das Kuratorium in dieser Frage: »Nach reiflicher Überlegung, teilte Herr Bruno Schulz schriftlich mit, *er könne keinen unbezahlten Urlaub annehmen*, und zwar im Hinblick auf seine familiären Verhältnisse, da er eine Familie bestehend aus drei Personen zu unterhalten habe [zumal seine Schwester mit Kindern, alle unversorgt]. Hinzu kommt, daß seine finanzielle Lage jetzt noch schwieriger geworden ist, weil die Stütze der Familie, Ingenieur Schulz sel. Ang. im Frühjahr verstorben ist [. . .].«

16 Auf die Bitte um Versetzung nach Warschau antwortete das Warschauer Kuratorium mit einem Schreiben vom 9. IX. 1936: »Das Kuratorium sieht sich nicht in der Macht, dem Gesuch von Herrn Bruno Schulz wegen Versetzung nach Warschau stattgeben zu können.« Auf Schulz' Brief vom 2. VII. 1936 steht der Vermerk: »Mit Brief vom 9. IX. 1936 antwortete das Kuratorium, es verfüge über keine freien Stellen.«

17 Es handelt sich um den unvollendeten und verschollenen Roman »Der Messias«.

18 »Das Sanatorium zur Todesanzeige« (Verlag »Rój«, 1937).

19 Franz Kafka, »Proces« [poln. Ausg. beim Verlag »Rój«, 1936]. Mit Schulz' Hilfe hat seine Braut dieses Buch übersetzt, um die Ausgabe zu erleichtern, lieh er der Übersetzung seinen Namen.

20 Die Versetzung nach Lemberg, um die sich Schulz anschließend bewarb, konnte nicht verwirklicht werden, obgleich den Unterlagen zu entnehmen ist, daß es Chancen gab, sie durchzuführen: »Unter Berücksichtigung der künstlerisch-literarischen Fähigkeiten von Herrn Schulz, befürwortet die Abt.[eilung / II] des Kuratoriums des Lemberger Schulsprengels seine Bitte um Versetzung nach Lemberg mit dem Hinweis, daß in den dortigen staatlichen Gymnasien keine freien Stellen für einen Zeichenlehrer vorhanden sind. Der Bittsteller könnte mit Nutzen auch in einer Volksschule oder Berufsschule tätig sein, in welche er versetzt werden sollte. – Lemberg, 28. XII. 1936.«

21 Schulz' Bitte um Erlaubnis, 3 Stunden wöchentlich Zeichnen in einem anderen Drohobyczer Gymnasium zu unterrichten, ergab sich

aus der Notwendigkeit, die ungenügende Anzahl von Unterrichtsstunden zu ergänzen, ihre Zahl bis zu dem laut Vorschriften über die Lehrtätigkeit erforderlichen Limit zu erhöhen. Die Direktion des Staatlichen Gymnasiums befürwortet Schulz' Antrag in einem beigefügten Schreiben: »Der Bittsteller unterrichtet im Staatlichen Gymnasium 27 Stunden, im privaten Sternbach-Gymnasium wird er 3 Stunden, also insgesamt 30 Stunden Unterricht wöchentlich haben. Er ist ein gewissenhafter und eifriger Lehrer. – Direktor T. Kaniowski.«

An Ostap Ortwin

1 Wilam Horzyca (1889-1959) – Kritiker, Theaterregisseur, Übersetzer, Dichter, Dramaturg.

2 Władysław Skoczylas (1883-1934) – Grafiker, Maler und Bildhauer, Mitbegründer der zeitgenössischen polnischen Holzschnittkunst.

3 Roman Kramsztyk (1885-1942) – Maler und Grafiker. Sein letztes, teilweise erhaltenes Werk ist ein Zyklus von Zeichnungen aus dem Warschauer Ghetto, wo er im August 1942 ums Leben kam.

4 Grafiken (cliché verre) von Schulz aus dem Zyklus »Das Buch vom Götzendienst«. Diese Technik bevorzugte Schulz in den zwanziger Jahren.

5 Ludwik Lille (1897-1957), Maler (siehe Einführung zu den Briefen an Ludwik Lille).

6 Herman Sternbach – Literaturkritiker, Germanist, Essayist, Übersetzer und Herausgeber der Dichtung deutscher Klassiker.

7 Roman Aleksandrowicz – Doktor der Rechte, in den Jahren zwischen den beiden Kriegen bekannter Lemberger Rechtsanwalt, Kunstkenner, Freund von Ortwin.

8 Karol Irzykowski (1873-1944) – Literaturkritiker, Prosaiker, Essayist, Übersetzer.

An Stefan Szuman

1 Im Juli 1932 nahm Schulz aus freien Stücken in Żywiec an einem ministeriellen Ferienkurs für Lehrkräfte teil.

2 Aus Anlaß des Ferienkurses hielt Stefan Szuman einen Vortragszyklus.

3 Eine Gedichtsammlung von Szuman mit dem Titel »Spaltbreit geöffnete Tür« wurde von ihm 1933 unter dem Pseudonym Łukasz Flis herausgegeben.

4 Rainer Maria Rilke (1875-1926). Schulz las seine Dichtung nur im deutschen Original und hielt ihn für einen seiner geistigen Väter in der Kunst.

5 Titel eines der im Brief besprochenen Gedichte Szumans.

6 Zitat aus Szumans Gedicht.

7 Titel von Szumans Gedicht.

8 Zitat aus Szumans Gedicht.

9, 10, 11 Titel von Szumans Gedichten.

12 »Die Vögel« – Erzählung von Schulz. Sie war sein erstes veröffentlichtes literarisches Werk. Gedruckt in der in Warschau erscheinenden Wochenzeitschrift »Literarische Nachrichten« (1933, Nr. 52). Das Werk ist Teil der »Zimtläden« (1934).

13 Titel von Szumans Gedicht.

14 »Neue Sachlichkeit« – Richtung in der deutschen Kunst seit dem I. Weltkrieg bis 1933. Der Begriff wurde 1932 eingeführt und bedeutete einen neuen Realismus in Verbindung mit zeitgenössischen Strömungen. Diese Kunstrichtung trug auch die Bezeichnung »magischer Realismus«.

15 Titel von Szumans Gedicht.

16 Es handelt sich um die »Zimtläden«, um deren Herausgabe sich Schulz zwei Jahre lang erfolglos bemüht hatte.

17 Brunos älterer Bruder, Izydor (recte: Israel Baruch) Schulz (1881-1935), Ingenieur für Straßen- und Brückenbau, bekleidete einen hohen Posten in der polnischen Petroleumindustrie.

18 »Die Zimtläden« erschienen in einem Umschlag, den Schulz entworfen hatte; es sind auch etliche andere Skizzen dieses Entwurfs erhalten.

19 Die Buchausgabe der »Zimtläden« enthielt keine Illustrationen des Textes.

20 Der Dank für das »Geschenk« bezieht sich auf die ihm von Szuman in Form eines Schreibmaschinenmanuskripts übersandte Sammlung seiner Gedichte, die dilettantisch und unbeholfen waren – ganz im Gegensatz zu wohl nicht allzu aufrichtigen Worten des Lobes und der Komplimente, mit denen Schulz in seinen Briefen an den Professor nicht geizte, indem er sich dadurch gleichsam für die Begeisterung revanchierte, die Szuman seinen »Zimtläden« entgegenbrachte.

21 Schulz erwartete das Erscheinen der »Zimtläden«.

22 Zofia Nałkowska (1884-1954) – Romanschriftstellerin, Autorin von Bühnenstücken und Essays. Bedeutende Vertreterin der Richtung des Psychologismus in der zeitgenössischen polnischen Prosa. Schulz veröffentlichte einen umfassenden Essay über ihr Werk. Sie war eine Gönnerin des Schriftstellers, sie schätzte seine Prosa sehr und verhalf ihm zu seinem literarischen Debüt, der Ausgabe der »Zimtläden«. Seitdem blieb sie mit Schulz freundschaftlich verbunden und führte eine Korrespondenz mit ihm. Schulz' Briefe an sie (aus den Jahren 1933-1939)

wurden während des Warschauer Aufstandes (1944) ein Raub der Flammen (siehe Anhang II).

23 Grażynka – Szumans Tochter, jetzt Grażyna Czyżewicz.

24 Der Dank betrifft eine Gedichtsammlung von Szuman, diesmal schon in Buchform.

25 »Frau N.« – Zofia Nałkowska.

26 Ryszard Oryński (1878-1953) – Theater- und Filmregisseur, war u. a. Bühnenbildner und Regisseur in Hollywood und in der Metropolitan Opera in New York.

An Arnold Spaet

1 In Kudowa (liegt heute auf dem Territorium Polens), damals ein deutscher Kurort, war Schulz noch vor der Aufnahme seiner Lehrtätigkeit in Kur (1921 und 1923).

2 »Die Zimtläden«.

3 R. Dehmel, »Poezje« (Dichtungen, übers. u. Vorwort von A. Spaet), Lemberg 1933. Richard Dehmel (1863-1920) – deutscher Dichter.

4 Józefina Szelińska – Freundin und Verlobte von Bruno Schulz (siehe Anhang I).

5 Bernhard Mantel – Doktor der Philosophie, Germanist, Deutschlehrer, Französischlehrer und Lehrer für philosophische Propedeutik am Gymnasium von Drohobycz. Kam 1942 ums Leben, ermordet von Deutschen Nationalsozialisten. »Jakub Blatt, Direktor eines (privaten) Gymnasiums in Drohobycz und Gymnasialprofessor Bernhard Mantel brachten die letzten Augenblicke vor ihrem Tod in der ›November-Aktion‹ in Drohobycz 1942 mit Diskussionen über die Ideen Platons zu.« (Untergrundbewegung im Ghetto und in Lagern – Materialien und Dokumente, Warschau-Lódź-Krakau 1946).

6 S. von Trimberg, »Pieśni« (Lieder, übers. u. Vorwort von A. Spaet) Lemberg 1936.

Süskind von Trimberg – Dichter und Minnesänger Anfang des XIII. Jahrhunderts, berühmter Troubadour und Hofsänger.

An Julian Tuwim

Schulz dankt Tuwim für einen Brief, der nicht erhalten ist, in welchem der Dichter nach dem Erscheinen der »Zimtläden« ihrem Autor nahezu postwendend seine Begeisterung von dem Buch mitteilte. Ein Ausdruck der Anerkennung für das Werk von Bruno Schulz ist auch darin zu sehen, daß Tuwim 1935 Schulz' Kandidatur für den alljährlich verliehenen Preis der »Wiadomości Literackie« aufstellen ließ, den übrigens damals ein anderer erhielt.

An Tadeusz Breza

1 Drohobycz, Schulz' Heimatstadt und ihre Umgebung war die Gegend, in der sich alle mythologischen Abenteuer der Helden der »Zimtläden« abspielten, die auf der »geistigen Biographie« des Autors gründeten.

2 »Rocznik Literatury« (eig. »Rocznik Literacki« = Literarisches Jahrbuch) erschien seit 1932 und enthielt Besprechungen literarischer Erzeugnisse des vergangenen Jahres. Schulz geht es nicht um die Besprechung der »Zimtläden« (die Leon Piwiński für das Jahrbuch verfaßt hatte), sondern um das Feuilleton von Breza mit dem Titel »Am Rande des ›Literarischen Jahrbuches‹ – eine Abfuhr für die Pessimisten«, das im »Kurier Poranny« (= Morgenkurier) erschien.

3 Im Dezember 1934 lernte Schulz Breza persönlich kennen; seitdem wurde aus der bisherigen Bekanntschaft, die sich auf einen Briefwechsel beschränkte, eine rege Freundschaft zwischen den beiden Schriftstellern.

4 Die Volkstrauer nach dem Tode von Marschall Józef Piłsudski (am 12. Mai 1935).

5 Die Rede ist von dem Manuskript des noch nicht erschienenen Romans »Adam Grywałd«.

6 Stanisław Ignacy Witkiewicz (1885-1939) wurde von seinen Freunden kurz »Witkacy« genannt. (Siehe Einführung in die Briefe von St. I. Witkiewicz.)

7 Mieczysław Grydzewski (1894-1970) – Chefredakteur der »Wiadomości Literackie« (= Literarische Nachrichten; kulturelle u. literarische Wochenzeitung, hrsg. in Warschau 1924-1939) und des »Skamander« (Monatszeitschrift für Dichtung, hrsg. in Warschau 1920-1928 und 1935-1939). Grydzewski war Herausgeber und Publizist. Er starb in der Emigration in London.

8 St. I. Witkiewicz brach die Zusammenarbeit mit den »Wiadomości Literackie« 1930 ab.

9 Zofia Nyczówna (= Nycz), von Freunden »Nyczek« genannt, Brezas damalige Braut.

10 Schulz meint den nicht beendeten Roman »Der Messias«, der während des Krieges verschollen ist. Dieser Roman, der ein *Opus magnum* von Schulz werden sollte, wurde nie veröffentlicht, mit Ausnahme einiger daraus entnommener Fragmente, die als gesonderte Erzäh-

lungen (»Das Buch« und »Die geniale Epoche«) in den Erzählungsband »Das Sanatorium zur Todesanzeige« (1937) aufgenommen wurden.

11 Werke von Schulz, die vor den »Zimtläden« verfaßt wurden und zusammen mit einigen neueren Erzählungen Teil des »Sanatorium zur Todesanzeige« werden sollten.

12 Witold Gombrowicz (1904-1969), Romancier, Novellist, Autor des »Tagebuchs« (siehe Einführung in Schulz' Briefe an Gombrowicz). Hier ist die Rede von einem Fragment des Romans »Ferdydurke«, vorabgedruckt in der Wochenzeitschrift »Tygodnik Ilustrowany« (= Illustrierte Wochenzeitschrift), hrsg. in Warschau 1859-1939.

13 »Dziewictwo« (= Jungfräulichkeit) – Novelle von Gombrowicz aus der Sammlung »Pamiętnik z okresu dojrzewania« (= Tagebuch aus der Reifezeit), 1933.

14 Die Erzählung mit dem Titel »Wiosna« (= Der Frühling), deren Erstdruck in der Monatsschrift »Skamander« erschien (1936, Nr. LXXIV, LXXV) und die später in den Band »Das Sanatorium zur Todesanzeige« aufgenommen wurde.

15 Ferienort in der Nähe von Warschau.

16 Schulz' Rezension über »Adam Grywałd« ist im vorliegenden Band enthalten.

17 Wacław Czarski – Chefredakteur des »Tygodnik Ilustrowany« – siehe Einführung in die Briefe an Wacław Czarski.

18 Witold Gombrowicz.

19 Das Manuskript des zum Druck vorbereiteten Romans »Ferdydurke« von Gombrowicz.

20 »Das Sanatorium zur Todesanzeige«.

21 Ein Preis, der von der Akademie für Literatur in den Jahren 1933 bis 1939 jährlich an junge Schriftsteller verliehen wurde.

22 Zofia Nałkowska – (siehe Anm. Nr. 22 zu den Briefen an Stefan Szuman).

23 Die Worte beziehen sich auf die Meinung Brezas, die er im Brief an Schulz über dessen zweites Buch – »Das Sanatorium zur Todesanzeige« übermittelte.

24 Eine Rezension von Breza über das »Sanatorium« ist nicht veröffentlicht worden.

An Zenon Waśniewski

1 Schulz bezeichnet die Grafiken ungenau als Aquaforte, meint aber damit seine cliché verre (siehe Anm. Nr. 4 zu den Briefen an Ostap Ortwin).

2 Kazimierz Andrzej Jaworski (1897-1973) – Dichter, Übersetzer russischer und tschechischer Lyrik, Chefredakteur der »Kamena«.

3 Die demonstrative Unterrichtsstunde in Handarbeiten fand am 23. III. 1934 »in der Klasse I b des staatlichen König-Władysław-Jagiełło-Gymnasiums in Drohobycz in Anwesenheit von Franciszek Madyda statt – Leiter des Methodischen Zentrums für Praktischen Unterricht am VIII. Staatlichen Gymnasium in Lemberg«. (Berichte des Gymnasiums in Drohobycz, 1934.)

4 Gemeint ist der Ort Zwiniącz, ein Dorf in den damaligen polnischen Ostgebieten (ehemals in der UdSSR – heute in der Republik Ukraine), wo sich das Landgut von Zenon Waśniewskis Bruder befand.

5 Eine Grafik mit der Widmung: »Dem Kollegen Zenon Waśniewski mit Grüßen Bruno Schulz.«

6 »Julinächte« war der ursprüngliche Titel der Erzählung »Die Julinacht«, die Teil des Bandes »Das Sanatorium zur Todesanzeige« ist. Schließlich änderte Schulz seine Absicht und veröffentlichte die »Julinacht« in den »Sygnały« (= Signale – einer Zeitschrift für Gesellschaft und Kultur, hrsg. in Lemberg in den Jahren 1933-34 und 1936-39) in der Nr. 12, 1934.

7 »Rój« (= Schwarm), Warschauer Verlag, der hauptsächlich schöngeistige polnische Literatur sowie Übersetzungen aus der Belletristik des Auslandes herausgab, aber auch populärwissenschaftliche Werke publizierte. Beide Bücher von Schulz erschienen in diesem Verlag.

8 Zofia Nałkowska (siehe Anm. Nr. 22 zu den Briefen von Stefan Szuman).

9 Aleksander Wat (1900-1967) – Dichter, Prosaiker, Essayist; Übersetzer. War in den Jahren 1920-1925 ein markanter Vertreter des polnischen Futurismus. Er starb in der Emigration.

10 Adam Ważyk (1905-1982) – Dichter, Übersetzer, Literaturtheoretiker. Nach Ausbruch des Krieges 1939 und der Besetzung Lembergs durch die UdSSR gab er dort die in polnischer Sprache erscheinende Zeitschrift »Nowe Widnokręgi« (= Neue Horizonte) mit heraus, die es letztlich ablehnte, die literarische Prosa von Schulz, den sie 1940 eigens zur Mitarbeit eingeladen hatte, zu veröffentlichen.

11 Stanisław Brucz (1899-1978) – Publizist, Übersetzer.

12 Pola Gojawiczyńska (1896-1963) – Romanschriftstellerin und Novellistin, Autorin schöngeistiger Werke mit sittlich-sozialer Thematik.

13 Aleksander Leszczyc – Kunsthändler; nahm Bilder und Grafiken zahlreicher polnischer Künstler in Kommission. Nach dem Verzicht auf die Tätigkeit als Schauspieler am Lemberger Theater 1931, übernahm er die Rolle (sic!) eines »Marchand« in Sachen Kunst. Er organisierte Ausstellungen in verschiedenen Ortschaften, meist in Truskawiec bei Dro-

hobycz und in anderen Erholungszentren, hauptsächlich in der Urlaubszeit.

14 Hania Hoffmanowa – Witwe – älteste Schwester von Bruno Schulz; wohnte mit ihren beiden Söhnen mit Schulz zusammen. Dr. Hoffman, ein Vetter des Schriftstellers berichtet: »Schwester Hania war andauernd krank; es war ein Leiden, das auf einer Neurose beruhte. Schon als Arzt wurde ich von Bruno oft zu ihr gerufen. Meist in der Nacht hatte sie Anfälle (Herzsensationen, Zuckungen usw.). Erschreckt, kam Bruno bei mir vorbei, mich zu holen, und so brachten wir oft Stunden bei ihr zu. Nach der Einnahme von Arzneien ließen die Anfälle nach, um nach einer Woche oder nach einem Monat erneut in Erscheinung zu treten.« (Briefliche Mitteilung aus dem Jahre 1965).

15 Wójtów – Name des ministeriellen Visitators staatlicher Schulen.

16 »Ilustrowany Kurier Codzienny« (kurz: I. K. C. = Illustrierter Tageskurier), Tageszeitung, erschien in Krakau in den Jahren 1910-1939 (mit der Wochenbeilage des »Kurier Literacko-Naukowy« = Literarisch-Wissenschaftlicher Kurier); die Zeitung erreichte in der Zeit zwischen den beiden Weltkriegen eine Auflage bis zu 250 000 Exemplaren.

17 Der Brief ist mit einfachem Bleistift geschrieben.

18 »Der zweite Herbst« – Erstdruck in »Kamena« 1934, Nr. 3 (siehe Einführung in die Briefe an Zenon Waśniewski). Die Buchausgabe des »Zweiten Herbstes«, auf der Grundlage eines Faksimile der Handschrift, veröffentlichte J. Ficowski im Jahre 1973.

19 Siehe Anm. Nr. 14 zu den Briefen an Schul- und Bildungsbehörden.

20 Karol Kuryluk – Redakteur der »Sygnały« (siehe Einführung in die Briefe an die Redaktion der »Sygnały«).

21 »Die Geschichten Jakobs« (eigtl. »Joseph und seine Brüder«) von Thomas Mann waren Gegenstand der Begeisterung, die sowohl öffentlich als auch in Schulz' Briefen zum Ausdruck kam. Ob er seine Absicht, eine Studie über dieses Werk zu schreiben, verwirklichte – ist nicht bekannt. Mann wurde von Schulz als der größte Prosaiker unserer Zeit angesehen; er las seine Werke im Original. 1938 nahm er die Korrespondenz mit Mann auf.

22 Jerzy Janisch, Maler aus Lemberg, Mitglied der Künstlergruppe »Artes«. Freundete sich mit Schulz zu einer Zeit an, als er vor dem Krieg bildnerische Restaurierungsarbeiten in der Drohobyczer Kirche ausführte. Heiratete in Lemberg eine Jüdin, die er bald nach dem Einmarsch der Deutschen im Jahre 1941 verließ, aus der Stadt verschwand, die sogenannte deutsche »Volksliste« annahm und damit seine Zugehörigkeit zum deutschen Volkstum deklarierte. Er starb 1962.

23 »Die Beichte eines Rowdys« von Sergej Jesenin in der Überset-

zung von K. A. Jaworski, mit 10 Linolschnitten von Z. Waśniewski. Bibliothek der »Kamena« 1934, Nr. 3.

24 Der plötzliche Tod des Bruders, des Ingenieurs Izydor Schulz trat am 20. Januar 1935 in Lemberg ein, nach der Rückkehr von einer Konferenz in Warschau. (Siehe Anm. Nr. 15 zu den Briefen an die Schul- und Bildungsbehörden.)

25 Es handelte sich nicht um die Aufnahme einer Bekanntschaft mit Witkiewicz, den Schulz bedeutend früher kennenlernte, sondern um eine Erneuerung dieser Freundschaft, deren Bande nun enger geknüpft wurden. Dies geschah dank der »Zimtläden«, die Witkiewicz für eine künstlerische Offenbarung höchsten Ranges hielt.

26 Józef Wittlin (1896-1976) – Dichter, Romancier, Übersetzer. Erhielt 1935 den Preis des polnischen PEN-Clubs für die Übersetzung der »Odyssee«, und danach den Preis der »Wiadomości Literackie« für den Roman »Sól ziemi« (dt. »Das Salz der Erde« Ffm. 1965). Seit 1939 in der Emigration; starb in den Vereinigten Staaten.

27 Józef Czechowicz (1903-1939) – Dichter. Eng verbunden mit der Avantgarde der polnischen Dichtung, Autor etlicher Sammlungen lyrischer Dichtung, Übersetzung russischer, ukrainischer, tschechischer, französischer und englischer Lyrik. Kam bei einem deutschen Bombenangriff auf Lublin ums Leben.

28 Es ist ein Fragment der umfangreichen Erzählung mit dem Titel »Der Frühling«, veröffentlicht in »Kamena« 1935, Nr. 10. Sein Anfang wurde von Schulz nicht in die endgültige Fassung des »Frühlings« übernommen (siehe Einführung in die Anmerkungen zu den Briefen an Zenon Waśniewski). Dieses ursprüngliche Fragment ist in Band 1 dieser Ausgabe enthalten.

29 siehe Anm. Nr. 28.

30 »Zeitung der Künstler« – literarische Wochenzeitschrift, herausgegeben seit 1934 in Krakau; Organ junger Künstler, die an das von Tadeusz Peiper verkündete Programm der Avantgarde in der Kunst anknüpften.

31 »Monatszeitschrift für Literatur und Kunst«, erschien in den Jahren 1934-1936 in der Redaktion von Józef Czechowicz (siehe Anm. Nr. 27).

32 Die Erzählung »Dodo« mit 7 Zeichnungen von Schulz. Erstdruck in »Tygodnik Ilustrowany« 1935, Nr. 2.

33 »Mein Vater geht unter die Feuerwehrmänner«. Erstdruck (unter einem anderen Titel – »Mein Vater wird Feuerwehrmann«): in »Wiadomości Literackie« 1935, Nr. 5.

34 Wojciech Bąk (1907-1961) – Dichter, Dramaturg, u. a. Autor des Gedichtbandes »Himmlische Bürde«, ausgezeichnet mit dem Preis der »Wiadomości Literackie« für 1934.

35 Jerzy Eugeniusz Płomieński (1893-1969) – Literaturkritiker, Essayist.

36 Die Begegnung in Zakopane (Kurort in den Bergen im Süden Polens) endete fatal. Schulz befand sich in einem Zustand tiefer Nervenzerrüttung wegen eines Mißverständnisses mit seiner Braut, das schon damals beinah zum Bruch geführt hätte. Zur endgültigen Auflösung dieser Verbindung kam es erst Anfang 1937.

37 »Das Sanatorium zur Todesanzeige«.

38 Siehe Anm. Nr. 10 zu den Briefen an Tadeusz Breza.

39 Die Freundin – das ist die Posener Grafikerin und Malerin Egga van Haardt, Illustratorin der Novelle »Der Komet« von Schulz in den »Wiadomości Literackie« 1938, Nr. 35 und des einzigen, 1937 in deutscher Sprache verfaßten Werkes mit dem Titel »Die Heimkehr« – das nicht veröffentlicht wurde und verschollen ist. Schulz brach die Bekanntschaft mit ihr wegen einer Fälschung ab, die Egga sich an einem Text von Schulz erlaubt hatte, der ihre Arbeiten betraf. Der Text, ein zur Hälfte fabriziertes Falsifikat, liegt in dieser Ausgabe vor.

40 »Prom« – Monatsschrift für Dichtung, herausgegeben in Posen seit 1932.

41 »Grafik« – Zweimonatsschrift, Organ des Polnischen Verbandes der Künstler d. Grafik, herausgegeben in Warschau in den Jahren 1930 bis 1939.

42 »Ferdydurke« – Roman von Witold Gombrowicz.

43 »Das Sanatorium zur Todesanzeige«, zweites und letztes Buch von Bruno Schulz (1937).

44 Es handelt sich um zwei Bleistiftzeichnungen, Zenon Waśniewski gewidmet. Auf einer davon steht zu lesen: »Dem lieben Zenon Waśniewski Bruno Schulz« – mit Datum des: »18. I. 1938«

An die Redaktion der »Sygnały« (= Signale)

1 »Die Julinächte« – siehe Anm. Nr. 6 zu den Briefen an Zenon Waśniewski.

2 Wilhelm Korabiowski – Literaturkritiker, Satiriker, Schauspieler, u. a. Autor einer Rezension über die »Zimtläden«. 1943 von deutschen Nationalsozialisten ermordet.

3 Korabiowski trat in der humoristischen Sendereihe des Rundfunks »Auf der lustigen Lemberger Welle« auf.

4 Maria Kuncewiczowa (30. 10. 1899 – 15. VII. 1989) – Romanschriftstellerin, Vertreterin der Richtung des Psychologismus in der polnischen Prosa. 1938 stellte sie die Kandidatur von Schulz für den Preis

der »Wiadomości Literackie« auf. Schulz ist Autor von drei Essays über Ihren Roman »Cudzoziemka«, 1936 (dt. Die Fremde, Bln. (DDR 1974), von denen wir zwei in diesem Band publizieren.

5 Franz Kafka (1883-1924) – ein Schriftsteller, der von Schulz als genial bezeichnet wurde. Kafkas »Prozeß« wurde von Józefina Szelińska, Schulz' Braut ins Polnische übersetzt. B. Schulz half ihr dabei und lieh ihr für die Übersetzung seinen Namen als »offizieller« Übersetzer des Werkes. Das durch Schulz' übersandte Fragment an dem »Prozeß« erschien nicht in den »Sygnały«, da noch im selben Jahr die Buchausgabe veröffentlicht wurde. Eines der beiden Fragmente, die Schulz den »Sygnały« anbot, der Anfang des Kapitels »Der Prügler«, blieb als Spaltenkorrektur – mit eigenhändigen Verbesserungen von Schulz – erhalten; es befindet sich im Archiv der »Sygnały« in Lemberg.

6 »Das kurze Vorwort« von Schulz wurde in der Buchausgabe des »Prozeß« als Nachwort gebracht. Wir veröffentlichen den Essay in dieser Ausgabe.

7 »Das Vaterland«, Fragment eines größeren (verschollenen) Ganzen, erschienen in »Sygnały« im Jahre 1938, Nr. 59, sh. Band 1.

An Jarosław Iwaszkiewicz

1 Dorota Wygard – war die Ehefrau von Ignacy Wygard, eines Freundes von Izydor Schulz, Petroleumingenieur aus Lemberg. Ignacy Wygard war Generaldirektor der Firma Polnischer Petroleum-Export.

2 »Sommer in Nohant« – Bühnenstück von J. Iwaszkiewicz über Friedrich Chopin und George Sand.

3 Iwaszkiewicz antwortete auf Schulz' Brief sofort, was der Brief von I. Wygard, den Schulz erhielt, bestätigt; darin steht u. a. zu lesen: »Unser Freund Bruno Schulz übersandte meiner Frau Ihren Brief vom 14. Februar. Meine Frau, die im Ausland weilt (. . .) beauftragte mich, Sie um ein Exemplar des »Sommer in Nohant« zu bitten (. . .). Meine Frau hat Chancen, das Bühnenstück in Wien zu veröffentlichen, muß aber vorher seinen Inhalt angeben und einen Akt übersetzen.« Zur Verwirklichung dieser Absichten konnte es jedoch nicht mehr kommen; ein Jahr danach vollzog Hitlerdeutschland den Anschluß Österreichs. In gleicher Weise konnte auch die deutsche Übersetzung der »Zimtläden«, die Schulz erwähnt, weder vollendet, noch veröffentlicht werden.

An Wacław Czarski

1 Władysław Zawistowski – siehe Einführung in die Briefe an ihn.

2 »Edzio«, Erzählung mit 5 Zeichnungen von Schulz. Erstdruck in »Tygodnik Ilustrowany« 1935, Nr. 40.

3 Das »Interview mit Bruno Schulz« von St. I. Witkiewicz erschien im »Tygodnik Ilustrowany« 1935, Nr. 17 (siehe Brief Nr. 75 an Witkiewicz sowie Anhang Nr. 3).

4 Ludwik Lille – siehe Einführung in die Briefe an ihn.

An Władysław Zawistowski

1 Kazimierz Wierzyński (1894-1969) – Dichter, Mitbegründer und Mitglied des Dichterkreises »Skamander« (so bezeichnet nach der gleichnamigen Zeitschrift). Starb in der Emigration in Frankreich. Über seinen Gedichtband »Tragische Freiheit« (1936) verfaßte Schulz eine Rezension, die in der vorliegenden Ausgabe enthalten ist.

2 Vergleiche die Briefe Nr. 13 u. 14 an die Schul- und Bildungsbehörden.

An Stanisław Ignacy Witkiewicz

1 Der Text dieses Quasi-Briefes erschien als Antwort auf eine brieflich gestellte Frage im »Tygodnik Ilustrowany« 1935, Nr. 17. Er wurde mit einer Einführung von Witkiewicz versehen und erhielt den Titel »Interview mit Bruno Schulz« (siehe Anm. 3 zu den Briefen an Wacław Czarski). Zum Text von Witkiewicz als Einführung in Schulz' Antwort – siehe Anm. 21.

An Witold Gombrowicz

1 Der »Offene Brief« von Bruno Schulz stellt eine Replik auch auf den Brief von Gombrowicz dar, der in den Spalten der Monatszeitschrift »Studio« (1936, Nr. 7) publiziert wurde. Die »öffentliche Korrespondenz« zwischen den beiden Schriftstellern, initiiert durch den Redakteur des »Studio«, Bogusław Kuczynski, präsentiert sich gleichsam als epistolares Triptichon, begonnen und abgeschlossen durch Gombrowicz, den Autor des ersten und dritten Briefes. Jener letzte

Brief ist für das Verständnis des polemischen Textes von Schulz nicht unentbehrlich. Wichtig ist jedoch der erste, inspirierende Brief, den Gombrowicz verfaßt hatte, um den publikumsscheuen Schulz zur Diskussion zu provozieren (siehe Annex IV).

An den Tygodnik Ilustrowany

1 Der Brief »Anstatt einer Antwort« erschien im »Tygodnik Ilustrowany« 1936, Nr. 44.

2 J. E. Skiwski »Die Kette des Glücks«, »Tygodnik Ilustrowany« 1936, Nr. 42. Der Artikel ist eine Schmähschrift auf die öffentliche Polemik zwischen Gombrowicz und Schulz. Jan Emil Skiwski (1894–1956) – Publizist, Literaturkritiker. Während des Zweiten Weltkrieges Kollaborateur, Redakteur einer von Hitlers Okkupation herausgegebenen Zeitschrift, Mitarbeiter des nationalsozialistischen Reichspropagandaamts. Skiwski starb in Venezuela.

An Kazimierz Truchanowski

1 Siehe Briefe an Tadeusz Breza und die entsprechende Anmerkung Nr. 10.

2 Siehe Briefe an Wacław Czarski und die entsprechende Anmerkung Nr. 2.

3 »Der Prozeß« von Kafka (siehe Briefe an die Redaktion der »Sygnały« und die entsprechende Anmerkung 5).

4 Zwei Grafiken cliché verre, die in der Sammlung von Kazimierz Truchanowski erhalten sind.

5 Ein Fragment des Romans »Der Prozeß« von Franz Kafka mit dem Titel »Beim Rechtsanwalt« erschien im »Tygodnik Ilustrowany« 1936, Nr. 8-9.

6 »Vater und Adela«, Bleistiftzeichnung (in der Sammlung von K. Truchanowski).

7 »Gäste«, eine Novelle, die – so Truchanowski – in sein erstes Buch »Die Straße Aller Heiligen« (1937) aufgenommen wurde.

8 1936 verstarb in Drohobycz der krebskranke Emanuel Pilpel (geb. um 1893), Sohn eines Drohobyczer Buchhändlers, ein früherer Mitschüler und langjähriger Freund von Bruno Schulz. In der Buchhandlung seines Vaters traf sich Schulz mit Emanuel (genannt Mundek), mit Stanisław Weingarten (im Ghetto von Lódz ermordet) sowie mit Michel Chajes. Sie führten dort im engen Kreis von Freunden Streitgespräche über Kunst, und die reichlichen Bücherbestände der Pilpels

waren eine wichtige Quelle für das vielseitige Wissen des jungen Bruno – im Bereich fremder Literaturen, wie auf dem Gebiet der Philosophie, Psychologie, Ästhetik und Kunstgeschichte.

9 »Das Sanatorium zur Todesanzeige«.

10 »Der Frühling«.

An Andrzej Pleśniewicz

1 Schulz lernte Andrzej Pleśniewicz in Warschau im Winter kennen, zu Beginn seines Halbjahresurlaubs, den er am 1. Januar 1936 antrat.

2 Siehe Briefe an Kazimierz Truchanowski und die entsprechende Anmerkung 7.

3 Witold Gombrowicz.

4 Andrzej Pleśniwicz ergriff das Wort am Rande der Polemik zwischen Schulz und Gombrowicz, publiziert in Form eines Briefwechsels in der Monatsschrift »Studio« 1936, Nr. 7 (siehe Brief an Witold Gombrowicz und die entsprechende Anmerkung 1 – sowie den Brief an die Redaktion des »Tygodnik Ilustrowany« als auch die entsprechende Anmerkung 2). Szuman verteidigte den Standpunkt von Schulz in der Zeitung »Kurier Poranny« in einem Artikel mit dem Titel »Die stürmischen Probleme einer literarischen Diskussion – der Streit um die Frau Doktor«.

5 »Der Spektakel mit Witold« – d. h. die polemische Korrespondenz im »Studio« Nr. 7. Als Antwort darauf war eine Reihe von Artikeln erschienen, u. a. von J. E. Skiwski (»Die Kette des Glücks«), der Gombrowicz dazu bewog, darauf mit Feuilleton »Eine Kette von Mißverständnissen« zu antworten (»Studio« 1936, Nr. 8).

6 »Das Sanatorium zur Todesanzeige«.

7 Witold Gombrowicz.

8 Das Kuratorium des Schulsprengels.

9 Das debütantische Buch von Kazimierz Truchanowski mit dem Titel »Die Straße Aller Heiligen«, 1936 (siehe Einführung in die Briefe an K. Truchanowski).

10 Alfred Łaszowski, Literaturkritiker, in jener Zeit eng mit extremnationalistischen Kreisen verbunden (er war es, der mit Nachdruck auf Truchanowski als Nachahmer der Prosa von Schulz verwies).

11 Stefan Napierski, eigtl. Name Marek Eiger (1899-1940) – Dichter, Übersetzer, Kritiker. In späteren kritischen Veröffentlichungen (z. B. im »Ateneum«, 1939, Nr. 1) sprach er dem Werk von Schulz jeden künstlerischen Wert ab.

An Mendel Neugröschl

1 Debora Vogel (1902-1942) – Doktor der Philosophie, Absolventin der Universität Lemberg, Autorin von zwei Gedichtbänden in jiddisch »Figuren des Tages« (1930) und »Die Mannequins« sowie eines Prosabandes »Akazien blühen« (1935), den sie in jenem Jahr in eigener Übersetzung auf polnisch herausgab. Sie war mit Bruno Schulz eng befreundet, aus den Briefen an sie entstanden die »Zimtläden«. Im August 1942 wurde sie zusammen mit ihrem Mann und ihrem kleinen Sohn auf dem Gelände des Lagers Janów in der Nähe von Lemberg während einer »Liquidationsaktion« gegen Lemberger Juden von Deutschen erschossen. Alle Briefe von Schulz, samt den Vorbildern der »Zimtläden«, gingen verloren.

An Mieczysław Grydzewski

1 Emil Breiter (1886-1943) – Jurist, Publizist, Literaturkritiker, ständiger Mitarbeiter der »Wiadomości Literackie«. Wurde von der Gestapo in der Nähe von Warschau, wo er sich versteckt hielt, verhaftet und 1943 ermordet.

An Georges Rosenberg

1 Georges Rosenberg lernte Schulz während seines vierwöchigen Aufenthaltes 1938 in Frankreich kennen. 1965 erinnerte er daran in einem Brief an Jerzy Ficowski: »Schulz' Aufenthalt in Paris war kurz, ich sah ihn nicht oft, da ich stets unterwegs war. Doch nach jedem Mal war unser Kontakt näher, und Schulz blieb mir im Gedächtnis als ein ungewöhnlich reicher Intellekt und Magier des Wortes, der mich in unbekannte Höhen der menschlichen Psyche und Motivation – gleichzeitig aber auch in die dunklen Kellergeschosse unseres Gefühlslebens führte. Er war schüchtern, wirkte manchmal auch wie verscheucht (. . .), voller Empfindsamkeit für das weibliche Wesen und überhaupt sehr feinfühlig. Wir verbrachten gemeinsam einen Abend in dem sehr vornehmen und bekannten Kabarett »Casanova« auf dem Montmartre, unweit . . . von dem Friedhof, wo Heinrich Heine beigesetzt ist. Schulz war sehr ergriffen von der Schönheit, der Eleganz und von den Gewändern der Frauen mit »schwindelerregenden« Décolletés und war sich nicht immer über das »kommerzielle« Gebaren mancher Frauen im klaren. So zum Beispiel erkundigte er sich bei mir schüchtern, ob er die Schulter unserer

Tischnachbarin streicheln dürfe, die offensichtlich nichts dagegen einzuwenden hatte. Er war ergriffen allein von der Berührung. Ich begriff, daß er ein Sklave seiner Phantasie und daß er kein glücklicher Mensch war. Dabei stand er mit all dem Reichtum seines Geistes, seiner Gedanken und seiner Poesie so hoch über uns.«

2 Maria Chazen (Rey-Chasin) – prominente Pianistin, Freundin von Schulz, in Lódz ansässig. Zu Beginn der deutschen Besatzung floh sie, nachdem sie die Briefe von Schulz vergraben hatte, in den Westen. Nach dem Krieg lebte sie in New York. Sie starb dort in den siebziger Jahren (siehe Nachwort).

An Ludwik Lille

1 Schulz verließ Frankreich am 26. August 1938.

2 Konrad Winkler (1882-1962) – Maler, Kunsttheoretiker und -kritiker, Mitbegründer einer Künstlergruppe der Maler mit dem Namen »Polnische Formisten«.

3 »Pion« (= das Lot) – Wochenzeitschrift für Fragen der Literatur und Gesellschaft, herausgegeben in Warschau in den Jahren 1933-39.

4 Adolf Basler – in Paris ansässiger Kritiker und Kunsthistoriker; veröffentlichte in der französischen Presse Aufsätze und Rezensionen und speiste auch die polnische Presse mit seinen Korrespondenzen aus Paris.

5 Um ausländische Verleger auf sein literarisches Schaffen aufmerksam zu machen, beabsichtigte Schulz gewisse Fragmente seiner Prosa selbst ins Deutsche zu übersetzen (– die einzige Sprache, die er, außer dem Polnischen, fließend beherrschte); soweit bekannt, hat er diese Absichten nie verwirklicht. Er verfaßte nur eine große (verschollene) Erzählung mit dem Titel »Die Heimkehr« in deutscher Sprache – sowie das »Exposé über die ›Zimtläden‹«, ein kleinformatiger Essay, der im Kapitel der Aufsätze in der vorliegenden Ausgabe enthalten ist.

An Romana Halpern

1 Tadeusz Szturm de Sztrem (1892-1968) – sozial engagierter Publizist, seit 1912 Mitglied der Polnischen Sozialistischen Partei (PPS). War während des II. Weltkrieges als Vertreter der konspirativ wirkenden Organisation *PPS-WRN* (*WRN* = *W*olność, *R*ówność, *N*iepodległość, dt.: Freiheit, Gleichheit, Unabhängigkeit). Nach dem Krieg, in den Jahren des Stalinismus blieb er mehrere Jahre in Haft; nach seiner Ent-

lassung arbeitete er an der Geschichte der PPS und war mit der Edition der Werke ihrer Repräsentanten befaßt. T. Szturm de Sztrem gilt als ein großer, uneigennütziger sozialer Fürsorger, sein Leben lang eilte er Bedürftigen und Gefährdeten zu Hilfe, während er selbst beinah wie ein Asket lebte. Er war ein Freund von Witkiewicz.

2 »Der Pensionist« – Erzählung aus dem Band »Das Sanatorium zur Todesanzeige«. Erstdruck (mit 6 Illustrationen von Schulz) in »Wiadomości Literackie« 1935, Nr. 51-52, sh. Band 1.

3 »Die Verliese des Vatikans« von André Gide erschienen in der polnischen Übersetzung von Tadeusz Boy-Żeleński im Jahre 1936 (in einer um ein Jahr vordatierten Ausgabe).

4 Schulz' Briefe an Debora Vogel, und darunter all jene, aus denen die »Zimtläden« entstanden, wurden, nachdem sie längere Zeit als verschollen galten, 1938 unter den Papieren der Adressatin in deren Lemberger Wohnung gefunden und fielen später, samt Debora Vogel und ihrer Familie, der Vernichtung anheim (siehe Anmerkung 1 zum Brief an Mendel Neugröschl).

5 »Wiadomości Literackie«.

6 Witold Gombrowicz.

7 Emil Zegadłowicz (1888-1941) – Dichter, Romancier, Dramaturg. Autor des Romans »Zmory« (= Alpträume) u. a.

8 Hauptamt für Statistik.

9 Stanisław Ignacy Witkiewicz.

10 Samuel Lieberwerth (um 1915-1942) – junger Maler, ehemaliger Schüler von Schulz aus dem Gymnasium in Drohobycz; studierte an der Warschauer Akademie der Schönen Künste, die er 1938 beendete, wonach er als Stipendiat nach Frankreich ging. Nach der Aggression Deutschlands gegen Frankreich nahm er als Soldat der Polnischen Armee am französischen Feldzug teil. Er wurde im August 1942 deportiert und getötet.

11 Es folgte der endgültige Bruch zwischen Schulz und seiner Braut.

12 Das »Sanatorium zur Todesanzeige« erschien als Buchausgabe erst im November 1937.

13 Karin Michaëlis (1872-1950), dänische Romanschriftstellerin. Die »Wiadomości Literackie« veröffentlichten keine Rezension von Schulz über sie. Schulz' Essay über das Werk von K. Michaëlis und M. Kuncewiczowa mit dem Titel »Am gemeinsamen Ziel« erschien vielmehr im »Pion« 1937, Nr. 35. Der Aufsatz ist in der vorliegenden Ausgabe enthalten.

14 Mitinhaber des Verlages »Rój« war Marian Kister, dessen Frau die Verlagsgeschäfte führte.

15 Die »traurigen Erinnerungen« beziehen sich auf Józefina Szelińska, Schulz' frühere Verlobte, die T. Szturm de Sztrem im Hauptamt für Statistik (GUS) beschäftigte.

16 Isaak Feuerberg (1911-1970), für den Schulz sich einsetzte, darum bat, ihm zu helfen, hat den Krieg überlebt. Er arbeitete dann unter dem geänderten Namen Ignacy Krzemień im polnischen diplomatischen Dienst und starb in Warschau.

17 Wilhelm Schulz (1910-1944), einer der beiden Neffen des Schriftstellers, der ältere Sohn von Izydor Schulz, wurde zusammen mit seiner Frau (die keine Jüdin war) in der Gaskammer in Auschwitz umgebracht.

18 Izaak Feuerberg (siehe Anm. 16).

19 Julian Ramberg – Slawist, Pädagoge, Direktor der Warschauer Schule an der Leszno-Straße, wurde im Juli 1941 in Lemberg von Deutschen ermordet.

20 Wacław Berent (1873-1940) – Romancier und Übersetzer.

21 Edmund Husserl (1859-1938) – deutscher Philosoph, Begründer der modernen Phänomenologie. Der von ihm vertretene transzendente Idealismus war Gegenstand von Schulz' Interesse, schien seinen eigenen Ansichten nahe. Die Beachtung, die der Schriftsteller den Problemen der Phänomenologie beimaß, führte ihn zu der von ihm ersehnten Begegnung mit Husserls Schule, dem Philosophen Roman Ingarden (1893-1970), einem Vertreter der phänomenologischen Richtung in der polnischen Philosophie.

22 Die Novelle »Die Heimkehr« ist verschollen. (Siehe Anm. 39 an Zenon Waśniewski.)

23 Skizze mit einer kurzen Information und lapidaren Analyse der »Zimtläden«, die Schulz in deutsch schrieb (»Exposé über das Buch ›Die Zimtläden‹ von Bruno Schulz«). Die Skizze ist im Kapitel Aufsätze der vorliegenden Ausgabe enthalten.

24 Maria Kasprowiczowa (1892-1986), von ihr Nahestehenden Marusia genannt, die Ehefrau des polnischen Dichters Jan Kasprowicz (1860-1926)

25 »Ferdydurke« von W. Gombrowicz.

26 Izydor Berman (Pseud.: Iber) – Übersetzer, Journalist und Publizist aus Lemberg, Redakteur einer satirischen Zeitschrift. Von deutschen Nationalsozialisten ermordet.

27 Vortrag von Schulz über Witold Gombrowicz in den Warschauer Räumen des Literaten-Verbandes. Der Text des Vortrags diente ihm als Vorlage zur Studie mit dem Titel »Ferdydurke«, später in der Monatszeitschrift »Skamander« (Juli-August 1938) veröffentlicht. Die Studie ist im Kapitel »Aufsätze« der vorliegenden Ausgabe enthalten.

28 Stanisław Brochwicz (Kozłowski) – Autor von Trivialromanen, Agent der Abwehr und der Gestapo. Er wurde während der deutschen Okkupation aufgrund des Urteils eines im Untergrund wirkenden polnischen Gerichts in Warschau erstochen.

29 Wanda Kragen (geb. 1893) – Übersetzerin. Debütierte 1931 mit dem Gedichtband »Außerhalb der Wirklichkeit« (poln. Poza rzeczywi-

stością); veröffentlichte zahlreiche Übersetzungen, vorwiegend aus der deutschen und englischen Literatur.

30 Grydz – populärer Spitzname des Chefredakteurs der »Wiadomości Literackie«, Mieczysław Grydzweski (siehe Einführung in den Brief an M. Grydzewski). Die Erzählung »Der Komet« wurde in den »Wiadomości Literackie« 1938, Nr. 35 vorabgedruckt.

31 Leon Chwistek (1884-1944) – Logiker, Mathematiker, Philosoph, Maler, Kunsttheoretiker.

32 Wanda Melcer (1896-1972) – Literatin, Reporterin.

33 Artur Sandauer (1913-1989) – Literaturkritiker, Prosaiker, Übersetzer, Publizist.

34 Die Familie von Leon Chwistek.

35 »Chochół« (= u. a. Dachspitze, Haarbüschel) – Lemberger satirisches Wochenblatt, hrsg. von Izydor Berman in Lemberg 1938 (siehe Anm. 26). In Nummer 1 erschien eine Parodie aus der Feder von W. Korabiowski (siehe Anm. 2 zu den Briefen an die »Sygnały«) mit dem Titel »A la manière de . . . Bruno Schulz.«

36 In »Pion« 1938, Nr. 5.

37 Jan Emil Skiwski (siehe Anm. 2 zu dem Brief an den »Tygodnik Ilustrowany«); Stanisław Piasecki (1900-1941) – Kulturschaffender der extremen Rechten, Publizist, Chefredakteur der Wochenzeitschrift »Prosto z Mostu« (= Frei Heraus, Ohne Umschweife, Direkt); wurde von deutschen Nationalsozialisten während einer Massenhinrichtung von polnischen Intellektuellen, Funktionären und Politikern in Palmiry bei Warschau erschossen.

38 Egga van Haardt (siehe Anm. 39 an Zenon Waśniewski).

39 Die Korrespondenz zwischen Schulz und Thomas Mann (sie umfaßte den Austausch einiger Briefe) begann wahrscheinlich noch im Jahr 1938, sie wurde durch den Kriegsausbruch 1939 abgebrochen.

40 Den jährlich verliehenen Preis der »Wiadomości Literackie« für 1938 erhielt Jeremi Wasiutyńaski für den Roman »Kopernik«, 1937.

41 Schulz schrieb Rezensionen über ausländische schöngeistige Literatur für die »Wiadomości Literackie« in der Zeit zwischen April 1936 und September 1937. Er wählte die Titel lediglich aus den wenigen Verlagserscheinungen aus, die ihm die Redaktion anbot, was bedeutet, daß die von ihm getroffene Auswahl von Werken nicht als repräsentativ für seine literarischen Neigungen betrachtet werden darf. Abgesehen von einer der drei Besprechungen des Romans »Die Fremde« von M. Kuncewiczowa, sind alle Rezensionen von Schulz in der vorliegenden Ausgabe enthalten.

42 Der Romanzyklus »Die Mädchen« von Henry de Montherlant erschien 1937 in polnischer Übersetzung und bestand aus drei Bänden (Band IV erschien im Original erst 1939).

43 Es handelt sich um den Preis der »Wiadomości Literackie«.

44 Leon Pomirowski (1891-1943) – Literaturkritiker und -theoretiker. Ermordet von deutschen Nationalsozialisten.

45 Ein solcher Artikel ist im »Skamander« nie erschienen.

46 Die deutsche Novelle »Die Heimkehr« sollte die Mutter von Jerzy Brodnicki, eines Freundes von Egga van Haardt, nach Zürich mitnehmen.

47 Die Rezension von I. Berman über das »Sanatorium zur Todesanzeige« erschien in »Nasza Opinia« (= Unsere Meinung), einer jüdischen Wochenzeitschrift für Fragen der Gesellschaft und Literatur, die in den Jahren 1931-1939 in polnischer Sprache in Lemberg herausgegeben wurde.

48 Marian Promiński (1908-1971) – Prosaiker, Dramaturg, Kritiker. Mitarbeiter der »Sygnały«. Seine Rezension über Schulz erschien in »Sygnały« 1938, Nr. 40.

49 Natan Spiegel (1902-1943?) – Maler, malte vorwiegend Landschaften, Mitglied der Lódzer Künstlergruppe »Start«. Kam im Ghetto von Lódz ums Leben.

50 Jerzy Reitman – Ingenieur, Inhaber des Sanatoriums in Korostow.

51 Maria Dąbrowska (1889-1965) – Romanschriftstellerin, Verfasserin von Essays, die bedeutendste Vertreterin großer Romanepik in der polnischen Literatur des XX. Jahrhunderts.

52 »Bedrückende historische Ereignisse« – der sogenannte Anschluß, der Einmarsch der Deutschen Wehrmacht in Österreich und die Besetzung dieses Landes. Dies geschah am 15. III. 1938, kaum fünf Tage vor dem Datum von Schulz' Brief.

53 Śródborów – Kurort bei Otwock in der Umgebung von Warschau.

54 Die polnische Ausgabe des Buches »Geblendet in Gaza« von Aldous Huxley erschien 1938. Schulz ist Autor einer Rezension mit dem Titel »Wanderungen eines Skeptikers« (in »Tygodnik Ilustrowany« 1936, Nr. 6) über den 1936 in Polen erschienenen Essayband »Music at Night« von Huxley (in dieser Ausgabe enthalten).

55 Schulz gibt in einer Anspielung seiner Unruhe Ausdruck vor dem Hintergrund der damals von der politischen Rechten und von extrem nationalistischen Kreisen forcierten antisemitischen und rassistischen Tendenzen, unter der Parole *numerus clausus, numerus nullu*) Staatsbürger jüdischer Nationalität und jüdischer Abstammung aus dem öffentlichen Leben Polens zu entfernen.

56 Witold Gombrowicz »Das Werk von Bruno Schulz«, (in »Kurier Poranny« 1938, Nr. 112).

57 Stefan Otwinowski (1910-1976) – Prosaiker, Dramaturg, Publi-

zist. Hat in der Zeitschrift »Czas« (Die Zeit) nichts über Schulz veröffentlicht.

58 Falsche Nachricht. In der rechts-nationalistischen Zeitschrift »Prosto z Mostu« (Wochenzeitung für Literatur, erschienen in Warschau 1933-1939) ist niemals eine für Schulz günstige Rezension weder aus der Feder Łaszowskis noch eines anderen veröffentlicht worden, der sein Schaffen positiv beurteilt hätte.

59 Hermanowa – Izabella (Ziuna) Hermanowa. Unterhielt in ihrem Haus in Lemberg einen Künstlersalon und übernahm die Schirmherrschaft über Begegnungen von bildenden Künstlern, Schrifstellern und Schauspielern. Nach Ausbruch des deutsch-sowjetischen Krieges 1941 geriet sie ins Lemberger Ghetto. Ihren Freunden gelang es, sie von dort herauszuholen und nach Warschau zu bringen. Nach dem Krieg befaßte sie sich unter dem Namen Czermakowa und dem Pseudonym Felicja mit kultureller Publizistik und literarischen Übersetzungen. Sie schrieb u. a. auch Erinnerungen an Bruno Schulz. Sie starb 1964.

60 Zu einer Begegnung mit Jules Romains kam es in Paris nicht.

61 Marian Eile (1910-1984) – Grafiker, Publizist, Mitarbeiter der »Wiadomości Literackie«. Die Vitrine der »Wiadomości« warb für die laufende Nummer der Wochenzeitung.

62 St. I. Witkiewicz.

63 Die Rezension von E. Breiter erschien in den »Wiadomości Literackie« 1938, Nr. 23.

64 Schulz' Brief an die »Wiadomości Literackie« wurde in der Nr. 26 vom 16. VI. 1938 abgedruckt (siehe Brief an Mieczysław Grydzewski).

65 »Pan Gryps« – Held des humoristisch-satirischen Zyklus von Zeichnungen Marian Eiles der in den »Wiadomości Literackie« erschien.

66 Wojciech Natanson (geb. 1904) – Theaterwissenschaftler, Literaturkritiker.

67 Jan Lechoń, eigentlich: Leszek Serafinowicz (1899-1956), bedeutender polnischer Dichter; damals Kulturattaché der polnischen Botschaft in Paris.

67a »Zodiak«, Warschauer Kaffeehaus, in dem sich vor dem II. Weltkrieg Künstler trafen und Ausstellungen der Malerei stattfanden.

68 Kazimiera Rychterówna (1899-1963) – Schauspielerin bevorzugte als Rezitatorin Dichterlesungen.

69 Menasze und Efraim Seidenbeutel (1903-1945) – Zwillingsbrüder, Maler. Ihre Bilder, die sie stets beide gemeinsam schufen, signierten sie nur mit dem Nachnamen. Während der deutschen Besatzung gerieten sie ins Ghetto in Białystok, in dem sich 60000 Menschen befanden. Nach der Liquidierung des Ghettos durch den deutschen Okkupanten im Jahre 1943, gehörten sie samt einer Restgruppe von 300 Juden zu den wenigen Überlebenden. Danach wurden sie von Białystok aus nachein-

ander in mehrere Lager verfrachtet und kamen schließlich nach Flossenbürg. Dort wurden die Brüder Seidenbeutel, im April 1945, kurz vor dem Einmarsch der alliierten Streitkräfte, zusammen mit anderen Häftlingen vom deutschen Lagerpersonal erschossen.

70 Die Rezension von Włodzimierz Piętrzak »Efeu auf Ruinen«, in »Prosto z Mostu« 1938, Nr. 27. Die Bezeichnung: »nicht allzu günstig« ist zumindest abgeschwächt. Hier ein paar Zitate aus dem Verriß: »es steckt etwas Kindisches in diesem greisen Blick, das ruiniert«, »Schulz – eben er – macht die Welt ärmer (. . .). Wie arm ist doch dieser Nabob!«, »die kranke Einsamkeit ist nicht gerechtfertigt, sie ließe sich eher durch eine Diagnose, eine Beurteilung der Bedingungen als der Notwendigkeit erklären.«

71 Bolesław Leśmian (1878-1937) – Einer der größten polnischen Dichter des XX. Jahrhunderts. Die kreative Phantastik, die Rolle des Mythos, die Mythisierung der Welt in Leśmians Dichtung – läßt ihn in gleicher Weise zu einer schöpferischen wie autonomen als auch demiurgischen Persönlichkeit werden wie Schulz, bei aller Unvergleichbarkeit der beiden Künstler. Die Gedichtsammlungen von Leśmian – »Łąka« (Die Wiese), 1920, und »Napój cienisty« (Schattengetränk), 1936, fanden sich unter Schulz' Büchern. Jedoch ein Exemplar davon, das er seiner Verlobten geliehen hatte, war bei ihr verblieben, und nun bestellte sich Schulz ein neues, da er seit Jahren von Leśmians Schaffen entzückt war.

72 »Stroń« – Wilhelm Korabiowski (siehe Anm. 2 an die Redaktion der »Sygnały«).

73 Die Unterbrechung der Korrespondenz umfaßt die Zeit von Schulz' Aufenthalt in Paris.

74 Siehe Brief an Georges Rosenberg und dazu die entsprechende Anm. 3.

75 Es sollte gewissermaßen eine Reportage mit Impressionen über Warschauer Archive sein, zu deren Abfassung es aber dann nicht kam.

76 Die Affäre mit der Fälschung durch Egga van Haardt wurde nicht geklärt und auch nicht berichtigt. Die Beziehungen zwischen ihr und Schulz wurden eingestellt.

77 Zygfryd Bienstock – junger Musiker, Preisträger im Jazz-Wettbewerb in Krynica 1938. Während des Krieges befand er sich in der UdSSR, wurde zur Roten Armee eingezogen und geriet dann mit der Front nach Drohobycz, wo er seine gesamte Familie vom Okkupanten ermordet vorfand. Bald danach ging er in den Westen, hielt sich in Italien, in Israel und in den USA auf, wo er weiterhin seine Musik und vokalen Bühenauftritte betrieb.

78 Der Verlag Jakub Mortkowicz – ein verdientes Warschauer Verlagshaus, gegründet 1912.

79 Karl Hofer (1878-1955) – deutscher Maler und Grafiker. Seine Werke zeichnen sich durch Symbolismus und expressive Visionen aus.

80 Die Monatszeitschrift »Pióro« (Die Feder) 1939, Nr. 1 enthält einen Artikel von Ludwik Fryde mit dem Titel »Über *Ferdydurke* von Gombrowicz«; darin befinden sich drei Sätze, die Schulz' Werk nicht wohlgesonnen sind. Ludwik Fryde (1912-1942) war Literaturkritiker, Essayist, wurde in Nowogródek von deutschen Nationalsozialisten ermordet.

An Marian Jachimowicz

1 Laura – Laura Würzberg (1913-1942?), war in Drohobycz in der Bibliothek »Alfa« beschäftigt, versuchte, ihre Kräfte in der Literatur zu messen; Schulz hielt als Schriftsteller seine schützende Hand über sie. Laura wurde von deutschen Nationalsozialisten ermordet.

2 Marian Jachimowicz – Dichter, Maler, Übersetzer, war auch Präparator zoologischer Exemplare, damit hatte er sich während seines sechsjährigen Aufenthaltes in Ungarn befaßt.

3 »Polmin« – Staatliche Fabrik für Mineralöle, Ölraffinerien bei Drohobycz.

4 Es war ein in Drohobycz organisiertes Autorentreffen mit Emil Zegadłowicz (siehe Anm. 7 an Romana Halpern).

5 Juliusz Wit (eigentl. Witkower), 1902-1942; mit der Krakauer Avantgarde verbundener Dichter. Von Deutschen in Lemberg ermordet. Schulz ist Autor einer Rezension mit dem Titel »Ein neuer Dichter« über Wits Gedichtsammlung »Lampen«, die in der vorliegenden Ausgabe enthalten ist.

6 Marek Holzman (1919-1982), hieß damals auch (nach der Mutter) Singer; nach dem Krieg ein bekannter und hervorragender Foto-Grafiker. Vor dem Ausbruch des deutsch-sowjetischen Krieges 1941 war er Bibliotheksleiter in Borysław.

7 Frau Ania – Anna Płockier (siehe Einführung in die Briefe an Anna Płockier).

An Tadeusz Wojciechowski

1 Jakub Weissman, wurde von Freunden auch Kuba oder Marek genannt, ein Pianist in den zwanziger Jahren, Absolvent der Musikhochschule, galt damals als eine der bedeutendsten Künstlerpersönlichkeiten auf dem Gebiet des Klavierspiels seiner Generation. 1942 wurde

er, unter dem Vorwand, Juden für Zwangsarbeiten zu rekrutieren, von Deutschen festgenommen und getötet. Die Hinweise auf Marek im zweiten Brief von Schulz beziehen sich auf seine Person.

2 Jerzy Janisch (siehe Anm. 22 an Zenon Waśniewski).

3 T. Wojciechowski reiste vor dem Krieg zweimal nach Frankreich (nach Paris): 1936 als Stipendiat der Stiftung Nationale Kultur und 1937 als Ingenieur und Architekt mit einer Gruppe von Studenten der Architektur.

4 Nach der Proklamation der Sowjetmacht in Lemberg wurde die frühere Schule für Kunsthandwerk in ein Institut der Schönen Künste umfunktioniert. Wojciechowski erhielt dort Arbeit als Lehrkraft und Vortragender – dank seiner Freunde, die sich für ihn einsetzten.

5 Marek – Jakub Weissman.

6 Zu Wojciechowskis Reise nach Moskau ist es nie gekommen.

7 Gemeinsam mit Karol Kocimski, einem Architekten, nahm Tadeusz Wojciechowski teil an einem Wettbewerb zur Modernisierung des altertümlichen Skarbkowski-Theaters und erhielt dabei den höchsten der aus diesem Anlaß verliehenen Preise.

8 Im Rahmen der Tätigkeit der Gruppe bildender Künstler »Artes« stellte Wojciechowski in den dreißiger Jahren in Lemberg den Entwurf einer Basilika, von Kirchenmöbeln und der Polychromie von Innenausstattungen aus – die unter dem Einfluß einer Italienreise und der Besichtigung von Kunstdenkmälern entstanden waren.

9 Die Bemühungen, welche Schulz hinsichtlich der Veröffentlichung seiner literarischen Werke unternahm, erwiesen sich als völlig erfolglos – so daß er vom Ausbruch des Krieges an bis zu seinem Tode kein Wort mehr veröffentlichte.

10 Ziuna H. – Izabella Hermanowa (siehe Anm. 59 zu den Briefen an Romana Halpern).

An Anna Płockier

1 Marian Jachimowicz (siehe Einführung in die Briefe an Marian Jachimowicz).

2 Seweryn Gottlieb – Jurist, Kunstmäzen, Autor von Abhandlungen über Malerei und Rezensionen über Ausstellungen. 1941 von deutschen Nationalsozialisten in Lemberg ermordet.

3 »Malte« – »Die Aufzeichnungen des Malte Laurids Brigge« (1910) – der teilweise autobiographische Roman von Rainer Maria Rilke.

4 Hersz (Henryk) Weber (1904-1942) – Maler und Neuerer, Kunsttheoretiker, Dichter. In den ersten Jahren der Sowjetmacht in Lemberg

(1939-1941) – nahm er aktiv an den Arbeiten des dortigen Verbandes der Schriftsteller und Verbandes der Bildenden Künstler teil. Nach dem Einmarsch der Deutschen in Lemberg floh er nach Rzeszów, wo er zusammen mit allen Juden dieser Stadt ermordet wurde.

5 Schulz ließ sich 1940 zweimal Nierensteine entfernen.

6 Es war der erste Jahrestag des 17. September 1939, der Tag, als die Westukraine der UdSSR einverleibt wurde (oder anders – als sowjetisches Militär aufgrund des Vertrags zwischen Hitler und Stalin, des sogenannten »Ribbentrop-Molotow-Pakts« in Polen einmarschierte). Dieser Tag wurde von den Machthabern als Feiertag proklamiert. Aus diesem Anlaß erhielt Schulz von der örtlichen Verwaltungsbehörde Aufträge bildnerischer Gelgenheitsarbeiten.

7 Marek Zwillich (1912-1941), trug (nach dem Vater) auch den Namen Fleischer – Maler (»Unist«), wurde von den mit Hitlerdeutschland kollaborierenden Formationen faschistischer ukrainischer Polizei ermordet.

8 Artur Rzeczyca (eigentlich: Buchsbaum), 1910-1942; Dichter. Von deutschen Nationalsozialisten in Drohobycz ermordet, nachdem er während eines Versuchs, über die ungarische Grenze zu fliehen, gefaßt worden war.

9 Die letzten Worte des Briefes einschließlich der Unterschrift sind eigenhändige Zusätze von Artur Rzeczyca.

10 »Handwerkliches Malen« nennt Schulz Arbeiten an Gemälden, die ihm von den örtlichen Behörden amtlich in Auftrag gegeben wurden – meist aus Anlaß von Festlichkeiten zu Staatsfeiertagen; darunter befanden sich u. a. Stalin-Porträts sowie Gemälde, die den »historischen Tag« des 17. IX. 1939 darstellten – alles gemalt nach den geltenden Normen des sozialistischen Realismus.

11 »Neue Horizonte« (= Nowe Widnokręgi) – Zeitschrift in polnischer Sprache, herausgegeben in der UdSSR von 1941 bis 1946. Im ersten Jahr ihrer Gründung befand sich die Redaktion in Lemberg; die »Neuen Horizonte« waren damals eine literarisch-soziale Monatszeitschrift, ein Organ des Verbandes Sowjetischer Schriftsteller.

12 Wanda Wasilewska (1905-1964) – Pädagogin, Redakteurin, politische Funktionärin, Schriftstellerin. Nahm die Staatsbürgerschaft der UdSSR an.

13 Adam Ważyk (siehe Anm. 10 zu den Briefen an Zenon Waśniewski).

14 Ber Horowitz (1895-1941) – jüdischer Dichter, Grafiker, Maler, Übersetzer polnischer Dichtung ins Jiddische. Kam in Stanisławów bei Lemberg ums Leben; wurde von deutschen Nationalsozialisten in den ersten Tagen nach dem Einmarsch in diese Stadt ermordet.

15 Das Manuskript der nicht gedruckten (verschollenen) Novelle, die er in deutsch schrieb, gab Schulz Anna Płockier zu lesen.

16 Hilda Berger – Mädchen in den zwanziger Jahren, war vor der Verfolgung durch deutsche Nationalsozialisten nach Polen geflohen. Sie arbeitete eine Zeitlang als qualifizierte Bürokraft in einem deutschen Unternehmen in Borysław. Vor der Vernichtung gerettet, überlebte sie den Krieg, wanderte nach Schweden und später in die USA aus; in den sechziger Jahren hieß sie Ohlsen.

17 Der von Schulz für das Treffen mit Anna vorgeschlagene allernächste Sonntag war der Tag des Ausbruchs des deutsch-sowjetischen Krieges – der 22. Juni 1941.

18 Der erste der bewahrten Briefe von Schulz schon aus der Zeit der deutschen Okkupation.

19 »Der Doppelgänger« (1846) und »Die Brüder Karamasow« (1879-1880) – Romane von Fedor Dostojewski.

20 Hilda Berger (siehe Anm. 16).

21 »Von dort« – das ist von Warschau, wohin Anna mit ihrem Verlobten sofort fliehen wollte. Die Erfüllung dieses Plans wurde durch den tragischen Tod der beiden durchkreuzt, der am 27. November 1941 eintrat, wenige Tage nach Eingang des letzten Briefes von Schulz.

22 Mazepa-Straße 30 (früher Szczorsa 30, und noch etwas früher – Mościcki-Straße 30) war die Borysławer Adresse von Anna und Marek. Die Umschläge, in denen Schulz seine Briefe an Anna sandte, waren von ihm eigenhändig aus braunem Packpapier angefertigt.

Essays, Rezensionen, Skizzen

Legenden entstehen

Die Legende ist ein Fassungsorgan der Größe, ist eine Reaktion des menschlichen Geistes auf Größe.

Wenn es um Menschen von üblichem Durchschnitt und gewöhnlicher Geschichte geht, genügen die Psychologie, der Pragmatismus und die realistischen Methoden der Geschichte. Mit diesem Schlüssel öffnen wir den Alltag, und viele glauben, daß er alles öffnet. Das ist der Glaube kleiner Epochen. Der Positivismus ist die Religion der Zeiten, denen keine Größe widerfuhr. Denn Größe ist so dünn gesät im Plan der Welt wie Geäder edlen Metalls in Meilen tauben Gesteins. Der Unglaube an die Größe ist dem menschlichen Geist angeboren. Es wohnt uns ein Geist der Kleinheit inne, der zerstückelt, wühlt, gräbt und werkt, bis er den Felsen der Größe zerkleinert, unterspült und abgetragen hat. Das ist die ständige, fanatische, unterirdische Arbeit der Kleinheit. Um zu verstehen, muß der Mensch verkleinern. Die Leidenschaft des Begreifens und der Assimilation ist eine elementare Kraft und eine automatische Funktion der Menschheit. So frißt sie sich durch die Größe und vernichtet sie dabei. Die Geschichte ist voller Ameisenhaufen und Trümmer – erstarrter Hügel der Größe.

Die Psychologie ist Durchschnitt, Glaube an Uniformismus und das graue Gesetz der Ameise. Als das neunzehnte Jahrhundert den letzten großen Menschen verdaut hatte, entstand die Epoche der Psychologie – wie ein sonniger und langweiliger Tag ohne Ende. Die Menschheit atmete erleichtert auf. Sie schwor sich, nie mehr große Menschen hervorzubringen. Sie verleugnete deren Existenz. Es entstand die Restauration der Kleinheit. Erleichtert wurde wieder der Durchschnitt hergestellt, der Grundsatz der Verständlichkeit und des Rationalismus zurückgeholt. Der ganze Bereich des Lebens wurde geteilt, zerstückelt und der Konntrolle unterworfen. Man proklamierte die Unmöglichkeit der Größe, verkündete ihre Überflüssigkeit. Stellte den unpersönlichen Geschichtsprozeß, Ziffern und die Statistik in den Vordergrund. Suchte darin den Schlüssel zum Verständnis der Geschichte.

Als die schweigende Größe daher langsam, unbemerkt in unserer Mitte emporwuchs und über sie die ersten Nachrichten wie lautloses Wetterleuchten sich verbreiteten, war die erste Reaktion der Massen, sie zu verleugnen, sich vor ihr zu verschließen und ihr den Kredit zu nehmen.

Die Masse widersetzt sich denen, die sie zur Größe führen. Besonders dann, wenn diese Größe die Demagogie verachtet, nicht schmeichelt, nicht buhlt, nicht verspricht. Um sie zu ertragen, muß man sie lieben. Und wer kann sich schon zu einer opfervollen, unerwiderten, flammenden und pathetischen Liebe entschließen? Wer vermag ihre für immer niederdrückende Last auf sich zu nehmen?

Mit dem Einmarsch der Größe in die Schranken der Geschichte sind alle Gesetze gewöhnlicher Ereignisse suspendiert. Psychologie und Rationalismus, die Werkzeuge der Verkleinerung und Verständlichmachung, stehen wie zugenagelte Kanonen da, nutzlos und zerrissen. Der Intellekt zieht sich zurück und kapituliert.

Die Gesetze der Größe sind den Methoden des alltäglichen Denkens nicht angemessen. Der Geist, der sie verstehen will, muß in tiefere Bereiche hinabgreifen – und seine vorläufige Konstruktion, längst vertraute Ausflucht, ist die Legende. Sie ist die Überschrift, der erste provisorische Titel einer Romanze, mit der die Menschheit schwanger geht. Man steckt die Grenzen des heiligen Bezirkes ab, auf dem Heiligtümer und Andachtsstätten – die Akropolis des Volkes – entstehen, und hißt dort ein Fähnchen mit der Aufschrift: Legende.

Das Wesen der Größe kommt in großen Antinomien zum Ausdruck. Wir stehen vor einer Reihe von Antinomien, Widersprüchen und Unbegreiflichkeiten. Aber wir fühlen auch, daß sie nur seitens des Verstandes mit dem Zeichen der Verneinung versehen sind. Von einer anderen, unbewußten Seite her lösen sich diese

Widersprüche und Gegensätze in höchste Übereinstimmung, Berechtigung und Positivität auf. In unserer menschlichen Sprache müssen wir sie gewagt mit dem Zeichen »nein« versehen und mit lauter Verneinungen stützen. Diese einzigartige Sache, unteilbar wie sonst nichts auf der Welt, müssen wir als ganze in Antithesen aufteilen und versuchen, sie unbeholfen aus diesen Teilen wieder zu einem Ganzen zusammenzufügen.

Wie kann ein Individuum breiter und tiefer als das Volk sein und dieses in sich enthalten? Wie kann ein Sohn des Volkes sein Vater und Schöpfer sein? Wille zur Macht, übermenschlicher Ehrgeiz, Usurpation oder asketische Demut, Resignation, gänzliche Selbstaufopferung? Menschenverachtung und Stolz oder auch empfindsamste Liebe und Bewunderung? Selbstgenügsame Einsamkeit, Stolz auf ihre Größe, oder höchste Solidarität mit der Gemeinschaft? Hemdärmelige Derbheit oder Erhabenheit? Wir fühlen, daß diese Antinomienpaare nach tieferen Gesetzen sich gegenseitig ausschließen, aber dennoch zu einer höchsten Summe zusammenschließen. Es tut sich ein riesiges Pensum auf, eine riesige Aufgabe liegt vor den Politikern, Historikern, Strategen und Moralisten. Die Spezialisten werden dieses Gebiet untereinander aufteilen und analysieren und mit ihren Maßstäben diese übermenschlichen Dimensionen nach Länge und Breite messen.

Napoleon ging ganz in seinen Taten auf, wurde durch sie völlig umgestaltet und verschwand in ihnen. Er war eine Art höchster Fähigkeit, seine ganze Potenz in dingliche Kategorien umzusetzen – und das restlos. Er fügte den wirkenden Energien im gegebenen Moment sich selber bei und erzwang den Lauf der Ereignisse. Er war eine Naturkraft unter anderen Kräften.

Doch dieser Große war größer als seine Taten.

Er war in keiner von ihnen enthalten. Stand riesig und unerforschlich über ihnen. Verbrauchte nicht seine Kräfte bis zum letzten. Als schonte er sich für etwas noch größeres. Seine Kraft, der Kern seines Wesens blieb unbenützt. Er breitete sich mit diesem über Polen aus wie Wolke und Gras.

Seine geschichtliche Rolle beginnt erst.

Napoleon war ganz Gegenwart und Augenblick wie ein prächtiges Feuerwerk, das nur eine Bestimmung hatte: sich restlos zu verausgaben. Für ihn war die Tat nicht das letzte Ding. Mit unwilliger, schwerer und langsamer Hand ließ er, wenn es anders nicht mehr ging, exemplarische Taten unter seinem Mantel hervor. Die moralische Kraft, die hinter der Tat stand, war ihm wichtiger. Er sparte sie im Volk auf. Schuf dadurch ein eisernes Kapital an Macht. Zuerst in sich selber. Deshalb wuchs er in aller Augen und nahm in sich Größe auf. Er hortete sie in seiner Brust als dem sichersten Platz. Errichtete eine Bildsäule. Als er schließlich seine Größe erreicht hatte, trat er eines Tages unmerklich zur Seite, ohne ein Wort, als wäre das nicht wichtig, und hinterließ sie statt seiner: eine Größe, die für immer seine Züge trägt.

Napoleon repräsentierte nur sich selber. Er zog die Geschichte wie einen Königsmantel an und machte aus ihr eine prächtige Schleppe für seine Laufbahn. Einer der Faktoren seiner Kraft war, daß er ohne Tradition und nicht der Vergangenheit verpflichtet war.

Jener dagegen kam aus der Unterwelt der Geschichte, aus Gräbern, aus der Vergangenheit. Er war schwer von den Träumen der Seher, neblig von den Schwärmereien der Dichter, beladen mit den Qualen der Generationen. Er war ganz Fortsetzung. Er schleppte die Vergangenheit nach wie einen riesigen Mantel für das ganze Polen.

Sein Gesicht war zu Lebzeiten wohl das Gesicht eines individuellen Menschen. Sicher kannten die Leute der Suite Sein Lächeln und Seine Schwermut und die Blitze des Augenblicks auf Seinem Gesicht. Uns in der Ferne schwinden die individuellen Züge immer rascher aus dem Gedächtnis, werden neblig und lassen von innenher heitere Züge durchschimmern, die in sich Hunderte vergangener Gesichter bergen.

Sterbend, in die Ewigkeit eingehend, träumt dieses Antlitz Erinnerungen, wandert über Reihen von Gesichtern, immer bleicher, vielseitiger und strahlender, bis es schließlich zur endgültigen Maske Polens erstarrt.

»*Tragische Freiheit*«
(Der historische Mythos in Kazimierz Wierzyńskis Werk)

Schwer zu glauben, daß erst ein Jahr vergangen ist, seitdem ein Mann von uns gegangen, dessen geistige Gestalt sich gleich einem Siegel in der Landschaft der Epoche abdrückte. Von uns gegangen ist auch der Mantel der Zeit, den er abgeworfen und der sozusagen das Format seines Torsos bewahrte. Es scheint, daß selbst die Gesetze der Perspektive einem Wandel unterlegen sind, daß ein mächtiges Pathos der Entfernung die Distanz ins Ungeheure vergrößert, den Radius zurück verlängert, den Spielraum der Zeit entfernt, als wäre die Stunde, ihn in sich pflegend, durch die Last gewachsen, mit der er sie schwängerte. Die Zeit, die durch ihren Einfluß die kleinen Einzelheiten monumentalisiert oder verwischt, war hier überflüssig. Sie flog dem Hinscheidenden nach, hackte nach ihm gleich einem Adler und fiel kraftlos herab, als wäre sie mit der Ewigkeit zusammengestoßen. So ging er gleich aus der Geschichte in die Legende ein – wie von einem Zimmer in das andere.

Was ist die Geschichte? Wer hat das Geheimnis ihrer Gnade, das Rätsel ihrer Gunst erforscht? Wir kennen das Mysterium nicht, das sich unter vier Augen zwischen ihr und dem Helden abspielt, wir kennen die Ränke und Geheimnisse nicht, die sie zusammen haben. Ist es das Geheimnis zwischen der Geliebten und dem Erwählten? Wie viele Überflüssige zählt sie gleichgültig, über wie viele gleitet sie ohne einen Blick hinweg, wie über ungelesene Seiten eines Buches, um bei einem innezuhalten: aufmerksam, plötzlich und voll Inbrunst. Jene verbraucht sie schnell und flüchtig, sie währen solange, als Atem in dem einzigen Wort ist, das sie auf ihre Frage herausschreien konnten. Denn sie waren nur zu einem Wort fähig, ihr ganzes Leben reichte kaum für einen Laut im Versett ihres Rätsels. Die anderen dagegen kommen mit einer fertigen Antwort aus ihrer Tiefe. Sie sind mit ihrem ganzen Leben dieser Frage entgegengewachsen, sind ihr entgegengegangen und vertreten ihr plötzlich den Weg – breit wie eine Wand. Sie sind sogleich erwachsen und volljährig, sind gleichsam älter als die Geschichte selber. Daher kommt auch die Kraft und die Unfehlbarkeit ihrer Taten, daher kommt auch ihre Plenipotenz. Was Wunder, daß die mythischen Bienenstöcke in Aufruhr geraten, entstammen sie doch dem gleichen düsteren Vaterland wie jene.

Es ist ein romantisches Vorurteil, daß alles, was in der Poesie leben soll, im Leben sterben muß. Der Mythos Piłsudskis war schon zu dessen Lebzeiten fertig. Er hing ungeformt in der Luft, wurde mit jedem Atemzug eingesogen und ausgestoßen. Es war ein potentieller Mythos, ein Elementarmythos, die ungeformte Dynamik zu einer großen Legende selbst. Die Blitze aus dieser Wolke fuhren im Zickzack bald dahin, bald dorthin, aber niemand konnte sich erlauben, diese Wolke zu erforschen, ihre namenlose Elektrizität zu verflüssigen, aus ihr das geschichtliche *Verdienst* herauszupressen, in Sinn und Wort abzuleiten, was sie an unartikuliertem, hundertfältigem Rauschen enthielt. Diese Aufgabe harrte ihres Dichters, eines dazu prädestinierten Dichters. Er mußte sich so verwachsen mit dem Mythos fühlen, so in dessen Wurzeln großgezogen sein, um ihm seinen Mund ohne die Furcht leihen zu können, daß sich Falsch und Lüge, daß das eigene kleine Wort sich in dieses begeisterte Zeugnis und Prophetentum hineinstehlen konnte. In jenes wie der ganze Himmel große Antlitz des Mythos zu blicken, von ihm abzulesen und zu weissagen und herauszuphantasieren, was namenlos schwärmt in ihm! Es vorsichtig heraustrennen mitsamt den Wurzeln aus dem Schoß der Wolke, in die Schlingen der Worte einzufangen, was in diesen potentiellen Ladungen, in dieser ungebundenen, irren Elektrizität überströmte, und gleichzeitig die Nabelschnur des Mythos nicht zu zerreißen, ihn nicht vorzeitig in eindeutige und meßbare Gestalt einzusperren! Denn der Boden des Mythos muß mit dem Unverständlichen und Vor-Wörtlichen weiterhin in Verbindung bleiben, wenn er lebendig sein und mit den Wurzeln im dunklen mythischen Vaterland stecken soll. Die Dunkelheit des Mythos und der scharfe Ausdruck der aktuellen Geschichte: zwischen Scylla und Charybdis dieser Riffe mußte der Dichter sein Schiff hindurchsteuern.

Und er tat es, denn der Mythos liegt uns vollendet vor – ein ungewöhnlicher und großer Erfolg: »Die tragische Freiheit«, von Kazimierz Wierzyński.

Ist es Zufall, daß der Dichter triumphaler Jugend die Last dieser

Aufforderung, dieses ›gesellschaftlichen Auftrages‹ auf sich nahm, daß er sie als höchst persönlichen Auftrag und Berufung empfand? Wierzyński ist in seiner poetischen Generation jener, der am stärksten mit seiner Jugend verbunden ist, für den sie nicht nur eine Epoche des Lebens bedeutete, überwunden und abgeschlossen, als sie vorbei war, sondern ein großes Programm, ein Manifest, für das er mit seinem Leben und Schaffen die volle Verantwortung übernommen hatte. Sein Schaffen ist die Testamentsvollstreckung dieser Jugend, die er voller, triumphaler und exemplarischer als andere erlebte. Wir sehen, wie Jahr um Jahr zur Reife, zur vollen Blüte gelangt, was sie an Verheißung und universalem, biologischem Aufruhr zu bieten hatte, wie Jahr um Jahr mit Farbe füllt und sättigt, was Fassade war, wie Landstrich für Landstrich dieser genialen Jugend verbindliche und vorbildliche, repräsentative Gestalt annimmt.

Die Trunkenheit der Freiheit, die Wonne der Wiedererlangung ihres blühenden Leibes! Wierzyński erlebt in biologischen Kategorien, am eigenen Leib, an den wiedergewonnenen Sinnen die Rückkehr zur historischen Wirklichkeit. Der Einzug der Kollektivität aus den gespenstischen Bereichen posthistorischen Daseins in das lebende Fleisch und Blut des historischen Lebens nimmt hier die Form allgemeiner Euphorie, eines Überfließens ihrer Ufer und Grenzen an. Die Biologie ist da Symbol, Transposition der historischen Wirklichkeit. Im Mikrokosmos dieser repräsentativen und herrlichen Jugend nimmt ein gewaltiges historisches Ereignis seine Gestalt an: die Auferstehung eines Staatswesens, noch in provisorischer Gestalt, trügerisch noch und nebelhaft. Das ist die eine Seite der Medaille: der geflügelte Adler der Freiheit, trunken über die Wiedererlangung eines Körpers. Zwanzig Jahre vergingen, ehe der Dichter die Kehrseite herausschnitzte, ehe er aus ihr erneut das Antlitz der Freiheit fräste – doch ein wie anderes.

Seltsam, dieser Parallelismus der Schicksale eines Dichters und der Geschichte eines kollektiven Mythos. Wir wissen, daß dieser Mythos an der ersten Jugend dieser damals Zwanzigjährigen hängenblieb, wie er in diesem Boden der Herzen und Begeisterungen aufging wie junges Korn. Ohne diese Jugend gäbe es Piłsudski nicht. Diese Jugend hat sich ihn erträumt, sich ihn ausgedacht, sie ist seiner Größe entgegengegangen. Es herrschte damals noch der wallende Nebel des Mythos voll Tagesanbruch und Frühling, verschlungen in eigenes Blühen, verloren in seinem Dickicht, noch nicht klar lesend in seinem Innern und voll glücklicher Mißverständnisse, verschmolzen in der eigenen Unruhe und in der eigenen universalen Expansion. Und dieser Mythos reift zusammen mit dem Dichter, destilliert sich unter dem Druck des Lebens, seiner Erkenntnisse und Einblicke, nimmt das Nachdenken und die Bitterkeit der Erfahrungen in sich auf, verliert Blatt um Blatt die stürmische, flammende Blüte der megalomanen Ansprüche und geht in seinen Kern ein, in eine Frucht voll gehäufter Nahrhaftigkeit und Kraft. Er ist während dieser Zeit bitter geworden und erstarrt und hat die ganze herbe und traurige Weisheit der Epoche in sich aufgenommen. So hat sich der Dichter aus den Fesseln seiner Jugend befreit, den Mythos der Generation vollendet und erfüllt, ihm einen Namen gegeben, unter dem er auf die Nachkommen übergehen wird als die Stimme unserer Generation. Wer hätte angenommen, daß sie so bitter und tragisch ist, die Frucht jener Jugend, die so triumphal unter dem Zeichen »Frühling und Wein« begann, daß dies ihr eigentlicher Kern war. Der fröhliche Wahn des Ekstatikers verwandelt sich in drohende, tragische Freiheit, der grenzenlose biologische Optimismus zieht sich auf die schmalsten, von allen Seiten bedrohten tragischen Positionen zurück.

In der »Tragischen Freiheit« ist nicht allein der Mythos unserer Tage zur endgültigen Form gereift, sondern auch der Dichter an sein fernstes Ziel gelangt. Die Größe des Helden, die er auf den Gipfel dieses Schaffens gehoben, wurde aus seinen Reserven genährt. Für sie reifte er zur höchsten Kraft heran, für sie hortete und sammelte er jene Kraft des Wortes und des Gedankens, die ihm erlaubte, der Größe des Themas gewachsen und ihr adäquat zu sein. Daher stammt das innere Recht und die Berufung Wierzyńskis, daher klingt es, wenn er im Namen des Helden in der ersten Person spricht, nicht wie Usurpation. Diese Identifizierung, dieses Verschmelzen von Helden und Dichter ist hier legal und rechtskräftig. Es gibt in diesem Gedicht keinen einzigen falschen Vers. Für alles reichten dem Dichter Mittel der inneren Form; er hat die Größe des Helden auf seiner eigenen dichterischen Größe erbaut.

Noch einmal kehrt die große Fatalität der polnischen Geschichte wieder, die typische und tragische Situation seiner Geschichte: ein Individuum, mit dem Kopf über das Jahrhundert hinausgewachsen, ein Genius der Liebe und Sorgen, verschlungen von Kleinlichkeit. Die große Vereinsamung, die Einöde rings um die Größe, das Pathos dieser Liebe, die gleichzeitig Haß ist (»daß Liebe in Polen ebensoviel wie Haß bedeutet«), geleitet der Dichter durch eine Reihe von Varianten, durch die Etappen dieser großen Biographie, und er schließt jede einzelne dieser Etappen in irgendeine monumentale Situation, in eine balladeske Formel ein.

Der Dichter spinnt eine merkwürdige Substanz aus, ein persönliches poetisches Gewebe, aus dem jene halb mythische Geschichte gewebt wird. Darin liegt vielleicht der Schwerpunkt der künstlerischen Tat Wierzyńskis, daß er aus der Tiefe seiner Begeisterung diese Legierung herausdestilliert, in sich jene Substanz, jene poetische Wirklichkeit über die eigene Wahrhaftigkeit gefunden hat, die sich im eigenen geistigen Raum entwikkelt – daß er auf diese Weise den poetischen Leib des Mythos realisiert hat.

Durch die absonderliche Alchimie des Wortes schuf er eine poetische Dimension, eine mythische Wirklichkeit, in welcher die äußere Chronik der Geschichte unsichtbar in ihren tieferen Sinn eingeht, in der augenblicklich die historische Tatsache mit Historiosophie durchsetzt wird und die äußere Geschichte mit ihrer inneren lyrischen Kantilene. Wir haben heute noch keine Instrumente und Organe zur genauen, theoretischen Erfassung des Wesens der poetischen Wirklichkeit und ihrer verschiedenen Gattungen, zur Feststellung ihrer Systematik, ihrer Struktur und Syntax. Was können wir über sie sagen? Sie vollzieht sich und geschieht in einem eigenen Raum, halb in einer gleichsam mythischen Landschaft, halb in des Helden innerer Landschaft, die auf ganz Polen erweitert ist. Der Held zerschmilzt da pantheistisch in der geschichtlichen Landschaft, verwandelt sich in Ereignisse, Kriege und Siege und zieht sich erneut in sich zurück, formt sie zu einem persönlichen Antlitz, zum Geist ihrer Geschichte, zu einem traurigen, verratenen und einsamen Menschen. Wierzyński hat den Körper dieses Mythos geschaffen – groß und nebelhaft, überpersönlich und transzendent, in sich den Helden bergend, Polen, dessen Schicksal und das historische

Gesicht dieses Schicksals, zusammengefaßt in ein monumentales, mythisches Porträt. Er verlängert und verwebt mit unseren Zeiten die großen Linien der romantischen Poesie, baut und vermacht der Zukunft diese in der neuzeitlichen Geschichte wohl einzige Gestalt des historischen Mythos.

Merkwürdig: selbst die neueste Zeitgeschichte samt ihrem vor Aktualität noch zuckenden Geschrei fügt sich unter der Hand des Dichters ohne Widerstand in diese Balladenform und geht in dieses mythische Flußbett ein wie in sein natürliches Rinnsal. Nur ein prädestinierter Dichter konnte diesen Dingen so den Mund öffnen, um sie gleichsam mit eigener Stimme sprechen zu lassen. Nur ein so repräsentativer Dichter, so mit dem Geist der Kollektivität verbunden, konnte sich einen Ton von solcher Allgemeinheit und Einfachheit aneignen, soviel Anonymität des Ausdrucks finden, so weit bis zum Urquell der Sprache vordringen und auf dessen Grund jene letzte Objektivität finden, die frei von jeglicher Virtuosität der leeren Phrase ist und den Versen Ewigkeit, etwas allgemein Verbindliches und Vorbildliches verleiht. Es ist, als hätte der Dichter nur etwas schon Fertiges befreit, das seit Jahrhunderten in den Tiefen der Sprache wartete, als hätte er nur mit dem Stäbchen des Moses gegen die Materie geschlagen und dadurch eine Quelle entdeckt. Es scheint, als hätte er in der Tiefe der Sprache, aus ihrer Weisheit und ihren unterirdischen Reserven die tiefsten Wahrheiten der Epoche gewonnen. Es ist, als hätten sich diese ohne Anteil des Dichters zu ihrem höchsten und letzten, bis in alle Tiefen erschütternden Ausdruck formuliert. Es ensteht ein merkwürdiger Nachklang bei dieser großartigen Rhetorik, wie ein verführerisches Echo. Die Vorbildlichkeit dieser endgültigen Formulierungen bewirkt, daß wir der merkwürdigen Täuschung unterliegen, als hätten wir sie schon irgendwo gehört. An vielen Stellen hat es im ersten Augenblick den Anschein, als hätte der Dichter schon existierende Wendungen benutzt, als zitierte er die ewigen Formeln der Polonität. So tief ist er in den Geist der Sprache eingedrungen, so restlos mit ihm verschmolzen, daß sich der Strom seiner begeisterten Worte gleichsam in präformierte Formen, in die doppelgängerischen Formen von Sprichwörtern und volkstümlichen Wendungen ergießt. Nur Mickiewiczs Vers hat diese Allgemeinheit an sich, ist so natürlich gewachsen, so aus den Tiefen des polnischen Idioms geschöpft und so monumental.

Gedichte wie »Die Nacht des Volkes«, »Das Vaterland der Haarschöpfe«, »Der Palast«, »Das Belvedere« enthalten die höchsten Wahrheiten, zu denen sich das historische Bewußtsein der Epoche je aufgeschwungen hat. Wierzyński setzt damit die große Linie der polnischen Literatur fort, die von Skarga bis Wyspiański reicht. Es ist, als wären diese Verse in der Wüste, unter finsteren Gewölben, im transzendenten Raum zu Klang und Ton erwacht – so mächtig ist ihre Resonanz, so monumental und marmorn sind sie. In anderen wie »Sulejówek« und »Einsamkeit« beruhigt sich ihre Rhetorik, wird elegisch und versinkt in düstere, lyrische Landschaft, eine Landschaft, die seltsam vertieft ist und metaphysisch, als wäre es die geistige Landschaft Polens. Dieser Landschaft sind alle Verse des Gedichts unmerklich untergelegt wie ein dunkler und nebeliger Hintergrund. Es ist eine Landschaft, durch und durch mit Geschichte vollgesogen, von Historie durchweht, trächtig mit Vergangenheit – die verkörperte Wesenheit der Polonität.

»Unter dem Belvedere«
(Zu Juliusz Kaden-Bandrowskis neuem Buch)

Die großen Dinge der Historie, die Operationen der Geschichte vollziehen sich in wortloser Stille. Der große Augenblick der Tat, der Donner der Kraft und des Willens, der über den Körper des Volkes hinwegzog, all das, was wir heute mit dem Namen Piłsudski in Verbindung bringen, war in seinem Verlauf, in seiner Aktualität unartikuliert, des Wortes beraubt, ganz in Biologie, in Elemente und vegetative Gärung versenkt. Das fertige Wort, das romantische Wort der Poesie, diskreditiert, verzagt, hundertfältig distanziert durch die Wirklichkeit, war verstummt, hatte versagt, war zu Boden gesunken. Die geistige Revolution des wiedergeborenen Volkes fand in einer Atmosphäre der Wortverachtung, in einer unfeierlichen, der Romantik abholden und jeglicher Intellektualität feindlichen Atmosphäre statt. Diese Inkommensurabilität des artikulierten Wortes, seine Ratlosigkeit gegenüber einer übermäßigen Wirklichkeit hatte ihren tiefen Grund. Die geistige Umformung dieser ›polnischen Anabasis‹, der jähe Zauber der hervorschießenden Tat, die unerwartete, unglaubliche Reife der Geschichte hatten sich in einem Menschen verkörpert, hatten die rätselhafte, einmalige, sphinxartige Gestalt einer mächtigen Persönlichkeit angenommen. In dieser Tatsache kam gleichsam eine tiefe Ironie der Geschichte zum Ausdruck. Der große historische Augenblick, durch ein ganzes Jahrhundert Poesie, leidenschaftliche Gedanken und Schwärmereien vorweggenommen, der Augenblick, schon im vorhinein nach allen Seiten gewendet, vorausgesehen und hundertfältig berechnet, war schließlich, als er kam, gleichsam hinter der großen Ideologie aufgetaucht, als unergründete Naturkraft, mit der ganzen Rätselhaftigkeit, Unvorhersehbarkeit und Irrationalität des großen Individuums, als wollte das Leben das ewige Anderssein, abweichend von und feindlich jeglicher Ideologie, eine Methode historischer Erfüllungen dokumentieren.

Diese wortlosen Höhepunkte der Tat konnten aber nicht lange währen. Das Wort, geborsten durch unerforschliche Tatsachen, das ratlose Wort sammelt seine Splitter, versucht, sich zu reorganisieren und aufs neue alles Irrationale und Frevelhafte unter seine Macht zu bringen, das ihm als riesiges Pensum, als Aufgabe über seine Kräfte auferlegt wurde, einen Kompromiß mit dem ewig Unaussprechlichen zu schließen.

Darin liegt das große Verdienst von Kadens Buch. Es geht einer unerforschlichen Tatsache nach und versucht, dem, was geschehen ist, Namen und Rang und Gewicht zu geben. Kadens Buch ist die Geschichte der Belagerung, der Kämpfe und der Sturmangriffe des Wortes auf die Bastionen und Kasematten einer großen Tatsache. Ein Meister des Wortes führt Angriffe und Gegenangriffe von verschiedenen Seiten und leitet sie mit der Phantasie, dem Schwung der Ideen und Worte, die einem großen Eroberer eigentümlich sind.

Die Kapitel des Buches haben um so mehr den Charakter von Feldzügen und Manövern und überhaupt einer militärischen Aktion, als sie Dokumente großer Augenblicke sind, geboren aus aktuellen Umständen – das Buch ist gleichsam das Tagebuch eines Historikers, welcher die Tatsachen verzeichnet, den Sinn von Tatsachen auf den großen Straßen der Geschichte. Dieses Enträtseln und Begreifen ist nicht das Ergebnis privater Gedanken oder lyrischer Betrachtungen, sondern ist diktiert vom Befehl der Stunde, der Notwendigkeit öffentlicher Berichterstattung, von dem Auftrag der Übersetzung in die zugängliche und allgemein verständliche Sprache jener Dinge, die zum Bewußtsein heranreiften. Dieser Kontakt mit der Allgemeinheit, die Einstellung auf die Akustik der vielfältigen anonymen Menge verleiht diesen Ansprachen den Ton einer gewissen Monumentalität, den Ton bewußter Verantwortung und wirkt herrlich beispielhaft. Und es bleibt zu betonen, daß Kaden dies erreicht, ohne etwas von der Intimität seiner Rührung und Erregung preiszugeben oder von der Esoterik seiner Lösungen. Sein Wort ist ebenso privat und intim wie allgemein und vorbildlich.

Aus diesem Buch sieht man erst in vollem Umfang, ein wie vielschichtiges, vieldimensionales und zugleich einheitliches Geschöpf ein großer Mensch, und was für eine geheimnisvolle und unerforschliche Erscheinung die Individualität ist. Wir verstehen, daß die Bezeichnung ›Mensch‹ gelegentlich ein Vorwand sein kann, unter dem sich mehr verbirgt, daß der Titel Mensch gelegentlich ein Schild ist, unter dem sich die großen und namenlosen Kräfte der Geschichte ein Stelldichein zu unsterblichen Vorhaben geben. Wie in einem magischen Porträt zeigt Kaden, wie Geschichte sich verkörpert, in Fleisch und Blut des Menschen eingeht und sich zu intimer, ergreifender Menschlichkeit verzweigt. Und einen Augenblick später zerfließen die individuellen Züge in diesem Porträt und lösen sich auf – und aus der Tiefe taucht das schreckliche, unerforschliche Antlitz der Geschichte empor. Diese faszinierende Zwiefältigkeit tritt aus den Seiten dieses Buches merkwürdig überzeugend und mit dem Gewicht des Augenzeugen entgegen. Es sind glaubwürdige Nachrichten aus jenem merkwürdigen Grenzbereich, wo der Mensch Mythos und der Mythos Mensch wird. Die Identität von Mensch und Ding wird hier so eins, daß die Geschichte in verkörperte Charakterologie übergeht und der Autor von dieser Geschichte und von dieser Charakterologie nicht in rückschauenden, sondern in dynamischen Ausdrücken werdender, lebendiger Geschichte spricht. Deshalb ist das Buch nicht nur eine

Erinnerung an einen großen Mann, sondern auch ein Beitrag zum Kodex der werdenden Geschichte, ein Wörterbuch der gegenwärtigen nationalen Tat, ein Vokabular der schöpferischen Geschichtskräfte.

Die ›graphische Anordnung‹ der Herren Girs und Barcz ist schlechthin unerträglich.

Das Mythisieren der Wirklichkeit

Das Wesen der Wirklichkeit macht der *Sinn* aus. Was keinen *Sinn* hat, ist für uns nicht Wirklichkeit. Jedes Fragment der Wirklichkeit lebt dank dem Umstand, daß es Anteil an einem universalen *Sinn* hat. Die alten Kosmogonien brachten dies durch die Sentenz zum Ausdruck, daß am Anfang das Wort war. Namenloses existiert für uns nicht. Etwas nennen heißt, es einem universalen Sinn einschließen. Jedes isolierte, mosaikartige Wort ist ein spätes Gebilde, ist schon ein Resultat der Technik. Jedes ursprüngliche Wort war ein kreisendes Blinken um den Sinn des Lichtes, war ein großes universales Ganzes. Das Wort in seiner heutzutage geläufigen Form ist nur mehr ein Fragment, Überbleibsel einer alten, allumfassenden, integralen Mythologie. Deshalb eignet ihm auch die Tendenz, nachzuwachsen, sich zu regenerieren und seinen vollen Sinn wiederzuerlangen. Das Leben des Wortes besteht darin, daß es sich streckt und nach tausend Verbindungen drängt wie der gevierteilte Körper der Schlange aus dem Märchen, deren Stücke einander im Finstern suchen. Dieser tausendfältige und integrale Organismus des Wortes wurde in einzelne Ausdrücke zerrissen, in Laute, in landläufige Rede, und kam in dieser neuen Form, den Bedürfnissen der Praxis angepaßt, schon als Verständigungsorgan auf uns. Das Leben des Wortes, seine Entwicklung wurde auf neue Gleise geschoben, auf die Gleise der Lebenspraxis, und neuen Gesetzmäßigkeiten unterworfen. Wenn aber die gestrenge Praxis aus irgendeinem Anlaß die Zügel etwas schleifen läßt, wenn sich das Wort aus diesem Zwang befreit, in seine eigenen Rechte eingesetzt wird und sich selbst überlassen ist, dann setzt eine Rückentwicklung ein, das Wort sehnt sich nach seinen alten Verbindungen, will sich zum *Sinn* vervollständigen – und diese Sehnsucht des Wortes nach dem Ursprung, seine Sehnsucht zur Heimkehr, die Sehnsucht nach der wörtlichen Urheimat nennen wir Poesie.

Poesie – das sind Kurzschlüsse des Sinns zwischen den Worten, jähe Regenerationen der ursprünglichen Mythen.

Wir vergessen beim Hantieren mit geläufigen Worten, daß sie Fragmente alter und ewiger Geschichten sind, daß wir gleich den Barbaren unsere Häuser aus Trümmern von Götterstatuen bauen. Unsere nüchternsten Begriffe und Bezeichnungen sind ferne Ableitungen von Mythen und alten Geschichten. Es gibt nicht ein Krümchen in unseren Ideen, das nicht aus der Mythologie stammte, nicht ungeformte, verkrüppelte, abgewandelte Mythologie wäre. Die ursprünglichste Funktion des Geistes ist das Fabulieren, ist das Erfinden von ›Geschichten‹. Die motorische Kraft des menschlichen Wissens ist die Überzeugung, am äußersten Ende aller Forschungen den endgültigen Sinn der Welt zu finden. Sie sucht ihn auf der Spitze ihrer künstlichen Türme und Gerüste. Doch die zum Bau verwendeten Elemente wurden schon einmal verwendet, stammen aus vergessenen und zertrümmerten ›Geschichten‹. Die Poesie erkennt diesen verlorenen Sinn, gibt den Wörtern ihren Platz wieder, verbindet sie gemäß ihren alten Bedeutungen. Beim Dichter erinnert sich das Wort gewissermaßen an seinen wirklichen Sinn, blüht auf, entfaltet sich spontan nach den eigenen Gesetzen und gewinnt seine Integrität wieder. Deshalb ist jegliche Poesie Mythologisieren und sehnt sich nach der Wiedergabe der Mythen von der Welt. Die Mythologisierung der Welt ist noch nicht abgeschlossen. Der Prozeß wurde lediglich durch die Entwicklung der Wissenschaft verzögert, in ein Nebenbett abgeleitet, wo er lebt, ohne seinen wirklichen Sinn zu verstehen. Doch auch die Wissenschaft ist nichts anderes als ein Bauwerk des Mythos von der Welt, weil der Mythos bereits in den Urelementen steckt und wir ohne Mythos überhaupt nicht auskommen. Die Poesie gelangt anticipando, deduktiv zum Sinn der Welt, auf Grund großer und kühner Abkürzungen und Annäherungen. Die Wissenschaft trachtet nach dem gleichen, aber induktiv, methodisch und mit kritischer Würdigung des gesamten Erfahrungsmaterials. Im Grunde genommen trachtet die eine wie die andere nach dem gleichen.

Der unermüdliche menschliche Geist besteht im Glossieren des Lebens unter Zuhilfenahme der Mythen und in der ›Versinnlichung‹ der Wirklichkeit. Das Wort allein, sich selbst überlassen, neigt seinen Schweregesetzen nach dem Sinn zu.

Der Sinn ist das Urelement, welches die Menschheit in den Prozeß der Wirklichkeit einbezieht. Er ist eine absolute Gegebenheit. Er läßt sich aus keinen anderen Gegebenheiten ableiten. Deshalb kann man auch, was uns sinnvoll erscheint, nicht definieren. Der Prozeß der Versinnlichung der Welt ist aufs engste mit dem Wort verbunden. Die Sprache ist ein metaphysisches Organ des Menschen. Dennoch verliert das Wort im Lauf der Zeit seine Geschmeidigkeit, festigt sich und hört auf, Leiter neuer Sinngebungen zu sein. Der Dichter stellt das Leitungsvermögen der Worte durch neue Kurzschlüsse wieder her, die aus Kumulation entstehen. Die Symbole der Mathematik sind Ausdehnungen des Wortes auf neue Gebiete. Auch das Bild ist von einem ursprünglichen Wort abgeleitet, einem Wort, das noch nicht Zeichen war, sondern Mythos, Geschichte und Sinn. Wir betrachten das Wort gewöhnlich als Schatten der Wirklichkeit und als deren Abglanz. Richtiger wäre die gegenteilige Behauptung: die Wirklichkeit ist Schatten des Wortes. Die Philosophie ist eigentlich Philologie: tiefe, schöpferische Wortforschung.

Nachwort zum »Prozeß« von Kafka

Nur wenige kleine Erzählungen erblickten zu Kafkas Lebzeiten das Tageslicht. Das unerhörte Verantwortungsgefühl, der geradezu religiöse Maßstab, den er an sein Schaffen legte, erlaubten ihm nicht, auf irgendeiner erreichten Stufe haltzumachen, befahlen ihm vielmehr, Werk um Werk seines begeisterten und glücklichen Schaffens wegzuwerfen. Nur ein kleines Häufchen Freunde war sich schon damals im klaren, daß hier ein Schöpfer großen Formates heranreifte, der nach den letztgültigen Aufgaben griff, der um die Entbindung der tiefsten Probleme des Daseins kämpfte. Das Schreiben war für Kafka nicht das Ziel an sich, sondern nur ein Weg zur Erlangung der höchsten Wahrheit, zur Eruierung des eigentlichen Lebensweges. Es ist die Tragödie dieses Schicksals, daß sein mit verzweifelter Inbrunst zum Licht des Glaubens drängendes Leben diesen nicht findet und an allem vorbei in die Finsternis geht. Damit erklärt sich auch das Testament des früh Verstorbenen, der seine gesamten literarischen Werke zu vernichten befahl. Max Brod, von Kafka zum Testamentsvollstrecker bestellt, entschließt sich – entgegen diesem letzten Willen – den geretteten Teil des literarischen Erbes in einer Reihe von Bänden herauszugeben, die Kafkas Position unter den repräsentativen Geistern der Generation verankern.

Dieses reiche und intensive Werk, von Anfang an fertig und reif, war vom ersten Augenblick an ein begeisternder Bericht aus einer Welt tiefer religiöser Überzeugungen. Kafkas Blick, ein für allemal vom religiösen Sinn der Dinge nach dem Leben fasziniert, ergründet mit unersättlicher Neugierde die Struktur, die Organisation, die tiefen Ordnungen dieser verborgenen Wirklichkeit, steckt die Grenzgebiete ab, in denen sich das menschliche Leben mit dem göttlichen Dasein berühren. Er ist ein Sänger und Verherrlicher der göttlichen Ordnung, ein Sänger freilich seltsamer Art. Der bissigste Spötter und Satiriker könnte diese Welt nicht in solch einer karikaturhaften Deformation, in solch scheinbar kompromittierenden und absurden Formen malen. Die Erhabenheit der göttlichen Ordnung kann nach Kafka nicht anders wiedergegeben werden als durch die Kraft der menschlichen Verneinung. Diese Ordnung liegt so weit hinter der menschlichen Ordnung, übersteigt so weit alle menschlichen Kategorien, daß zum Maß ihrer Erhabenheit die Kraft der Mißbilligung, des Widerspruchs und der elementaren Kritik wird, mit der sich der Mensch jenen hohen Instanzen entgegenstellt. Wie sonst könnte das menschliche Wesen auf die Usurpation jener Mächte reagieren, wenn nicht durch Protest, durch Unverständnis, durch zerschmetternde Kritik?

Einer solchen zerschmetternden Kritik unterwirft der Held des »Prozesses« die ganze Organisation »der Gerichtsbarkeit« während des ersten Verhörs. Er attackiert sie leidenschaftlich, schimpft scheinbar wirklich und geht von der Rolle des Angeklagten in die des Anklägers über. Die scheinbare Konsternation des Gerichts, seine Beratung und Ratlosigkeit kennzeichnen die grundsätzliche Inkommensurabilität dieser Erhabenheit mit den menschlichen Kategorien und entfachen die reformatorische Verwegenheit und Inbrunst des Helden. So reagiert die menschliche Verblendung auf die Invasion jener Mächte und die Konfrontation mit ihnen: mit übersteigertem Selbstgefühl, mit jener antiken Hybris, die nicht die Ursache, sondern ein Nebenprodukt des göttlichen Zornes ist. Josef K. fühlt sich hundertfach erhaben über das Gericht, dessen vermeintliche Schwindeleien und Machinationen ihn mit Ekel und Verachtung erfüllen. Er stellt ihnen die menschliche Vernunft, die Zivilisation, die Arbeit entgegen. Welch lächerliche Verblendung! Seine ganze Überlegenheit und Vernunft retten ihn nicht vor der unerbittlichen Fortsetzung des Prozesses, der in sein Leben wie über alles hinweg eingreift. Obgleich Josef K. den sich stets enger um ihn zusammenziehenden Ring des Prozesses fühlt, hört er doch nicht auf, davon zu träumen, daß es möglich sei, ihn zu umgehen, immer noch glaubt er, daß man außerhalb seines Bereiches leben könne; er gibt sich der eitlen Hoffnung hin, daß man bei Gericht unter der Hand etwas durch Frauen erreichen könne (die nach Kafka Verbindungsglieder zwischen dem Menschlichen und dem Göttlichen sind), und zwar durch einen bettelarmen Maler, der angeblich Beziehungen zum Richter hat. Kafka brandmarkt auf diese Weise die Problematik und Hoffnungslosigkeit des menschlichen Verhaltens der göttlichen Ordnung gegenüber und verhöhnt es unermüdlich.

Der Fehler des Josef K. besteht darin, daß er sich auf sein menschliches Recht versteift, statt sich ohne Vorbehalte zu ergeben. Er verharrt in diesem Widerstand, schreibt seine endlosen Eingaben, in denen er – Tag für Tag – lückenlos sein menschliches Alibi dartun will. Alle diese Anstrengungen und ›Rechtsmittel‹ fallen in rätselhafte Leere, erreichen die hohen Instanzen nicht, um die sie kreisen. Der Verkehr des Menschen mit jener unvergleichlichen, stürmisch-divergenten Welt wird immer in der Verständnislosigkeit stehen bleiben, wird immer ein Ausweichen, ein Schlag ins Wasser sein.

Im vorletzten Kapitel, das sozusagen der Schlüssel des ganzen Romanes ist, taucht in der Parabel des Gefängniskaplans noch ein anderer Aspekt der Angelegenheit auf: nicht das Recht verfolgt den schuldigen Menschen, sondern der Mensch sucht sein Leben lang einen ›Eingang ins Recht‹ – und die Sache sieht so aus, als verstecke sich das Recht vor dem Menschen, verkrieche sich ängstlich in seine Unzulänglichkeit und Herrlichkeit und rechne dabei doch insgeheim auf einen kirchenräuberischen Anschlag, auf ein Eindringen des Menschen. Die Verteidigung des Rechts, die der Kaplan in der wunderbaren Exegese dieser Parabel unternimmt, bewegt sich hart am Rande der Sophistik, streift die Perfidie und den Zynismus – die schwerste Probe, auf welche die Rechtsliebe gestellt werden, die höchste Selbstverleugnung, zu der sie sich erheben kann.

Kafka zeigte in diesem Roman das Eindringen des Rechts in das Leben des Menschen, zeigte es jedoch gewissermaßen in abstracto. Er tat es nicht konkret auf Grund eines wirklichen Einzelschicksals. Wir erfahren bis zum Schluß nicht, worin die Schuld des Josef K. besteht, lernen nicht jene Form der Wahrheit kennen, die sein Leben ausfüllen sollte. Kafka zeichnet lediglich die Atmosphäre, in der sich menschliches und außermenschliches Leben berühren, die höchste Wahrheit, deren Klima und Aura. Der geniale Sinn dieses Romans besteht darin, daß Kafka für diese in menschlicher Sprache unangreifbaren und unausdrückbaren Dinge eine sozusagen adäquate Körperlichkeit, eine Art stellvertretenden Materials gefunden hat, in dem er die Struktur der Angelegenheit bis zu den kleinsten Einzelheiten aufbaut und durchführt.

Die Erkenntnisse, Ansichten und Eingebungen, denen Kafka Ausdruck verleihen will, sind nicht sein ausschließliches Eigentum, sie sind das gemeinsame Erbe der Mystik aller Zeiten und Völker, und diese Mystik hat sich stets in einer subjektiven, zufälligen Sprache geäußert, in der vertraglichen Sprache bestimmter esoterischer Gemeinden und Schulen. Hier wurde zum erstenmal durch die Macht poetischer Magie eine parallele Wirklichkeit, ein poetischer Körper geschaffen, an dem diese Angelegenheiten zwar nicht tatsächlich gezeigt, aber in einer Weise demonstriert werden, daß selbst der Uneingeweihte den Inhalt und die poetische Entsprechung ihres wirklichen Erlebens fühlen kann.

In diesem Sinn ist Kafkas Methode, die Schaffung einer parallelen, doppelgängerischen, stellvertretenden Wirklichkeit, eigentlich ohne Vorbild. Er erreicht den doppelgängerischen Charakter seiner Wirklichkeit mittels einer bestimmten Art von

Pseudorealismus, der eines besonderen Studiums würdig ist. Kafka sieht die realistische Oberfläche der Wirklichkeit ungewöhnlich scharf, er kennt ihre Gestikulationen, die ganze äußere Technik der Ereignisse und Situationen, ihre Verzahnungen und Überschichtungen sozusagen auswendig, aber das ist für ihn eine schlaffe Fruchthaut ohne Wurzeln, die er wie eine zarte Hülle abnimmt und auf seine transzendente Welt legt, auf seine Wirklichkeit transplantiert. Sein Verhältnis zur Wirklichkeit ist durch und durch ironisch, verräterisch und voll bösen Willens – das Verhältnis eines Illusionisten zu seiner Apparatur. Er täuscht die Genauigkeit, den Charakter, die angestrengte Präzision dieser Wirklichkeit nur vor, um sie desto gründlicher zu kompromittieren.

Kafkas Bücher sind kein allegorisches Bild, keine Vorlesung oder auch nur Erklärung seiner Doktrin, sie sind selbständige, in sich selbst beruhende und begründete Wirklichkeit. Hinter den mystischen Anspielungen und religiösen Vorgefühlen lebt das Werk sein eigenes poetisches Leben – vieldeutig, abgrundtief, durch keine Interpretation zu erschöpfen.

Der vorliegende Roman, dessen Handschrift Max Brod im Jahre 1920 vom Autor erhielt, ist unvollendet. Einige fragmentarische Kapitel, die vor dem Schlußkapitel eingereiht werden sollten, nahm er aus dem Roman heraus, da er sich auf Kafkas Erklärung stützte, daß dieser Prozeß seiner ganzen Idee nach eigentlich unvollendet sei und daß seine weiteren Ereignisse nichts Wesentliches mehr zum prinzipiellen Sinn der Sache beitragen könnten.

Ein neuer Dichter

(Juliusz Wit und sein Gedichtband »Lampen«)

Weit von allen Fachkenntnissen auf diesem Gebiet entfernt, habe ich beschlossen, über diese Gedichte zu schreiben – nicht als professioneller Berichterstatter oder Kritiker, sondern als Landsmann aus der gleichen geistigen Landschaft, als Augenzeuge der Quellen, aus denen diese Poesie schöpft, als einer der Eingeweihten und Vertrauten, der mit eigenen Augen ihre Beugen und Gelenke gesehen hat, wo sie dem Leben und der Landschaft fremd wird, um zum Flug in die eigene Sphäre anzusetzen. Mich verbindet mit diesem Dichter nicht nur die gleiche Wiege der Landschaft, dieselbe Erde und Gegend, sondern, wenn es eine geistige Geographie gibt, wenn wir in der inneren Welt auf den Stockwerken und in den Sphären eines Kosmos untergebracht sind, dann grenzen unsere Wohnungen irgendwo eng aneinander, sind unsere Welten in das gleiche Klima getaucht und umweht uns die Aura der gleichen Umgebungen und Länder. Aus dieser Nähe schöpfe ich das Recht, meine Stimme in Sachen dieses Dichters zu erheben, das Recht und sogar die Verpflichtung, das zu bezeugen und zu bekennen, was mich an dieser Poesie fesselt und knechtet.

Das Wesen der Poesie Juliusz Wits, ihre spezifische und gattungsmäßige Besonderheit tritt vielleicht am stärksten dort in Erscheinung, wo wir sie in eine Reihe mit der polnischen poetischen Avantgarde stellen, mit der ihn seine grundsätzliche dichterische Haltung verbindet. Die dichterische Avantgarde hat das Instrument der Sprache aus der Herrschaft der einstigen Phrase und des gängigen Wortes befreit, das dichterische Alphabet von den einstigen Filiationen und Tropismen gesäubert und die Ebene der Rezeption auf niedrigere Stockwerke der Empfindlichkeit gestellt. Sie hat dies nicht so sehr unter dem Ansturm neuer Inhalte getan, als weit mehr aus dem Gefühl für eine neue Gattung dichterischer Wirklichkeit. Deshalb war diese Tätigkeit, von grundsätzlichen und theoretischen Gesichtspunkten ausgehend, Pionierarbeit, geleistet am Umbau des Dichtungsapparates. Sie hatte die Leidenschaft des Experimentierens, laboratorische Wißbegier in sich, war Verzücktheit und Lampenfieber entdeckerischer Versuche und Überraschungen. Die Avantgarde der Dichter bereitete den Boden für die neue, nachfolgende Dichtergeneration.

Ich betrachte Juliusz Wit als einen der Erben des von der avantgardistischen Dichtung geschaffenen Werkes. Doch der Avantgardismus Wits ist weit entfernt von jedem Programm, weit entfernt von jeder methodischen und experimentellen Methode. Sein Avantgardismus ist eine unbewußte Voraussetzung oder ein unbeabsichtigtes Ergebnis, ein Nebenprodukt der neuen poetischen Melodie und des neuen Geistes, eines gewissermaßen neuen Mundes. Das, was bei Juliusz Wit aufhorchen läßt, ist geradezu der Mangel jeglicher virtuosen Ader. Dieser Dichter kennt nicht den Zauber des poetischen Spiels und widersetzt sich allen Versuchungen zum Experimentieren. Wenn ein Körnchen Wahrheit in dem Mythos von dem unbarmherzigen Diktat der Inspiration steckt, von den Versen, die wie Harpyien über den Dichter herfallen, wenn diese düstere und tragische Version von der Poesie stimmt, dann findet sie bei Wit ihr schlagendes, unwiderlegbares Beispiel. Weit entfernt von einer souveränen Beherrschung des Instruments, von meisterhaftem Spiel, ist er eher stark im Gehorsam, darin, daß er getreulich, mit Phantasie und verbissener Wörtlichkeit, Zeugnis davon gibt, was ihm auferlegt ist, mag es Glück und Seligkeit, Schmerz oder Trauer sein. Er ist ein Dichter, der schweigen, unverbrüchlich schweigen kann, ehe er nicht die einzige Stimme in sich hört, der er gehorsam ist.

Eigentlich prädestiniert ein so schwerer, schwieriger Charakter diese Abhängigkeit von Kräften, die man nicht lenken kann, zum Dichter in einem anderen und tragischeren Sinn, als es die schöne Meisterschaft und die Virtuosität glücklicher Talente ist. Ich will diese Gattung nicht überschätzen, sie hat ihre Grenzen und Mängel, doch was ihr unbedingt innewohnt, ist eine rohe und ernste, mitunter schreckliche Authentizität. Und dennoch könnte man die Behauptung wagen, daß eine solche Poesie die eigentliche Rechtfertigung, die wirkliche Sanktion der Pioniertätigkeit der Avantgarde ist – die Blüte, die auf sie herabfiel wie auf Aarons dürren Stab. Die Avantgarde hat ein neues Organ ausgearbeitet, eine neue Syntax, ein neues Instrument – und da kommt einer, der dieses scheinbar künstliche Organ in den Blutkreislauf des Lebens einbezieht, der in dieser Syntax spricht: einfach, kunstlos, natürlich sozusagen, für den dieses neue Wort zum eigenen Schrei aus der Tiefe des Herzens wird. Engels Ausspruch über die Hegelsche Dialektik travestierend, könnte man sagen, daß Wit die Methode der Avantgarde, die bisher auf dem Kopf ging, auf die Beine gestellt hat. Diese Portion lebendigen, heißen Blutes bewirkt, daß die avantgardistische Form hier ihre Esoterik verliert, aus dem Elfenbeinturm herauskommt und klar und verständlich wird.

In seinem neuen Band »Lampy« entledigt sich Wit fast des ganzen äußeren Apparates und Ballastes der Kunst, verzichtet auf die Strophe und die Häufigkeit des Reimes, vertieft sich ganz ins Wort, das er aus der Tiefe fördert, funkelnd und jungfräulich im Glanz des ersten Bruches. Jedes Wort wird mit seinem natürlichen Gewicht geboren, mit eigener Kadenz und eigenem Rhythmus, andächtig aus dem Schoß des Elements empfangen wie eine Frucht, die sich selbst vom Baum gelöst hat, lediglich darauf bedacht, nichts zu verlieren und nichts Eigenes hinzuzufügen. Der Fluß dieser Verse ist manchmal geradezu wie eine Eidesformel, feierlich jemandem gehorsam und demütig nachgesagt, mit Pausen zwischen Wort und Wort und mit erschöpfter Stimme von der Last und dem Gewicht der Worte.

Eine besondere Studie könnte man über die Struktur der poetischen Wirklichkeit bei Wit schreiben. Das ist eine Welt, in welcher der symbolisierende Prozeß, der allen Dingen tieferen Sinn und Zusammenhang verleiht, gleichsam zum selbsttätigen Prozeß seiner natürlichen Vorgänge und Fluktuationen geworden ist. Alles sehnt sich nach natürlichem Gefälle, eigenem Schwergewicht ohne Regie des Autors – zum Symbol, zum tieferen Sinn, zum Mythos. Das ist eine merkwürdige und neue Mythologie, zu der sich diese Vorgänge prägen, eine Mythologie, in deren Licht sich uns die Schönheit der Welt zeigt, leuchtend in der Glasur und in dem Glanz des ersten Schöpfungstages. Je einfacher die Melodie dieser Poesie wird, in je dünnerem Strahl, Tropfen um Tropfen, die Worte fließen, desto wertvoller wird dieser Strahl, desto kostbarer schleift er ein Kleinod nach dem anderen:

es war Frühling
Nacht Frühling waren Leib
du warst mit mir
wie nie vor mir
ich war in dir

die Nacht brannte im Mond
mit Armen
mit Lippen
und erlosch nicht
ehe der Tag schrie

Deshalb schätze ich die rein lyrischen Gebilde dieses Bandes am höchsten ein, die Liebes- und Gefängnisgedichte mit einer einzigen Kantilene, auf einer Saite gespielt – und am Ende schon ganz ohne Saiten, wie in der Luft, allein durch die Melodie der Dinge und Ereignisse:

hell ist die Welt
hinterm Fluß
hinterm Berg:
durchsichtiges Glas der Nacht
weit offen mit leuchtender Landkarte
weit
als öffnete die Welt
zum erstenmal ihre Lider

in jener Nacht damals in Stróża
gingst du singend dem großen Mond entgegen
Du Sängerin dunkel wie eine Braue

Es ist schwierig, in diskursiver Sprache zu formulieren, worauf der Glanz und die flackernde Magie der Bilder beruht, in denen Wits Vers brennt. Tatsächlich betrachte ich seinen Vers wie ein verbrennendes Buch, das im Feuer sich verwandelt und Flügel bekommt, als wäre der Text der Seiten ganz in Lohe aufgegangen, und als brennte ich am Ende selbst glücklich und blendend mit ihnen.

nachts
als du dunkel schliefst
und ich keinen Schlaf fand
schien mir der Mond ins Gesicht
ein funkelnder Rotfuchs
brannte heiß wie Feuer

Es gibt dort Bilder und Konfigurationen, die zum erstenmal vollbracht werden, Bilder, aus den unbekannten Regionen des inneren Kosmos gewonnen, es gibt andere, aus den dunklen Seiten des inneren Apheliums gewonnen, von merkwürdiger Symbolik, wie etwa die faszinierenden Gedichte »Owoc« (Die

Frucht) oder »Fuga« (Die Fuge). Man müßte hier eigentlich Vers um Vers zitieren, um den Reichtum, das Fruchtfleisch dieser unschätzbaren, saftigen poetischen Materie aufzuzeigen:

dunkler Wind schwingt die Bäume
Armeen von Fagotten und fatalen Posaunen
schütteln die Bäume mit Abendrauschen
das Waldhorn heult
tobenden Gesang in die kranke Nacht
höher
und in die Tiefen

Die Eroberung des Unterbewußten
(Bemerkungen über die »Fremde« der Kuncewiczowa)

Die »Fremde« der Kuncewiczowa gehört zu den Büchern, die nicht mit den Umschlagdeckeln aufhören, sondern aus ihnen heraustreten, ihr Leben auf uns übertragen und ihre Problematik in uns zu erweitern versuchen. Der Widerhall des Buches ist lang und reich, als wollte es sich in uns hinein verlängern und in unserer Seele eine zweite Vegetation seiner Absichten und Probleme entfalten.

Was seine Gattung betrifft, so ist der Roman ein Porträt, doch müssen wir – auch wenn er das einzige Exemplar seiner Gattung wäre – als Spezies feststellen: ein Porträt, hergestellt mit den scheinbar inkommensurablen Mitteln der Romanerzählung und -fabel. Im Gegensatz zur Biographie, in welcher der Mensch in der Entwicklung, entwickelt in dynamischer Reihenfolge, gezeigt wird, sind im Porträt die Konturen der Physiognomie im vorhinein gezeichnet, von Anfang an fertig, und die Entwicklung vollzieht sich mehr in die Tiefe hinein und ist dramatisierte Analyse. Der reale, biographische Verlauf der Zeit ist aufgehalten, die aufeinanderfolgenden Episoden des Lebens sind nicht chronologisch geordnet, nicht pragmatisch, sondern von der Seite ihres tieferen Sinns für die Linie des Schicksals her und das Wesen des Charakters.

Man sagt von Rembrandts Gemälden, daß sie auf eine bestimmte Weise die ganze Biographie des Menschen und die Bilanz seines Lebens enthalten. Sie sind gewissermaßen der endgültige Niederschlag, Ergebnis, versteinerte Biographie. In der »Fremden« haben wir den umgekehrten Prozeß: eine Versteinerung, die tote Kontur einer Physiognomie, wird lebendig, knospt in Leben und offenbart seinen ganzen Inhalt. Mir kam einst der Gedanke, daß es möglich sein müßte, aus dem Gesicht eines Menschen, dem man begegnet, aus seiner Physiognomie eine ganze Novelle oder einen Roman abzuleiten, irgendwie in Bewegung zu setzen und wiederum das in Biographie zurückzuversetzen, was in diesem Gesicht zu einem letzten Ergebnis, zu einer physiognomischen Figur erstarrt ist. Ich hatte keine Ahnung, daß sich das auf so breite und monumentale Weise verwirklichen ließe.

Das Wesen des Romans ist Bewegung und Tätigkeit, während ein Porträt etwas Statisches ist. Kuncewiczowa befreite sich aus dieser schwierigen Lage mit Hilfe eines Tricks. Sie wählte die Form der Beichte. In ihr unverständliches Schicksal verstrickt, unverstanden auch von ihrer Umgebung, gelangt die Romanheldin schließlich, kurz vor ihrem Tod, zum Verständnis ihres Rätsels und beichtet ihrer Tochter, legt ihr Rechenschaft über das ganze Leben ab.

Diese Beichte wird zur eigentlichen Strömung des Romans. In ihr hat die Autorin ein ganzes System von Dämmen und Deichen eingebaut, in die eine zweite Strömung eingreift, eine Rückströmung – und dieser retrospektive Strom führt sie in verschiedene Landschaften der Vergangenheit, durchzieht kreuz und quer die Biographie der Heldin mit einem verzweigten System von Kanälen. Durch diese Rückströmungen strebt jedoch der Roman langsam vorwärts, setzt überall psychologischen Staub ab und strebt nach einer großen Mündung, nach einem breiten Schwemmland der Beichte, das alle Nebenflüsse und Bäche in sich aufnimmt.

Es ist das Porträt einer bösen Frau, einer Furie und Megäre – auf diesem Niveau und in dieser Entfaltung in der polnischen Literatur erstmalig. Wir sind meilenweit von allen Vampiren und Dämonen weiblichen Geschlechts entfernt, jenen verlogenen, billigen und kokettierenden Sublimationen des Bösen. Es geht hier um den Zorn in seiner gemeinen, brutalen und vulgären Form. In der ersten Schicht des Porträts, der Untermalung sozusagen, erscheint vor uns die Heldin in eben diesem unfrisierten, lächerlichen und armseligen Zorn. Die Zeichnung der Autorin ist so herrlich und überzeugend, daß im Leser der Eindruck entsteht, als hätte er diese Gestalt schon gesehen. Kuncewiczowa schont, retouchiert, mildert ihre Heldin nicht. Mit geradezu rücksichtslosem Mut riskiert sie die Mißbilligung des Lesers, ruft dessen Antipathien wach und gibt Rosa der Lächerlichkeit preis. Dieser Mut und die Rücksichtslosigkeit machen sich jedoch auf einer höheren Ebene der Psychologie reichlich bezahlt.

Der menschliche Zorn, diese elementare und ursprüngliche Feindseligkeit jedes egoistischen Individuums, das sich der ganzen Welt entgegenstellt, pflegt in seinen großen, elementaren Ausbrüchen eine herrliche und faszinierende Erscheinung zu sein. Selbst in Manifestationen kleineren Formates entbehrt er nicht eines gewissen Reizes. Er ist letzten Endes eine rudimentäre und archaische Form der Reaktion aus primitiven Zeiten, da in den zwischenmenschlichen Beziehungen der unmittelbare Terror noch ein hinreichendes und wirksames Regulativ war. Der Rückfall in diese unbeherrschte Reaktionsform ist deshalb in unseren Augen kompromittierend und lächerlich. Andererseits steckt jedoch in Zornausbrüchen eine gewisse Romantik, ein gewisses naives Pathos, das amüsiert und interessiert als unmittelbarer Ausbruch einer vitalen Kraft, die aus bezähmten Kulturformen ausbricht. Im Zorn ist etwas von der Keule des Wilden, die sich in den Händen eines Europäers lächerlich und empörend ausnimmt. Auch steckt eine gewisse Interesselosigkeit in ihm, eine gewisse Erhebung über den Utilitarismus, eine Rücksichtslosigkeit und Überschäumung des Gefühls, das nach Selbstbestätigung verlangt. Es liegt außerdem etwas Unwillkürliches und Automatisches in ihm, wie im Ausbruch der Raserei, was uns bis zu einem gewissen Grad entwaffnet und uns mit dieser Erscheinung abfinden läßt. Dieser gesunde, fast animalische und unschuldige Zorn verbindet sich manchmal in seinen Erscheinungen mit einer anderen Form, die im Grunde eine Inversion der Liebe ist, ein verworrenes und krummes Produkt, das seine Quelle in den Engen der Hysterie hat.

Gewisse Ladungen der psychischen Energie können sich plötzlich abgeschlossen und ohne Abfluß in der menschlichen Seele finden, um sich dann irgendwo, weit von ihrer dynamischen Quelle entfernt, in Wut- und Zornausbrüchen zu entladen. Der Zorn unserer Heldin scheint diese zweideutige, doppelte und verworrene Quelle zu haben – und deshalb amüsiert sie bald den Leser und nimmt ihn für sich ein, bald wieder erweckt sie Staunen und Mitleid.

Hätte es die Autorin bei diesem Aspekt Rosas bewenden lassen, hätte sie ein großartiges und lebendiges Porträt gegeben, monumental in seiner Einheitlichkeit. So sah sie wahrscheinlich auch ihre tägliche Umgebung, falls Rosa wirklich einmal in Wirklichkeit existiert haben sollte, und so verdiente sie auch die Verewigung durch die Reinheit ihres dämonischen Frauentypus. Kuncewiczowa ließ es jedoch nicht bei diesem Aspekt bewenden, sondern sie führt das Rätsel Rosa durch viele Instanzen und entwickelt dessen Problematik auf verschiedenen Ebenen. Nach jedem Mal zeigt sich Rosa anders als vorher – und was schon als Grund ihres Wesens erschien, schiebt sich beiseite, und es erscheinen weitere Hintergründe und Tiefen. Durch diese Steigerung der Frage, durch die Verlagerung der Problematik auf immer tiefere Ebenen hält uns die Autorin in ständiger Spannung und setzt uns jedesmal in größeres Staunen.

Rosa ist so lange ein gewöhnliches böses Weib, als sie sich auf alltäglicher Ebene befindet. Die platte Alltäglichkeit provoziert sie gewissermaßen zu gemeinen Zornausbrüchen und setzt ihr die Maske einer gewöhnlichen Furie auf. Auf diesem Hintergrund ist Rosa unaufhörlich von Ausbrüchen eines bösen Elementes bedroht, das mit der Fatalität eines Mechanismus nach Entladung strebt. Doch in andere, festliche Bedingungen gestellt, in ungewöhnliche und seltene Situationen, ändert sich Rosa völlig und wird ein anderes Wesen. Es steckt in dieser Frau eigentlich eine Vorbestimmung für ein großes, heldenhaftes Leben und eine große Fülle, zu der uns die Musik oder auch die höchste erotische Begeisterung den Schlüssel geben.

In den seltenen und feierlichen Augenblicken, da es ihr vergönnt ist, aus der Plattheit des Alltags in die Welt des Schönen zu entfliehen, löst sich der konvulsive Krampf ihres Wesens – Rosa wird dann ein herrliches, in einem inneren Feuer brennendes

Wesen, wird ein Gefäß und ein vollkommenes Instrument der Schönheit der Welt. In solchen Augenblicken fasziniert und bannt sie ihre Umgebung mit einem seltsamen Zauber. Gleichzeitig geht von ihr eine Kraft aus, welche das Leben um sie steigert, es mit dem Feuer einer merkwürdigen Intensität versengt und bewirkt, daß es stürmisch, schön und inbrünstig wird. In ihrer Nähe gewinnt das Leben ringsum ein größeres Format, die Menschen gehen aus ihren Grenzen hinaus und überschreiten ihre Möglichkeiten. In Rosa steckt eine Leidenschaft für Größe, welche die Umgebung mitreißt und umgestaltet. Das scheinbar desorganisierende Ferment des Zornes und der Aufregung, der Gereiztheit und des Fiebers erweist sich als schöpferisch, gewinnt einen neuen Aspekt als Kampf, angekündigt der Kleinheit und Kleinlichkeit der Menschen wie der Dinge.

In solchen Augenblicken vermag sich ihr niemand zu widersetzen, auch der Benachteiligtste nicht, es wird ihr alles verziehen, und alle Herzen schlagen hoch und heiß.

Es ist ein großes Verdienst der Autorin, daß sie diese Polarität der Natur Rosas wahrscheinlich zu machen vermochte, daß deren gewaltsame Sprünge von Plattheit zu Erhabenheit nicht die Einheit ihrer Person zerschlagen. Rosa schwingt stets zwischen der Begeisterung einer Muse und der ordinären Gemeinheit einer Megäre – und diese jähen Schwankungen tun nicht nur keiner dieser beiden Daseinsformen Abbruch, sondern scheinen sich auch gegenseitig zu bedingen und zu garantieren. Erst diese Spaltung von Rosas Wesen in so konträre Gestalten verbürgt uns die unverfälschte Wahrhaftigkeit jeder dieser Existenzformen. Die ganze aufgeregte Fauna des Zorns, der Bissigkeit, der Arroganz und des Hochmutes gewinnt in jenem ihr gegenübergestellten Aspekt einen Hintergrund, auf dem sich neuer, tieferer Sinn und neue Bedeutung zu versammeln scheinen. Ihre Höhenflüge, Begeisterungen und Kontemplationen dagegen gewinnen in dieser Gemeinheit und Lächerlichkeit ein gewisses realistisches Gegengewicht, das sie vor papierener Trockenheit bewahrt.

Wie soll man erklären, daß diese Egoistin ohne Liebe, bar aller Güte und allen Verständnisses, die keinem etwas nachsieht und allen die bittere Wahrheit ins Gesicht schleudert, daß dieses Wesen, das sich nie um jemanden bemüht, überall Begeisterung erweckt, sooft es aus seiner feierlichen Einsamkeit heraustritt, daß ein einziges freundliches Lächeln ihrerseits genügt, um überall ekstatisch ausgebreitete Arme zu finden? Das Geheimnis liegt eben in ihrer Autarkie, Unabhängigkeit von der Umgebung und darin, daß sie ganz in sich selber ruht. Rings um sie sind alle abhängig, angewiesen auf jemanden oder etwas, das sie brauchen.

Rosa allein ist unter diesen Krüppeln und fragmentarischen Wesen das einzige Ganze, verbissen und stolz, sie braucht niemanden, ist Anfang und Ende, ein absolutes Zentrum, eine vollkommene Monade. Der Zorn, den sie sich erlaubt, ist der Triumph auf dem Gipfel dieser Unabhängigkeit, ist das Übermaß ihrer Autarkie. Das ist das Geheimnis ihrer Erhabenheit, ihres metaphysischen Übergewichts über die Umgebung. Nichts fasziniert die Menschen mehr als Substanz, als eine volle, runde Existenz. Die Autorin sagt das nicht, formuliert es nicht, kann es aber – was die größere Kunst ist – zeigen, ohne es zu erwähnen.

Man hat den Eindruck, als könnte die Autorin bei diesem Aspekt ihrer Analyse abschließen. Doch die eigentliche Analyse hat noch gar nicht angefangen. Die Autorin schiebt erst jetzt die Wände dieses psychologischen Interieurs beiseite, als wären es Theaterdekorationen, und zeigt einen weiteren Hintergrund der Angelegenheit. Die Manifestationen des dämonischen Zornes sind noch verhältnismäßig unschuldig, wenn sie sich in der Form von Streit, hysterischen Szenen und Gesellschaftsskandalen entladen. Die Expansion dieses Zornes ist größer und schrecklicher. Sie knickt das Leben von Rosas Mann Adam und schwebt wie eine fatale Kraft über dem Leben der Kinder. Es gibt Augenblicke, in denen ihr diese dämonische Kraft die Versuchung zu einem Verbrechen unterschiebt. Rosa spielt mit dem Gedanken, ihren Sohn zu ermorden und den Tod der Tochter herbeizuführen. Die Autorin verheimlicht nicht länger, daß da nicht alles in Ordnung ist, daß dieser Zorn falsch plaziert ist, daß er sich stellvertretend auf einem fremden Gebiet austobt. Alle diese verworrenen Akte der Verzweiflung sind eigentlich Gesten in der falschen Richtung, Demonstrationen unter falscher Adresse. Wir betreten jetzt mit der Autorin eine andere psychologische Dimension, einen Bezirk, in dem eine andere Mechanik der

Ereignisse, eine andere Technik der Motivierung herrscht: das Unterbewußtsein. Die Kuncewiczowa hatte den genialen Gedanken, sich so etwas wie einer Technik der freien Ideenverbindung bei einer psychoanalytischen Séance zu bedienen. Schon auf den ersten Seiten ihres Romans schmuggelt die Autorin, anfänglich ganz unbetont, gleichsam inkognito, die grundsätzliche Situation dieses Lebens ein. Sie tut dies rein anekdotenhaft, indem sie diese Szene aus dem Zwielicht längst vergangener Kindheit hervorruft. Rosa, das wilde Mädchen aus Taganrog, besessen von der Neugierde auf das Leben, am Ofen mit Michał – und seine bezaubernden Worte: »diese, diese, o ja, wunderschöne Nase«, Worte, in welchen das Fatum Rosas beschlossen ist. So unscheinbar kann in der Sprache des Bewußtseins klingen, was unterbewußt den Sinn eines ganzen Lebens ausmacht. Das ist der Text von Rosas Schicksal, das ist der Vers, den sie endlos, immer mit anderer Betonung, immer verständnisinniger vor sich hersagen wird – um ihn erst zu einer späten Lebensstunde endgültig ganz zu begreifen.

Alles, was auf diesem Text das Leben später geschrieben hat, ist nur ein Palimpsest, das den eigentlichen Sinn trüben soll. In diesen Worten ist die ganze Tragödie und das ganze Glück Rosas enthalten. Sie erwecken sie zum eigentlichen Leben und machen eine Frau aus ihr. Und als dann Michał, der einzige Geliebte ihres Lebens, sie verläßt, verschließt sich ihre Weiblichkeit und verschanzt sich für immer in diesen fatalen Worten.

Die Psychoanalyse kennt diese Stauung abgeschnittener und auswegloser seelischer Energie, die in bestimmten Worten, in bestimmten Zwangsvorstellungen oder -tätigkeiten beschlossen ist, sehr gut. Es drängt sich die Frage auf, ob die Erkenntnisse der Psychoanalyse Gegenstand literarischer Bearbeitung sein können.

Mir scheint, daß psychoanalytische Schlüsse den Nichteingeweihten nicht hinreichend überzeugen. Der Mechanismus unterbewußter Vorgänge, ihre Logik unterscheidet sich von jener, der zu begegnen wir in der Belletristik gewohnt sind. Im Roman ist die Wahrheit kein endgültiges und entscheidendes Argument, sondern viel eher die Wahrscheinlichkeit. Die Enthüllungen der Psychoanalytiker werden – obgleich richtig – für den ungeübten Geist noch lange wenig überzeugend bleiben. Es wird aber einmal, wenn unsere Introspektion bis zu einem solchen Grade mit psychoanalytischen Methoden durchdrungen ist, daß wir die Mechanismen des Unterbewußtseins auf frischer Tat ertappen lernen, wenn sich unser Geist die Mechanik dieser Vorgänge aneignet, die Zeit für die Psychoanalyse im Roman kommen. Der Roman der Kuncewiczowa widerspricht jedoch dieser Prognose. Er ist gleichsam ein Beweis dafür, daß die Methoden der Psychoanalyse schon heute reif sind für die schöne Literatur. Ich argwöhne jedoch, daß dies infolge einer gewissen Fälschung unterbewußter Vorgänge geschieht, infolge ihres künstlichen Einbeziehens in die Hierarchie seelischer Gebilde und Annäherung an die Struktur normaler Vorgänge, was ich übrigens als zulässig und notwendig im Interesse der Verständlichkeit erachte.

Wir kehren noch einmal zu dem entscheidenden Erlebnis Rosas in ihrer Kindheit zurück. An diesem Abenteuer, an diesem Text hat sie ihr Leben lesen gelernt. Und als ihr dieser Text weggenommen wurde, wollte sie keinen anderen annehmen. Sie wollte keine Gegenvorschläge der Welt annehmen. Ihr Leben wurde an dieser Stelle verriegelt, es bildete eine Sperre. Von da an war alles, was ihr begegnete: Ehe, Kinder, Karriere und Glück, das, was den Lebensinhalt einer normalen Frau ausmacht, gleichsam ein fremdes, äußerliches, uneigentliches Leben für sie. Eine Angst vor dem Tode, der seinen Sinn verliert, wenn er nicht die Sanktion eines erfüllten Schicksals ist.

Ein in der Erschütterung eines Komplexes gepacktes Leben hat jedoch noch einen anderen Weg in die Freiheit: Sublimierung, Kunst, Ehrgeiz, Karriere. Rosa versucht, ihrem Komplex durch alle diese Luken zu entschlüpfen. Am tragischsten sind ihre Versuche zu Höhenflügen im Bereich der Musik, denn Rosa ist eine begabte, wenn auch nicht ausgebildete Geigerin. Tief erschütternd der Anblick, wie Rosa um ein höheres Dasein kämpft, um eine Fülle von Gefühl, während sie im Grunde von Natur aus zu einem großen und breiten Leben vorbestimmt ist, zu einem Leben auf Höhen. Das nimmt die Gestalt eines Violinkonzerts in D-Dur von Brahms an. Die Stelle, an der Rosa den ganzen Abgrund ihres Schicksals erfährt, sich durch das Gitter ihres Kerkers zur Fülle der Mondnacht erhebt, mit Hilfe dieser halb geträumten, halb von ihr wirklich gespielten Musik sich Befreiung halluziniert, diese Stelle gehört zu den Gipfelpunkten der polnischen Prosa. So hat bei uns noch niemand über Musik geschrieben. Die Autorin findet hier eine ganz neue Sprache für die Wiedergabe der Musik, einen funkelnden Klangkörper, sie berührt jene Wegkehren, wo die Musik in Metaphysik übergeht.

Rosas Leben ist nicht extensiv, entfaltet sich nicht durch äußere Ereignisse und Abenteuer in der realen Welt. Dieses Leben ist trotz allem expansiven Schein ganz intensiv nach innen gerichtet. Das einzige wirkliche Erlebnis ihres Lebens, die Liebe zu Michał, ist im fernen Nebel der Kindheit versunken, ist überzeitlich, überreal und ewig geworden. Auf diesem Abenteuer hat es ihr Leben wie auf ein unerreichbares Ziel rückwärtsgehend abgesehen. Kann man erwecken, was für immer vergangen ist, oder kann man von dem leben, was abberufen, zurückgenommen, vernichtet wurde? Si flexere nequeo Superos, Acheronta movebo. Es gibt nichts Unmögliches für eine wunschbefangene Seele. Rosa kämpft so lange in den Schlingen ihres Unglücks, bis ihre Kräfte erlahmen und die wütende Leidenschaft abfällt. Rosas Schicksal macht sie, im Wunsch es zu vollenden, weich, nachgiebig, zugänglich für Kompromisse.

Rosa hat ein Abenteuer in Königsberg. Sie konsultiert dort einen Arzt, und dieser Arzt benimmt sich etwas ungewöhnlich: ohne sich von Rosas vorsätzlicher Feindseligkeit aus dem Gleichgewicht bringen zu lassen, spricht er zur Sache, gut und warm. Rosa antwortet mit Verachtung und Arroganz und bagatellisiert dann den ganzen Vorfall. Dennoch kehrt sie in der ersten Zeit, nach ihrer Rückkehr in die Heimat, noch einmal zu diesem Abenteuer zurück und revidiert es. Das geschieht zu einem Zeitpunkt, als der tiefe Instinkt des Organismus das nahende Ende spürt. Rosa gibt sodann dem Abenteuer eine andere Redaktion, interpretiert es jetzt aus der Tiefe ihrer Sehnsucht und bildet sich ein, daß der Kreis geschlossen sei, daß das, was unmöglich war, sich gerade in diesem Abenteuer erfüllt hätte. Der Arzt hatte nämlich zufälligerweise genau dieselben Worte verwendet wie Michał, seinem Mund war derselbe fatale Refrain entflohen, der Text des Komplexes – und das genügte, um die historische Situation ihres Lebens Wirklichkeit werden zu lassen. Der Arzt hat Michałs Platz eingenommen, er ist Michał. Michał hat sie nie betrogen, Gott hat seinerzeit ihre Gebete erhört und ihn treu sein lassen. Ihre Kinder sind Michałs Kinder. Die ganze Qual des Lebens mit Adam war ein langer, feindseliger Traum. Rosa erwacht aus ihm und ist wieder das wilde Mädchen voller Sehnsucht, das ganze Leben, ihr Leben, liegt noch ungenutzt und unberührt vor ihr. Die Worte Michałs, die historische Situation sind ewig und gleichsam beispielhaft. Der Unterschied von Zeit und Ort und Person ist demgegenüber für ihre Seele bedeutungslos, verschwindet in Anbetracht der grundsätzlichen Identität des Sinns. Rosa kann nicht anders erlöst werden als durch die Worte, die seinerzeit gesprochen wurden, durch den Vers, der ihr Fluch war – und als ihr das Schicksal nicht zu Hilfe kommen will, erschafft sie sich selber diese erlösende Szene, ihre eigene Seligsprechung als Halluzination in der Todesstunde.

Rosa wird Gnade zuteil, der Panzer des Zornes, der erschöpften Ambition und der krampfhaften Sehnsucht nach Größe zerspringt. Sie widerruft ihr Leben, ihre heroische Haltung ihm gegenüber, ihre lästernde Geste, demobilisiert und entwaffnet ihren Lebensapparat. »Weder Ehrgeiz noch Kunst, noch Reisen, noch Reichtum – das Lächeln ist für das Leben unerläßlich«, sagt sie zu Marta. »Ein Lächeln, das aus vollem Herzen strömt.«

Und eigentlich könnte man sagen, daß diese Halluzination der Lohn, die Sanktion des Himmels dafür ist, daß Rosa, so lange vom Leben geschlagen, endlich verstanden hat, was das Schicksal von ihr verlangt, sich bezähmt und die harte Fessel ihres Widerstandes gelöst hat.

So weit mußte die Autorin ausholen, um Rosas Frage zu lösen, eine Frage, die in ihren ersten Etappen das psychologische Problem eines unkomplizierten, einfachen Typs zu sein schien.

Es zeigt sich aber, daß wir, das Problem dieses Charakters über einen bestimmten Punkt seiner Tiefe hinaus ergründend, den Bereich psychologischer Kategorien überschreiten und die Sphäre der letzten Lebensfragen betreten. Der Grund der Seele, den wir zu erreichen versuchten, tritt auseinander und zeigt das gestirnte Firmament. Rosas Sache hört auf, eine Frage der Psychologie zu sein, sie wird die Sache eines Menschen, der Prozeß eines Menschen, der sich seit Ewigkeiten vor einem höchsten Tribunal abspielt.

In diesen klinischen Fall, in diese psychoanalytische Séance mischt sich unbemerkt Ewigkeit und verwandelt das psychoanalytische Laboratorium in ein eschatologisches Theater.

Diese Verlängerung der Psychoanalyse über ihren eigentlichen Bereich hinaus in die Sphäre der Fragen des menschlichen Daseins, wo dessen Dialektik zweideutig wird und zu flimmern anfängt, ist das letzte und endgültige Ergebnis dieser ganzen Analyse. Sie ist die Klammer, welche das ganze komplizierte, reiche und wuchtige Gebäude zusammenhält.

Noch ein paar Worte möchte ich über die Komposition dieses Romans sagen. An dem Beispiel dieser komplizierten, reichen, vielfältig geknüpften Komposition kann man sehen, wie die Komposition aus der Artikulation des Inhalts entsteht – als ihre Funktion aus der Durchdenkung des Inhalts in verschiedenen Richtungen. Von einem bestimmten Gesichtspunkt aus erinnert dieser Aufbau an die vielschichtige Struktur eines Traumes, wie diese kann sie vielfältig gelesen werden, mit unterschiedlichen Schlüsseln – in jeder Version einen stets tieferen Sinn der Sache verratend.

Die Kuncewiczowa hat die Komposition unbewußt auf dem Schema der Entwicklung eines neurotischen Symptoms entwikkelt, auf dem Grundsatz der psychoanalytischen Prozedur. Das bewirkt, daß gewisse Motive immer wiederkehren, verschwinden und erneut auftauchen, wie in einer freien Verbindung, die von einer unterirdischen Dynamik des Unterbewußten geleitet wird. Das verleiht der Komposition einen musikalischen Charakter. Das Wogen der in stets anderer Tonart wiederkehrenden Motive, das Schillern der Erzählung in ständigen Anspielungen, gedanklichen Assonanzen, Beziehungen und Berichten ergibt als Resultat den Eindruck eines maßlos mysteriösen Gebäudes, das nach verschiedenen Richtungen verbunden und vielfältig determiniert erscheint – wie eine musikalische Fuge.

Am gemeinsamen Ziel
(Maria Kuncewiczowa und Karin Michaëlis)

Der neue Roman von Karin Michaëlis, in Dänemark und in Deutschland mit großem Wohlwollen aufgenommen, ist ein meisterhaftes Porträt einer Mutter, ein Kunstwerk vollendeter psychologischer Charakterisierung, welche – wie im Drama – durch die Methode reiner Schilderung mit Worten, Gesten und Reaktionen der agierenden Person erreicht wird. Der ganze Roman ist in Wirklichkeit ein großer Monolog einer Greisin, die von der Autorin durch verschiedene Situationen und Gelegenheiten zu Tiraden greisenhafter Geschwätzigkeit geführt wird. Man merkt, die Autorin konstruiert nicht, sie braucht nur halb die Augen zu schließen, um wieder die liebe, schnurrende Stimme in sich zu vernehmen, und den unendlichen, durch alle Themen an der Oberfläche dahinplätschernden Monolog in sich weiterziehen zu lassen. In diesem Sinne haben wir es hier scheinbar mit einer Art Stenogramm zu tun, frisch am Leben beobachtet, mit einem Rohmaterial, das künstlerisch nicht verarbeitet und verdichtet ist. Das ist natürlich eine Täuschung. Wie wir wissen, vollzieht sich schon im Gedächtnis des Schriftstellers eine Auslese, und nur Talent und schriftstellerische Weisheit vermögen die Elemente so zu schneiden und der jeweiligen Situation anzupassen, daß jeder Satz des Monologes jenes Perspektivische und Charakteristische gewinnt, das aus ihm ein Guckloch in die Tiefen der Seele macht. Gleichzeitig klärt dieser Monolog die Umwelt der Alten und zerrt wie ein Lämpchen aus dem Dunkel ihre ganze Gegenwart und Vergangenheit ans Licht.

Dem polnischen Leser nötigt sich hier eine gewisse Ähnlichkeit mit der »Fremden« von Maria Kuncewiczowa auf, eine Ähnlichkeit, die nicht nur thematisch bedingt ist. Beide Romane stellen von einem bestimmten Blickpunkt aus den Versuch dar, sich vom Mutterkomplex zu lösen, innerlich mit der geliebten Verstorbenen abzurechnen, ja sie wollen durch eine Art von Sühne diesen Komplex überwinden und ihn künstlerisch vergegenständlichen. Dabei werden diese Romane zu Porträts von Frauen unverwüstlicher Vitalität, die auf der Umgebung lastet und sie niederdrückt. In beiden Heldinnen nimmt diese Expansivität in moralischer Hinsicht merkwürdig zweideutige und zuweilen sogar entschieden negative Formen an. Doch während die dänische Autorin, primitiver, gesünder und innerlich nicht zerspalten, dieser Zweideutigkeit ausschließlich tiefe menschliche Nachsicht und Verständnis entgegensetzt, mit einem Humor reagiert, von dem das ganze Werk durchdrungen ist, läßt sich die polnische Schriftstellerin vom Problem in die Falle locken, nimmt es tragisch, setzt sich allen Ernstes mit ihm auseinander und aktiviert dazu ein ganzes Arsenal moderner Seelenkenntnis. Das verleiht dem polnischen Roman ein größeres spezifisches Gewicht. Übrigens muß man zugeben, daß sich die beiden Heldinnen grundsätzlich durch psychisches Format voneinander unterscheiden, und das rechtfertigt ihre unterschiedliche künstlerische Behandlung.

Karin Michaëlis zeichnet nicht so sehr ein individuelles Porträt als vielmehr eine Studie des Alters an sich. Nielsina, eine einfache, primitive Frau, hat im Grunde kein individuelles Schicksal, keine persönliche Tragödie wie Rosa in der »Fremden«; ihr Schicksal ist spezifisch, repräsentativ. In diesem Licht gewinnt der Roman die Bedeutung eines wertvollen menschlichen Dokuments – als meisterhaftes Bild der Pathologie des Alters.

Nielsina hat schon eine bestimmte Altersgrenze überschritten, außerhalb der die Lebensäußerungen eines Menschen nicht mehr mit ganzem Gewicht in die Waagschale gelegt – nicht mehr so ernst genommen werden –, eine Grenze, über der wir davon Abstand nehmen, sie sachlich zu behandeln, sondern wir bewerten sie wie Reaktionen eines Kindes. Nielsina ist in einem Alter, in dem man die Unverantwortlichkeit für seine Taten noch einmal wiedergewinnt, eine gewisse Art sekundärer Unschuld erreicht. Im Schatten dieser Unschuld entfaltet die Alte eine ganze Fülle von greisenhaftem Egoismus, Eitelkeit und despotischem Unfug, breitet die ganze Skala des Kindischen und Gemeinen aus. Und es fällt ihr insofern leichter, als das Alter in ihrem glücklichen Vaterland ein Tabu und mit nachsichtigster und zärtlichster Fürsorge umgeben ist. Zuweilen hat es den Anschein, die Tochter sei stolz auf dieses mit unendlicher Toleranz und Geduld gezüchtete Exemplar eines monströsen, greisenhaften Despotismus, kokettiere gar mit ihm ... Liebevoll und ergriffen verfolgt sie das groteske Wuchern dieser Vitalität, durch welche die klägliche Ruine einer einst tapferen, lebendigen und mit beiden Füßen im Leben stehenden Persönlichkeit durchschimmert.

Karin Michaëlis hat ihre liebe Not mit der unbezähmbaren Alten. Nielsina läßt den Gedanken nicht zu, daß ihre Tochter schon eine ältere Frau, eine Schriftstellerin von europäischem Rang ist, die ihr Recht zur Selbständigkeit bewiesen hat. Ihr Wohlbefinden braucht die Fiktion einer mißlungenen, dummen und irren Tochter. Sie nährt diese Fiktion in sich und ist bereit, sie wider jeden Augenschein, wider alle Zeichen von Ehrung und Anerkennung der Welt aufrechtzuerhalten. Ständig bedauert sie Karins verderbenbringende Gewohnheit zu schreiben, eine Leidenschaft, die ihr nur Unannehmlichkeiten und Attacken von seiten der Welt einbringt. Karin ist in ihren Augen ein entgleister Mensch, den nur die Obhut der Mutter vor dem endgültigen Ruin bewahren kann. Bei jeder Gelegenheit inspiziert sie ihre Ohren, ob sie nicht schmutzig seien, mustert und tadelt sie, macht sich über ihre Ungeschicklichkeit und ziemlich mittelmäßige Schönheit lustig. Man weiß nicht, wieweit sie ihre Fiktion ernst nimmt, irgendwie verträgt sich diese Fiktion auf unklare Weise mit dem heimlichen und uneingestandenen Bewußtsein über die wahre Situation ihrer Tochter in der Welt. Nielsina freut sich im Grunde über Karins Erfolg, als ginge er auf ihr Konto.

Die Tochter nimmt diese Willkür, mit der die Alte zu Hause waltet und schaltet, mit einer Engelsgeduld hin, auch wenn die Mutter während ihrer Abwesenheit wertvolle Bilder und Möbel, die nicht ihre Anerkennung finden, um ein Spottgeld verkauft und Karins Schmuck herschenkt.

Einmal, in einer Anwandlung von greisenhaftem Humor, rät sie der Tochter sogar, ein Testament zu machen in Anbetracht ihres wahrscheinlich vorzeitigen Todes, und ergeht sich in langen Ausführungen, wie sie über ihr Vermögen verfügen wird.

Diese tüchtige Alte besitzt noch die Lebenslust – eines Backfisches. Oft hat es den Anschein, daß sie das tobende Töchterchen oder ihr jüngeres Schwesterchen sei. Ein bestimmtes Alter überschritten, fühlt sie sich wie jenseits vom Tode – in einer neuen, trügerischen Jugend und Tapferkeit, und das verleitet sie zu unvernünftiger Unternehmungslust, zu unüberlegten sportlichen Exzessen, die ein jämmerliches Ende nehmen.

Mitten durch das vordergründige Bild einer naiven, von greisenhafter Vitalität strotzenden Person funkelt eine tiefere psychologische Schicht, in welcher diese Symptome ihre Farbe wechseln. Die Autorin zeigt die seltsame, bizarre Zweideutigkeit dieses greisenhaften Optimismus und läßt ihre klägliche Kehrseite erraten. Diese gesteigerte Vitalität vor dem Tode ist ein Produkt der Kompensation, eine verzweifelte Notwehr des Lebensprestiges vor dem bedrängenden Verfall. Am Schluß taucht zwischen den Tausenden realistisch abgemerkter Züge der zentrale Lebensmythos dieser Biographie auf. Und dieser merkwürdige Mythos der Alten ist die Idee einer gewissen Allianz mit dem Glück, eines privaten Bündnisses mit dem Schicksal, eines sicheren Schlummerns im Schoße göttlicher Protektion. Als der Mythos durch den Tod der geliebten und schönen Tochter Harrieta in der Fremde eine Niederlage erfährt, flickt die Alte ihn, so gut es geht, mit der Fiktion von einem schönen und schmerzlosen Tod des Kindes aus, die ihr von der Umwelt hinterbracht wird. Das tröstet sie. Denn schon längst hat in der Seele dieser Greisin ein guter Tod den Platz eines ersehnten Zieles eingenommen. Sie träumt davon, nach dem Tode alle ihre Kinder um sich zu haben – im Grab. Dieser Zug des Alters, gleichsam eine Verlängerung der Mutterschaft ins Jenseits, ist treffend und tief und unheimlich. Am Schluß fällt diese Fortezza des Mythos jedoch: auf Grund gewisser Spuren gelangt Nielsina allmählich zu der schrecklichen Erkenntnis, daß Harrieta nach mehrfachen Selbstmordversuchen eines grausamen und tragischen Todes gestorben ist. Dies erschüttert die Fundamente ihres Mythos und macht sie trostlos.

Im Endeffekt gab uns die Autorin ein sehr mutiges Porträt, nicht beschönigt und nicht geschminkt. Sie entschuldigt nicht, rechtfertigt nichts und wäscht auch nichts rein. Ihre Liebe zum Leben ist weit und aufnahmefreudig genug, um alle Kurven, Abwege und Ausflüchte dieser ergreifenden Vitalität, dieses heldenhaften Willens zum Leben und zur Selbstbehauptung zu fassen, sie auch dort mit tiefer Sympathie zu begleiten, wo sie bereits zweideutig und zweifelhaft werden. Der scheinbare Mangel an Pietät ist gerade eine tiefe Pietät, eine Pietät in weiterem und liberalerem Sinn: sie befreit den Mutterkomplex von der Lüge und bezieht ihn in den wahren Humanismus ein.

Auf die Analogie mit der »Fremden« zurückkommend, muß man zugeben, daß die Aufgabe, die die polnische Autorin sich gestellt hat, ehrgeiziger und ihre Reichweite tiefer und universaler ist. Der Kuncewiczowa ist es außerdem gelungen, ihr Mutterporträt zu dynamisieren, ihre Diagnose zu dramatisieren und ihren Einblick, ihr seelenkennerisches Enträtseln durch eine Art Romanhandlung in Bewegung zu bringen. So gab sie ihrem Porträt die dritte Dimension, welche die Entwicklung, die Geschichte und die Lösung des Mutterkomplexes der Heldin sind. Um das zu erreichen, mußte sie die ganze Vergangenheit revidieren, die gesamte Biographie in den Bereich des Porträts einbeziehen. Bei der nordländischen Autorin spürt man den Mangel dieser dritten Dimension; das Gewebe ihres Romans dehnt sich waagerecht aus und entfaltet sich auf einer einzigen, unendlichen Fläche der Gegenwart. Hier fehlt die Addition des Erzählens, die Betonung durch Handlung im Roman. Man vermißt die Strömung oder jene Luft, die eine Aufnahme des Werkes erleichterte – dadurch aber droht stellenweise, mitten in der Monotonie dieses unendlichen Selbstgesprächs, Stagnation. Bis zu einem gewissen Grade hängt dies auch von der unterschiedlichen intellektuellen Aggressivität beider Autorinnen ab. Die Kuncewiczowa ist aggressiver gegen den Leser, sie nötigt ihm mehr auf, gängelt, betäubt, überrascht ihn mit der Schichtung ihrer Diagnosen. Die dänische Autorin befindet sich uns gegenüber wie in einer Defensive, sie attackiert nicht, rechnet aber auf unsere Aggressivität, auf die Mitwirkung von Gefühl und Intellekt des Lesers. Selbst jeglicher Interpretation sich fernhaltend, liefert sie gleichsam Rohmaterial, das sie im Laufe des psychologischen Abhorchens gesammelt hat, liefert es mit all seinen unentwirrten Widersprüchen – zuversichtlich, daß es sich in der Rezeption des Lesers zu einem Ganzen zusammenschließe, zu einer völligen charakterologischen Synthese ordne. Während sie so Hunderte von Symptomen und Reaktionen aufspeichert, erreicht sie auf dem Wege der Induktion den Eindruck einer unendlichen Perspektivität der menschlichen Seele, welche die Kuncewiczowa erobert, indem sie zum Leser hin eine gewagte Konstruktion ihres psychologischen Überbaues türmt. Die »Fremde« bewegt tiefer, sie ist reicher an lyrischen und dramatischen Momenten. Bei Karin Michaëlis gibt es diese Höhenflüge und Gipfel nicht, ihr Gefühl ist gleichsam zwischenmolekularisch placiert in gleichmäßiger Atmosphäre der Sympathie und einer zarten Ergriffenheit, die das ganze Buch durchdringt. Die »Fremde« ist das Werk einer größeren intellektuellen Energie, einer größeren geistigen Einlage und stärkeren Gefühlsaufwands, sie ist, mit einem Wort, ein Werk von größerem spezifischen Gewicht. Und dennoch ist an dem um so vieles einfacheren, ärmeren und weniger raffinierten Buch der dänischen Autorin etwas, das ihm eine gewisse Überlegenheit gibt, etwas wie eine Klasse oder Gattung der Kultur, ein moralisches Klima oder eine Atmosphäre menschlichen Zusammenlebens. Eben die Tatsache, daß die dänische Autorin keiner Raffiniertheit bedarf und analoge Probleme bei ihr einfacher, natürlicher, unpathetisch und selbstverständlicher gelöst werden, belegt die unverdiente, als Mitgift erworbene Überlegenheit eines glücklicheren, gesünderen und unproblematischeren Geisteszustandes einer Gesellschaft, der K. Michaëlis entwachsen ist.

Ein Buch über die Liebe

(Über den Roman »Adam Grywałd« von Tadeusz Breza)

Das Verfahren des Autors erinnert an das Wühlen eines Maulwurfs. Breza wühlt Gänge in sein Thema und zeigt, mitten in abbröckelnden Erdklümpchen, die Struktur des Inneren, im engen Kreis beim Schein der Kerze, ein Zollbreit Land nach dem anderen, seltsam nah, deutlich und greifbar. Man hat den Eindruck, das Blickfeld sei in jedem Augenblick äußerst eng, doch was von dem prüfenden Lichtstrahl ertappt wird, ist ungewöhnlich ausdrucksvoll, plastisch, fast wie durch eine Lupe gesehen. Breza besitzt die seltene Gabe, sich intensiv an einem dünnen Faden der Erzählung zu sammeln. Der Rest des Themas scheint dann für ihn nicht zu existieren, und wir, vom Autor völlig magnetisiert, laufen hinter den kunstvollen Bewegungen seiner Finger her, die die zarte Kette dieses merkwürdigen Geflechts zusammenhalten.

Das Buch reizt durch seine faszinierende Art und Erzählungsdichte, auch durch den Stoff, mit welchem die Stellen des Monologs geschliffen werden. Diese Stellen sind hier besonders zähflüssig, schwer und kostbar.

Im Grunde besitzt jede Prosa einen eigenen Ton ihres Monologs, er wird durch den besonderen Aufbau des Mundes gegeben, durch die dem Autor eigene Anatomie des Denkens; doch das Kennzeichen einer durchschnittlichen Romanprosa ist der Umstand, daß sie die ihr vom Munde gegebene Gestalt nur sehr kurz behält, wie Wasser die Gestalt des Quellenmundes, und, kaum artikuliert, die Form des Flußbetts annimmt, in das sie fließt, zur Welt objektiver Inhalte wird und verdunstet, während auf ihre Kosten der semantische Inhalt zu wachsen anfängt und sich formt, als wäre er unabhängig vom Autor.

Diese scheinbare Naivität, die Flucht aus einem absoluten Anfang ist ein auffallender Wesenszug dieses Monologs. Ich drücke mich schlecht aus, wenn ich von einer scheinbaren Naivität spreche. Es ist nämlich eine wesentliche Naivität, die wahre Naivität eines Künstlers, der verwundert ist über seinen Gegenstand. Dies ist der größte Reiz des Buches, diese Andacht, diese stille Aufmerksamkeit, mit welcher der Autor dem Strom innerer Vorgänge lauscht, das lautlose Geflüster des inneren Monologes. Breza hat den Mut, diesen Vorgängen das richtige Tempo zu geben. Er unterliegt nicht dem Terror von Wertungen, er bagatellisiert nichts, er prüft noch einmal das Gewicht der Erlebnisse auf der eigenen Waage. Mit großen, achtsamen und erstaunten Augen blickt er unermüdlich in diese innere Welt und kodifiziert sie, kodifiziert mit tiefem naiven Ernst, einzig besorgt um Genauigkeit und Treue. Deshalb läuft sein Erzählen so langsam und so kostbar schwer, deshalb spricht man hier allen Ernstes, erschöpfend und mit einem großen Aufwand an Eindringlichkeit über scheinbar nichtige Dinge. Daher wimmelt es in diesem Monolog von Vergleichen und Bildern.

Wie alles organisch Herausgewachsene ist auch die Physiognomie dieses Monologs schwer zu untersuchen und zu beschreiben. Sie besteht sowohl aus jenem melancholischen, sanften Prosaton, aus der edlen Monotonie der Sätze, aus jenem lautlosen Geflüster, das dem Flug einer Fledermaus in der Dämmerung ähnelt, als auch aus der ganz besonderen Dialektik Brezas, der Manier des inneren Betrachtens, die anders ist als die

Proustsche, obgleich ihr in der Art gewissermaßen verwandt, schließlich aus der resignierten, beinahe fatalistischen Passivität gegenüber dem Leben, dem Sich-nicht-widersetzen gegen das Böse, der sanften Verwunderung über Manifestationen aus eigener Tiefe. Selten verbindet sich bei einem Schriftsteller die ganze geistige Physiognomie zu einer solchen körperlichen Einheit mit dem Lauf des Monologs, der Artikulation des Satzes; selten drückt sie sich so vollendet im winzigsten Element aus! Bei Schriftstellern von einer objektiveren, epischeren Natur kommt sie in der Wahl der Charaktere, im Genre der Landschaft, in der thematischen Qualität zur Geltung – bei Breza trennt sie sich keinen Augenblick lang von ihrem physischen Leib, vom Fluß des Monologs.

Brezas psychologische Analyse beschränkt sich nicht auf Feststellung und Beschreibung, sie entwickelt sich vielmehr zu einem bestimmten dialektischen Prozeß, zu einer äußerst interessanten und spitzfindigen Diskussion. Manchmal sind es sprachliche Bezeichnungen und Bilder, die sie in eine eigenartige Problematik hineinführen. An manchen Stellen läßt sich Breza von der Urzeugung dieser Problematik hinreißen und gibt uns Proben einer spielerischen Psychologie, offenkundig spielenden, die sich wie zwischen Spiegeln, fiktiven Parallelismen und paradoxen Gegenüberstellungen fortbewegt. Diese Proben – sie folgen den Spuren Giraudoux', – sind meisterhaft gemacht. Wenn sie die Bahn der buchstäblichen Wahrheit verläßt – so scheint mir –, erreicht diese mythologisierende Psychologie jedoch in höheren Regionen eine gewisse Art künstlerischer Wahrheit. Die Gefahr der Willkür, welche hier droht, hebt nur das Risiko und das Verdienst des siegreichen Effektes. Dennoch ist Breza sich selbst näher, wenn er sich nicht mit schwungvollem Fuße vom Boden abstößt, wenn er seiner registrierenden, andächtigen Genauigkeit treu bleibt. Ich halte diesen Monolog Brezas, der eine neue Art von Objektivismus begründet, eine neue Art von Achtung und Pietät für innere Vorgänge, für eine auf unserem Boden mutige und gewissermaßen revolutionäre Tat, wenngleich in diesem Buch keine Spur von revolutionärem Pathos zu finden ist, von einem Geist der Verneinung oder einer demonstrativen Neuerungssucht. Das Revolutionäre ist hier positiv und edel, ist ungezwungen und vornehm.

Thema des Buches ist die große ›klassische‹ Liebe Grywałds und Izas, eine Liebe, die für Grywałd unglücklich endet, weil Iza, durch das schwierige und komplizierte Wesen ihres Geliebten entmutigt, Grywałd verläßt und Dieuvalse heiratet. Die Geschichte dieses Gefühls – sie gehört schon zu Beginn des Romanes der Vergangenheit an und wird retrospektiv behandelt – überragt an Format, an Ungewöhnlichkeit alles, was in diesem ereignislosen und an eigenem Inhalt armen Milieu geschieht, das nach Ungewöhnlichkeit giert und beim Klatsch schmarotzt. Der Schatten dieser großen, fast mythischen Liebe fällt auf alle Ereignisse, ist ständig sichtbar am Horizont des Buches. Wir kennen diese Liebe aus den wunderschönen Stellen in Grywałds Tagebuch, aus seinen vertraulichen Mitteilungen, aus der Legende, die in Gerüchten und Gesprächen um sie gewachsen ist. Gouvernante dieser Legende ist allem voraus der Autor und Erzähler – eine vermittelnde Gestalt, die Breza wie ein Filter des Geschehens, wie ein zusätzliches Prisma, zwischen den Leser und die Ereignisse des Buches einschiebt.

In der Gegenwart des Romans wiederum findet der überraschende und seltsame Epilog dieser Liebe statt, die eigentliche Pointe der ganzen Geschichte. Breza zeigt, wie diese Liebe gewissermaßen sich selbst überlebt, über ihren Tod hinausgeht und, wie verwurzelt im unsterblichen Selbsterhaltungstrieb dieses Gefühls, sich auf die Person Mosseks verpflanzt, Izas Bruder, der seiner Schwester physisch ähnelt.

Dieser klinische Fall, dieses Kuriosum des Gefühls, das schon als Konzeption und Problem äußerst interessant ist, wird meisterhaft dargestellt. Grywałd, begeistert von der Einzigkeit, von der Unvergleichlichkeit dieser inneren Tatsache und zugleich von ihrer Ungewöhnlichkeit und seltsamen Herkunft gefesselt, nimmt anfangs das fertige Schema, das die Psychopathologie für die Klassifizierung dieses Gefühls vorbereitet hat, nicht wahr, und gerade dieses Schillern verschiedener Klassifikationen und Beleuchtungen – in der Seele des Helden wie in der Diskussion des räsonierenden Autors – ist vielleicht der Höhepunkt des Romans. Sehr interessant wird die Entwicklung des Gefühls durchgeführt, seine Peripetien, die immer deutlicheren Manifestationen und Symptome, welche der Umwelt noch nicht verständlich sind, aber schon allmählich mit Argwohn und Gerücht durchsickern. Wir sind Zeugen, wie in den einzelnen, am Beispiel glänzender Episoden dargestellten Phasen – von der vortrefflich abgemerkten, in ihrer Beobachtung minutiösen Visite bei Grywałd, hindurch durch die vom Helden selbst nicht wahrgenommene Eifersucht auf Joasia – ständig die stärkere und eroberungsfähigere Individualität des Älteren das passive und plastische Wesen des sympathischen Mossek überbietet, bis zu der großartigen Szene im Theater, in welcher der Schlußeffekt des Spiels gezeigt wird: die völlige Kapitulation und psychische Abhängigkeit des total beherrschten Mossek in auffallender und seltsam grotesker Form. Wenn es mir erlaubt ist, Vermutungen anzustellen, dann ist die Szene im Theater in der Konzeption ihrer Entstehung wohl der Kern des ganzen Einfalls. Sie ist jener ›fruchtbare Augenblick‹ des Prozesses, in welchem sich – rückwärts betrachtend – wie von einem Höhepunkt aus die ganze Situation, alle Antezedenzien einschließlich der Charaktere ihrer Partner herleiten lassen. Mossek und Grywałd – diese beiden Gestalten – sind am lebendigsten, weit entfernt von konventionellen psychologischen Schemata, sie sind neu und ausgezeichnet.

Als Romanzeugen und Berichterstatter jener Ereignisse wird dem Autor eine merkwürdige und interessante Rolle zuteil. Eine Schwäche befiehlt ihm, bei den Gefühlen und Abenteuern der Umwelt zu schmarotzen und mit seltsamem Eifer ihr Gebaren zu verfolgen – ein hervorragender psychologischer Vorwand für den Räsonneur und Erzähler eines Romans. Und so wird er – außer seiner Rolle als Deuter des Geschehens – selbst zu einer Gestalt, zu einer etwas kläglichen und traurigen Randfigur des Romans.

Es ist ein Buch über die Jugend, die umweht ist von einem seltsamen Duft der Jugendlichkeit. Ein feiner Jugenddunst schwebt über diesen Mädchen- und Jungengestalten. Eros' Schatten liegt auf den Seiten des Buches, sehr sanft, vorfrühlingshaft, übersättigt vom Duft der ersten Schneeglöckchen, vom Duft des Lehmes und des Waldwassers. Eros hat die Feder des Schriftstellers geführt, er ist es, der unerkannt und proteisch in allen Adern und Verästelungen dieser vorzüglichen Prosa vibriert. Es ist ein uranfänglicher Eros, noch vorgeschlechtlich, er durchdringt die Gestalten des Buches und all die grauen Landschaften, die ganze Luft der Dämmerung, trunken und betäubend.

»Ernte« von Giono

Ein blendendes Buch. Giono schildert nicht die Natur, sondern gibt nur ihre Äquivalente: die kondensierten Ladungen des Himmels, der Ebene, des Windes und der leeren Berghänge. Alles lebt bei ihm, duftet und wogt; das Feuer im Kamin, der Frühlingswind, der Amboß und der Pflug. Er kennt ausgezeichnet die Physiognomie, die Gewohnheiten und die Launen der Dinge, wenn sie unter sich sind oder wenn man lange mit ihnen schweigt, die Seele des Baumes, der Rinde, des Wassers und der Luft. Diesen Schimmer der Gegenstände, preisgegeben in unbedachten Augenblicken, vermag er in seine Finger zu locken und auf die Seiten des Buches zu übertragen: lebendig, wogend und blendend. Das Buch lodert ganz von dieser enthülsten, flüssigen und flammenden Hülle der Dinge.

Giono versteht sich aber nicht nur auf die Dinge und die Elemente – er kennt auch den Menschen. Er kennt ihn in seinen elementaren großen Offenbarungen und Ausbrüchen, er kennt ihn von tiefstem Grund auf, wo große Einsamkeit ihn aus der Hülse der Eitelkeit geschält hat, wo die Winde der Bergwüste alles Angeflogene und die ganze Buntscheckigkeit der Kleinlichkeit aus ihm herauswehen. Dort, in der Einöde, im großen Alleinsein mit der Natur, werden die Menschen einfach und einheitlich wie das Wasser, wie die Erde, wie der Wind.

Am Rand der Bergwelt der Vogesen, am Fuß einer großen, mit Wacholder bedeckten Hochfläche, liegt der verlassene Ort: Aubignane. Als ein Bergrutsch die Häuser wie eine Lawine niederwalzte, flüchteten die Menschen und ließen ihre Anwesen im Stich. Die Ortschaft verfiel. Doch eine um etliche Dutzend Meter verschobene Erdschicht hielt stand. In den Ruinen der verlassenen Häuser wohnen jetzt noch drei einsame Menschen: der greise Schmied, der Jäger Panturl und die alte Hexe Mamesza. Es kommt der Augenblick, da der schwachsinnige Alte die

Ortschaft verläßt und sich nach Süden zu seinem Sohn aufmacht, die halbverrückte Hexe sich auch auf eine Irrfahrt begibt unter dem unklaren Vorwand, Panturl eine Frau zu verschaffen, damit das menschliche Leben in dieser Bergeinsamkeit nicht erlösche. Panturl bleibt allein. Es kommt der Frühling. »Ein sanftes und duftendes Element schwebte durch die Nacht. Etwas wie der Atem eines jungen Tieres. Etwas Warmes wie das Leben unter der Haut der Tiere, etwas Bitteres. Es schwebte von Süden heran, und die ganze Erde sog diesen Atem ein.« Dieser mächtige und aufrührerische Zauber des Frühlings schlägt in Menschen und Tiere wie der Blitz ein. Die Tiere werden benommen und betäubt, während die menschliche Seele verödet und alle Kraft verliert wie der große weiße Frühlingshimmel.

Über einen verwischten Bergpfad klettert Jahr für Jahr ein herumziehender Schleifer in die entlegenen Bergsiedlungen hinauf. Das Wägelchen mit dem Schleifstein zieht ein junges Weib.

Panturl wittert es schon aus meilenweiter Entfernung, und als der Schleifer in der Nacht schläft, finden sich die beiden Jungen. Panturl entführt Ursula in sein Anwesen. Sein Leben gewinnt plötzlich Sinn und Zweck. Seine bisher brach gelegenen Kräfte, Verstand und Scharfsinn beginnen zu arbeiten. Er beginnt zu wirtschaften, zu bauen und zu ackern. Das vernachlässigte Mädchen blüht in den Strahlen seiner Liebe auf. Neues Leben sprießt in den Bergen, am Rande der Wüste – die alte Mamesza hat Wort gehalten, obgleich sie selber auf ihrer Wanderung umgekommen ist: sie hat eine Frau auf Panturls Fährte getrieben.

»Traumgefährten« von Leonhard Frank

Der Autor dieses seltsamen Buches kokettiert mit dem Mystizismus, doch es ist ein Mystizismus von geringer und billiger Qualität. Es ist nicht der inbrünstige, ernsthafte und urwüchsige Mystizismus von Kafka, sondern vielmehr der eines Meyrink, spielerisch und salonhaft, nicht auf inneren Erfahrungen gründend, sekundär, aus zweiter Hand, voll kapriziöser Beliebigkeit und lnkonsequenz. Doch während wir bei Meyrink ein gewisses philosophisches Knochengerüst vorliegen haben, ergötzt sich Leonhard Frank am irrationalen, konturlosen Dunst aus Gedanken und Ideen, an einem flimmernden Durcheinander von Elementen des Freudismus, der Psychiatrie und der Mystik Platons.

Der Pol, um den herum sich diese eklektische Pseudomystik entwickelt, ist die exaltierte Erotik, ein in den Rang wesentlicher Existenzprobleme erhobener Sexualismus, die zum metaphysischen Problem vergrößerte Liebeswahl. Man kann der Vertiefung eines so gewaltigen Elements, wie das Geschlecht, dem Suchen nach einem philosophischen Boden dieses nie gelösten Rätsels keinen Vorwurf machen. Doch Franks Überspanntheit gründet nicht auf einem enthüllenden Bericht in dieser Sache – sein Blick in die Tiefe der Geschlechtsfrage geht nicht über den Horizont eines Boudoirs hinaus.

Das erotische Leben der Romanheldin steht im Zeichen eines Traumas aus der Kindheit. Ihr Gefühl verschließt sich krampfhaft vor den Attacken der Leidenschaft des sie vergötternden Ehemannes. Den Widerwillen teilt sie, gleichsam kraft der Sympathie, mit der sehr jungen, überempfindlichen Maria, Evas Nichte; und aus diesen hysterischen Reflexbewegungen der Jungfräulichkeit oder gar krankhaft entflammten Weiblichkeit knüpft der Autor seine Philosophie von der Seelenwahl Platons.

Eva verläßt ihren Mann, hat ein paar Liebesaffären, die sie enttäuschen; bis der Erzählduktus plötzlich an einer Stelle ohne Übergang einfach den Boden der Realität verläßt. Eva findet sich in einer schlaftrunkenen Wirklichkeit wieder, einer doppelgängerischen Realität des Traumes, in der sie ihr künftiges Schicksal vorwegnimmt – die Verbindung mit dem eigentlichen Geliebten ihrer Seele. Diese Halluzinationen, die an unerwarteten Stellen den Lauf des realen Geschehens ablösen, trennen sich so unmerklich vom Hauptstrang der Handlung, daß sie dadurch den Schein einer gleichrangigen Wirklichkeit erhalten. Der Autor erklärt und interpretiert nicht von sich aus die Zwiefältigkeit der Einschübe, er hält nur treu das Doppelleben der Heldin fest, das auf getrennten Bahnen geführt wird. Das Doppelspiel läßt einem keine Ruhe und macht neugierig; und es wäre ein interessanter schriftstellerischer Kunstgriff, wenn der Autor es dabei bis zum Ende aushielte. Doch letztlich gezwungen, seine

Karten aufzudecken, offenbart er nur ein Minimum an philosophischen Reserven, in denen das Spiel seine Lösung findet.

Dabei macht Frank einen Fehler, den auch viele zeitgenössische Schriftsteller nicht vermieden haben, die sich mit dem Wunderbaren und Phantastischen abgeben. Trotz seines ganzen Scharfsinns kann Frank den Zusammenprall zweier Wirklichkeiten nicht verhindern. E.T.A. Hoffmann, der sich gleichfalls mit der Antithese der Lebensprosa und der Welt der Phantasie befaßt, nimmt der Welt der Prosa die Schärfe des Realismus und ihre Massivität weg, behandelt sie grotesk und nachlässig, um beide Einschübe gleichförmig bearbeiten und einem einheitlichen Stilprinzip unterziehen zu können. Wenn der moderne Schriftsteller eine Begründung, eine Glaubhaftmachung für die transzendente Welt finden möchte indem er sie dort lokalisiert, wo unser Wissen Lücken hat, erreicht er gerade eine entgegengesetzte Wirkung: er bringt den phantastischen Einschub in Mißkredit. Zwischen der transzendenten Welt und der naturwissenschaftlichen Wirklichkeit gibt es keinen Brückenschlag.

Zu guter Letzt genügt dem Autor ein Opfer des metaphysischen Somnambulismus nicht. Er will, daß noch eine andere Romanfigur in einen völlig identischen Trance verfällt, mit dem Unterschied, daß er sie als eine echte Verrückte charakterisiert und ihr in der Person einer wahrhaft Wahnsinnigen eine Ergänzung gewährt. Auf diese Weise wird der Zustand, der in seiner Ausnahmeerscheinung tatsächlich eine bildliche Darstellung der platonischen Seelenbestimmung sein könnte, einfach zu einer Seuche. Es ist auch nicht bekannt, weshalb der Autor Evas Träume als solche legalisiert, während die völlig identischen Schwärmereien Marias im Zeichen des Wahnsinns stehen.

(»Wiadomości Literackie«, 1937, Nr. 27)

»Die Karriere« von Irena Niemierowska

Während der ersten Hälfte des Buches könnte man meinen, die Autorin wolle Einblick geben in den Mechanismus der Karriere und wäre, wie manche Schriftsteller unserer Zeit, hingerissen vom Phänomen der Unterjochung des Lebens durch ein starkes Individuum, durch geheime Ränke und Absprachen, die ein außermenschliches Schicksal mit menschlichem Willen und menschlicher Intelligenz eingeht – hingerissen von der Problematik und Mystik des Erfolgs. Doch je mehr man sich in das Buch hineinliest, wird offenbar, daß diese vorzügliche Analyse des Phänomens Karriere für die Autorin nur ein Sprungbrett zu größerer Aufgabe ist, daß sie durch ein besonderes Ereignis auf einen viel umfassenderen Aspekt hinaus will, auf eine gewisse Art von totaler Diagnose in bezug auf das Leben und das menschliche Schicksal.

Lucjan Daguerne, ein Kind der früh reifenden Kriegsgeneration, gewinnt, noch sehr jung, einen klaren und nüchternen Eindruck vom Kräfteverhältnis in der zeitgenössischen Welt, vom erbarmungslosen Mechanismus, der Millionen Menschen zu einem fruchtlosen Dahinvegetieren verurteilt. Voller Abscheu vor der Rolle des Ausgebeuteten, bestimmt er in diesem Verhältnis mit aller Kraft des jugendlichen Maximalismus seinen Platz ganz oben. Frei von sentimentalen Illusionen, kennt er nur eine Art von Romantik – die Romantik der Intrige, des Spiels und der Politik – er weiß genau, wann er seine ganze Energie einsetzen, den ganzen Mut in die Waagschale legen muß, und dazu noch die Rücksichtslosigkeit und den Siegeswillen, um sich den Mechanismus des Lebens gefügig zu machen. Im Grunde scheint er dazu berufen zu sein. Er besitzt jene Stetigkeit der Konzentration, die Einheitlichkeit der Spannung, wie sie präzise arbeitenden Instrumenten eigen ist. Die Autorin zeigt mit Treffsicherheit, daß die Bedingung für die Überlegenheit solcher Leute eine gewisse innere Leere, der Mangel an Belastung mit Gefühl, innere Teilnahmlosigkeit ist. Wir sehen Lucjan, wie er, getrieben vom fanatischen Willen aus der Enge seiner ärmlichen Existenz herauszukommen, durch Geschick, Hartnäckigkeit, Glück, auf dem Wege zur Herrschaft über das Leben einen Erfolg nach dem anderen einstreicht.

Dabei macht er jedoch einen grundsätzlichen Fehler. Voller Ungeduld, den Habitus der Minderwärtigkeit abzuwerfen, den er in allen Erscheinungen und Reflexbewegungen der Sentimentalität, des Herzens, der menschlichen Schwächen sieht, streicht er allzu eilfertig, wie es scheint, den Gefühlsposten von der Rechnung des Lebens, noch ehe die Kenntnis des Lebens ihm erlaubte, die Bedeutung und Reichweite dieser Seite der menschlichen Seele zu ergründen. Er verrechnet sich in den Kräften seiner eigenen Natur, und die Natur rächt sich dafür grausam an ihm. Als er an seinem Ziel ist, das erreicht, was er angestrebt hatte, fühlt er auf der Schwelle zu weiteren Erfolgen eine Leere, die Enttäuschung und Zerrüttung selbst der innersten Beweggründe seiner Wünsche und Geltungsbesdürftigkeit in sich. Er erkennt das Täuschende am Erfolg, die innere Nichtigkeit der Ziele. Das unterdrückte Gefühl rächt sich. Lucjan verliebt sich in die Frau seines Freundes, eine gar nicht rühmliche Person, die vom Leben und Unglück gebrandmarkt ist, er verliebt sich unglücklich und fatal in sie und liebt zum erstenmal im Leben ohne Berechnung, gegen alle seine Ambitionen, zum erstenmal mit dem zitternden Gefühl der Schwäche und der niederträchtigen Abhängigkeit von einem geliebten Wesen. Und in dieser Schwäche, in diesem Verzicht auf Hochmut, im Bekenntnis zum Elend des Liebens erfährt er zum erstenmal die Fülle des Glücks. Gerade in dem, dessen er sich ein Leben lang schämte, das er in sich gewaltsam bekämpfte – in der Schwäche, in der Abhängigkeit, im Einverständnis mit der eigenen Niederlage ist die Essenz des Lebens enthalten, in der Schande der verweigerten Liebe liegt sein tiefes und bitteres Glück.

Das starke Empfinden der Tragik einer Liebe, die beinahe religiöse Beziehung zu ihrem gewaltigen Element, stellt die Autorin dieses vorzüglichen Buches neben Zofia Nałkowska, an die sie in vieler Hinsicht erinnert.

(in »Wiadomości Literackie« Nr. 38, 1937)

»Hotel zur Schönen Sonne« von Ange Seidler

Dies ist ein Roman über eine neue Frau. Nicht seit heute erst ahnte man sie, verkündete ihre Ankunft, nahm die Formen ihrer Existenz vorweg. Die Literatur der letzten vierzig Jahre neigt sich mit geballter Aufmerksamkeit über das Reagenzglas, in der sie bereitet und geschaffen wird aus allen Ingredienzen der Zeit.

Man war bemüht, ihre Entwicklung künstlich zu beschleunigen, führte sie viel zu früh aus der Retorte im Rüstzeug aus Thesen und Ideen, befahl diesen beseelten Rezepturen zu leben und sich fortzubewegen. Ange Seidler schlägt einen anderen Weg ein: den Weg der Induktion und der Observation. Ihrer Meinung nach lebt die neue Frau schon und kämpft mitten unter uns – man muß sie nur erblicken, mit Anteil nehmendem Verständnis erraten können. Nicht als Ausnahmeerscheinung, hochgezüchtet auf den Gipfeln der Intellektualität, sondern überall um uns herum, auf dem Kopfsteinpflaster großer Städte, wo sie in der billigen Eleganz ihrer Kleider im jungen, schnellen Schritt einer Werktätigen großer Warenlager, Fabriken und Büros dahineilt; in Millionen Exemplaren kämpft dieses neue Wesen ohne Nachdruck und große Worte für eine neue Form des Lebens und der Menschenwürde. Ohne sich selbst noch gut zu verstehen, doch mit Mut auf ihre Instinkte vertrauend, auf ihr tiefstes Wesen hörend, möchte sie zur Erfassung ihrer selbst, zur Selbstbestimmung gelangen. Elżbieta Lenard ist kein Mannequin, das die Verkörperung der Thesen der Autorin zum Ziel hat. Ange Seidler zeigt sie geschaffen aus tausendfachen konkreten Zügen, ihr Bild entsteht in unseren Augen aus tausenden Reflexbewegungen und unvorhergesehenen Reaktionen, die sich scheinbar zu keiner Linie verbinden lassen.

Elżbieta Lenard ist der lebendige Protest gegen alle Formen des Doktrinären und des Fanatismus, sie will nicht für eine imaginäre Zukunft leben, sondern heute, sondern jetzt, in eben dieser unfertigen Welt, in diesem Interim der Geschichte, in welches das Schicksal sie gestellt hatte, auf eigene Verantwortung und so gut es geht. Als widersetzte sie sich den Prinzipien, Parolen und Worten der männlichen Welt – ist sie doch eine verbissene Realistin, eine Realistin vom Instinkt her, eine Realistin aus tiefer Redlichkeit dem Leben gegenüber. In der Akzeptanz der Welt, wie sie ist, im Nicht-Verzichten auf ihr individuelles Leben und Glück, im brennenden Verlangen, es gegen alles zu bewahren, liegt der anspruchslose, ergreifende, wahrhaft weibliche Heroismus dieser neuen Frau.

(»Wiadomości Literackie«, 1937, Nr. 38)

»Novellen« von Ivo Andrić

Ivo Andrić ist ein hervorragender Schriftsteller des heutigen Bosniens.

Bei der Lektüre dieser Novellensammlung in der sorgfältigen Übersetzung von Frau Znatowicz-Szczepańska gewinnt man hohen Respekt vor der imponierenden schriftstellerischen Leistung und dem Format dieses Autors. Es kommen einem die besten Verwandtschaften in den Sinn, die ihn als literarisches Phänomen jedoch nicht zu erschöpfen vermögen. Diese Erzählungen von Bojaren, Janitscharen und Mönchen stammen aus der historischen Vergangenheit des Volkes der Bosnier des XVII. und XVIII. Jahrhunderts, doch ihr Historismus ist von besonderer Art. Wir sind hier weit vom Durchschnitt des historischen Romans entfernt mit seinem gelehrsam konstruierten Hintergrund und der vordergründigen Handlung aus schablonenhafter Psychologie. Keine Aufsehen erregende Folkloristik, kein Kokettieren mit Exotik und Lokalkolorit. Hier trat eine vollendete Resorption des Historismus durch den menschlichen Inhalt der Gestalten ein; die zeitliche Distanz ist völlig vereinnahmt durch die mächtige Aktualität der Handlung. Geschichte spielt sich in diesen Erzählungen in einer so intermolekularen, chemisch gebundenen Form ab, daß wir den Eindruck haben, Chroniken zeitgenössischer Jahrbücher zu lesen. Dieser Schriftsteller verzichtet auf die billige Überlegenheit der geschichtlichen Distanz, welche die Tragik der Historie relativieren und abmildern – eine ironische Haltung der Vergangenheit gegenüber einnehmen läßt. In seinen Erzählungen herrscht das angespannte Klima einer bedrohlichen, einmaligen Aktualität, eines ausweglosen Fatalismus. Die Vergangenheit zieht ihn als geistiges Klima an, in welchem Charaktere eindeutiger und tragischer heranreifen. Ihn interessieren Menschen, die in ihre Körperlichkeit, in ihr Blut verstrickt sind, eingeschlossen in der Falle ihrer Individualität, im Augenblick der tragischen Konfrontation mit dem Schicksal. Dieser ungewöhnliche Dichter und Erzähler formt mit bewundernswerter Intuition und Hellsehen das Material primitiver, fester Naturen von gewaltiger Animalität, zeigt sie am liebsten in ihrer Ratlosigkeit, ihrem

Jähzorn, in der tragischen Verblendung ihrer engen Individualität.

(in »Wiadomości Literackie«, 1937, Nr. 38)

»Ferdydurke«
(Zu dem gleichnamigen Roman von Witold Gombrowicz)

Seit langem sind wir in unserer Literatur nicht mehr an Erscheinungen gewöhnt, die so erschütternd sind, an Ideenentladungen von solchem Ausmaß wie Gombrowiczs Roman »Ferdydurke«. Wir haben es hier mit der ungewöhnlichen Manifestation eines schriftstellerischen Talents zu tun, mit einer neuen, revolutionären Form und Methode des Romans, schließlich mit einer fundamentalen Entdeckung, mit der Eroberung eines neuen Bereichs geistiger Phänomene, einer Landschaft, die noch herrenlos ist und niemand gehört, wo bislang nur der verantwortungslose Scherz, der Kalauer und der Nonsens schwelgten.

Stecken wir das Terrain ab, lokalisieren wir das Gebiet, in welchem sich Gombrowiczs Enthüllung vollzieht; merkwürdig, das Gebiet, dessen Größe uns erst diese ungewöhnliche Entdeckung zeigt, hatte bis jetzt noch keinen Namen, hatte sich keine Existenz verschafft und ist auf der Landkarte der geistigen Welt bislang nicht einmal mit einem weißen Flecken markiert.

Der Mensch sah sich bis jetzt – und wollte sich sehen – ausschließlich von der offiziellen Seite. Was außerhalb des offiziellen Inhalts in ihm geschah, ließ er nicht gelten, verweigerte ihm den Zutritt zum Forum des Denkens, nahm es einfach nicht zur Kenntnis. So führte es ein Waisenleben gewissermaßen außerhalb des Seins, außerhalb der Realität, fristete ein klägliches Dasein nicht akzeptierter Inhalte. Ein Bannfluch der Dummheit, der Nichtigkeit und des Unsinns versperrte den Zutritt zu ihm, und seine allzu große Nähe drohte mit Blendung. Das Bewußtsein verlangt immer eine bestimmte Distanz und die Sanktion des Verstandes; was allzu sehr in der Nähe liegt und dieser Sanktion ermangelt, entzieht sich seiner Reichweite.

Während der menschliche Schatten auf dem Schauplatz des Bewußtseins eine offizielle Handlung spielt, eine reife und genehme, ringt seine eigentliche Realität hoffnungslos mit der Dummheit und dem Blödsinn, schlägt sich ratlos mit Chimären und lumpigem Zeug herum in einer Sphäre ohne Namen und Lokalität. Rechtswidrig bemächtigt sich der Schatten aller Vorrechte auf Existenz, während die heimatlose Realität des Menschen das heimliche Dasein und verstohlene Leben eines nicht anerkannten Untermieters fristet. Gombrowicz zeigt, wie reife und klare Formen unserer geistigen Existenz ein pium desiderium sind und eher als ewig angestrengte Intentionen in uns leben denn als Realität. Als Realität leben wir ständig unterhalb dieser Hochebene, in einem vollends ehrlosen und unrühmlichen Bereich, der so gewöhnlich ist, daß wir zaudern, ihm auch nur den Schein einer Existenz zuzubilligen. Gombrowiczs bedeutende Tat ist eben, daß er nicht zögerte, diesen Bereich als eigentliche und urmenschliche Domäne des wahren Menschen anzuerkennen, daß er ihn, verlassen und unbebaut, für das Bewußtsein adoptierte, es identifizierte und ihm einen Namen gab: die erste Stufe zu einer großartigen Karriere, welche ihm dieser »Manager« der Unreife in der Literatur bahnt.

So wie jede reife Existenz des Menschen ihr entsprechendes Gegenstück in den Formen und Inhalten höherer Kulturen hat, besitzt auch diese heimliche und inoffizielle Existenz eine Welt entsprechender Gegenstücke, in der sie sich fortbewegt und wirkt.

Vom Standpunkt der Kultur aus sind dies bestimmte Neben- und Abfallprodukte kultureller Prozesse, eine Zone subkultureller Inhalte, mißgebildet und rudimentär, ein riesiger Schuttplatz, der die Peripherien der Kultur verunreinigt. Diese Welt von Kanälen und Gossen, diese ungeheure Kloake der Kultur bildet jedoch eine Grundsubstanz, einen Dünger, einen lebensspendenden Brei, aus dem jeder Wert und jede Kultur wächst. Hier befindet sich ein Sammelbecken gewaltiger emotionaler Spannungen, welche diese subkulturellen Inhalte zu binden und zu sammeln vermochten. Unsere Unreife (und im Grunde vielleicht unsere Lebenskraft) mit tausend Knoten geknüpft, mit tausend Atavismen, mit jener zweiten Garnitur der Form, mit der Kultur zweiter Klasse, steckt beharrlich in ihm kraft des verjährten Bündnisses mit der Gemeinschaft. Während wir unter der Hülle erwachsener und offizieller Formen höheren, verfeinerten Werken huldigen, findet unser tatsächliches Leben heimlich und ohne höhere Sanktionen statt in dieser schmutzigen heimischen Sphäre, und die in ihr untergebrachte emotionale Energie ist hundertfach mächtiger als jene, die der dünnen Schicht des Offiziellen ausgeliefert ist. Gombrowicz zeigt, daß sich gerade hier, in dieser verschmähten und unrühmlichen Sphäre, schäumendes und üppiges Leben vermehrt, daß das Leben auch ganz gut ohne höhere Sanktionen auskommen kann, daß unter dem hundertfachen Druck des Ekels und der Schande es sich besser fortpflanzt als auf den Hochebenen der Sublimation.

Gombrowicz hebt die ungewöhnliche Lage der Inhalte in der psychischen Welt auf, zerstört den Mythos ihrer göttlichen Abkunft und zeigt ihren zoologischen Stammbaum aus der niederen Sphäre, von der sie sich stolz distanziert haben. Gombrowicz verweist auf die Gleichartigkeit der Kultur- und Subkultursphäre, mehr noch, man darf annehmen, daß er in der Subkultursphäre, in der Sphäre unreifer Inhalte, das Modell und das Urbild der Werte an sich sieht und im Mechanismus ihres Funktionierens, den er genial enthüllt, einen Schlüssel zum Verständnis der Kultur erblickt. Bisher sah sich der Mensch durch das Prisma der fertigen und vollendeten Form, sah sich von der Seite der offiziellen Fassade; er wollte sein Streben mit dem Ideal messen und nahm nicht wahr, daß er in Wirklichkeit selbst ewig unfertig, verpfuscht, geflickt und lückenhaft ist. Die erbärmliche Schneiderarbeit seiner Form, mit groben Stichen genäht, entzog sich seiner Aufmerksamkeit. Gombrowicz überreicht uns das Inventar dieser Hinterhofseite, das Hinterhaus unseres Ichs – ein erstaunliches Inventar: im vorderen Salon verläuft alles formell nach der Etikette, während in der Küche unseres Ichs, hinter den Kulissen offizieller Handlung, ein Haushalt schlimmster Provenienz geführt wird. Es kann gar nicht so viel ideologischen Schund geben und Schmutzformen, die hier nicht immer noch hoch im Kurs wären und sich bestens verkaufen ließen. Hier zeigt sich die Struktur der Mythologie in ihrer ganzen Misere, die in den Formen sprachlicher Syntax versteckte Willkür, der Terror und Raubzug der Phrase, die Allmacht der Symmetrie und Analogie. Hier wird die Mechanik unserer Ideale gelüftet und klar, wie sehr sie auf die Dominanz naiver Buchstäblichkeit, auf Metaphern und ordinäre Nachahmung sprachlicher Formen gestützt ist. Gombrowicz ist ein Meister dieser lächerlichen und grotesken psychischen Maschinerie, er weiß sie zu hitzigen Gefechten zu führen, zu großartigen Explosionen in einer wundervollen, bizarren Konzentration.

Wie Gombrowicz die plasmoiden Werke dieser nebulösen Sphäre sprießen macht, sie greifbar und sichtbar auf die Bühne seines Theaters winkt, ist ein Geheimnis seines Talents. Das Instrument seiner Groteske, das er zu diesem Zweck baut, einer Groteske, die die Rolle einer Lupe spielt, unter der diese Imponderabilien Fleisch werden, müßte Gegenstand eines speziellen Studiums sein.

Doch nicht so schließt sich der Kreis von Gombrowiczs Entdeckungen. Sie enthalten noch eine tiefe Diagnose des Wesens der Kultur. Gombrowiczs Skalpell legt die Motivation der Kultur frei, ihren Nerv, die Wurzel, löst sie aus dem Geflecht dunkler, zweitrangiger Motive. Gombrowicz entdeckt und schätzt die großartige Bedeutung des Problems der Form. Man kann mit ihm sagen, die ganze menschliche Kultur sei ein System von Formen, in welchen der Mensch sich spiegelt und dem Menschen erscheint. Der Mensch erträgt seine Blöße nicht und kommt weder mit sich selbst noch mit seinen Nächsten anders in Berührung als durch Formen, Stile und Masken. Die ganze menschliche Aufmerksamkeit war durch die Anwendung der Formen und Hierarchien, durch Manipulation und Verschieben der Werte, immer dermaßen gefangen von der sachlichen Seite der Angelegenheit, daß allein das Hierarchisieren und Produzieren von Formen gleichsam außerhalb jeglicher Problematik stand. Gombrowiczs Verdienst ist, daß er diese Frage, die bis jetzt immer nur von der absoluten und sachlichen Seite behandelt wurde, nun vom Inhalt, vom Genetischen und von der Entwicklung her anpackt. Er zeigt die Embryologie der Form. Er identifiziert ihre Vielfältigkeit, bringt die ganze Skala menschlicher Ideologien auf einen Nenner und verweist außerhalb von allen ihren Gestalten auf die menschliche Substanz. Die Weiselzelle dieser Formkunst dagegen lokalisiert er in einem für das Auge bisher unzugänglichen Gebiet, so zweifelhaft, entwertet und mit Schund überladen, daß eine Vereinigung dieser entlegenen Frage, ein Zeichen der Gleichheit zwischen sie zu setzen, auf den ersten Blick als wahrhaftiger Blitz einer Hellseherei bezeichnet werden muß. Wir kennen den Platz schon, wo dieses Laboratorium der Formen liegt, diese Fabrik der Sublimationen und Hierarchien. Es ist die Kloake der Unreife, ein Gebiet der Schmach und der Schande, ein Ort der Plumpheit und Lücken, ein trauriger Müllhaufen der Kultur, voller Scherben und lumpigem ideologischem Gerümpel, für das es in keiner Kultursprache einen Namen gibt.

Solche Entdeckungen vollziehen sich nicht auf dem ebenen und sicheren Wege der reinen Spekulation und kalten Erkenntnis. Gombrowicz gelangt zu ihnen von der Pathologie her, von der eigenen Pathologie. Die Krise des Reifens, die schmerzhaften Prozesse der Unzulänglichkeiten und Lücken müssen wir alle durchmachen, schwerer oder leichter, schwerere oder leichtere Wunden, Verletzungen und Verkrümmungen aus dieser Patsche davontragend. Bei Gombrowicz schließen die Qualen der Reifezeit mit all ihren Niederlagen und Hindernissen, nicht in dieser oder jener Form des Gleichgewichts, verstummen nicht in diesem oder jenem Kompromiß, sondern werden für sich selbst ein Problem, reif zur Selbsterkenntnis, bereit für das Wort und den Ausdruck.

Gombrowiczs Haltung ist nicht die eines leidenschaftslosen Forschers; sein Buch ist vom Anfang bis zum Ende durchdrungen von fanatischem Apostolat, von fiebriger, militanter Konfession, von Reformergeist. Dieses Apostolat bildet vielleicht den Kern und den Anfang des Buches, dem wie einem Baumstamm andere Teile und Zweige entwachsen. Es ist nicht leicht, das Verdienst dieses Apostolats auszulegen, und zwar, weil es hier nicht um eine einzelne Ansicht, eine Doktrin oder Parole geht, sondern um den Umbau des ganzen Lebensstils und des Reformergeistes in capite et membris, so grundsätzlich, wie es in dieser Fundamentalität bis jetzt noch nicht vorgenommen wurde. Und wieder irrte sich, wer annähme, der Autor gehe von Verallgemeinerungen und Abstraktionen aus. Der Ausgangspunkt des Buches ist so konkret, persönlich, lebendig und brennend, wie man sich ihn nur denken kann, und Gombrowicz unterstreicht programmatisch die Entstehungsgeschichte seines

Werkes aus der Sicht seiner persönlichen Situation. Er zeigt, daß jedes ›prinzipielle‹ und ›allgemeine‹ Motiv unseres Handelns, jedes Segeln unter der Flagge von Idealen und Parolen uns nie vollends und wahrhaftig, sondern immer nur ein kleines und obendrein noch zufälliges und unwesentliches Teilchen von uns zum Ausdruck bringt. Gombrowicz widersetzt sich der grundsätzlichen Strömung der Kultur, die darauf beruht, daß der Mensch immer auf Kosten irgendwelcher, aus sich selbst hervorschießender Teile, Ideologien, Phrasen und Formen sich genügt, anstatt mit sich selbst zu leben, mit seiner integralen Ganzheit und seinem lebendigen Kern. Der Mensch hat sich immer als unvollendetes wichtiges Anhängsel seiner Kulturinhalte betrachtet. Gombrowicz will diesem Verhältnis die eigentlichen Proportionen wiedergeben, indem er es auf den Kopf stellt. Er zeigt, wie unreif, lächerlich ›bengelhaft‹ wir in den Niederungen der Konkretheit um unseren Ausdruck kämpfen, mit unserer Bedeutungslosigkeit ringen und dennoch der Wahrheit näher sind als gesalbt, vergeistigt, reif und vollendet. Deshalb ruft er uns zu niederen Formen zurück, befiehlt uns, noch einmal die ganze Kulturkindheit durchzumachen, durchzukämpfen und zu überarbeiten: Kind zu werden, nicht etwa, um in diesen Ideologien, die immer niedriger, immer mehr Schund sind, eine Erlösung zu sehen, sondern weil in dieser Entwicklungsphase, die der Mensch vom Zustand seiner ursprünglichen Naivität aus durchgemacht hat, derselbe Mensch den ganzen Schatz seiner lebendigen Konkretheit verschleudert, vergeudet und verloren hat. All diese Formen, Gesten und Masken sind von Menschentum umwuchert und schließen die Rudimente des elenden, aber konkreten und nur allein wahrhaftigen Menschenschicksals in sich ein – und Gombrowicz fordert sie zurück, nimmt sie entgegen, ruft sie aus der langen Verbannung und Zersplitterung zurück. Je mehr sich diese Formenmasken und Ideale kompromittieren und entlarven, je mehr sich ihr Mechanismus als noch dicker, fadenscheiniger und skandalöser entpuppt, desto deutlicher befreit sich der Mensch von den Formen, die ihn gefesselt hatten. Gombrowiczs Beziehungen zur Form sind jedoch nicht so gradlinig und gleichbedeutend, wie es sich aus seiner Darstellung folgern ließe. Dieser Dämonologe der Kultur, dieser verbissene Spürhund für kulturelle Lügen ist ihnen gleichzeitig auf eine merkwürdige Art ausgeliefert und ihrem wertlosen Zauber mit einer unheilbaren, pathologischen Liebe verfallen. Es ist die Liebe zu der lächerlichen, ungeschickten und in ihrer Ratlosigkeit rührenden menschlichen Kreatur, die nicht imstande ist, der nach Unersättlichkeit lechzenden Form zu genügen. Die Ungelegenheiten, das Mißgeschick und die Kalauer der Form, die Qual des Menschen auf dem Prokrustesbett, erregen und versetzen ihn in fiebrige Leidenschaft.

Doch wie mager und dürr, wie arm ist das Skelett dieser Problematik, das aus dem lebendigen Organismus des Romans »Ferdydurke« herausgetrennt ist. Es ist kaum ein Querschnitt durch die lebendige, widerspenstige Masse seines Leibes, kaum einer von den tausenderlei Aspekten dieses tausendfältigen Gebildes. Endlich stoßen wir hier auf einen natürlichen Intellekt, einen Intellekt aus erster Hand, nicht vollgestopft mit fertigen Konzeptionen. Wo auch immer wir unsere Hand in das Fleisch dieses Werkes legen, wir fühlen eine gewaltige Muskulatur des Denkens, ein Bündel von Knochen einer athletischen Anatomie, die keiner Wattierung bedarf. Das Buch platzt vor Ideen, läuft über vor schöpferischer und zerstörender Energie.

Welches sind die Schlüsse für das Leben und die Literatur, die Gombrowicz aus seinen Erfahrungen zieht? Er mißachtet die individuelle Form, spottet über ihre halsbrecherische Anstrengung, sich in der Wirklichkeit verankern zu wollen. Kein Stammbaum, kein Alibi von einem wesentlichen und absoluten Forum kann sie in seinen Augen retten. Aber dieser Positivist und Tatsachenverdreher sieht ihr alles nach, wenn sie sich ihm durch Wirksamkeit und Erfolg ausweist, wenn sie es schafft, in jenem intermonadischen Medium sich zu behaupten und zu halten, das wir Meinung nennen. Dann wird der Form für einen Augenblick lang Seligsprechung zuteil. Der Erfolg ist die höchste Instanz, ist der unwiderrufliche Maßstab jeglichen menschlichen Werkes. Gombrowicz hat große Achtung vor dieser Instanz, wiewohl er ihren Bestand und ihre Substanz kennt, und obgleich er weiß, daß sie eine grobe Durchschnittsgröße der Meinungen eines X und Ypsilon ist, ein ordinärer Brei von engstirnigen Alltagsmeinungen eines Hinz und Kunz. Und dennoch – zeigt Gombrowicz – gibt es keine andere und höhere

Prüfungsinstanz, dennoch übt sie unrechtmäßig Rechtsprechung aus über die Werte unserer persönlichen Offerten, zu ihr streben alle unsere verborgensten Sehnsüchte, dennoch brechen an ihr unsere fanatischen Hoffnungen zusammen. Bei all ihrer schlechten Lebensart ist sie das Urbild einer wertenden Kraft, und zu ihr führen am Ende alle absoluten Kriterien und Instanzen, sie beschränkt und übt einen Druck auf uns aus, in sie drängt sich unsere Form hinein, an ihr haftet jene Gestalt, die wir uns zu geben mühen.

Das Vorwort zum »Philidor« weist bei all seinem positivistischen Kult der Tatsache auf das Wanken dieser Ideologie hin, auf ihre Treulosigkeit, weil Gombrowicz sie hier einschränkt, aus dem Bereich ihrer Gerichtsbarkeit einige Fragen herausnimmt. Gombrowicz hätte nicht so erschrecken sollen über seine Einseitigkeit. Jedes große Gedankensystem ist einseitig und besitzt auch den Mut zu dieser Einseitigkeit. Die Konzession, welche Gombrowicz ›erstrangigen‹ Schriftstellern macht, ist rein formal, man hätte hier kein doppeltes Kriterium einführen sollen. Die Ausnahmen wiederum, die Gombrowicz macht, schwächen die Glaubwürdigkeit seiner Theorie auch hinsichtlich jener Tatsachen, die er ihrer Gerichtsbarkeit unterstellt. Gombrowicz fordert nämlich, daß die persönlichen Motive, die einen Schriftsteller zum Schreiben bewegen – und nach seiner kühnen Behauptung sind dies immer Fragen, die eigene Qualität vor das Forum der Meinungen bringen –, nicht mehr eine unterirdische, schamhafte und heimlich wirkende Sprungfeder seiner Aktivität sein sollten, die ihre Energie in völlig fremde und entlegene Inhalte transponiert, sondern einfach ein öffentliches Thema seines Schaffens. Er ist darauf aus, den ganzen Mechanismus eines Kunstwerks zu entblößen, seine Beziehungen zum Autor, und er gibt – samt der Forderung – tatsächlich auch die Bestätigung dieser Möglichkeit, denn »Ferdydurke« ist nichts anderes als das große Beispiel eines solchen Werkes. Er hält dies für den einzigen Ausweg aus der allgemeinen, hoffnungslosen Heuchelei, der, durch gewaltige Injektion von Realien, zur Gesundung der Literatur führen wird. Doch was bedeutet ›zweitrangiger‹ Schriftsteller? Ein Meister der Relativität und Anhänger des Konkreten wie Gombrowicz hätte nicht mit solch verschlossenen Kategorien hantieren und – kraft der Definition – zu einer vorher schon festgesetzten Zweitrangigkeit verurteilen sollen. Gombrowicz kennt die Wege, die große Ideen zu gehen pflegen, er weiß, daß Größe das Ergebnis einer glücklichen Konjunktur und des Verlaufes innerer und äußerer Umstände sein kann. Daher auch sollte man Gombrowiczs Loyalität gegenüber den großen Geistern der Menschheit nicht allzu ernst nehmen. Es lohnt sich, hier, ohne Nachteil für die zweifellose Originalität des Romans »Ferdydurke«, daran zu erinnern, daß dieses Buch einen dem Autor vielleicht nicht einmal bekannten Vorgänger hat – die verfrühte und daher erfolglose »Pałuba« von Karol Irzykowski. Vielleicht ist die Lage an diesem Frontabschnitt jetzt erst herangereift zu einem Generalangriff.

Der Kritiker ist dazu verurteilt, die Prosa von »Ferdydurke« in eine konventionelle Volkssprache zu übersetzen. Wie sehr jedoch muß das Werk bei dieser Entblößung und bei dem Präparieren dieses trockenen Skeletts Einbuße erleiden an seiner unendlichen Perspektivität, an Vieldeutigkeit, an metaphorischer Expansivität, die Gombrowiczs Ideen den Wert eines Mikrokosmos verleiht, den Wert eines universalen Modells der Welt und des Lebens!

Zofia Nałkowska auf dem Hintergrund ihres neuen Romans »Granica«

1

Nałkowska gehört nicht zu jenen Schriftstellern, die sich selber die Gegenstände ihres Schaffens aussuchen. Die Freiheit der Wahl, bei jedem Schaffenden von Natur aus beschränkt, zeigt sich bei ihr auf ein Minimum beschränkt, fast pathologisch eingeengt auf einen Gegenstand und nur zu einem Ton verurteilt. Man könnte bildlich sagen, daß sich der Gegenstand den Menschen aussucht. Wir sprechen hier vom Gegenstand in der Bedeutung einer grundsätzlichen Figur, eines letzten Urschemas, das jedesmal einen anderen konkreten Inhalt an sich reißt, ein anderes thematisches Gewand anlegt und sich als anderes Problem darstellt, gespalten in sprudelnde Vielheit, die es aus sich hervorbringt. Man fühlt deutlich, daß das Thema über den Menschen hinauswächst, daß es hier um einen bestimmten, ursprünglichen, bezuglosen Blick geht. Die Pathologie ist nur ein anderer Aspekt der Prästabilisation, ein anderer Name für den Fluch der Berufung und der Sendung. Die Pathologie als Fundament literarischen Schaffens ist übrigens eine sehr edle Parentel. Sie besagt, daß sich der Kampf um das Problem in Tiefen abspielt, in welchen es das Gleichgewicht der Seele bedroht, daß seine Spannung und Schwere die Grenzen des Menschen übersteigt. Ein Werk, das in solchen Abgründen seine Integrität bewahrt, wird das Siegel des Ernstes und des Schreckens tragen, was nicht verhindert, daß es in eine andere vorbildliche und allgemein verpflichtende Sphäre hineinwachsen kann. Die Werke der Nałkowska haben gerade jene Fülle und Spannweite ganzheitlicher Weltbilder, zeigen jedoch von einer Seite immer eine vom Blitz versengte Wand, die Narbe einer Rißwunde, ein schreckliches Zeugnis und die Erinnerung an ihre mythische Geburt.

Der üppige Intellektualismus der Autorin der »Grenze« ist nur eine Oberflächenschicht ihrer Natur. Dieses disziplinierte, universell und sorgfältig gepflegte, in allen Feuern des zeitgenössischen Denkens gehärtete Instrument ist ein ausgleichendes Gebilde, gewachsen auf dem Grund einer bedrohten, unterminierten, spannenweit von den Elementen entfernten Natur. Diese empfindsame Bereitschaft des Intellekts beschirmt sie nicht vor dem ewig aufgerissenen Rachen vormenschlicher Tiefen, vor der Faszination des unterkulturellen Bereiches und vor den Einflüsterungen des Chaos. Wir treffen hier auf eine authentische und unverfälschte Ader jener durch Scharlatane in Mißkredit gebrachten und literarisch wie intellektuell disqualifizierten Sphäre, die Nietzsche die dionysische nannte. Jeglicher Verdacht des Mystifizierens entfällt jedoch angesichts einer Autorin, die alles tut, um die formlosen Schläge und verstandlosen Manifestationen dieser Sphäre zu beherrschen, zu dämpfen und künstlerisch zu verwandeln. Ihr ganzer vom Intellekt durchtränkter Humanismus vermag jedoch das dämonische Element ihrer Natur, die unbestreitbaren Ränke mit dem Unverstand und dem Trotz nicht zu verschleiern, mit dem, was nie zu einem bewußten Ensemble des Geistes verschmolzen werden kann.

Man muß es der Autorin zugute halten, daß sie trotz aller unbezweifelbaren Versuchungen des Optimismus und rationalistischer Überwindungen des Komplexes nie versucht hat, die sieghafte Stellung des Intellekts zu bemänteln. Darin liegt eine unerschütterliche Treue, eine tiefe Ehrlichkeit, ein irrationaler Glaube an das tiefere Recht der Nacht, der sie ausgeliefert ist und deren ekstatische Verherrlichung jedes ihrer Bücher ist. Wir haben hier in dieser Reinheit ein seltenes und ergreifendes Bild künstlerischen Zwanges und unangefochtenen Gehorsams dem innersten Wesen der eigenen Natur gegenüber, die solchermaßen zur höchsten Mission wird. Diese der Welt Nałkowskas drohende Nacht hinterläßt jedoch einen gewissen Spielraum, zieht sich für Augenblicke in die Tiefe zurück und gewährt Linderung und Pausen. Und diese Pausen füllt die Autorin flugs mit der ganzen Inbrunst ihrer Liebe zum Leben und mit dem Fluidum ihrer ekstatischen Sinnlichkeit aus. In den älteren Romanen der Nałkowska schlägt uns das betäubende Aroma dieser Verliebtheit ins Leben, die Ergriffenheit über die Vielfalt und die leidenschaftliche Vorliebe für die Welt entgegen. Im »Choucas«, in der »Unguten Liebe«, in »Teresa Hennert« entfaltet sich diese frühlingshafte Begeisterung außerhalb des Rahmens der Erzählung, ein Triumph des Lebens, der um so mehr ergreift, als er bereits von der nahen Nacht bedroht und eingeschränkt und zum Untergang verurteilt ist.

Die Welt der Nałkowska ist eine Welt der Frau. Der weibliche Part des Dramas stellt sich als humanisiert, von Verständnis durchleuchtet und von menschlicher Ordnung umfangen dar. In diese durch und durch vermenschlichte Ordnung dringt das männliche Element ein, unverständlich, grundsätzlich keiner Analyse zugänglich, irrational und feindlich. In ihm vor allem bringt Nałkowska die Dämonie des Daseins unter. Sie tut es einigermaßen summarisch, mit gewollter, fanatischer Blindheit und mit trunkenem Verzicht auf Analyse. Diese Absage an die Klarheit, dieser Sprung in den Abgrund gehört zum festgelegten Ritual ihres Schaffens. Der alles verschlingende Moment der Katastrophe, des trunkenen Wirbels des Unterganges, ist ihr Kulminationspunkt. Hier liegt der dynamische Knoten, der zeugende Punkt des schöpferischen Impulses. Dennoch steht es, unaussprechlich und formlos, im Dienst humanisierender Klarheit. Trotz seines destruktiven Scheins ist das ganze Werk der Schriftstellerin im tieferen Sinn aufbauend und zivilisatorisch und vom Gesichtspunkt wahrer Geistespolitik um so verdienst- und wertvoller, als es in der drohenden Nachbarschaft des Chaos spielt. Wie soll man hier mit kleinmütigen Zweifeln moralisierender Art, mit solcher Tiefe unangemessener Ängstlichkeit um die Bewahrung und Integrität konventioneller menschlicher Ordnung anrücken? Das ist ja gerade in diesem Werk das tief Moralische, daß man mit jedem Mal in vollständig Unvorhergesehenes eindringt, ohne jegliche Versicherung ein absolutes Risiko eingeht, das Element zu einer wahrheitsgetreuen Antwort herausfordert und sie selbst dann noch annimmt, wenn sie gegen uns gerichtet ist. Eine gewisse heroische Würze und tragische Herausforderung ist in diesem Werk ohne Zweifel vorhanden. Die pathologische Belastung ist in diesem Fall ein Ballast, der es zu Boden zieht und ihm in so großer Tiefe zu arbeiten erlaubt.

2

Die Bücher der Nałkowska sind, abgesehen von ihrer jedesmal andersartigen Problematik, Sammelkanäle des Emotionalen. Von einem gewissen Standpunkt aus läßt sich ihr Schaffen unter dem Gesichtswinkel der organisierten Erregung und des Dirigierens emotionaler Massen betrachten.

Diese Sphäre ist für den Menschen von heute etwas peinlich und wird nicht gern beim Namen genannt. In Wirklichkeit aber verdanken wir sie, wenn unsere Empfindsamkeit nicht in geistig überwundene und peinliche Automatismen versinkt und nicht in das tote Rennen des Banalen und Melodramatischen gerät, solchen Schriftstellern wie Nałkowska, die neue Reaktionskategorien schaffen, in denen sich Empfindsamkeit ausleben kann.

Das Rührungsbarometer der Nałkowska hat eine Skala von beträchtlichem Ausmaß und einer sehr breiten Empfindlichkeit. Sie besitzt jene Verführungskunst, jene Eroberungsmagie, einen Anziehungsmagnetismus und jene Seelenbestechlichkeit, wie sie unter den Repräsentanten der Menschheit nur Dichtern gegeben ist. Die Liebe ist das Moment, da ihre Empfindsamkeit genial wird und sich zu begeistertem Flug aufschwingt. Nałkowska kennt übrigens nur den weiblichen Teil ihres Dialogs und instrumentiert dieses Konzert der Frauenliebe stets aufs neue, in stets höheren Lagen – bis an die Grenzen der menschlichen Skala. In diesen ekstatischen Momenten geht der Autorin das principium individuationis verloren, verschwindet der Unterschied zwischen Leiden und Wollust, Agnieszka empfindet Blizbors und Renatas Glück als ihr eigenes, ihr Schmerz wird eins mit dem Glück der beiden anderen, sie sieht in der zauberhaften Maidämmerung, in der ganzen aufgeblühten Frühlingsnatur plötzlich eine seit Jahrhunderten vorbereitete Szenerie für diese höchste Symphonie, die jetzt siegreich anhebt wie eine seit langem ersehnte Erfüllung. Welten und Abgründe halten Einzug in unerwiderte und abberufene Liebe! Das formuliert man in so einfacher Feststellung, doch was für eine enorme Ungerechtigkeit ist darin enthalten, was für eine Antinomie und was für Risse und Sprünge im Schoß des Seins! Hier ist der Schlüssel des tiefsten Unrechts, der tiefsten Unbill des Lebens gegen die nutzlose, des Sinns beraubte, in ihren Ansprüchen zurückgewiesene Seele, die von sich aus nicht resignieren kann; hier ist es nur noch ein Schritt bis zum Überschreiten des Menschlichen; hier ist eine Bresche in der Natur, durch die Wahnsinn, Chaos, arglistige und erbarmungslose Schläge des Bösen eindringen.

Die Frauenliebe kennt bei Nałkowska keine heroischen Flüge, Überwindungen ihres Wesens oder Überschreitungen ihrer Grenzen wie bei Żeromski. Sie ist nur eine Entmachtung der Seele, eine passiv entgegengenommene Katastrophe des Glücks und des Leides, aber auch diese vollständige und grenzenlose Passivität, dieses Öffnen der Arme für die Unermeßlichkeit der Niederlage hat ihre Größe und menschliche Würde. Die Verwandtschaft dieser Frauengestalten reicht bis auf Goethe zurück. Justyna in der »Grenze« ist in direkter Linie eine zweite Verkörperung der Margarete aus dem »Faust«. Nałkowska findet keine Rechtfertigung, keinen Balsam für diese unheilbare Wunde im Dasein. Sie verzichtet auf allen Trost außer dem einen: er liegt im Aufwand an Gefühl, im vertieften Erleben und in seinem Namen – doch vermag die Kunst etwas zu geben, das über dies hinausgeht?

3

Nałkowskas Romane reifen, angefangen beim »Grafen Emil«, zu der Allgemeinheit des Ausdrucks, zu dem breiten Wirkungsbereich heran, der es erlaubt, in ihnen Querschnitte der polnischen Wirklichkeit von jeder Etappe des entstehenden Vaterlandes zu sehen. Dennoch ist diese Lokalisierung der Werke in der Epoche bei ihr keine endgültige Determinante, wie bei Dąbrowska, sondern nur etwas Bedingtes, das nur die biologische und körperliche Seite ihres Wesens berührt. Nałkowskas Figuren, scheinbar auf einem konkreten kultur-historischen Hintergrund aufgestellt, verweilen dort gleichsam nur mit einer Hälfte ihres Wesens, sind nur einen Augenblick lang zu Gast. Man spürt darin ein Anführungszeichen, eine Kostümierung, einen stilistischen Vorwand. Bei Schriftstellern, die stark in einem sozial-sittlichen Fundament verankert sind, liegt die Zuständigkeit in Fragen und Fakten, die diesen Bereich betreffen, bei dem sie stützenden kulturellen Medium, in das sie eingetaucht sind. In den Werken der Schriftstellerin Nałkowska, die sich von den Fesseln einer einseitigen Kultur und Sittlichkeit befreit hat und in die Sphäre des freien europäischen Gedankens, in den leeren Äther »freier Geister« ausgebrochen ist, wird die natürliche Gravitation außer Kraft gesetzt und ist nicht mehr in der Lage, weder die Dinge zu lenken, noch ihnen einen gebührenden, womöglich einzig richtigen Platz zu weisen. Was übrigbleibt, ist das Problematische an ihnen, ihre Beförderung ins Leere, ihre Heimatlosigkeit. Deshalb entstehen bei Nałkowska die Lebensfragen nicht aus der Grundlage der Gewißheit und Selbstverständlichkeit, sie kommen aus der Grundlage des philosophischen Staunens, das sich um die Tiefe der Merkwürdigkeit des Seins rankt und mit Metaphysik vermint ist.

4

Nałkowska hat die polnische Prosa hinsichtlich der Sprache durch Töne und Register ergänzt, die sie an die Spitze der europäischen Prosa stellen. Ihr Anteil beruht allerdings vielmehr auf einer Festigung der Disziplin und Selektion, auf Einengung des wildwüchsigen Wortschatzes im Sinne eines gewissen Puritanismus und Konventionalismus, als auf Bereicherung der Sprache. Von der exzellenten Hinterlassenschaft eines Żeromski hat Kaden-Bandrowski das ganze sinnliche, materielle, onomatopöische Potential des Wortes – die Vulgarismen und Einverleibung von Mundarten als Erbe übernommen. Nałkowska hingegen nahm nur die Reinheit und Eleganz der Syntax, die Genauigkeit des Wortschatzes, die erlesene Präzision des Satzes. Sie wirkt niemals durch Masse, durch den Druck mit Pleonasmen, durch das Orkanfeuer der Eloquenz; in ihrer Prosa kommen auch keine Geistesblitze urtümlicher Wortbildung vor. Dafür aber eine herbe Zurückhaltung, eine gewisse edle Bescheidenheit und Mäßigung, eine exakte Dosierung beim verordneten Wort. Die Gefahr einer solchen Prosa lag eine Zeitlang in der eisigen, erdabgewandten Reinheit, in der glasigen Virtuosität und isolierten Höhe, wo ihr das Abseits von lebendigen Quellen der Umgangssprache drohte. Diese Gefahr hat die Autorin in den letzten Romanen überwunden, indem sie die dünne Luft der Gipfel durch eine mehr nahrhafte, weniger wählerische, dafür aber mit Sachlichkeit ausgestattete Prosa ersetzte. Dadurch erreichte Nałkowska eine ziemlich klassische, musterhafte Fülle des Ausdrucks und ein ausgewogenes Gleichgewicht der Mittel und Intentionen.

5

»Die Ungeduldigen« markieren eine neue Etappe in der künstlerischen Entwicklung von Nałkowska. Wenn in der »Grenze« noch ein gewisses Zaudern zur Geltung kommt, kehrt die Autorin in den »Ungeduldigen« wieder zu sich selbst zurück, überwindet die verführerische Abweichung von ihrer Linie, gewinnt wieder Land auf dem Boden der Kunst, reicher um eine ganze Skala von Erfahrungen und laboratorischem Nachdenken. In diesem Roman kommt Nałkowska dem Kern ihres Wesens noch einen Schritt näher, entdeckt eine neue formale Plattform, einen neuen Zustand des Gleichgewichts zwischen ihrer Welt und ihren künstlerischen Mitteln.

Wer dafür Gehör hatte, konnte es schon in den früheren Romanen herausspüren, daß die Individualität, der Charakter, die begrenzte Persönlichkeit für die Nałkowska kein endgültiges

Element sind. Im Mittelpunkt ihrer Konzeption steht das menschliche Drama, dessen Rollen nicht von oben klar getrennt, sondern bis zu einem gewissen Grade verschiebbar, halluzinatorisch vertauschbar sind und dessen Instrumentierung verschiedene Tonvarianten zuläßt. Charaktere dienen Nałkowska nur zum Orchestrieren des nicht-persönlichen Dramas, sind polyphone Auflösung seiner Inhalte, die musikalisch gedeutet werden. Ganz klar wird das erst in den »Ungeduldigen«. Hier ist der Musikhintergrund des Romans breit untermauert, und die Melodie sondert sich mit Mühe vom wechselvollen, vielstimmigen Akkompagnement ab. Der Einsatz des Dramas macht sich hier gleichsam – vielfach bezahlt, keimt immer wieder neu auf, versucht sich im Höhenflug, geht aus vielen gleichzeitigen Proben und Intonationen bald gebrochen, bald aufgegeben hervor, damit aus der Vielheit paralleler und austauschbarer Stimmen endlich deutliche Umrisse eines bestimmenden Duktus zum Vorschein kämen.

Thematische Entsprechung des polyphonen Aufbaus ist die Einführung der Familie als eigentlichen Akteur im Drama des weitverzweigten Klans der Szpotawas, in welchem sich von Anfang an der Kern einer falschen Handlung gegenüber dem Schicksal herausschält. Held ist hier also schon von Anfang an nicht ein besonderes Individuum, sondern gleichsam eine Kolonie von Lebewesen, ein verzweigtes Korallenriff, in welchem das Drama in vielen Knoten und knospentreibenden Einschüben anschwillt, um aus der dumpfen, unterirdischen Gravitation endlich zu einer namentlichen, einmaligen Physiognomie auszukeimen – zu einer individuellen Gestalt in der unklaren Sache der Szpotawas mit dem Schicksal.

Im zeitgenössischen Denken kommt in vielen Punkten das Gefühl zu Wort, individuelle Schicksale schlössen sich nicht in sich selbst als autarkes Ganzes ab, bildeten keinen selbständigen Kreislauf, in welchem sie restlos zum Ausdruck kämen, sondern blieben außerhalb von ihrem individuellen Geschehen an etwas viel breiterem hängen, gingen durch Allusion weit über sich hinaus, gehörten zu einer übergeordneten Reihe, in der erst ihre individuelle Steigerung und Kulmination sich in einer Figur und im eigentlichen Sinne auflösen. Eine monumentale und extreme Konzeption dieser Art gab Thomas Mann in seiner biblischen

Trilogie. Hier ist das Leben menschlicher Generationen nur Materie, in der uralte ›Geschichten‹ wahr werden, die nirgends deutlich genug zur Sprache kommen konnten und sich durch ununterbrochene Verbesserungen und Wiederholungen ergänzen, um dereinst die ersehnte Fülle zu erreichen. Bei Nałkowska ist diese übergeordnete Wirklichkeit in den »Ungeduldigen« durch ein kollektives Schicksal, ein erbliches, immanentes Fatum vertreten, das, unfähig, in den einzelnen Individuen versucht, etwas vom dumpfen Sinn oder Unsinn seines Inhalts auszustammeln. Doch diese Erblichkeit ist bei Nałkowska genauso ein Mythos, eine Metapher wie die ewige Reinkarnation der ›Geschichten‹ bei Mann. Hat wie sie zur Aufgabe, das Gewebe der Fakten zu lockern, es für eine tiefere Strahlung durchscheinend zu machen. Nałkowska weiß wohl, daß die Macht des Fatums über die Erblichkeit nicht so gradlinig verläuft, wie sich die Naturalisten das einbilden. Sie ist auch nicht der Meinung, die Aufgabe der Kunst sei, wissenschaftliche Thesen zu popularisieren. Diese Thesen sind für die Autorin erst ab der Stelle von Interesse, wo sich am Rande der Probleme ihre Eindeutigkeit aufspaltet, polarisiert und zum flimmernden Wirbel einer entfesselten Problematik wird. Das Fatum, welches in Gestalt einer körperlichen Erblichkeit künstlerisch anachronistisch ist, nimmt hier eine ausgiebigere Form der Infizierung des Gedächtnisses, der Befrachtung der Seele mit der Last von Erinnerungen an. Bei Jakub wird diese Vergiftung des Gedächtnisses mit Erinnerungen an schlecht gebahnte Wege, die trotzdem zum Begehen verlocken, weil soviele Vorgänger sie wiederholt ausgetreten haben, zur Besessenheit, die beinah zu einer Identifizierung mit dem Haufen seiner Vorfahren führt. Sie gibt uns gleichsam Einblick in den inneren Mechanismus der Erblichkeit, zeigt ihre psychologische Brechung in unserem Innern, ihr refraktives Gespenst auf der Leinwand des Bewußtseins.

6

In den Systemen des theoretischen Denkens ist Eindeutigkeit ein Postulat und eine Notwendigkeit, aber Kunstwerke gründen auf einer prinzipiellen Vieldeutigkeit. Was außerhalb eines Kunstwerkes lebt und sich nur im Getrenntsein als ›entweder-oder‹ behauptet, verliert im Kunstwerk seine Separation und wird zum ›sowohl-als-auch‹; und dieses scheinbare Falsifikat ist in der Kunst absolut legal, ähnlich wie in Traumgebilden. Nałkowska schreckt in ihrem Roman nicht davor zurück, aus gegensätzlichen Elementen eine vieldeutige ›künstlerische Wahrheit‹ ihres Werkes aufzustellen. Um das Dasein der Menschen in unserer Erinnerung, das ihrer Vorstellung entsprechende, metaphorische Dasein mit ihrem realen Dasein zu identifizieren, unternimmt sie zum Beispiel den Versuch, die Grenzen zwischen ihren wirklichen Geschichten und den Peripetien, die sie in der Geschichte unseres Gedächtnisses erfahren, zu verwischen. Aber in der Kunst gibt es keine deutliche Abgrenzung zwischen dem, was wir allen Ernstes denken, und dem, das wir Gedankenspiel nennen: das Gewicht von Gedanken wird ausschließlich mit dem Maß ihrer suggestiven, metaphorischen Kraft gemessen. Das Dasein der Menschen in unserer Erinnerung ist übrigens nur scheinbar eine paradoxe Konzeption. Was könnten wir ihm sonst als objektive Wahrheit über Menschen entgegensetzen? Eine Lesart? ein Gerücht? eine Familienlegende? Verfügen wir über etwas mehr? Hier wie dort verkehren wir unter Gespenstern, sind auf phantastische Epiphänomene ohne Körper und Konsistenz angewiesen. Warum sich so davor sträuben, ihnen Glaubwürdigkeit zu gewähren, dort, in unserem Innern, wo sie dies so beharrlich verlangen, wo ihr Dasein durch die Magie ihrer Verführungskunst, durch Suggestion und Verlockung zur Nachahmung direkt wirksam ist, womit sie uns insgeheim verführen? Daß diese Konzeption keine reine Erfindung ist, bezeugt die pathologische Tatsache der Persönlichkeitsspaltung, bei welcher das Individuum aus eigenen Reserven jene Phänomene des Gedächtnisses nicht mehr nur metaphorisch, sondern aus tiefer Überzeugungskraft mit realem Leben ausstattet. Es wird uns nicht weiter wundern, wenn der Romanheld sich folglich als ein ›Flickwerk‹ aus Menschen fühlen wird, die sein Inneres durchschreiten, als ein ›Auflauf‹, ein Tumult, der seine Seele stürmt. Das sind Möglichkeiten, Aspekte des Empfindens, metaphorische Transpositionen der Wirklichkeit, solange sie sich in den Grenzen der Normalität bewegen, gleichsam auf den Grenzpunkt zugehen – auf die Buchstäblichkeit, um als pathologisches

Symptom materialisiert zu werden. Bemerken wir, daß in der Kunst dieselbe Tendenz vorhanden ist, die Metapher zu materialisieren, sie zu verkörpern und mit realem Leben zu füllen, dann werden gewisse Konvergenzen verständlich. Diese nahe und verräterische Kumpanei mit der nächtlichen Seite der Seele kommt der Autorin hier zu Hilfe, gibt ihr so tief zweideutige und faszinierende Kunstgriffe in die Hand. Überhaupt muß bemerkt werden, daß dieser Roman entdeckerisch und offenbarend ist, nicht so sehr, was den Inhalt selbst, sondern den Bereich der darin angewandten methodischen Kniffe betrifft. Die solypsistischen Konzeptionen sind so suggestiv, daß sie auf die benachbarten Abschnitte des Buches ausstrahlen und eine halluzinierende und phantasmagorische Aura bilden. Als handelte es sich um eine homogene Materie, erlaubt es Nałkowska den informellen Einschüben, sich mit dem Einschub der inneren Schwankungen Jakubs zu durchflechten. Mir scheint, daß diese Neuerung und dieser Revisionismus in der Grundhaltung der Autorin selbst, wie auch in den fundamentalen Kategorien des Erzählens, eine künstlerische Leistung von nicht geringerer Bedeutung ist (obwohl schwieriger zu fassen und seltener geschätzt), als die mehr an der Oberfläche liegende Erfindungsgabe im thematischen Bereich.

Auf dieselbe diskrete und suggestive Art, in welcher sie die Frage des ›Innen‹ und ›Außen‹ problematisiert, geht die Autorin auch mit der Chronologie um. Ohne die demonstrative Programmatik eines Huxley (»Geblendet in Gaza«) bricht sie die chronologische Ordnung des Romans. Dies geschieht auf eine für den Leser kaum wahrnehmbare Art, wobei sich erweist, daß ein Konflikt mit dem Gefühl der objektiven Zeit vermieden werden kann, wenn der Autor ihn nicht absichtlich provoziert, und daß der Leser gern einwilligt, ihn durch eine verläßliche Reihenfolge ersetzen zu lassen, kaum merkend, daß er vom Autor ›quer‹ über die Linien der Zeit geführt wird. Dabei macht die Autorin von der automatischen Korrektur Gebrauch, mit welcher die Aufmerksamkeit des Lesers selbsttätig die durcheinandergewürfelte Zeitordnung wiederherstellt, wie dies übrigens auch im normalen Fluß unserer Erinnerungen geschieht. Die Autorin ordnet ihr Material nach den autonomen Gesetzen der Erzählkunst, wobei sie vielleicht nur aus eigenem Gefühl dem

Gang ›zufälliger‹ Assoziationen folgt; aber unsere Rezeption sanktioniert das Prozedere, nimmt es ohne Einwand an, was ein Triumph dieser Methode und das beste Kriterium ihrer Legalität ist. Nałkowska entdeckt eine neue Regelmäßigkeit, diktiert durch die Gesetze des Gleichklangs unterschiedlicher Inhalte, gemeinsamer Resonanz, Dämpfungen und Verstärkungen. So gelingt es ihr, Flächen aus verschiedenen Inhalten von seltsamer Inbrunst und Spannung zu schaffen (z. B. Martas Sterben, das mit Romans und Irenas, Jakubs und Teodoras Liebe untermalt ist). Es muß bemerkt werden, daß wir es hier nicht mit experimentierenden Spielereien, sondern mit einem tiefen Umbau im System unserer Empfindungen selbst zu tun haben, mit der Erschütterung und Relativierung seiner Grundsätze, deren parallele Auswirkungen auch auf anderen Gebieten des zeitgenössischen Denkens zu beobachten sind.

7

Übrigens ist der Zeiteinschub des Romans knapp: kaum ein paar Wochen um das Begräbnis der Großmutter Ludwika und den Tod Tante Martas herum, denn die ganze Spannweite des Romans beruht auf einer Menge einzelner Einschübe dieses vielgestaltigen Buches, auf deren dialektischer Verteilung, auf Eingliederungen aus der Vergangenheit, wodurch der Roman sich gewissermaßen in die Tiefe ausdehnt. Ebenso schwach ist der Faden der Handlung. In der Familie der Szpotawas geht es im allgemeinen ungut zu, die Anzahl der Unglücksfälle, Selbstmorde, Skandale überschreitet ein wenig das statistische Mittelmaß. Jede der Romanfiguren schleppt ein schweres Bündel Vergangenheit hinter sich her und ist von Seiten der Familiengeschichte gleichsam offen, geht durch Erinnerungen in den heimatlichen Klan der Szpotawas ein, der seinerseits in ein grundsätzliches Mißverständnis mit dem Schicksal verstrickt ist. Außer der Vergangenheit, die das Gedächtnis der Helden belastet, wird ihre Aufmerksamkeit durch zahlreiche lebende Stammesrelikte in Anspruch genommen, durch verpfuschte, gestrandete Existenzen, verschiedene Großmütter, entgleiste Väter und komplett Wahnsinnige. Der Tod Ludwikas, der Stammesältesten, und ihr Begräbnis – das gleichsam den Knotenpunkt der Handlung bildet – läßt diese ganze Galerie Schiffbrüchiger zusammenkommen. Die Autorin breitet vor uns die Niederlagen und Schiffbrüche im Leben dieser Existenzen aus, zeigt mit Vorliebe rudimentäre Mechanismen, verkrüppelte Reaktionen, mit denen diese menschlichen Reste sich schließlich ihrem Schicksal angepaßt haben.

8

Es ist nicht das erstemal, daß Jakub in Nałkowskas Werk auftaucht. Wie ein verdammter Geist, der ständig nach Einverleibung lechzt, hat er wiederholt eine Reinkarnation hinter sich gebracht, jedesmal in einer etwas anderen Gestalt, und dabei verschiedene familiäre Züge seines Typs entlarvt: Er war Blizbor, Omski, Graf Emil, war ein homme fatale, eine männliche Sphinx, bis er sich in der Gestalt Jakubs im Brennpunkt einer Lupe befand, die sein Inneres transparent machte. Jakub ist der analysierte Blizbor, reduziert auf seine Bestandteile, des Nimbus beraubt, in der ganzen Schlechtigkeit und menschlichen Wahrheit gezeigt. Doch die Analyse ist nicht zu Ende gelungen, konnte nicht gelingen, der Kern der Gestalt hat sich ihr widersetzt. Für die Autorin der »Unguten Liebe« besteht hier eine Art unüberschreitbare Grenze, ein gewisses Tabu, über das ihr Werk nicht mehr hinausgehen wird, weil es aus ihm seinen Anfang nimmt, Impulse holt, sein schöpferisches Zentrum darin liegt, das rundherum – wir müssen uns damit abfinden – von Finsternis und Geheimnis umgeben ist, und wo mythische Blitze einschlagen . . .

Jakubs fundamentaler Zug ist die Feindseligkeit und das Mißtrauen gegen sich selbst. Daraus resultiert eine falsche Haltung gegenüber Menschen, der grundsätzliche Haß auf jeden. Solche Leute sind prinzipiell zur Liebe verurteilt, für die sogenannte große Liebe vorbestimmt, die das große Wunder ihres Lebens ist. Ihr ganzes Wesen giert nach Liebe als der einzigen Lösung, der Befreiung vom Fluch des Ekels und der Verdammnis, welche ihr Inneres verwüstet. Sie sind die geborenen Liebhaber. Ihre Unproduktivität, dumpfe Verwicklung in sich selbst, die Ausweglosigkeit, vereinigt alle Kräfte der Seele auf die Liebe, in der sie genial werden. Nałkowska zeigt, daß sie auf jede erdenkliche

Art für den Partner verderblich werden, daß sie kraft des Nachschubs, den sie aus der Tiefe des Chaos beziehen, an Größe zunehmen. Sie sind wie Einzelstücke vom Chaos, das sich für einen Augenblick lang zu vermenschlichen trachtete. Dies ist eine weitere Transskription des fundamentalen Mythos von Nałkowska.

Die Lösung der »Unguten Liebe« war bis zu einem gewissen Grade noch zufällig, ergab sich nicht aus dem tragischen Charakter des Helden: Sich in eine andere verlieben, den Gegenstand seiner Liebe tauschen – das kann jeder. In den »Ungeduldigen« stirbt Jakubs Liebe an sich selbst, stirbt durch Autointoxikation. Ohne damit aufzuhören das einzige Liebeswerk zu sein, steckt sie sich mit Haß an. Wie denn sollte der Haß nicht auch auf Teodora übergehen, wo doch auch sie nicht mehr zu ihm gehört, freiwillig an seiner Verdammung und am Fluch teilgenommen hat? Der einzige Vorwurf, den dieser gegen sich selbst wütende Mensch seiner Geliebten ins Gesicht schleudert, ist, daß sie aufgehört habe für ihn ein glückseliges Anderes, Muße von sich selbst zu sein, daß sie sich seiner Liebe ergeben habe. Hat sie ihn nicht belogen, nicht schändlich betrogen, daß er, auf der Flucht vor sich selbst, durch ihr Zutun wieder in ihr zurückfand?

Als er endgültig mit sich abrechnet, denkt Jakub über das unerreichbare Wunder der Normalität nach. Es ist aber eine positivistische Nomenklatur für das, was die Katholiken Wunder der Gnade nennen. Jakubs Geheimnis ist im Grunde das Geheimnis der Verweigerung empfangener Gnade. Bei einem Menschen, dem die Gnade genommen ist, muß natürlich alles schief gehen, führen alle Wege ins Unglück. Die Ungeduld Jakubs und all der anderen Selbstmörder – ist der Hunger nach Schicksal, die Eile, in der sie auf ihr Fatum zugehen, die Begierde der Verdammten, das zu erfüllen, was erfüllt werden muß. Erneut kommt Nałkowskas fundamentale These vom Sich-Selbst-Verzehren des Daseins, von der Selbstvernichtung zum Vorschein. Das grundsätzliche Bild für ihr Werk ist ein Phönix in Flammen, wie er mit der auftauchenden Welt emporfliegt, um im eigenen Feuer Asche zu werden. Dieser Augenblick von Ekstase der Vernichtung ist aus dieser Sicht der psychischen Mechanik Rechtfertigung und Ziel aller schöpferischen Mühe.

9

Neben Jakub bildet Teodora das zweite Zentrum des Romans. Wie die Stadt mit ihren schwülen Parkanlagen und schlimmen Schicksalen ihrer Menschen in Jakubs Aura verwickelt bleibt, ist Teodoras Aura – Wieksznia, eine Welt heller Wasser und offenen Himmels, mit einer glückseligen Vegetation und der Stille der Natur. Teodora ist als Korrelat der bösen Liebe Jakubs und als Kontrast gedacht. Deshalb beschränkt sich die Autorin auf leichtere Konturen, auf ein paar Pinselstriche, die Teodora zu einem vegetativen Leben berufen. Nałkowska hat aus ihr den Zauber des Leidens, den Charme des Opfers, des wehrlosen Wartens auf das Schicksal und das Fatum herausgearbeitet, dem Teodora willenlos entgegenläuft.

Aus dem Hintergrund einer Anzahl locker miteinander verbundener Dinge des alltäglichen Lebens, die im Spielraum der Handlung des Buches verstreut und verteilt sind, tritt aus dem grauen Gewebe gewöhnlicher Schicksale unmerklich die Affäre zwischen Jakub und Teodora hervor und erhebt sich gerade soviel, um sich ein bißchen mehr auszuwölben. Man muß die Meisterschaft beim Dirigieren dieser Erzählmassen bewundern, beim Zusammenknüpfen der unendlichen Einschübe, Episoden, scheinbar trockenen Berichte zu einem Gewebe erloschener Effekte und Pointen, zu einem unscheinbaren und doch durchaus edlen Gespinst. Die Kammerkunst der Prägnanz, die Kürzel und Formeln, die gleichsam nebenher das reife Korn der Erfahrung und Beobachtung einsammeln – sie feiert hier ihre stillen Triumphe.

10

Besondere Erwähnung verdient der Traum von Teodora.

Dank den unbezweifelbaren Verwandtschaften mit der dunklen, sonnenabgewandten Hemisphäre des Lebens, überschreitet Nałkowska mit Leichtigkeit die Grenzen der Normalität, dringt wie in ein vertrautes und nahes Gebiet in eine Welt der Grenzerfahrungen, somnambulischer Empfindungen, übernormaler Zustände ein. Während fast alle Versuche dieser Art in der Literatur auf mehr oder weniger gelungenen Fälschungen solcherart beruhen, die beim völligen Mangel an Kontrolle schmarotzen, trägt die Kunde, die Nałkowska in diesem finsteren Bereich ausgespäht hat, das Siegel der absoluten Authentizität. Sie ist der einzige Schriftsteller, zumindest in der polnischen Literatur, deren poetische Expertise aus diesem nächtlichen Kosmos ernstzunehmen ist und die unverständliche Texte aus dieser Sphäre ergreifend in eine dichterische Sprache umsetzt. Marysias Zustände in »Schlangen und Rosen«, Justynas Wahn aus der »Grenze«, Jakubs Besessenheit in den »Ungeduldigen« – sind ergreifende Dokumente einer Befragung aus dem tatsächlichen psychischen Jenseits. Zu demselben Bereich muß auch der Traum von Teodora gezählt werden.

Dies wahrhafte Werk schriftstellerischer Alchimie, nicht entwirrt in seiner Vermengung von Aura des Traumes, somnambulischer Trance und medialen Stenogramms des Nonsenses, durch das ein tausendfach verschleiertes, verunstaltetes Hellsehen herauskriechen möchte, läßt, nach meiner Meinung, analoge Abschnitte aus den Werken von Proust (Träume von der gestorbenen Großmutter) weit hinter sich. Die Ohnmacht und Fesselung, die dumpfe Knebelung des Traumes, unter dessen Oberfläche sich diese klägliche und verlorene Sache ereignet, können nicht überzeugender dargestellt werden. Man möchte sagen, daß erst hier der Geheimcode der schlaftrunkenen Traumwelt entziffert, der Schlüssel zu seinem heimischen Idiom gefunden wurde.

11

»Die Ungeduldigen« markieren im Schaffen von Nałkowska, die ein sicherer Instinkt immer vor dem Überschreiten der Grenzen ihrer Kompetenz bewahrt hat, eine Phase des endgültigen Sich-Bewußtwerdens der eigenen Mittel und Reserven.

Gänzlich eingeschlossen in der eigenen Regelmäßigkeit, erreicht dieses Werk gleichzeitig sozusagen die endgültige Sanktion der Vollkommenheit: eine unendliche äußere Perspektivität – durch die Illusion eines stufenweisen Schwindens in Richtung Peripherien; und eine innere – durch die unendliche Reihe von Spiegelungen und möglichen Interpretationen, durch die sie sich polarisiert und an der Grenze ihrer Problematik verliert.

Versuche, die feststehenden Systeme der Empfindungen, die fundamentalen Kategorien des Erzählens zu lockern, und das Wagnis, sie durch Aufwühlung dieses Komplexes, der an unterbewußte und angrenzende Bereiche der Seele rührt, zu überschreiten, verbinden dieses Buch mit den Strömungen, die die zeitgenössische europäische Literatur bewegen.

Egga van Haardt

Sie wohnt in einer kühlen, gepflegten und steinernen Parkstadt voller Sezessionsbarock und Ziergitter. Sie kleidet sich mit individueller Eleganz von leichtem künstlerischem Einschlag, das Kleid in der schmalen Taille eng mit einem breiten Ledergürtel zwingend. In ihrem effektvollen Gewand, auf schlanken Beinen, mit dem zarten Gesicht, in dem sich die Züge bisweilen auflösen und zu einem idealen, wirbelnden Oval Modiglianis formen, gleicht sie einem jungen Epheben. Neckisch wie ein zarter Knabenelf aus einem Shakespeare-Stück bewegt sie sich fort. Man möchte ihre herrlichen Bewegungen innig in die Hand nehmen: wie winters den aus einer Sekunde Sonne entstandenen Strahl am Fenster. Und möge sie so auf den Händen mitten in die Seele laufen wie in eine Landschaft. Denn wo befindet sich jene Bühne sonst, jenes Theater, in das sie so eilt – strahlend, über endlose Treppenabsätze hinweg, ganz in Lächeln, in eine Mission verwandelt, wenn nicht in unserer Seele? Das ist ihre Bühne, das ist ihr Theater, in dem sie auftritt. Und schon spielt sie dort ihre Rolle, schon rückt sie in die Handlung ein, schon haben sie die Schlingen der Fabel umrankt, schon verlegt sie den ganzen Bühenraum mit Arabesken ihres Spiels, mit tausenden Phantasiegebilden, in welchen sie dann auf den Gipfeln der Evolution zerschellt.

Ist Egga ein Mensch? Was bedeutet ›Mensch‹, diese endlos aufnahmefähige Form, in die man alles gießen kann? Es heißt, daß die Grenzen möglichst eng gezogen, für einen Augenblick lang angenommen sind, und man sich über die Konventionen einig ist. Doch in diesen Grenzen ist genug Platz für alle Himmel und Höllen. Waren die Alten nicht klüger, anstatt der Form den Inhalt zu betonen? Den Inhalt, der die menschliche Form sprengte und die ganze Skala der Mythologie durchmaß. Die Alten, die überall Götter entstehen sahen. Also wer bist Du, Egga, besinn Dich!

Darauf heben sich nur die in reines Oval gezeichneten Brauen, und der Schimmer ihrer Augen wird träumerisch und nebelhaft. Läßt es sich noch deutlicher sagen, wer sie ist und aus welcher Sphäre sie kommt, als mit diesem Lächeln, das in seiner verderblichen Süße härter ist als Stein? Mit diesem Lächeln antworteten einst Ketzer auf Fragen der Inquisitoren, mit diesem Lächeln überstanden sie die Folter.

Was bedeutet es schon, daß Egga in ihrer Form nicht ganz vollkommen ist, daß sie so ungezwungen in die Totalität abfließen, zum Element zurückkehren kann. Ja, Egga weiß mehr als sie je erfährt, denn sie ist Teilnehmerin der Uranfänge. In ihrer Gegenwart verraten sich die Dinge von selbst: ein schweigender Schrank klopft nach Jahren Schweigen, ein kleiner Tisch stammelt ein krüppeliges Wort aus sich heraus. Warum plagt ihr Egga, weshalb zieht ihr sie in verworrene menschliche Angelegenheiten, in Gesellschaftsspiele und Tatsachen hinein? Seht ihr nicht, wie beengt sie sich fühlt in diesen Konventionen? Wenn sie allein ist, tanzt ihr Blut, ästelt in ihr phantastisch und fiebert sich zu einer großen, zitternden Luftspiegelung, die mit all ihren Ablegern vibriert. Kaum hat sie sich von ihrem Leib gelöst, zieht sie einen Kreis, ist schon verbrannt, zerfällt schon wie ein verglimmtes Papierflöckchen, das zu schwarzer Arabeske erstarrt. Versteht ihr die Sprache der Flammen, fanatisch und eindringlich, voller Beschwörung? Sie spricht mit ihrem ganzen Wesen, formt sich mit ganzem Leib zu dem, was sie sagen will, verliert Form um Form, Silhouette um Silhouette in fanatischer Suada, in einer wahnsinnigen Genesis, in tausend Pleonasmen. Vielleicht ist Egga Salamandra? Im Alabaster ihres Gesichts züngeln weiße Flammen, ihr Oval träumt mit halb geschlossenen Augen vor sich hin.

Deshalb ist Eggas Kunst so monden wie das Blut in den Äderungen. Sie beherrscht die Leinwand nicht mit dem Blick, sondern mit einer hellseherischen Hand, mit einem Ersatzorgan, mit dem Auge eines Blinden. Wer einmal Eggas Hand erblickt, wird einsehen, daß ihre Augen überflüssig sind. Das Holz ihres Geäders, siebenfach verzweigt, wimmelt von Geschöpfen wie der Baum des Lebens, Kreaturen lustwandeln in ihm. In den Tropismen ihres Blutes hält Egga alle Nuancen, alle Varianten des Rhythmus verborgen. Wie aus der Arche Noah wandern paarweise Tiere aus ihr, weil sie in den Tiefen ihres Blutes alle Register des göttlichen Paradieses anschlägt. Sie ätzt sich in die farblose, schwarze Materie ein, zerfetzt sie noch einmal zu Licht und Schatten, und vor dem Abgrund der Schwärze fasern und reißen sich die strahlenden Fragmente des Dunkels los und werden aufgefangen von der Helle.

Bist Du unglücklich, Egga? Bist Du verlegen, weil es noch nicht alle begriffen haben, weil sie Deine wundervollen, schwarzweißen Spitzen, die Arabesken und Ornamente nicht verstehen, die ich noch nirgends und bei niemandem antraf, die bis jetzt noch keine Kunst geschaffen hat und womit Du, wie mit einer Scham- oder Schutzmaske, Deine tragischen, synthetischen Gebilde verhüllst und verdeckst, die beraubt sind von jeder Illusion und dem unnötigen Ballast der Einzelheiten. Ihre Synthese ist so unvermeidlich und einzig, ihre Bewegungen und ihr Kampf so konsequent und notwendig, daß Du auf eine Dir einmalige Art das herrliche Sublimat der Form mit dem des Ausdrucks vereinst – und nur das Ornament allein der Mantel Deiner Gebilde bleibt, mit dem Du sie reichlich kleidest, daß sie vor Schmerz und Qualen nicht so schrien. Denn Deine Kunst ist unlustig. Du hast die Norwidsche Sehnsucht des Schönen erfüllt.

Bist Du unglücklich, weil es nicht alle begriffen haben? Weil manchen Deine Kost ungesund scheint?

Hast nicht Du mir einst so weise von der Gewohnheit als konsequentem Ersatz des Verstehens erzählt? Laß also jenen, die nicht verstehen, nicht denken wollen oder Deine Kost nicht zu vertragen scheinen, Dein wundervolles und bezauberndes Lächeln, und laß ihnen, was unvermeidlich Gewöhnung schafft. Laß ihnen Zeit. Sie wird Dir bestimmt beistehen. Sie wird Dir zum Sieg verhelfen, wenn Dir daran gelegen ist. Doch jemand wie Du, von den Göttern geliebt, der in der Kunst seinen eigenen Ausdruck gefunden hat, ohnegleichen, ohne Vorläufer, der wie Du durch die Weiselzelle, durch das Dickicht der Gefahren und Traditionen gedrungen ist und mit eigener Schönheit aufzuleuchten verstand, der wie Du neidisch imitiert und von einem Haufen Parasiten heimgesucht wird, die auf den Krümeln Deiner Kunst weiden wollen, dem sollte – sage ich – der Sieg gleichgültig sein. Denn Du siegtest. Du gabst Deinem Volk einen maximalen Tribut: Dein eigenes, durch nichts verdorbenes Ich.

Weil sie es nicht fassen können, daß Du Dich im Glanz der Volkstümlichkeit sonnst, Deine Kunst allgemeinmenschliche und nicht nur regionale Züge hat, daß weder die Natur noch die Fotografie Deine Lehrer sind? In Anbetracht dessen müßten wir ja die Kunst des Orients ablehnen und Ägyptens und Mexikos und die Gotik, in der Du verwurzelt bist, und schließlich noch jene berüchtigte Volksprimitivität, die sich über die Natur lustig macht. Warte, Egga, die Zeit gewöhnt, und Dein Glück ist der zauberhafte Frühling Deines Lebens.

In dieser steinernen Stadt, gepflastert unter dem Druck athletisch getürmten Barocks, lebst Du von der Hitze Deines Blutes. Du kennst die winkeligen Irrpfade des Fiebers. Was würdest Du sagen, wenn Du Dich in meiner Landschaft befändest, unter einem niedrigen und weiten Himmel, flockig, voll Lämmerwolken, mitten in sanften Farben und Brisen unseres Klimas? Hier entfaltet die Morgenröte ihre traurige Unendlichkeit gleich hinter dem letzten Plankenzaun. Hier fällt hinter der nahen Kante des Horizonts die Landschaft farbig gegen den Balkan ab. Vielleicht öffneten sich hier Deine Augen – mit der Linie des vergänglichen Rhythmus zwischen der auch am Tag sichtbaren Konstellation des Himmels, vielleicht träte Buntheit der Welt in sie ein. Vielleicht überzeugtest und einigtest Du Dich, ein wenig an der Oberfläche zu leben, bunten Himmel zu atmen, aus den unterirdischen Blutengen zu fließen.

(Dieser Aufsatz von Bruno Schulz wurde von Egga von Haandt nach Zusendung korrigiert und in der vorliegenden, ›geschönten‹ Form ohne die Zustimmung des Autors veröfffentlicht. Anm. d. Hrsg.)

»Die Glocken von Basel«
(Über den Roman »Les cloches de Bâle« von Louis Aragon)

Aragon, einer der Promotoren des französischen Surrealismus, hat eine lange innere Entwicklung durchgemacht, ehe er in seinem letzten Roman eine Probe der neuen Art des Realismus gab, den er sozialistischen Realismus nennt. Der Roman »Die Glokken von Basel« sollte der erste Versuch einer neuen schriftstellerischen Methode sein.

Es ist ein einigermaßen verblüffendes Buch. Die marxistische Kritik erwies sich bei ihm als überaus fruchtbar, vermehrte die Sehkraft, verlieh dem Blick die Eindringlichkeit von Röntgenstrahlen, die noch bis in die Tiefe das verworrene Gewebe des Lebens durchleuchten. Aragon macht die Dinge nicht von innen zugänglich, beleuchtet sie nicht psychologisch; er stellt sie eher von außen fest, erzählt sie sachlich, trocken, chronikartig.

Die »Glocken von Basel« sind gewissermaßen ein Querschnitt durch die Sitten der französischen Society im letzten Jahrzehnt vor dem Krieg. Aragon zeigt den Klassenkampf als tiefe Grundlage aller Phänomene auf der Oberfläche des gesellschaftlichen Lebens. Dank der unvergleichlichen Kompliziertheit des zeitgenössischen wirtschaftlichen Lebens, der Anonymität des Kapitals und seiner geheimen Symbiose mit dem Staat, tobt dieser Kampf im Verborgenen. Nur auf seinen zwei Polen gibt es ein Verständnis der Dinge: auf den Gipfeln des bourgeoisen Lagers und bei der Avantgarde des klassenbewußten Proletariates. Das mittlere und kleine Bürgertum, die Intelligenz und die nicht klassenbewußten Massen des Proletariates verwickeln sich in Unverständnis, in dem ihnen übergeworfenen Netz von Intrigen und falschen Ideologien, denen sie nicht entschlüpfen können. Wegen dieser Schichten, um welche der Endkampf tobt, hält das Kapital die Dinge in engster Konspiration. In dieser Konspiration ist das Kapital die Quelle einer verlogenen, perfiden, doppelten Moral und Sittlichkeit, die von der Bourgeoisie aufgedrängt und suggeriert wird, der sich diese selbst unterwirft und dabei sogar jene aus ihrer Sphäre opfert, die durch eine allzu grelle Vergewaltigung dieser Moral die Integrität und Undurchdringlichkeit der ganzen Maskerade gefährden.

Dieser Maskerade eben, der Tragifarce der zeitgenössischen Sittlichkeit, ist das erste Buch des Romans gewidmet. Nicht die in die hier dargestellten Affären eingeflochtenen Personen sind die Helden, der eigentliche Held ist gleichsam die Komödie der Moralität. In diesen wie in den anderen Kapiteln kann man sehen, welcher Entwicklung unser Begriff der geschichtlichen Substanz unterlag. Für die Schriftsteller der alten Zeiten war es immer eine individuelle Anekdote, eine repräsentative Biographie, eine Kantilene persönlicher Ereignisse auf dem Hintergrund eines dumpfen Geknurrs der Geschichte. Für Aragon hat dieses heranrückende Geknurre den ganzen Vordergrund ausgefüllt, sich artikuliert und differenziert und vernehmlich gemacht. Aus seinem Roman dringt uns gleichsam der verworrene Lärm der Geschichte, der Tumult der Historie entgegen.

Der Inhalt des ersten Buches des Romans ist die Geschichte eines bestimmten Skandals, welcher die scheußliche Anatomie der Pariser Society zeigt. Im Mittelpunkt dieser Affäre steht Diana de Nettencourt, eine jener Frauen, die dank ihrer Schönheit und ihrer erotischen Raffiniertheit in Paris Karriere machen. Von einer Hand in die andere gehend, landet Diana schließlich im Ehebett eines gewissen Brunel. Dieser Brunel, eine Kanaille, von einem Haifisch großen Kalibers namens Wisner zu schmutzigen Geschäften mißbraucht, hat das Pech, daß einer seiner Schuldner als Opfer von Wuchergeschäften in seinem Haus Selbstmord begeht. Obgleich es sich um einen notorischen Lebemann und Leichtfuß handelt, bauschen Wisners Rivalen die Sache zu einem großen Skandal auf. Die Kampagne führt die »Action Française« durch, sie zieht immer größere Kreise, findet ihr Echo im Parlament, doch Wisner, in dessen Geschäfte Minister verstrickt sind, gelingt es, die Aktion zu unterdrücken, während Diana und ihre Mutter die Vermutungen geschickt auf die Gleise eines erotischen Skandals schieben. Unglücklicherweise entdeckt ein Freund des Hauses, General Dorsch, zufällig die wahren Hintergründe der Angelegenheit und macht eine Vertuschung unmöglich. Wisner opfert den kompromittierten Brunel, Diana läßt sich von ihm scheiden.

Im zweiten Teil betritt Aragon ein Milieu, in dem verschiedene Gesellschaftsschichten einander begegnen und sich miteinander vermischen. Katharina Simonidze ist auf Grund ihrer gesellschaftlichen Lage dazu prädestiniert, am Rande verschiedener Schichten zu leben. Ihre Mutter, eine Georgierin, die von ihrem Mann, einem Erdölmenschen aus Baku, getrennt lebt, gehört der gleichen Welt wie Diana an und führt das Leben einer Abenteurerin in eleganten Hotels der Riviera, nur mit dem Unterschied, daß in der Tochter eines unterdrückten Volkes eine gewisse revolutionäre Tradition oder – besser gesagt – Romantik lebendig ist, die ihr Ventil in Liebesabenteuern mit Revolutionären findet. Diese Romantik, diese revolutionäre Lyrik wird der Tochter aufgepfropft, die durch die Pracht ihres ausschweifenden Lebens hindurch die Unfreiheit und den Verfall der zur Rolle eines Spielzeuges erniedrigten Frau sieht und in der das Leid über diesen Stand der Dinge die Ausmaße einer grundsätzlichen Verletzung annimmt. Die zentrale Lebensidee der heranwachsenden Katharina wird das übertriebene und reizbare Gefühl der weiblichen Würde. Ehe sie eine gesellschaftliche Anarchistin wird, ist sie eine Anarchistin der Liebe. Es zeichnet sich in ihr undeutlich die Idee der Befreiung der Frau ab – und das ist ein persönlicher Mythos, auf dem sich ihre Revolutionsidee festsetzt und ausbildet. In den gesellschaftlichen Bewegungen zieht Katharina das an, was ihr als Ankündigung einer Verwirklichung dieses Mythos erscheint. Aragon zeigt ihre Irrfahrten und Wanderungen durch verschiedene Ideologien. Vom tiefen Instinkt des Autors zeugt, daß er diesen ideellen Peripetien sich durch das Medium von Liebesangelegenheiten zu formieren erlaubt. Aragon zeigt, wie scheinbar die irrationalen Reaktionen ihrer Erotik, die Fluktuationen ihres Gefühls dieselben Wurzeln haben wie ihre gesellschaftlichen Ideale, auf welche Weise sie Anteil an der Gestaltung ihrer erotischen Mythologie nehmen. Es ist gleichsam die Illustration dessen, was bei uns Brzozowski über die gesellschaftliche Bedeutung der Erotik gesagt hat. Die Welt der gesellschaftlichen Ideale destilliert sich für die Frau in der dunklen Retorte des Instinkts.

Katharina befindet sich eine bestimmte Zeit im Bann der Persönlichkeit des Anarchisten Libertade. Die Ideologie des Anarchismus zieht sie durch ihre Kompromißlosigkeit und durch ihren romantischen Schwung an. In dem allen vermag Katharina keinen Platz, keine Rolle für sich zu finden, in die sie eingehen könnte. Von Libertade zu Henri Bataille wandert

Katharina durch verschiedene Ideologien und wechselt dabei, von innerer Leere getrieben, von ewiger Unruhe geplagt, die Männer. Auf dem Hintergrund dieser Peripetien schiebt sich die Welt des Kleinbürgertums vorbei, eine ideenlose Welt, die in Leere und Sinnlosigkeit festgefahren ist. Diese Unfruchtbarkeit der Zeit, diese Ausweglosigkeit der Epoche, eine schwüle Stille vor dem Sturm, kann Aragon meisterhaft mit der merkwürdigen Gräue seiner Prosa wiedergeben. Nirgends ein Akzent, nirgends ein Ausbruch. Die Ermordung Libertades, der Selbstmord Solanges, der Tod Judiths, Gemeinheit und Tragödien – alles versinkt dumpf im weichen Teppich dieser Prosa. Es sind die Jahre 1908 bis 1911. Niemals schien die Welt so fertig, so alt und ohne Zukunft zu sein. Die Zeit scheint in törichten und entschiedenen Dingen zu enden, in einer ungeheuren Monotonie, in der Stille einer großen Ebbe. Die Kräfte, die sie in der ganzen Tiefe erschüttern, sind noch stumm und haben kein eigenes Organ.

Den dritten Teil reserviert sich Aragon, um endlich das eigentliche kämpferische Proletariat auf die Szene zu bringen. Dieser Teil des Buches ist so etwas wie eine große Chronik von Ereignissen mit geschichtlicher Tragweite, wie sie sich in Frankreich und Europa in der scheinbaren Stille und Regungslosigkeit der Jahre 1911 – 1912 ereignen. Nie war die Geschichte so maskiert, so tief konspiratorisch wie in dieser Epoche der großen Aktiengesellschaften und internationalen Affären. Aragon zeigt die Verzahnungen der Politik und der Geschäfte, den Ameisenhaufen der Intrigen und Schwindeleien, und entblößt den Mechanismus der Ereignisse rings um eine der Episoden des tobenden Klassenkampfes, rings um den Streik der Chauffeure eines riesigen Konsortiums, welches die Verkehrsmittel in Paris monopolisiert hat. Aragon zeigt den ungeheuerlichen Knäuel der Dinge, in den Regierung, Polizei und Parteivorsitzende verstrickt sind – alles Marionetten in der Hand einer Gruppe von Abenteurern wie Quesnel oder Wisner, und kleinerer Kanaillen wie de Houten, die mit Hilfe der Polizei eine Terrorwelle der Anarchisten provozieren, um in den Augen der Öffentlichkeit die Streikbewegung in Mißkredit zu bringen.

Dieser Teil weicht am stärksten von der traditionellen Form des Romans ab. Die Gestalten treten an den Rand der Erzählung, an deren Spitze die ›Sache‹ selbst vorrückt. Keine Lyrik, keine stilistischen Arabesken, Pikanterien und Effekte. Trotz des chronikartigen, trockenen Tons weht in dieser Prosa ein großer, epischer Atem, das Pathos der Geschichte. Es entfaltet sich aus den Blättern dieser Kapitel ein breites Panorama der Epoche, auf deren Hintergrund die Episoden des Streiks, die Vorfälle und Ereignisse sich in der Miniaturperspektive alter Schlachtbilder zeigen. Bewunderungswürdig ist die Enthaltsamkeit an Gefühl, die wahrhaft epische Haltung, die Aragon zu bewahren versteht. Die Leidenschaft Aragons, sein gedämpftes Feuer offenbart sich lediglich in der schöpferischen Energie, mit der er in einem Atem eine Unzahl von Tatsachen, eine unaufzählbare Fülle von Zusammenhängen, Handlungen und Episoden zu beherrschen und zu umfassen versteht.

Der letzte Teil, nur hundert und ein paar Seiten, mit dem Namen Klara Zetkins, der deutschen Sozialistin, betitelt, ist gleichsam ein Epilog, eine lyrische Fanfare, in welcher das Gefühl des Autors, bisher von epischer Disziplin gefesselt, unerwartet ausbricht.

Die Übersetzung von Wacław Rogowicz ist ausgezeichnet. Es gibt in Polen wenig Übersetzer, die ihre Sendung so ernst nehmen. Die Übersetzungen von Rogowicz kennzeichnen das volle Bewußtsein der Verantwortung für das Wort und das subtile Ohr für den Ton und die Farbe der Prosa, die er transponieren soll.

Wanderungen eines Skeptikers
(Gedanken zu Aldous Huxleys Essayband »Music at Night«)

Spaziergänge eines Skeptikers über die Geröllhalden der Kultur. Weit und breit, wohin das Auge schaut – überall Schutt und Staub. Der Wanderer fand alles schon in Trümmern vor, kreuz und quer umgeackert vom Pflug des unermüdlichen menschlichen Geistes. Der Wanderer setzt vorsichtig seinen Spazierstock, hält auf ihn gestützt inne und lächelt. Dann stochert er mit dem Stock melancholisch in dem Schutt: Probleme über Probleme,

Überreste, Bruchstücke und Fragmente von Problemen. Da blickt ihn ein abgebrochener Kopf scheel an, dort rappelt sich ein Bein auf, humpelt und hinkt einsam über den Kehrichthaufen. Noch steckt in diesen Überbleibseln ein schwaches Fluidum Leben, noch verbindet sich Verwandtes miteinander und wird lebendig. Der Wanderer hat seinen Spaß daran, es zu rekonstruieren und wieder zusammenzusetzen, doch manchmal erwischt er den falschen Kopf oder den falschen Rumpf. So entstehen Mißgeburten. Der Wanderer freut sich darüber; und ein leises Lachen schüttelt ihn, wenn diese Ungeheuer sich um die vertauschten Köpfe miteinander streiten. Er reibt sich die Hände, wenn es ihm gelingt, allgemeine Verwirrung, eine Maskerade von Mißverständnissen und einen babylonischen Turm von Ideen hervorzurufen. Mit Entzücken spielt er dann den Schiedsrichter und schlichtet alle Streitigkeiten zwischen diesen Gespensterproblemen, schlichtet sie, so verkehrt es nur geht, mit bösem Willen, einzig in der Absicht, die Dinge bis zum Absurden zu treiben. Er tut so, als forderte er die verschleppten Gliedmaßen zu Gunsten der geschädigten Idee zurück, aber wehe dieser Favoritin! Er würgt sie sogleich im Übermaß des zurückgeforderten Inhaltes ab.

Eine menschliche Generation vor ihm wanderte ein anderer Skeptiker über die Ruinen der Kultur, ein Greis in langem Schlafrock und mit weißem Bart. Ein wie sehr menschlicheres Gesicht hatte er doch als dieser Kobold. Auch er war leicht angegriffen, trug die gleichen infektiösen Fieberstoffe in sich, die jenen plagen, doch seine Skepsis war eine Kinderkrankheit, eine Art Windpocken, an denen man nicht stirbt. Die Welt, an die er glaubte, war lediglich von oben verwittert, leicht an der Oberfläche in Gärung übergegangen, nur in einem dünnen Anflug kranken Schimmels gefiedert.

Der Thron der Lebensdogmen stand noch unerschütterlich fest. Der weise Alte wußte nichts vom Verrat der Naturwissenschaften, nährte noch einen offenherzigen und einfältigen Glauben an die Atome und die Materie. Sein Kosmos hatte im Vergleich zu dem Kosmos des Kobolds verhältnismäßig menschliche Proportionen. Er war nach den Kategorien menschlichen Denkens zugeschnitten. Seit den Zeiten des guten Alten ist jedoch die Welt durch viele Siebe und enge Maschen hindurchgegangen, in denen sie allmählich ihre Konsistenz zurückließ. Freud und die Psychoanalyse, die Relativitätstheorie und die Mikrophysik, die Quantentheorie und die nichteuklidische Geometrie. Das, was durch diese Siebe hindurchtropfte, war bereits eine der Welt sehr unähnliche Welt, eine Fauna, schleimig und formlos, Plankton mit fließenden und wogenden Konturen.

Was den Kobold betrifft, operiert er zehn Stockwerke tiefer als sein Vorgänger – im Unterwasserreich des Skeptizismus. Da herrscht das monotone Halbdunkel der Meerestiefe, ungegliedert durch die Kontraste des Lichts, der Druck von abertausend Atmosphären schleudert die Augen an die Oberfläche, aber er gleicht auch die Gravitation aus und hebt sie auf. Man ist ohne Schwere, ohne Richtung, ohne Verantwortlichkeit, bewegt sich leicht und sorglos im dichten Zentrum, osmotisch und wellenförmig wie eine Alge. Wir befinden uns in einer neuen Stille und Unbeschwertheit, wie nach einer Explosion der Welt, wir erinnern uns dumpf, undeutlich jener schrecklichen kosmischen Katastrophe, in deren Verlauf der unerschrockene Titane Witkacy auf tragische Weise unterging. Seitdem können vielleicht Jahrhunderte vergangen sein.

Durch welches Wunder sind wir aus alledem heil hervorgegangen? Und werden wir jetzt für immer als Fische in der Meerestiefe bleiben? Befindet sich also die Geröllhalde der Probleme auf dem Grund des Meeres, und unser Spaziergänger wandert wie eine Krabbe über die Untiefen des Grundes und erhellt sich mit der Phosphoreszenz seines Gehirns den Weg? Wie vermochte er die Katastrophe zu überleben, wie gelangte er zu dieser sorglosen Symbiose mit einem parasitären Agnostizismus? Woher nimmt er diese Leichtigkeit, diesen Galgenhumor, wie ist er von dem Ernst, der Schwere, der Verantwortung losgekommen und zum Tänzer des Meeresbodens geworden? Vielleicht ist er – wir verraten es flüsternd – einfach tot? Er hat die Katastrophe als Toter überlebt. In dieser Form fällt es am leichtesten, sie zu überleben. Das würde alles erklären: die Leichtigkeit, die nichts kostende Equilibristik – und die halsbrecherische, aber im Grund völlig ungefährliche Jongliererei. Den Toten fällt diese Leichtigkeit umsonst in den Schoß – ohne alle Unkosten. Oder ist er vielleicht ein Rekonvaleszent von der

Grenze des Todes? Wie schwer ist es, an dieser Grenze einen Genesenden von einem Toten zu unterscheiden. Sie gleichen einander nicht selten wie ein Ei dem anderen. Denn auch die Rekonvaleszenten haben die gleiche Leichtigkeit, Sorglosigkeit und Unverantwortlichkeit. Sind sie doch aus dem Jenseits zurückgekehrt, wo sie aller Lasten ledig wurden. Sie gebrauchen ihre Glieder als Luxus: zum Scherz, zum Spiel, aus einem neugeborenen Vergnügen daran, mit ihren Organen umzugehen. Drohen noch immer und kokettieren mit dem Tod.

Neues Verlangen nach Abenteuern, ungewissen und unerprobten, dehnt ihnen die Brust mit merkwürdigen Seufzern.

Und vielleicht ist es gut, daß alles in Trümmer gegangen ist, daß es jetzt keine Heiligtümer, Bande, Rechte und Dogmen mehr gibt, daß alles erlaubt ist und man auf alles gefaßt sein kann, daß es jedem freisteht, nach eigener Laune sein Haus aus den Trümmern wiederaufzubauen – nach seinem Gutdünken, nach einer Chimäre, die man noch nicht ahnt.

Roman über einen Landpfarrer
(»Journal d'un curé de campagne« von Georges Bernanos)

Der erschütternde Eindruck dieses Buches ist nicht nur das Verdienst des Erzählers und seiner Erzählkunst. Es ist ein blendender Lichtkegel, auf den Abgrund eines menschlichen Lebens und auf dessen Bund mit den ewigen Dingen gerichtet. Er wird aus den alten Quellen christlicher Seelenkunde gespeist. Was wissen wir schon von diesem schrecklichen Instrument der Introspektion, ausgefeilt von Generationen Heiliger, wahrer Märtyrer des Gewissens, die unter dem Druck tragischer Zweifel, in unerschrockenem Suchen nach der endgültigen Wahrheit an den Grenzen der menschlichen Natur stehenblieben? Das, was heute in Umlauf ist, was als christliche Lehre gilt, diese reduzierte, geglättete, kompromißfreudige Wissenschaft – Frucht der Anpassung der Kirche an die Erfordernisse und an die beherrschenden Mächte des Lebens, ihres tragischen Radikalismus beraubt, ihrer rücksichtslosen Orientierung auf ein Leben nach dem Tod –, was ist es mehr als ein blasser Schatten, eine widersinnige Karikatur der Gedanken des Meisters? Der Held des Romans hat offene Augen und ein fühlendes Herz für alle Erscheinungen der sozialen Ungerechtigkeit, für Leiden und Unterdrückung, die ganze Tiefe menschlichen Schmerzes ist ihm bekannt – nicht nur aus eigener Erfahrung, sondern aus jenem erweiterten Bewußtsein und Wissen vom Menschlichen, wie es die Mission des begeisterten Beichtvaters und Seelsorgers verleiht. Das Verhältnis der christlichen Lehre zur irdischen Gerechtigkeit, schon ein merkwürdig zweideutiges und kniffliges Problem in den Worten des Evangeliums, noch komplizierter infolge des notgedrungenen Zusammenlebens der Kirche mit den weltlichen Mächten, ersteht vor uns – stets unter neuen Aspekten betrachtet und bis in alle Tiefen ausgelotet – in seiner geradezu ausweglosen Verworrenheit. Doch in den Augen des Helden, einer reinen und gläubigen Seele, sind weder das Unrecht noch das Leid und das Mißgeschick wahres Unglück und wirkliche Eiterbeulen. Diese Dinge verblassen gegenüber den schrecklichen Gefahren, die auf die Seele des Menschen lauern, gegenüber dem ewigen Kampf mit dem Bösen, gegenüber dem Drama, dessen roter Faden das Schicksal des Menschen ist.

Bernanos zeigt uns ein menschliches Leben, das gänzlich auf die letzten Ziele ausgerichtet, in den Dienst der Ewigkeit und der schrecklichen Rätsel der Erlösung gestellt ist. Er wechselt das hehre Wort ›Ewigkeit‹ in die kleine Münze menschlicher Wahrheit um und zeigt diese – wie in einem Wassertropfen – in jedem Augenblick des menschlichen Daseins.

Es ist, als betrachteten wir die menschlichen Dinge in einem neuen, unerhörten, grellen Licht, als wäre der Mantel der Tatsachen, der abgewetzten Psychologie, der Beweggründe und Triebe plötzlich abgefallen und enthüllte eine völlig andere und furchterregende Physiognomie des Lebens, das Mark des menschlichen Schicksals, sein unbegreifliches Risiko und seine Erhabenheit. Und das trifft nicht nur auf das Leben des Helden zu, der uns in seinem Tagebuch die Kämpfe und Verzweiflungen eines mit dem Glauben ringenden Menschen enthüllt, sondern auf das Leben eines jeden, mit welchem diesen unterschätzten Heiligen das Schicksal oder der Zufall zusammenführt. Im grellen Licht der Lehre wird das menschliche Leben dramatisiert und hochgetürmt, wachsen seine Spannungen bis zu den ewigen Antinomien.

Man muß zugeben, daß sich das Instrument der katholischen Introspektion diesmal in guten Händen befand und im Verfasser einen würdigen Fortsetzer großer Vorgänger gefunden hat. Inspiration und Ernst von Bernanos entsprechen den Ausmaßen des Themas.

Es ist ein Buch, das man unmöglich mit passivem ästhetischem Erleben quittieren kann. Es scheint etwas mehr anzustreben, eine tiefere und aktivere Reaktion, eine totalitäre und integrale Antwort unseres ganzen Wesens.

Rogowiczs Übersetzung steht auf hohem Niveau.

»*Genitrix*«
(Ein Roman von François Mauriac)

Einer der frühen Romane Mauriacs, die in ganzer Fülle die künftige große Meisterschaft vorwegnehmen.

Es vollzieht sich da die intimste und tiefste menschliche Sache, die Sache zwischen Mutter und Sohn, ein Drama, das sich im Leben eines jeden Menschen in der Vorgeschichte der Kindheit, in der prähistorischen Ära abspielt. Etwas von diesem rohen Grauen und der Größe des Mythos zu entwickeln, ist dem Autor gelungen – in dieser Geschichte der Felicitas und des Ferdinand Cazenave, der greisenhaften Mutter und ihres fünfzigjährigen Sohnes, den sie mit fanatischer, blinder und unersättlicher Liebe liebt. Mauriac zeigt, wie dämonisch, fatal und sakrilegisch die wohltätige Kraft der Liebe sein kann, wenn sie der Welt in grenzenloser Machtgier sich aufdrängt als höchstes Prinzip und die menschliche Ordnung durchbricht. Mauriac zeichnet vor uns gleichsam eine Figur der Ursünde, die in der grenzenlosen Kulmination eines ausschließlichen, in sich selbst verliebten, rasenden Gefühls liegt. Deshalb ist ein gewisses biblisches Pathos in diesen zwei, drei Gestalten, die sich majestätisch im Gesichtsfeld des Romans bewegen und im Vordergrund zu großen und ewigen Konturen auf dem kargen, wie bei Millet nackten und auf die einfachsten Grenzen zwischen Himmel und Erde reduzierten Fond der Landschaft erstarren.

Mauriac hat uns gleichsam die Kehrseite des Ödipuskomplexes gezeigt. Während das Drama des Ödipus im faszinierenden Bild der Mutter besteht, von dem sich der Faszinierte nicht befreien kann, haben wir hier das tragische Sichvergucken der Mutter in den Sohn, einer Mutter, die nicht die Kraft fand, die Nabelschnur, die sie mit dem Kind verbindet, zu zerreißen. Der Mutterliebe sind durch die menschliche Ordnung gewisse Zeitgrenzen gesetzt, nur eine bestimmte Epoche ist ihr zur ausschließlichen Entfaltung gegeben. Doch es scheint, daß die Zeit, einmal vom Komplex überlistet, einmal von jener fatalen Macht gebrochen, die Gewalt über die Liebe verliert und kraftlos von der unerfüllbaren Ewigkeit des Gefühls abfällt. Sie triumphiert über das Verwelken der Körper, über das Eintrocknen der Instinkte und endet erst mit dem Tod des Menschen. Diese Liebe erdrückt den Sohn. Von allen Seiten wie von einem Kopffüßler mit den Saugarmen dieser Liebe umgeben, die despotisch und sklavisch zugleich ist, verliert er in diesen Umarmungen seine Selbständigkeit und büßt seine Männlichkeit ein. Seine unbefreite, unterdrückte, rudimentäre Sexualität lebt sich nur in Auflehnungsversuchen gegen diese verschlingende Liebe, in lächerlichen, demonstrativen Reisen in die Kreisstadt aus, zur ›Gewöhnung‹, die von der Mutter als unschuldiger Blitzableiter gegen seine Emanzipationsbestrebungen geduldet wird.

Im fünfzigsten Lebensjahr des Helden erscheint jedoch am Horizont dieser Idylle eine ernste Gefahr in Gestalt einer armen, verschüchterten, doch zu allem entschlossenen Lehrerin, die Ferdinand gegen den Willen der Mutter erobert und eine Eheschließung durchgesetzt hat. Ferdinand ist aber nicht mehr fähig, ein eigenes Leben anzufangen. In dem tödlichen Kampf um ihn, der zwischen den beiden Frauen ausbricht, neigt sich die Waagschale des Sieges sehr rasch der Mutter zu. Der Roman versetzt uns in den letzten Akt des Familiendramas, als die junge Frau, gebrochen von dem Kampf mit der mächtigen Antagonistin und nach einer schweren Fehlgeburt von allen verlassen stirbt. Der Tod seiner zu Lebzeiten gepeinigten Frau ruft im Herzen Ferdinands unerwartet verspäteten Aufruhr und Protest gegen jene wach, die ihn durch ihre habgierige und eroberungssüchtige Liebe eines eigenen Lebens und Glückes beraubte. Er sagt sich von der Mutter los, zerreißt ihr Bild und entwickelt einen posthumen Gedenkkult zu Ehren der in den Tod gehetzten Geliebten.

Meisterhaft, in großen, einfachen Pinselstrichen, zeichnet Mauriac die Tragödie der alten Frau, die, machtlos gegenüber der nicht mehr erreichbaren und durch ihren Jenseitszauber mächtigen Rivalin einen Posten nach dem anderen aus ihrem Besitz verliert. Die Tyrannei dieser Liebe nimmt die tragischen Züge einer fatalen und unglücklichen Leidenschaft an, die den Willen und die Vernunft eines Individuums überfordern. Unter dem Einfluß der Niederlage läutert sich ihre Liebe, sie verliert alle egoistischen, eroberungssüchtigen Züge und nimmt derart monumentale Ausmaße an, daß gewöhnliche menschliche Bewertung, Mißbilligung des gesunden Menschenverstandes, hier nicht zu Wort kommen kann und gewissermaßen inkompetent ist.

Felicitas stirbt schließlich, bis zum letzten Atemzug in den Gegenstand ihrer wahnsinnigen Liebe versenkt, und da zeigt sich, daß auch der Aufruhr des Sohnes und sein verspäteter Befreiungsversuch lediglich eine Inversion seiner Mutterliebe war, denn, plötzlich ihres Zieles – der Qualen der Geliebten – beraubt, fällt sie in sich zusammen. Ferdinand bleibt in schrecklicher Vereinsamung zurück, die Mutterliebe hat aus ihm ein unvollständiges Geschöpf gemacht, unfähig zu einem eigenen Leben. Nur in ihrem Element, wie ein Embryo im Mutterschoß, kann er in einem halben und abhängigen Leben vegetieren.

Mauriac hat in seinem Roman das Bild der tragischen und ausweglosen Liebe als schreckliches Memento entwickelt. Man könnte darin einen Protest des Verstandes gegen das Prinzip der Mutterschaft selbst erblicken, doch wetterleuchten hinter diesen menschlichen Maßen andere, transzendentale Kriterien in dem Buch, die selbst auf jene verirrte, verdammte und destruktive Liebe das Licht einer religiösen, drohenden Seligsprechung werfen.

Die »Schwarzen Engel« von Mauriac

Es gehört zu den merkwürdigen Paradoxen unserer Zeit, daß gleichsam im am wenigsten dazu geeigneten Augenblick eine Problematik auflebt, die seit zweihundert Jahren brachliegt, scheinbar überlebt ist und in jene historischen Arsenale abgeschoben wurde, in welchen die aus dem Verkehr gezogenen Apparaturen des menschlichen Denkens ruhen – die Problematik der katholischen Philosophie.

Es zeigt sich, daß die Meister der Psychologie und der modernen Analyse, die unerschrockenen Spürhunde der menschlichen Seele, sich von jener höchsten Schule der Introspektion, wie sie von der katholischen Kirche geschaffen wurde, angezogen und fasziniert fühlen. Schriftsteller der verschiedensten Geistesrichtungen wie Kafka, Claudel, Joyce und Bernanos liefern durch ihr Schaffen den aufschlußreichen Beweis, daß die Psychoanalyse, wenn sie über die reine Beschreibung und Feststellung hinauskommen will und nach einer übergeordneten Struktur sucht, nach Lösungen in tieferem Sinn, nicht an den Kategorien des katholischen Denkens vorbeikommt.

Mauriacs Roman verdankt seine Entstehung dem Grübeln über das Rätsel des Bösen und über das Geheimnis der Sünde. Den Autor fasziniert die ungeheure Skala und Spannweite der Anwendungsmöglichkeiten, welche das Böse in der Ökonomie des menschlichen Schicksals findet.

Da haben wir einen Verbrecher von Gottes Gnaden vor uns, einen Menschen, der von Kindheit an zur Lasterhaftigkeit prädestiniert ist. Für Gabriel Gradère ist das Böse eine gewöhnliche Lebensäußerung. Eine natürliche Anziehungskraft, eine kaum wahrnehmbare Charakterneigung zieht ihn mit der gleichen Selbstverständlichkeit zum Bösen hin, mit welcher das Wasser der Neigung seines Bettes folgt. In seiner Lebensbeichte, dem jungen Pfarrer in Liogeats abgelegt, staunt der fünfzigjährige Gradère über diese gleichsam vorherbestimmte Entscheidung für das Böse und über sein ganzes sinnloses und nichtiges Leben, das er im unfruchtbaren Dienst des Lasters und der Ausschweifung verbracht hat. Er fühlt sich geradezu als eine Art unwillkürliches Gefäß der Gemeinheit, aus dem sich diese auf die ganze Welt ergießt.

Während Gradère nach dem Tod seiner Frau Adele ein Schlemmer- und Prasserleben in Paris führt und dabei das Vermögen seines Sohnes Andreas verschwendet, wächst dieser unter der Obhut seiner Tante Mathilde auf dem Dorf zu einem starken, wenn auch in seiner Geradlinigkeit etwas beschränkten jungen Mann heran. Mathilde hat Gabriel einst geliebt. Jetzt überträgt sie, der wahren Natur ihrer Gefühle sich kaum bewußt, ihre ganze Liebe auf Andreas und beschützt ihn vor ihrem Mann, dem alten Desbats, der sich in habsüchtiger Gier gern Andreas' Vermögen aneignen möchte. Gradère, der sich seit Jahren in den Klauen der Erpresserin Alina windet, kommt zu seinem Sohn nach Liogeats, weil er hofft, ihm noch die letzten Überreste des Vermögens herauszulocken, um sich von seinem Vampir loszukaufen.

Als wäre mit Gradères Ankunft eine verderbliche Gärung in den ländlichen Wohnsitz eingebrochen, beginnt sich in diesem stürmischen Herbst auf dem stillen Hof ein düsteres Drama zu entwickeln. Als herauskommt, daß der alte Desbats Andreas das ganze Vermögen herausgelockt hat, erwacht in Gabriel Gradère, der seinen Sohn aufrichtig liebt, der Gedanke, das Ende des kranken Greises zu beschleunigen. Mit dem Scharfsinn eines Dämons errät er die Natur der Gefühle, die Mathilde für Andreas hegt, umgarnt sie und gewinnt sie eine Zeitlang für seinen Plan, mit der Aussicht, Andreas zu heiraten; alle diese Pläne werden durch die Nachricht von der unerwarteten Ankunft der Erpresserin durchkreuzt. In einer regnerischen Herbstnacht erwartet Gradère seine Verfolgerin auf der einsamen Bahnstation, führt sie auf einen einsamen Feldweg und vollzieht dort die erträumte Rache, indem er sie zu Tode würgt.

Dieser Mord zur Verteidigung des eigenen Lebens, an einem menschlichen Ungeheuer begangen, eine Tat, in der sich Gradère fast als Werkzeug der göttlichen Gerechtigkeit empfindet, macht jedoch das Maß des Bösen voll und bricht die Verstocktheit dieses geborenen Verbrechers. Mauriac breitet einen Vorhang über den letzten Akt des Dramas, über die Reue des Verbrechers, und berichtet nur die äußeren Tatsachen. Gradère schleppt sich, geistig gebrochen und am Ende seiner Kräfte, in den Pfarrhof und wird dort vom Priester aufgenommen und versorgt, dem gleichen Priester, in dem einen Bruder im Geist zu ahnen ihn sein merkwürdiger Instinkt seit langem befahl, und stirbt, stirbt eines schönen Todes, versöhnt mit Gott und den Menschen.

Was für geheime Bande mögen den Verbrecher Gabriel Gradère mit dem heiligen Priester Forcas verbinden, was für eine paradoxe Analogie kann zwischen diesen zwei Seelen bestehen, was für eine geistige Aktion stellt sie, in merkwürdiger Opposition, auf dem Schachbrett des ewigen Spiels nebeneinander hin? Kann eine Seele und ihr Opfer den Sturz einer anderen ausgleichen, ihn in einer höheren Ordnung der Dinge kompensieren, oder werden diese zwei Seelen auf zwei Waagschalen gewogen, die Gott in Händen hält? Während der Verbrecher Gradère, ein Mensch, der bis auf den Grund des menschlichen Elends gefallen ist, friedlich in den Himmel entschwebt, erlebt der reine, unschuldige Priester Forcas eine schwere Versuchung und wird fast in seinem Glauben erschüttert unter der Sündenlast – jenes anderen.

»Eine Pilgerfahrt« von Johan Bojer

Regina Aas, ein Mädchen aus ›gutem Haus‹, landete durch merkwürdige Schicksalsfügungen in einem Wöchnerinnenheim in Christiania, verlassen von ihrem Geliebten, ohne Mittel selbst für die Bezahlung der Spitalkosten und am Rande der Verzweiflung. In dieser Situation bleibt ihr nichts anderes übrig, als das Kind einem kinderlosen und vermögenden Ehepaar zu überlassen. Aus Angst vor späteren Ansprüchen der Mutter verheimlichen die Adoptiveltern ihren Namen, während Regina die Stellung einer Wirtschafterin bei einem reichen Industriellen in der Provinz erhält.

Seitdem muß Regina in dieser puritanischen Gegend in ständigen Enttäuschungen und Ausflüchten leben. Weder ihre Eltern noch einer ihrer Verwandten darf den geringsten Verdacht hinsichtlich ihrer Vergangenheit schöpfen, da dies ihren alten Vater töten und auf ihr Haupt endlose Demütigungen herabrufen würde. Anfänglich verschlingt die Wahrung ihres Geheimnisses ihre gesamte Energie und lenkt sie von der unsichtbaren Wunde ab, die man ihr zugefügt hat. Erst als sie gehetzt Zuflucht im Hause Platens findet und langsam wieder zu sich kommt, vergegenwärtigt sie sich, daß sie die Trennung von ihrem Kind nie überwinden wird. Sie lehnt einen Heiratsantrag des biederen Platen ab und fährt los, um die Spur ihres verkauften Kindes zu finden.

Von dieser Stelle nimmt der wenig prätentiöse und in nichts von seiner konventionellen Gattung abweichende Roman eine tiefe Leidenschaftlichkeit an. Die Sehnsucht nach ihrem Kind wird zur eigentlichen Dominante im Leben Reginas und zu einer wahren Besessenheit des Herzens. Das Schicksal verschwört sich, um die letzte Spur zur Auffindung des Kindes zu verwischen. Regina, tödlich in ihrem tiefsten weiblichen Instinkt verletzt, in der Mutterschaft, überwindet die Stimme des Gewissens und beschließt, den Menschen jener Gesellschaft gegenüber, die sie als Ding behandelt haben und ohne Skrupel über das heiligste Gefühl ihres Lebens hinweggegangen sind, rücksichtslos zu werden. Sie heiratet jetzt den ungeliebten Platen, um mit Hilfe seines Vermögens den Weg zu ihrem Kind zu finden. Nun findet sie aber keine Ruhe mehr. Der Reichtum, die gesellschaftliche Stellung und die Geburt eines zweiten Kindes können ihre zehrende, unstillbare Sehnsucht nicht beheben. Als sie nach dem Tod ihres Mannes ein großes Vermögen erbt, nimmt sie die Nachforschungen von neuem auf. Der einmal geprellte Mutterinstinkt rächt sich grausam. Diese Irrationalität des Wahns, dem sie unterliegt, diese Kompromißlosigkeit des Gefühls, das sich durch keine Entschädigung irritieren läßt, ist erschütternd und echt.

Beim Lesen des Buches fühlt man nicht die Aufplusterung eines ziemlich banalen Themas zu schier mythologischen Ausmaßen. Eher erwartet man immer ein happy end – aber da bereitet uns der Roman eine Überraschung. Regina verfällt in ein besessenes Suchfieber. Zeitungsinserate bringen sie auf verschiedene falsche Spuren. Sie wird Opfer verschiedener Salbader und Beutelschneider und verschwendet ihr Vermögen. Ewig unterwegs, ihrer Chimäre nachjagend, ewig im Zug, von einer Enttäuschung zur anderen eilend, schon halb geistesabwesend und am Rand des Irrsinns, wie Demeter oder Isis das verlorene

Kind suchend, begreift sie endlich die Aussichtslosigkeit ihrer Jagd, wenigstens nach menschlichen Maßstäben und Berechnungen. Doch die Mutter vermag nicht zu resignieren. Wir sehen sie erneut abreisen, niemand weiß mehr, zum wievielten Mal, hinaus auf die hoffnungslosen Irrwege ihres Wahns.

»Prins Inkognito« von Jo van Ammers-Küller

Julia van Asveld, eine bekannte Schriftstellerin, lebt seit zwanzig Jahren in verhältnismäßig glücklicher Ehe mit Herrn van Asveld. Der Mann vergöttert sie, doch mit Geschäften überlastet und von Haus aus wenig romantisch, vernachlässigt er ein wenig ihr Gefühlsleben. Julia findet in ihrer literarischen Arbeit hinreichende Entschädigung für den Verzicht auf übertriebene Herzensansprüche, doch in dem modernen psychoanalytischen Sanatorium des Professors Schlegel, in das sie sich zur Kräftigung ihrer Nerven begibt, reißt die allgemeine, von oben befohlene und durch die ärztliche Autorität sanktionierte Ausgelassenheit der Sitten auch diese vernünftige Frau hin, als ihr der anmaßende Taugenichts Piotr Bregman über den Weg läuft, dem keine echte Frau zu widerstehen vermag. Julia erlebt einen zweiten Liebesfrühling und verzichtet beglückt auf die verkrampften Tugenden einer Intellektuellen.

Dieser Peter Bregman, ein recht gut gelungener Don Juan, ist die einzige Gestalt, welche die Niederschrift dieses nur ganz selten vom konventionellen Romantyp abweichenden Buches rechtfertigt. Mit einem kleinen dichterischen Talent begabt und von den Frauen verhätschelt, betrachtet er sich als Opfer des Schicksals und seiner Ehe mit der schönen, tapferen und sich aufopfernden Friedel, zu der er übrigens nach jedem Seitensprung reumütig zurückkehrt. Die Autorin zeigt uns das Heldentum dieser ständig betrogenen Frau, die geduldig auf eine erlösende Pause zwischen dem letzten und dem nächsten Seitensprung wartet.

Piotr ist kein kalter, berechnender Verführer. Im Gegenteil, er verstrickt sich jedesmal in seiner Liebe, leidet auch jedesmal wirklich, wenn die Liebe aufhört. Die arme Friedel kennt schon seit langem den Mechanismus dieser stereotypen Episoden, während Julia, bezaubert und glücklich, von einer Verbindung auf ewig mit ihm träumt. Diese erfahrene Schriftstellerin, die sich schmeichelt, das Leben und die menschliche Seele zu kennen, begeht in der Praxis eine Dummheit nach der anderen, läßt sich wie ein kleines Mädchen inkognito in ein romantisches Spiel ein, das ihr erlaubt, in dem Geliebten irgendeinen vertriebenen Prinzen aus dem Märchen zu sehen, fährt nach Hause, um ihren Scheidungsprozeß zu veranlassen, und stößt auf der Suche nach einer Wohnung auf Friedel, die – von ihrem Mann verlassen – für den Lebensunterhalt der Kinder einen Teil des Hauses vermieten muß. Julia ahnt zuerst nicht, bei wem sie sich befindet, doch ihre aristokratische Reserve macht allmählich einer stets größeren Sympathie für das tapfere Persönchen Platz, das so heldenmütig mit allen Widerwärtigkeiten kämpft und von seinem Mann so ungerecht behandelt wird. Schließlich führen allerhand Umstände zur Aufdeckung der Identität zwischen Friedels Mann und ihrem Geliebten, Prinz Inkognito. Als Ergebnis kehrt Piotr zu Friedel und Julia – zu ihrem Mann zurück.

Exposé
über das Buch »Zimtläden« von Bruno Schulz

In diesem Buche wird der Versuch unternommen, die Geschichte einer Familie, eines Provinzhauses nicht aus ihren realen Elementen, aus Begebenheiten, Charakteren und den wirklichen Geschichten heraus zu begreifen, sondern über diese hinaus nach einem mythischen Gehalt, nach einem letzten Sinn jener Geschichte zu suchen.

Der Verfasser ist von dem Gefühl ausgegangen, daß die tiefsten Gründe einer Biographie, die letzte Form eines Schicksals gar nicht durch die Schilderung eines äußeren Lebenslaufes, noch durch eine noch so tief geführte psychologische Analyse erschöpft werden könne. Diese letzten Gegebenheiten des menschlichen Lebens lägen vielmehr in ganz anderer geistigen

Dimension, nicht in der Kategorie des Faktischen, sondern in der des geistigen Sinnes. Ein Lebenslauf aber, der auf seine eigene Sinnesdeutung hinauswill, auf seine eigene geistige Bedeutung zugespitzt ist, ist nichts anderes als Mythus. Jene dunkle, ahnungsvolle Atmosphäre, jene Aura, die sich um jede Familiengeschichte zusammendrängt und in der es gleichsam mythisch wetterleuchtet, als ob in ihr das letzte Geheimnis des Blutes und des Geschlechtes enthalten wäre – erschließt dem Dichter den Zugang zu diesem zweiten Gesicht, zu dieser Alternative, dieser tieferen Version der Geschichte.

Hier glaubt der Verfasser sich dem antiken Lebensgefühl nahe, er glaubt aus dem heidnischen Lebensempfinden heraus gestaltet, phantasiert und gesponnen zu haben, wie ja für den antiken Menschen die Genealogie des eigenen Stammes schon hinter der zweiten oder dritten ascendenten Generation ins Mythische sich verlor, der nach rückwärts gewandte Blick die Geschichte der Familie sich in Mythologie auflösen sah.

Was in diesem Buche jedoch geboten wird, ist keine irgendwie kulturhistorisch festgelegte, geschichtlich gemünzte Mythologie. Die Elemente dieses mythologischen Idioms entspringen jenem Dämmerreich der frühen Kindheitsphantasien, den Ahnungen, Ängsten, Antizipationen jener Lebensfrühe, die die eigentliche Wiege des mythischen Denkens bildet. Es galt, diesen mythischen Nabel zu einer zusammenhängenden und sinnvollen Sagenwelt zu verdichten, ihn zu einer Art persönlicher und privater Mythologie ausreifen zu lassen ohne dabei den Boden des Authentischen zu verlieren.

Im Mittelpunkt der Handlung sahen wir »den Vater«, eine rätselhafte Gestalt, Kaufmann seines Zeichens, der an der Spitze einer Schar dunkler und rothaariger Commis einem Tuchwarengeschäft vorsteht. Wir sahen ihn sich verzehren in ewiger Unrast, tief beunruhigt in seinem Herzen um das ewige Geheimnis, das Wesen der Dinge durch die gewagtesten Experimente immer wieder bestürmen und bedrängen. Diesem schwergeprüften und schicksalgeschlagenen Mann ist es vorbehalten, allein inmitten einer stumpfen und gleichgültigen, seinen metaphysischen Sorgen unzugänglichen Umgebung den Welterlösungsgedanken zu hegen, unter der Wucht einer metaphysischen Mission fast zusammenzubrechen. Seine fragwürdigen und ketzerischen Experimente rühren an den Kern des Weltgeheimnisses. Unaufhörlich reizt es ihn, an den geheimen Knoten des Weltzusammenhangs mit frevlerischer Hand zu nesteln und zu fingern, das Welträtsel an seiner heikelsten Stelle zu kitzeln und zu provozieren.

Stammvater eines zahllosen Vogelgeschlechtes, das er in den Räumen der einsamen Wohnung heran gezüchtet hat, läßt er bunte Vogelzüge von Pfauen, Fasanen und Pelikanen aus den Fenstern in die abendliche Landschaft ziehen – Mittelpunkt ihrer Wanderungen, Wirbel und Kreise, bis Adele, seine Erzfeindin, das Stubenmädchen des Hauses, diese wimmelnden Vogelschwärme in alle Winde zerstäuben läßt. Nach dieser Niederlage verkümmert er langsam, verdorrt – täglich kleiner in den einsamen Zimmern unter sorglosem Spiel, unsinnigem Geschwätz und Gezwitscher, kommt allmählich in den Räumen der großen Wohnung seinen Angehörigen ganz abhanden, bewahrt vielleicht eine Art Scheinleben in der Gestalt eines ausgestopften alten Geiers und erscheint dann eines Nachts zu kurzem Besuch bei der Mutter als Kommis voyageur, auf seinen Geschäftsreisen.

In uralter Fehde mit dem Schabengeschlecht, das die Wohnung eines Tages mit seinem schwarzen Gewimmel überflutet, wird er unmerklich durch den verzehrenden Haß in jene Irrgänge des Gefühls hineingezogen, wo der Abscheu in eine unheimliche Anziehung umschlägt, und nimmt allmählich die Manieren und Lebensweise des verhaßten Gezüchtes an. Der Verfasser läßt ihn immer wieder sich aus seinen Verwandlungen erholen, und bald sehen wir ihn dann wieder ein Kolleg über Gliederpuppen, Mannequins und »häretische Demiurgie« vor einem Auditorium von kleinen Näherinnen halten, eine gelehrte Dissertation, in der er dem Demiurgos sein alleiniges Recht auf Kreation streitig macht und auf abwegige und ketzerische Methoden der Lebensbildung sinnt.

So läßt ihn der Verfasser von Abenteuer zu Abenteuer, von Niederlage zu Niederlage seinen sonderbaren Weg ziehen, umgeben von anderen Gestalten und Begebenheiten des Buches und von einer farbigen Landschaft umflutet, die in immer neuen Konfigurationen sein Treiben begleitet.

(Das deutsche Original des Exposés in Form einer Xerokopie des mit der Schreibmaschine geschriebenen Textes, mit eigenhändigen Verbesserungen von Schulz, übersandte mir Herr Jorge Pinette aus Argentinien im Jahre 1973. J. Pinette erhielt dieses Manuskript per Post von Schulz, der ihm 1937 von Maria Chasin (vel Chasen) im Zusammenhang mit Bemühungen um eine italienische Ausgabe der »Zimtläden« empfohlen worden war. Die Bemühungen hatten keinen Erfolg. D. Hrsg.)

In den Werkstätten polnischer Schriftsteller
(»Wiadomości Literackie«, Nr. 20/19. V. 1935)

Zur Zeit arbeite ich an einer Reihe von Novellen, in denen ich mich bemühe, gewissen, schwer zu fassenden Problemen des menschlichen Daseins, die an der Grenze zwischen Aberglaube und Absurdität liegen, eine konkrete Gestalt zu geben.

Ich vollende gerade die Übersetzung des genialen Romans eines in Polen noch nicht bekannten deutschen Autors, über dessen Veröffentlichung ich Verhandlungen führe. Ich warte auf mehr freie Zeit, um zur Arbeit am Roman mit dem Titel »Der Messias« zurückzukehren.

In den Werkstätten polnischer Schriftsteller und Gelehrter
(»Wiadomości Literackie«, Nr. 17, 809 / 16. IV 1939)

Bruno Schulz

Mein allernächstes Buch wird ein Band aus vier Erzählungen sein. Wie immer, ist das Thema unwichtig und schwierig zu erläutern. Ich selbst verfüge für den Hausgebrauch über einige nichtssagende Bezeichnungen. So zum Beispiel hat das Thema einer dieser Erzählungen den von Jokai entlehnten Titel »Marsch hinter porte épée«.

Man weiß eigentlich nie, was man bei dieser Art von kristallisiertem Inhalt als Thema bezeichnen soll. Das eigentliche Thema, der endgültige Rohstoff also, den ich in mir vorfinde, ohne daß mein Wille sich da einmischt, ist ein dynamischer Zustand, völlig ›ineffabel‹ und mit den Mitteln der Dichtung überhaupt nicht meßbar. Trotzdem besitzt er ein ganz bestimmtes Klima, welches das Genre des Inhalts genau festsetzt, das sich darauf niederschlägt und auflagert. Je mehr diese körperliche Verbindung ›ineffabel‹ ist, desto größer ihre Absorptionsfähigkeit, desto deutlicher der Tropismus und desto stärker die Versuchung, ihn in das Material einzupfropfen, in welchem er sich verwirklichen könnte. Der erste Ansatz meiner »Vögel« war zum Beispiel ein gewisses Flimmern der Tapeten, das auf dunklem Hintergrund pulsierte – nichts weiter. Dieses Flimmern besaß jedoch ein hohes Potential möglicher Inhalte, eine gewaltige Repräsentanz, Urzeitlichkeit, Anspruch darauf, durch sich selbst die Welt zum Ausdruck zu bringen.

Der erste Keim des »Frühlings« war das Bild mit dem Markenalbum, das im Mittelpunkt des Blickfeldes seine Strahlen aussandte, flimmernd mit der unerhörten Macht der Anspielung, attackierend mit einer Ladung vermutbaren Inhalts.

Dieser Zustand, obwohl inhaltlich dürftig, gibt mir ein Gefühl der Notwendigkeit, die Berechtigung zum Sinnen, die Gewißheit von der Legalität des ganzen Prozesses. Ohne dieses Fundament wäre ich dem Raub des Zweifels preisgegeben, fühlte mich als Aufschneider, der Beliebiges und Unechtes schafft.

Gegenwärtig reizen mich immer mehr Themen, die unaussprechlich sind. Das Paradoxe, die Spannung zwischen ihrer Unaussprechlichkeit und Winzigkeit und dem universellen Anspruch, dem Bestreben, ›alles‹ Darstellen zu wollen – ist der stärkste schöpferische Anreiz.

Wann diese Erzählungen zum Druck fertig werden, weiß ich noch nicht. Die Unfähigkeit, die Krümel und Abfälle der Zeit zu nutzen, zwingt mich, ihre endgültige Vollendung bis zu den Ferien aufzuschieben.

Anhang

Anhang I

Józefina Szelińska, Lehrerin, Tochter eines Rechtsanwalt aus Janów bei Lemberg, Verlobte des Schriftstellers – lernte Schulz 1933 kennen; sie trennte sich von ihm 1937. Der Briefwechsel zwischen ihnen begann 1934. Dazu Fragmente einer brieflichen Stellungnahme Szelińskas über ihre Beziehung zu Schulz:
Zu Beginn des Frühlings 1933 kam Herr Kuszczak zu mir in die Schule, in dessen Gesellschaft ich jenen jungen Menschen oft gesehen hatte – seinen Namen kannte ich nicht – sozusagen als Gesandter seines Kollegen, um mein Einverständnis zur Anfertigung meines Porträts zu holen – er selbst traute sich nämlich nicht (. . .). Bald danach besuchte mich Schulz. Ich wußte überhaupt nichts über ihn. Erst später betrachtete ich seine schwungvoll tanzenden Paare, welche die Aula des Gymnasiums schmückten, und in Lemberg zwei Bilder: ein Selbstbildnis und eine figurale Komposition (. . .). Während des ersten Besuches machte er den Eindruck eines sehr jungen Menschen auf mich, jünger als ich – ich war damals 27 – und ich war baff erstaunt, als er sich zu seinen 41 Jahren bekannte. Ich wollte es einfach nicht glauben. – Seitdem begannen Sitzungen, bei denen er oft die Pastelle weglegte und wir ein Gespräch anfingen. Er gab schüchtern zu, daß er ein Buch zu veröffentlichen gedenke und Zofia Nałkowska seine Protektorin sei. Er brachte Rilke mit, las manche seiner Gedichte mit unvergeßlicher, suggestiver, geheimnisvoll weit von jeglicher Deklamation entfernter Stimme, als ob er Rilkes Gedichte geschrieben hätte. Diese Sitzungen bei mir, und dann unsere Spaziergänge zu den Wiesen hinterm Haus, in den Birkenwald, der ganz im Frühling stand, gaben mir einen Vorgeschmack des Wundervollen, der unwiederholbaren Erlebnisse, die im Leben so selten sind. Es war ein purer Extrakt der Dichtung. Doch während ich den Kontakt mit der Natur biologisch empfand und empfinde, diente Bruno der junge Birkenwald – die ergreifende Ratlosigkeit selbst – als Thema zum Nachdenken, zu Betrachtungen und zu As-

soziationen einer ganzen Reihe von Bildern, die gleichsam in die Tiefe des Phänomens führten. Schulz brachte Bücher mit, die er besprach, zeigte, was er bei Kubin in der Deformation der Gestalten als nah empfand; mit Kubin verband ihn das Grauen von Goya, das voller Phantastik war. – Er sah in jedem Menschen eine Ähnlichkeit mit Tieren. – »Und an welches Tier erinnere ich?« – erkundigte ich mich neugierig. – »Sie – an eine Antilope.« – »Und Sie?« – »An einen Hund.« – Den Sommer 1933 brachte ich in Jastarnia zu, wo ich einen Brief erhielt, den ersten und letzten, in welchem er mich per Sie anredete. – Nach meiner Rückkehr aus den Ferien wurde Bruno täglicher Gast bei mir. Er kam abends, erschöpft, voller Sorge um das Schicksal des Buches. Im Dezember konnte er es mir bereits mit einer Widmung überreichen: »einem großartigen Menschen, nahen Kameraden, getroffen auf den Wegen des Lebens, mit der Bitte um Gedenken.« Es verband uns eine tiefe Freundschaft, er legte sein Schicksal in meine Hände, seine Worte, voller Vertrauen, daß ich ihn nicht verletzen werde, mit dem Gefühl der Sicherheit und der Fürsorge, als ob ich die Stärkere wäre! Er gab mir den Sinn des Lebens, den Geschmack, in einer schwierigen Atmosphäre von Höhepunkten mit einem Menschen zu verweilen, der so ganz anders war als andere, denen ich im Leben begegnete. – Von einem Verlöbnis war keine Rede. Seitdem ich Drohobycz 1934 verlassen hatte, begann unsere Korrespondenz, unterbrochen durch wenige, meist kurze Begegnungen, voll inbrünstiger Briefe, die Bruno in seinen Depressionen retteten, mit viel mütterlicher Fürsorge und Umsicht gegenüber diesem wehrlos dem Leben ausgelieferten Menschen. – Er selbst trug zu dieser Korrespondenz mit einer Fülle von Briefen bei, die fast immer »per Eilboten« aufgegeben wurden, um einen möglichst raschen Dauerkontakt aufrecht zu erhalten – in seiner Hingabe die zärtlichsten Briefe. In den Ferien und an Feiertagen trafen wir uns wiederholt in Warschau in Gesellschaft seiner engen, von Bruno begeisterten Freunde: Witkiewicz, Gombrowicz und der beiden Brezas. Wir knüpften regen Kontakt zu dem aufrichtigen und netten Waciu Czarski, der versprach, mir in Warschau Arbeit zu verschaffen. – 1935 verbrachten wir die Ferien in Zakopane, trafen uns dort oft mit Witkacy, Wittlin und hielten uns, wenn auch sehr selten, auf der Harenda auf. Einmal mußte Frau Marusia sogar zwischen Bruno und mir wegen irgendeines Mißverständnisses vermitteln – und brachte pathetisch Rosen für mich, von sich aus. Und Mißverständnisse, eigentlich war es ein inneres Gezerre, begannen eben mit dem Augenblick, da wir beschlossen hatten, nach

Warschau zu ziehen. Ich hatte nämlich schon im Oktober, dank der Hilfe eines wunderbaren Menschen, Tadeusz Szturm de Sztrems, Arbeit im Hauptamt für Statistik erhalten.

Bruno kam weiterhin an Feiertagen angereist, 1936 blieb er länger, fühlte sich fatal, weil es notwendig geworden war, einen Entschluß zu fassen, in Warschau Arbeit aufzunehmen – einen Entschluß, zu dem er in seinem tiefsten Innern stets negativ eingestellt war; er hatte das Gefühl, sein Schaffen – dieser einzige Sinn seines Lebens – sei unverbrüchlich mit Drohobycz verbunden. Wenn mir zuvor sehr an einem gemeinsamen Leben in Warschau gelegen war, wenn ich deshalb eine fürchterlich langweilige und in ihrer Langeweile tödliche Büroarbeit übernommen hatte, so geschah dies deshalb, weil ich damit zur materiellen Grundlage unseres Lebens in Warschau beitragen wollte, was leicht und möglich war – so lebten auch die Wittlins, er (. . .) ausschließlich seiner literarischen Arbeit ergeben. – Ich konnte nicht in einem Provisorium leben: in Warschau zu einer Arbeit verurteilt, die ich haßte, die ihren Sinn verlor, bei der die Zeit kein Ende nahm, die schlecht bezahlt und entseelt war. Ich ging in Verzweiflung zur Arbeit und begann in Verzweiflung den Tag. Doch wie sollte ich zur Ruhe kommen, wenn dadurch die Ruhe eines anderen, so teuren und mir nahestehenden Wesens zerstört wurde, bei all der Kenntnis seiner, vielmehr unserer Neigungen zu Depressionen, zur Trübsal, in denen wir uns gegenseitig vergifteten. – Wie einen Entschluß fassen, die seit 4 Jahren bestehenden Bande zerreißen, das mürbe, wehrlose Wesen seinem Schicksal überlassen? Dabei war ich mir durchaus darüber im klaren, daß von uns beiden nicht er, sondern – wider allen Schein – ich die schwächere Seite war. Er hatte die Welt seiner Kunst, seiner hohen Regionen, ich hatte nichts. Aber ich konnte nicht in dieser Zerrissenheit leben; und da kam mir eine schwere Krankheit zu Hilfe – eine glänzende Flucht. Als ich wieder gesund war, warf ich sofort die Arbeit in Warschau hin und kehrte zu meinen Eltern zurück. Dort besuchte mich Bruno. Er war sehr besorgt um mich, war hingebungsvoll, brachte Feigen und Datteln mit, die er selber so gern aß; er fühlte sich schuldig, völlig grundlos, denn er war ja die Güte selbst, und die Motive, von denen er sich in seiner Wahl leiten ließ, waren »nicht von dieser Welt«. – Aus der Krankheit, aus diesem anderen Zustand, kehrte ich völlig verändert ins Leben zurück. Ich entfernte mich von Bruno um Jahrhunderte. Jetzt fühlte ich nichts mehr, das ganze Entzücken, in welchem ich fast vier Jahre lang lebte, war weg.

Und noch ein Fragment von J. Szelińska, das die Verbindung mit Bruno Schulz betrifft und Ungenauigkeiten richtigstellt, die sich in mein Buch »Regionen einer großen Häresie« eingeschlichen haben:
Über eine Ehe sprachen wir erst ab 1935, nachdem ich in Warschau Arbeit erhalten hatte, wohin auch Bruno (. . .) übersiedeln sollte. 1936 mußte ich einwilligen, daß Bruno, auf daß der Tradition Genüge getan werde, an meine Eltern einen schönen Brief schrieb über unsere Absicht, den Bund der Ehe fürs ganze Leben zu schließen.

Ich halte diese Angelegenheiten und ihre Erläuterung in den zitierten Fragmenten für wichtig. Sie vermitteln eine gewisse Vorstellung vom Klima und vom Charakter der Beziehung zweier Menschen, die vorhatten, ihre Schicksale zu verbinden. Gerade wegen der Bedeutung dieser abgelegten Rechenschaft, der kurzen, bündigen Erinnerungen eines Kronzeugen und Weggefährten auf einem wichtigen Abschnitt in der Biographie des Schriftstellers – auch in der ›geistigen Biographie‹ – habe ich die Zitate nicht durch reine Wiedergabe der in ihnen enthaltenen Fakten, Daten und Urteile ersetzt, sondern führe den Text im Wortlaut an. Naturgemäß bereichert er bis zu einem gewissen Grade das Wissen über jene Stellen in der Biographie von Schulz, deren vollständigste und Schulz' Empfinden wohl am getreuesten entsprechende Geschichte samt einem Päckchen verschollen ist, das über 500 kleinformatige Seiten von Briefen enthielt, geschrieben in einer Schrift, die so winzig war, als gelte es, Papier zu sparen.

Anhang II

Dank einer Reihe von Mittelspersonen: Debora Vogel, Magdalena Gross (Bildhauerin), Hanna Nałkowska-Bickowa (Bildhauerin, Schwester von Zofia Nałkowska), gelang es Schulz, an Zofia Nałkowska mit dem Manuskript der »Zimtläden« heranzutreten, einem Werk, das seit fast drei Jahren schon fertig war, ohne daß sich eine konkrete Möglichkeit ergeben hätte, gedruckt zu werden.

Und so kam es im Juli 1933 zu dieser Bekanntschaft. Unter diesem Datum finden wir in den »Tagebüchern« der Schriftstellerin die erste Notiz über Schulz, ein halbes Jahr vor dem Debüt, zu dem ihm praktisch die Autorität Zofia Nałkowskas verhalf.

Am 1. Juli 1933, während sie »Die Grenze« schrieb, hielt sie in ihren Notizen Überlegungen fest über Schwierigkeiten, die sich bei dieser Arbeit vor ihr auftürmten, und Zweifel in bezug auf ihr eigenes Werk. Gleich danach findet sich folgende Stelle: *Aus dieser Qual bricht ein jähes Gut hervor, ein paar Tage Aufenthalt von Bruno Schulz, seine Briefe. Er ist zu zart und zu schwach, als daß er für mich eine Rettung sein könnte, doch die Welt seiner Gedanken gab mir ein Gegengewicht, ließ mich aufatmen.*

In Górki, im Haus an den Wiesen, schreibt Nałkowska am 11. Juli 1933 über Schulz: *Er beschenkt mich in seinen Briefen nicht nur mit dem unermeßlichen Reichtum einer besonderen »Verehrung«, sondern auch mit tiefen und feinen schöpferischen Gedanken. Hier wäre noch ein Gut, das ich mit beiden Händen empfangen habe, ein Wert, der sich unterwegs von Mensch zu Mensch einlöst: »Als Gott Dich sagte, sagte er auch Dir (. . .), oder: »Wie soll ich überhaupt verstehen, daß Du eine Frau bist? Was wolltest Du damit sagen?«*

Am 10. Dezember 1933 wurde in Górki das folgende Fragment ins Tagebuch eingetragen: . . . *doch meine Treue gilt nicht mehr M. K., nur Bruno Schulz. Ich sah ihn im August zwei Tage, in Warschau und hier in Górki. Ich bin umgeben von seinen Briefen, aus denen ich viel Übereinstimmung ziehe. Und seine Grafiken erst! Das ist nicht nur eine große Freude, es ist ein stilles, trauriges Glück.*

Bald nach dem Erscheinen der »Zimtläden« traf Nałkowska Schulz in Zakopane. Sie macht Notizen von diesem Treffen, das am 4. Januar 1934 stattfand: *Und schon ist Bruno Schulz da, dessen*

Buch »Die Zimtläden« vor den Feiertagen erschienen ist – voller Sonderbarkeiten, ein zutiefst eigenes Werk. Und er ist bestimmt der wichtigste (. . .). Bruno, fein und leise, kaum ein vitales Gewicht. Aber das Ätherische an ihm ist aus bestem Material.

Nach Schulz' Abreise aus Zakopane schreibt Nałkowska am 16. Januar: *Gestern reiste Bruno Schulz ab und hinterließ viel leeren Platz, obwohl er so klein ist. So, wie ich bin, entspreche ich seinem höchsten Bedürfnis, liefere mich seiner Bewunderung aus – dankbar und lieb – verwehre ihm nicht, mich zu vergöttern. Doch seine Wahrheit über mich ist die eine, und meine – die andere (. . .). Wenn ich denke, warum ich von meinen letzteren Möglichkeiten eben Schulz wählte, dann finde ich diese Laune gerechtfertigt und konsequent (. . .). Nicht nur Talent, die Beherrschung des Wortes und des Gedankens, sondern die hohe Qualität, auf die Welt zu reagieren, das Agieren in der einzigen und eigenen Zone der Wirklichkeit. Selbst wenn erotisch nicht alles zu Ende gesprochen wurde, sind doch die psychischen Knoten fest zusammengezogen. Lange Wege und Gespräche im Schnee und in der Sonne, der spannweite Luxus des Gedankenwechsels mitten in der Armut des Lebens, eingedämmt und beengt von allen Seiten.*

Schon bald, noch immer in Zakopane, schreibt sie am 4. Februar 1934 über das Exemplar der »Zimtläden«, das Schulz ihr aus Drohobycz übersandt hatte: *Von Bruno sein Buch, von ihm für mich illustriert, eigenhändig in braune Seide gebunden. Welch eine Welt, wie einmalig, kläglich und herrlich zugleich. Seine Briefe. Schon wieder eine exzellente Rezension in den »Wiadomości Literackie« (davor in »Pion«). Mein Ehrgeiz, meine literarischen Eitelkeiten leben sich so ersatzweise in diesen jungen Talenten aus (. . .). Obgleich mir Choromański am besten gelungen ist, als Berühmtheit und als literarisches Ereignis ist er mir doch von der Qualität her weit ferner als Rudnicki oder Schulz.*

Am 15. April, in Warschau, notiert Nałkowska: *Im Lärm der ringsum forteilenden Probleme und Arbeiten glitt die Anwesenheit von Schulz wie eine Faser der Stille, der Zartheit und der Nähe dahin. Seinen Erfolg, über den er sich zaghaft wundert, empfinde ich als persönlichen Ruhm. Sein Buch war seit drei Jahren fertig, ehe er zu mir kam. Heute hat er vollendete Kritiken, mehr noch, eine Menge von Briefen mit Anerkennung von maßgeblichen Personen (Witkiewicz, Tuwim, Wittlin; Lob von Berent, Przesmycki, Leśmian, Staff) (. . .). An einem dieser Tage lud ich am Nachmittag ein Dutzend Personen ein, vor allem in Gedanken an Bruno, darunter seine Enthusiasten: Błeszyński, Brucz, Wat, Czapski, Rudnicki, Boguszewska, Kornacki. Auch Karol Szymanowski (...), Irzykowski (...) und Gojawiczyńska (...) waren anwesend.*

Nach mehrtägiger Abwesenheit von Warschau schreibt Nałkowska unter dem Datum des 21. April 1934: *Nach der Rückkehr hierher erhielt ich einen zweiten Brief von Bruno, der mich mit Zauber und feinster Zartheit umfließt, mit kontemplativer und vor Ruhe glücklicher Verehrung.*

Für seine damals von ihm ›vergötterte Muse‹ und herrschsüchtige Freundin fand Schulz so aufrichtige Worte wie »ich bin von Frieden umgeben«. In derselben Zeit schrieb er an Z. Waśniewski ebenso wahre, wie auch, in ihrer ergebenen Bewunderung, dem Schein nach widersprüchliche Worte, die gleichzeitig die Wahrheit über ihn aussagten – eine Wahrheit, die Schulz in den festlichen Sitzungen des aufrichtigsten Götzendienstes und Kultes offenbarte, dem er sogar in den Briefen an die Schriftstellerin huldigte. Er schrieb also gleichzeitig an Waśniewski: »wenn ich sie Euch nicht mit gleicher Fülle an Mitteilsamkeit lohnen kann, kommt dies von der seltsamen Hemmung, in der ich mich seit einer gewissen Zeit befinde, durch den Mangel an Freude, eine Depression, für die ich keine hinreichende Ursache finde. Ich bin bestimmt nervenkrank. Gerade jetzt hätte ich sehr viele Gründe, zufrieden zu sein, könnte mir ein wenig Freude leisten – und statt dessen lebe ich ständig in einer unbestimmten Angst, in Besorgnis, in einer Lebenswehmut. Ich vernachlässige wichtige Korrespondenz, an der mir gelegen ist, schreibe nichts, schon allein das Abschreiben bereitet mir unüberwindbaren Ekel. Und da legt sich ausgerechnet ein so unwahrscheinlich strahlender Frühling über die Welt mit all seinen Brisen, ätherisch, schimmernd voller Vorahnung – ich aber begegne ihm nur, um mir bewußt zu werden, daß ich mich schon jenseits aller Frühlinge befinde.«

Nicht ganz einen Monat nach der letzten Notiz über Schulz, am 19. Mai 1934, am vierten Tag nach ihrem Namenstag, während einer Krankheit, nachdem sie sich mit ihrem künftigen Mann, Bogusław Kuczyński, verbunden hatte und ihre »Kaprize« mit Schulz vorbei war, schreibt Nałkowska: *Ein dunkles Zimmer, die Vorhänge noch nicht auseinandergezogen, schwüle Luft von den noch lebenden Namenstag-Blumen. Darunter schwarz-rote Rosen, mit denen Bruno Schulz mich auch von dort aus beschenken konnte. Ein Lieber, der noch nicht weiß. Natürlich bin ich nicht in dem Maße der Inhalt seines Daseins, wie dies aus seinen Briefen, seinen wunderschönen Worten erscheinen könnte. Das hieß nicht einmal Liebe. Es war vielmehr das Zelebrieren eines Kults, die Verkündung meines Lobes. Und es entstand nicht aus meiner Güte, oder nicht nur aus ihr, sondern aus seiner Natur, die in der Verehrung Demut und Verlorensein begehrte und hier endlich (in meiner »Vollkommenheit«) gleichsam die objektive Begründung für die sündige Begierde fand, die Gelegenheit, sich in ihrer höheren erotischen Sphäre auszuleben. Ich spreche in der Vergangenheit, doch das ist noch. Nur mich gibt es nicht mehr an dieser Stelle.*

Und auch Schulz gibt es über lange Zeit nicht mehr in den »Tagebüchern«, mehr als ein Jahr nach Nałkowskas Verbindung mit Kuczyński. Erst der traurige Hinweis auf sein Buch »Die Zimtläden«, eingebunden in zimtfarbe Seide, ruft Schulz in die »Tagebücher« zurück. Bedauern wegen Bogusław Kuczyński, der in einem Anfall von Eifersucht das in seiner Art einzige Exemplar vernichtet hat.

1935, am 20. Juli, schreibt Nałkowska: *Warum hat Bogusław damals das Buch samt den anderen Sachen nicht nur zerrissen, sondern es auch noch verbrannt? Damit nichts übrigbliebe, damit es sich nicht mehr aufsammeln und zusammenleimen ließe? Ich hatte ja schon verziehen, hatte ja alles verstanden – und siehe da, ich kann es schon wieder nicht fassen (. . .) (Bruno Schulz' Buch, eingebunden in dunkelbraune Seide, illustriert mit Originalzeichnungen, mit einer langen, maximalen Widmung – überhaupt eine unwiederbringliche Sache, die sich durch nichts ersetzen läßt, einzig, kostbar, seltsam – gerade dadurch, weil sie wirklich nicht aktuell ist, weil sie schon damals in die Vergangenheit hinabgestoßen war.*

Doch am 2. Januar 1936 hält sie fest: *Mit Bogusławs Erlaubnis kam Schulz gestern zu einem kurzen Besuch. Er ist klein, still und zart, er hat vor, zu heiraten.*

Seitdem finden sich hier und da verstreute kurze Hinweise auf Schulz: Am 24. Januar 1936 – eine Notiz über den gestrigen Besuch von Schulz; am 7. Februar über den Besuch von Berlewi, Pietrzak, Gombrowicz, Schulz und Natanson.

Am 8. Februar 1939, nach fast dreijährigem Schweigen über

Schulz, notiert das Tagebuch mit Empörung die Attacke von Kazimierz Wyka und Stefan Napierski im »Ateneum« (1939, Nr. 1), die dem Werk von Schulz auf schimpfliche Weise jeden Wert in der Literatur abspricht: *Diesen Überfall empfinde auch ich als ein sehr böses Omen*, heißt es bei Nałkowska.

Am 19. April 1939 erwähnt sie, Schulz habe ihr am Tag zuvor die Rezension der »Ungeduldigen« übersandt, die er an die »Wiadomości Literackie« geschickt hatte. Diese Rezension mit dem Titel »Zofia Nałkowska auf dem Hintergrund ihres neuen Romans« erschien übrigens im »Skamander« 1939, in den Nummern 108-110.

Im Juni 1939 werden in den Tagebuchaufzeichnungen drei Begegnungen mit Schulz in Truskawiec erwähnt. Die letztere davon ist die umfangreichste: *... und glänzende Gespräche mit Bruno Schulz – im schönen, weitesten Teil des Parks, wild und reich an Wiesen wie die Londoner Parks, auf einer von der Sonne heißen Bank hörte ich mir diesen Text an, der voller Berechtigung und obendrein voll gedanklicher Feinheit war (...).*

In einer Notiz, geschrieben am 6. August 1939 in Adamowizna, steht zu lesen: *Schulz schickte mir den Artikel über die Kritik, den er mir dort vorlas.*

Der Artikel, von dem wir erst aus Nałkowskas »Tagebüchern« Kenntnis erhalten, ist eine der weiteren zahlreichen Arbeiten des Schriftstellers, die spurlos verschwunden sind.

Auf den Seiten der »Tagebücher« aus der Zeit der Kriegsjahre und der Okkupation wird Schulz erst am 27. Januar 1943 erwähnt, mit Sicherheit unmittelbar nachdem die Nachricht von seinem tragischen Tod in Drohobycz eingetroffen war: *Ich wunderte mich über andere – gepackt von ihrem Schicksal, stets bereit, mich selbst in den Knoten ihres unermeßlichen Leidens einzuflechten. Ein »sinnloses Schicksal« – in diesem letzten Brief! Und der das sagte, den gibt es nicht mehr (Bruno Schulz). Wie soll man das verstehen, wie darüber hinwegkommen?*

Wieder eine Erinnerung; sie kommt beim Blättern in den Papieren, wegen des Umzugs, bei der Durchsicht aller Andenken aus dem ganzen Leben. Es ist eine Notiz vom 20. Juni 1943: *Noch einmal führe ich diese Auflösung durch, um mich auf ganzen sechs Quadratmetern Fußboden unterzubringen, noch einmal wende und durchstöbere ich den Erwerb meiner Biographie bis auf den Grund*

(. . .). Es sind auch frühere Briefe darunter, von Edmund Szalit, Liciński, Gorzechowski, Kuczyński, Bruno Schulz – die des letzteren, kürzlich verstorbenen sind besonders schön.

Am neunten Tag des Warschauer Aufstandes, am 9. August 1944, betrachtet Nałkowska, während sie sich außerhalb vom Kampfgebiet aufhält, von Adamowizna aus Rauchwolken über dem brennenden Warschau und notiert: *Ein nichtiger Gedanke schießt durch den Kopf (. . .) über das kleine so wohlgeordnete Museum des ganzen Lebens.* Und gleich in den ersten Worten, die nur einen winzigen Teil von dem aufzählen, was soeben in Warschau zum Raub der Flammen wurde, an erster Stelle dieses bruchstückhaften Verzeichnisses der Verluste nennt sie: *Die wunderschönen Briefe von Schulz und seine Lithografien.*

Anhang III
Schulz und Witkiewicz

Stanisław Ignacy Witkiewicz über Bruno Schulz

Ich lernte Schulz vor zehn Jahren kennen.

Er zeigte mir damals seine Graphiken (Radierungen). Sie blieben mir im Gedächtnis haften, während das Bild ihres Schöpfers daraus verschwand wie ein Staubkörnchen vom Sturm hinweggeweht.

Ich bekam später zwei solche Blätter von Stefan Szuman, Professor an der Jagiellonischen Universität in Krakau (auch einem Verehrer der graphischen und literarischen Kunst Schulz') und konnte sie eingehender betrachten. Jetzt erneuerten wir unsere Bekanntschaft oder vielmehr Freundschaft, und ich hatte Gelegenheit, ihn nach der Lektüre der »Zimtläden«, die einen geradezu niederschmetternden Eindruck auf mich machten, näher kennenzulernen.

Bis vor kurzem wußte ich nicht, daß Schulz, soweit es um seine Zeichnungen geht, fast Autodidakt ist. Das kann die Bewunderung für sein erstaunliches Talent und seine Persönlichkeit nur noch steigern. Als Graphiker und Zeichner gehört Schulz zu den Dämonologen. Meiner Meinung nach kann man die Anfänge dieser Richtung in einigen Werken der alten (darauf freilich noch nicht spezialisierten) Meister wie Cranach, Dürer und Grünewald sehen, wenn sie mit merkwürdiger Sicherheit und zügelloser Wollust mehr höllische als himmlische Themen malen, um gleichsam mit reinem Gewissen nach den häufig zugegebenen langweiligen und erzwungenen Heiligenbildern in ihnen auszuruhen. Meiner Meinung nach gehört auch Hogarth zu den Dömonologen.

Der eigentliche Schöpfer dieser Richtung war jedoch (soweit es sich natürlich um den Inhalt, um die realistischen Grundlagen und um den Vorwand für reine Form handelt) Goya. Von ihm stammen die Dämonologen des neunzehnten Jahrhunderts wie Rops, Munch und selbst Beardsley ab. Es geht hier nicht um das Beiwerk der Dämonologie (Hexen, Teufel und so weiter), sondern lediglich um das Böse, seinem Wesen nach eine Schicht der menschlichen Seele (Egoismus, der nur qualitativ eine Ausnahme bildet, Raublust, Besitzgier, sexuelles Verlangen, Sadismus, Grausamkeit, Herrschsucht, Unterjochung der Umwelt), auf der erst durch entsprechende Dressur andere, edlere Eigenschaften wachsen, die sich selbst bei Tieren in rudimentärer Form beobachten lassen.

Das sind die Bereiche, in denen Schulz im allgemeinen arbeitet; seine Spezialität auf diesem Gebiet ist der weibliche Sadismus in Verbindung mit dem männlichen Masochismus. Meiner Meinung nach muß die Frau ihrer Natur gemäß (wundern muß man sich nur, daß sie noch *so* ist, wo sie doch solche Organe und Mittel zu wirken hat – sich wundern, sie bewundern und die Mächte loben, die jenen Geschlechtsunterschied bewirkt haben) grundsätzlich eine psychische Sadistin und eine physische Masochistin sein, während der Mann im allgemeinen psychischer Masochist, aber ein physischer Sadist sein muß. Schulz hat den Ausdruck dieser beiden psychischen Kombinationen bis an die letzten Grenzen der Intensität und fast bis zum monströsen Pathos geführt. Das Unterjochungsmittel der Männer durch die Frau ist bei ihm das Bein, dieser (abgesehen vom Gesicht und bestimmten anderen Dingen) schrecklichste Teil des weiblichen Körpers. Mit den Beinen quälen, stoßen und bringen seine Frauen verkümmerte, in ihrer erotischen Qual gedemütigte, erniedrigte und in dieser Erniedrigung die höchste, schmerzliche Wollust empfindende Mißgeburten von Männern – zu düsterer, ohnmächtiger Raserei.* Seine Graphiken sind Poeme über die Grausamkeit der weiblichen Beine. Trotz aller Häßlichkeit der Gesichter hat man den Eindruck, daß sich Schulzens Damen die Beine zweimal täglich sorgfältig mit Bürsten scheuern und keine Hühneraugen haben. Sonst wäre es einfach schrecklich, denn moralisch ist es ohnehin schrecklich.

Außer diesem Inhalt, der mit ungewöhnlicher Ausdruckskraft zur Geltung kommt, scheinen sich manche der Schulzschen Kompositionen hinsichtlich der Anwendung und Verteilung dunkler und heller Flecken dem Ideal der reinen Form zu

* Das muß ich Schulz ein wenig zum Vorwurf machen, denn erst die Kombination eines entsprechenden Gesichtes und Geistigkeit mit entsprechenden Beinen ergeben den erotischen Cocktail aus Wollust und Qual.

nähern. Dasselbe gilt auch für die leichten Mißbildungen, welche den einzelnen Maßen eine ungewöhnlich kontrastreiche Spannungsrichtung verleihen. Aber man erkennt, daß die Einheit der Persönlichkeit dieses Dichters (unvollständig im reinen Typus des Entwickelten) noch (und vielleicht schon für immer) durch ihren gewaltigen Lebensinhalt niedergehalten wird und nicht zu einem selbständigen Ausdruck in rein künstlerischer Form gelangen kann, die nicht als ein näher nicht bezeichnetes ›Gestalten‹ oder auch als Imitation dreidimensionaler Formen einzelner Gegenstände auf der Leinwand (geht es in der Malerei darum, ihr naiven Kritiklinge?!) zu verstehen ist, sondern als Konstruktion einer Ganzheit, emporgeschleudert aus den Tiefen des Ich und in dieser Explosion erstarrt – als *Konstruktion*, wiederhole ich, und nicht als *dekorative Ausfüllung der Leinwand*; zwischen diesen zwei Dingen unterscheiden weder unsere Maler noch unsere sogenannten Kritiker, das heißt Laien, die sich die Dreistigkeit herausnehmen, über Kunst zu schreiben, ohne eine Ahnung von ihr zu haben.

Größe kann in allem sein, im Guten und im Bösen, im Realismus und im Formismus und sogar in der *entsprechenden Proportion dieser Elemente*, es geht um ihre Qualität und ihr gegenseitiges Verhältnis zueinander.

Ich habe den Eindruck, daß wir bei Schulz wenn nicht schon im Bezirk der Genialität, die eigentlich auf Proportionen beruht und nicht nur in der Intensität bezugloser Elemente, so doch in jedem Fall an deren Grenze sind. Dasselbe gilt für seine Literatur (die »Zimtläden« und die Novellen im »Tygodnik Ilustrowany«, in den »Wiadomości Literackie« und den Lemberger »Sygnały«), uns vorläufig in Form von »Fragmenten« offenbart, die zwar auf den gemeinsamen Faden des Ortes, der Zeit und der auftretenden Personen (des Autors und seiner Umgebung) aufgefädelt, aber nicht deutlich durch eine gemeinsame Idee oder den Handlungsverlauf miteinander verbunden sind. Das macht aus diesen Werken weder Novellen noch einen Roman, ihr geistiges Band scheint vielmehr die unbewußte Metaphysik ihres Autors zu bilden und seine selbst durch den Stil hindurchscheinende unheimliche Persönlichkeit, deren Elemente samt einer rein literarischen und philosophischen Wertung seiner Werke ich in einer besonderen Studie zu analysieren die Absicht habe.

Auf unserem versauerten Literaturhorizont mit seinen ständigen Narreteien und Kriechereien vor dem abscheulichen Schlampenpublikum, seit Jahren schon verdorben mit Speichelleckereien, ist das Buch von Schulz eine erstrangige Erscheinung. Gibt es doch bei uns seit Kaden (der, wenn er mehr Mut und Charakter hätte und sich mehr um seine geistige Entwicklung kümmerte, ein Genius von Weltgeltung allererster Ordnung wäre) buchstäblich nichts mehr zu lesen. Schulz ist meiner Meinung nach ein neuer Stern erster Größe. Jetzt geht es nur darum, ob er aushält und ob man ihn leben und arbeiten läßt und ob er sich weiterentwickelt – und wie. Wenn es ihm nur nicht so ergeht wie dem armen Stern Nora Herculis, der bereits auf die fünfte Größe zusammenschrumpfte. Über diese Probleme später – diesmal ein Interview. Ich habe eine bestimmte Anzahl von Fragen aufgeschrieben: die *wörtlichen* Antworten des Herrn Schulz gebe ich in extenso wieder, ohne Zusätze meinerseits.

Geschrieben vor der Lektüre von Schulz' Antworten am 4. IV. 1935.

Anhang IV
Schulz und Gombrowicz

Offener Brief an Bruno Schulz

Mein guter Bruno, Bogusław möchte, daß wir in der Zeitschrift »Studio« für ihn schreiben; wäre es nicht besser, im »Studio« für sich selber zu schreiben – oder noch besser, einander zu schreiben? – ja, sich gegenseitig Briefe zu schreiben ist doch am angenehmsten, und um wieviel reizvoller noch, auf eine konkrete Person zu zielen, als ein Rundschreiben in den Raum zu schießen, das an alle, also an niemand adressiert ist. Schon lange zerbrach ich mir darüber den Kopf, was für einen Gedanken ich auf Dich abfeuern könnte, guter Bruno, aber es fiel mir gar nichts ein, erst gestern kam mir der Gedanke der Frau eines gewissen Arztes in den Sinn, die ich zufällig einmal in der Linie achtzehn getroffen hatte. Bruno Schulz, sagte sie, das ist entweder ein kranker Abartiger oder ein Poseur, doch am wahrscheinlichsten ein Poseur. Er tut ja nur so. – Dies sagte sie und stieg aus, denn die Straßenbahn hielt gerade an der Wilcza Straße.

Also schieße ich auf Dich mit dem Gedanken dieser Frau, notifiziere Deiner Person öffentlich, offiziell und formell, daß Dich die Frau eines Arztes für einen Verrückten oder einen Poseur hält. Und ich fordere Dich auf, Stellung zu nehmen gegen diese Frau. Da wohnt irgendwo in der Wilcza Straße die Hälfte eines Spezialisten, von der Du bereits weißt, was sie über Dich denkt, dort erzählt sie es zufälligen Bekannten, die ihr aufs Wort glauben. Dort, Bruno, in der Wilcza Straße hundertzwei, wächst und gedeiht diese peinliche Meinung, der abholde Gedanke eines in seinem Urteil sehr kategorischen Mitglieds breiter gesellschaftlicher und kultureller Sphären. Was wirst Du mit ihrem Gedanken anfangen? Wirst Du, dem Vorbild der überwiegenden Mehrzahl literarischer Fachgenossen folgend, eine prätentiöse Haltung einnehmen, das heißt eine Haltung voller Ansprüche und Klagen an die Allgemeinheit wegen mangelndem Verständnis und ziemlich niedrigem Niveau? Nein, Bruno, nicht einen Augenblick verdächtige ich Dich der

Schamlosigkeit und Banalität einer so abgedroschenen Reaktion eines in seinen heiligsten Interessen verletzten Schreibers. Und ich glaube auch nicht, daß Du naiv erröten und schreien wirst, wie es in Frankreich einer unserer populärsten Schriftstellerinnen passierte, als man ihr sagte, ihre Literatur sei eher populär ... Doch vielleicht wirst Du, Deinen masochistischen Neigungen nachhangend, Dich demütigen und der satten Arztfrau zu Füßchen fallen. So könntest Du das Weib wenigstens genießen und wider ihren Willen Wollust durch sie gewinnen. He, Bruno, ich verbinde Dich offiziell und formell mit dem Urteil dieser Frau, versehe Dich mit ihrem Urteil, beschwere Dich mit ihm und hefte es Dir an, stecke ins Bewußtsein des Bruno Schulz das Urteil einer Frau, verheirate diesen mit einer Ehefrau durch das legale Band eines Urteils. Was wird denn dieser Dein Bruno Schulz in einer solchen Situation anfangen – jener Schulz, dem Du Bücher schreibst und der Dich repräsentieren muß, wie wirst Du Deinen Schulz gegenüber dieser Ehefrau aufziehen und stellen? O Gott, ich habe keine Lust zu formulieren, es ist heiß, der Teufel hat diesen Brief gebracht, wäre nicht der kranke Boguslaw, dann wären wir nicht dazu gezwungen. Bedenke jedoch: die Grausamkeit einer Sache liegt darin, daß sämtliche objektiven Argumente kaum etwas taugen. Wie soll man im Grunde einer Frau, der man zufällig begegnet ist, beweisen, daß man weder verrückt noch ein Poseur ist! Nicht um den Inhalt geht es hier, sondern um die Form. Vor dem Tribunal, das aus einigen zufälligen Lesern der Zeitschrift »Studio« besteht, fordere ich Dich auf zu einem formalen Kampf mit einer Frau, die wie die anderen zufällig ist. Das Tribunal wird Deine Argumente nicht untersuchen, dafür haben wir weder Zeit noch gemeinsame, allgemein anerkannte Kriterien. Es gibt zuviel eigene Dinge, als daß man so genau in fremden Sachen abwägen könnte. Werfen wir doch einfach nur einen Blick darauf und stellen fest, ob der auf ebenem Wege durch einen albernen Zwischenfall mit einer Frau überraschte Schulz imstande ist, gute, souveräne Form zu wahren, oder ob er sich, zu unserer boshaften Schadenfreude, kompromittieren wird. Und denke daran, Deine Haltung muß den Schein der Rechtfertigung haben für Menschen, die als Zuschauer abseits stehen. Wenn Du zum Beispiel erklärst, der Gedanke der Frau Doktor habe Dich überhaupt nicht berührt, werden wir es Dir nicht abnehmen, denn aus welchem Grunde solltest Du weniger empfindlich sein als wir? Das Tribunal, welches über Dich zu befinden hat, wird Dich nach sich selber richten.

Mit ganzem Vorbedacht gebe ich eben Dir eine solche Frage auf und keinem anderen. Dein philosophischer, künstlerischer und poetischer Stil prädestiniert Dich nicht zu einem Scharmützel mit Müttern der Kinder von Ärzten. Deine Form geschieht in den Höhen. Na also! Steig herunter auf die Erde! Laß Dich in den Tanz mit einer Gewöhnlichen ein! Zeig, wie Du Dich wehrst gegen eine Zufällige! Zeig, mit welchem Stil Du sie vernichtest oder Dich über sie erhebst oder Distanz nimmst; zeig uns diese Miene, sehen wir es uns einmal an, wie der sanfte Bruno die Meinung der Frau Doktor aus der Linie achtzehn abschütteln wird. Was wäre Deine Form wert, wenn sie sich nur in einer Höhe von zweitausend Meter über dem Spiegel des Lebens anwenden ließe? Man muß mit den Menschen auf jeder Ebene und in jedem möglichen Fall kämpfen. Unsere Haltung in Sachen der Dummheit ist vielleicht sogar wichtiger als die in großen, weisen, prinzipiellen Fragen.

Verdammter Boguslaw! Auf Wiedersehen, Bruno.

Tiefe Hochachtung

Witold Gombrowicz

Lebens- und Werkchronik

1892 12. Juli, Bruno Schulz in Drohobycz geboren als das jüngste Kind des Textilladenbesitzers Jakub Schulz und seiner Frau Hendel-Henriette geborene Kuhmerker aus einer Drohobyczer Familie Kleinindustrieller und Holzhändler. Seine Geschwister sind der ältere Bruder Izydor (laut Geburtsurkunde Izrael), geb. 1881, und die ältere Schwester Hania. Der Name Bruno stammt aus dem Kalender; der 12. Juli war der Kalendertag des Bruno; doch auch sein Großvater mütterlicherseits trug diesen Namen. Drohobycz (jetzt in der Ukraine) lag damals seit 100 Jahren schon im sogenannten Galizien, jenem Gebiet, das infolge der Teilungen Polens unter Österreich, Preußen und Rußland der österreich-ungarischen Monarchie zugefallen war.

1902 Beginn der Schulbildung; Eintritt in das »Kaiserlich-Königliche-Franz-Joseph-Gymnasium« in Drohobycz. Schulz war während der ganzen Schulzeit ein sehr guter Schüler, besonders in den Fächern Polnisch und Zeichnen.

1908 Auf Betreiben des Vaters wird im Einvernehmen mit der Schulbehörde die Fotografie einer Skulptur in Form einer Postkarte gedruckt mit dem folgenden Hinweis im Text: »Arbeit von Bruno Schulz, Schüler der sechsten Klasse im Gymnasium von Drohobycz.«

1910 Abitur mit der Note »Sehr gut.« Sein Reifezeugnis trägt den Vermerk: »mit Auszeichnung für das Studium an der Universität.«

Auf Anregung und Rat der Familie, vor allem des älteren Bruders, verzichtet Schulz auf das ersehnte Studium der Malerei und besteht die Aufnahmeprüfung für die Technische Hochschule in Lemberg. Dort beginnt er an der Fakultät für Architektur ein Studium (das nach Ablauf des ersten akademischen Jahres abgebrochen wird). Infolge der Krankheit des Vaters wird der Textilladen aufgelöst; die Familie zieht in das Haus der Schwester Hania (verheiratete Hoffman) und ihres Mannes in die Bednarska-Straße (Florianska-Straße) um.

1911 Nach Anrechnung des ersten Studienjahres bricht Schulz das

Studium in Lemberg ab und kehrt im Sommer nach Drohobycz zurück, wo er ernsthaft an Herz und Lunge erkrankt. Die Mutter pflegt den kranken Sohn und den bettlägrigen Vater, der an einer schweren Arterienverkalkung leidet. Nach seiner Genesung weilt Schulz im benachbarten Kurort Truskawiec zur Erholung.

1913 Nach zweijähriger Pause kehrt er nach Lemberg zurück, um das Architekturstudium wieder aufzunehmen.

1914 Er besteht erfolgreich die I. Staatsprüfung an der Lemberger Technischen Hochschule.

1915 Während der Kriegshandlungen werden in Drohobycz nacheinander zahlreiche Häuser von russischen Soldaten in Brand gesteckt, darunter auch das ehemalige Haus der Familie Schulz, am Markt Nr. 10, in dem Bruno geboren wurde und wo sich der Laden mit dem Schild »Henriette Schulz« befand.

23. Juni Tod des Vaters Jakub Schulz im Alter von 69 Jahren.

1917 Bruno Schulz reist in Begleitung von Familienangehörigen nach Wien, er will dort das abgebrochene Architekturstudium wieder aufnehmen. Doch der Versuch ist von kurzer Dauer; indessen macht er sich mit den Gemäldesammlungen der dortigen Museen bekannt. Nach einigen Monaten (?) kehrt er nach Drohobycz zurück. Trotz Mobilmachung wird er nicht zur österreichischen Armee eingezogen, er gilt als untauglich für den Kriegsdienst.

1918 Beitritt zur Gruppe »Kalleia« (»Schöne Dinge«), der junge Kunstliebhaber, Vertreter der jüdischen Intelligenz von Drohobycz angehören. Zu dem Personenkreis zählen auch Schulz' Künstlerkollegen, u. a. die spätere österreichische Opernsängerin Maria Budratzka (Tempele); Emanuel Pilpel, ein Jurastudent, leidenschaftlicher Liebhaber der Musik, bewandert in Sachen Literatur und Kunst; Michal Chajes, ein späterer Rechtsanwalt mit weitem humanistischen Horizont; Stanisław Weingarten, Sammler seiner bildnerischen Arbeiten und ausgesprochner Kunstmäzen; ferner Musiker aus dem Kammerorchester, das Otokar Jawrower, der spätere Übersetzer polnischer Literatur ins Spanische, dirigierte, und viele andere mehr. Bruno Schulz beginnt ein intensives, weit gefaßtes Selbststudium, bringt die Zeit mit der Lektüre von Werken in polnischer und deutscher Sprache zu, die er in erster Linie der beachtlichen Bibliothek des Vaters von Mundek (Emanuel) Pilpel verdankt. Es ist auch die Zeit, da er seine Kenntnisse im Zeichnen und Malen vertieft, um in dieser Kunst, zu der er sich schon seit Jahren hingezogen fühlt, Vollkommenheit zu erlangen. Die ersten Porträts von Freunden sowie Selbstbildnisse und phantastische Kompositionen entstehen.

1920 Arbeit am Grafikzyklus »Das Buch vom Götzendienst« (in der Technik des chliché verre); sie nimmt mehr als zwei Jahre in Anspruch. Es entstehen zahlreiche grafische Blätter, die der Künstler später in selbstangefertigte oder beim Buchbinder in Auftrag gegebene leinengebundene Mappen von mehr als zehn bis zu über zwanzig Grafiken fügt. Jede Mappe enthält andere Grafiken und ein Titelblatt mit Zeichenkompositionen als Verzierung. Schulz klebt die Grafiken auf kartonierte Blätter, signiert sie und legt den Mappen auch ein Inhaltsverzeichnis bei. Außer Mappen, die er Freunden und Bekannten schenkt oder auch für den Verkauf bestimmt, befinden sich Grafiken aus diesem Zyklus auch als Einzelblätter im Verkehr, werden in Ausstellungen gezeigt und auch einzeln verkauft. Der Erlös aus dem Verkauf von Mappen oder Einzelgrafiken ist jedoch minimal und kaum der Rede wert.

1921 Bruno Schulz befindet sich in einer schwierigen finanziellen Lage. Um für den Lebensunterhalt seiner Familie aufkommen zu können, bemüht er sich um eine feste Anstellung im Schulwesen als Zeichenlehrer. Er reicht ein entsprechendes Gesuch in der Schule ein, die er vor 11 Jahren absolviert hatte und die nun Staatliches König-Władysław-Jagiełło-Gymnasium heißt. Er wird auf Probe eingestellt, nimmt aber die Lehrtätigkeit wegen seines angegriffenen Gesundheitszustandes nicht auf. Er hat auch erhebliche Bedenken, den neuen Verpflichtungen gewachsen zu sein und hofft obendrein, mit Kunst den Lebensunterhalt verdienen zu können.

1922 März. Teilnahme an einer Kollketivausstellung in den Räumen der »Warschauer Gesellschaft der Schönen Künste ›Zachęta‹«.

Juni. Schulz nimmt an einer Kollektivausstellung der »Gesellschaft für Freunde der Schönen Künste« in Lemberg teil.

August. Einmonatiger Kuraufenthalt im damals deutschen (heute polnischen) Kurort Kudowa. Begegnung mit Arnold Spät, dem Germanisten und Übersetzer deutscher Dichtung ins Polnische.

1923 Ankunft in Warschau. Dank den Bemühungen und der Vermittlung von Frau Kejlin und deren Tochter (aus einer Warschauer Unternehmerfamilie), die er im vergangenen Jahr in Kudowa kennengelernt hatte, malt Schulz eine Reihe von Porträts in Öl: die halbwüchsige Irene Kejlin und deren Eltern sowie einige ihrer Bekannten, denen er als Maler und Porträtist empfohlen worden war. Dies bringt ihm zwar gewisse Einnahmen, doch um weitere Aufträge kümmert sich Schulz nicht; er beabsichtigt sobald wie möglich nach Drohobycz zurückzukehren.

In der »Ausstellung von Arbeiten jüdischer Maler« in Wilna sind einige Werke von Schulz zu sehen.

1924 3. September. Eintritt in das Staatliche Władysław-Jagiełło-Gymnaisum in Drohobycz als Zeichenlehrer mit Lehrauftrag; Schulz unterrichtet 36 Stunden in der Woche.

1925 Bekanntschaft mit Stanisław Ignacy Witkiewicz, der in Drohobycz bei Edmund Pilpel zu Gast war und in dessen Wohnung ein Pastellporträt von ihm malte – die phantastische Komposition eines Kopfes auf einem Fischschwanz.

1926 16. März bis 30. April. Eineinhalb Monate Urlaub, um sich auf eine Prüfung vorzubereiten, die ihn befähigen soll, Zeichenunterricht an Gymnasien zu geben. Am 27. April besteht Schulz die Prüfung vor einer Kommission der Akademie der Schönen Künste in Krakau mit der Note »sehr gut«.

Juli. Einen Teil der Schulferien bringt Schulz in der Pension »Piast« in Zakopane zu; er macht Bleistiftporträts von Kurgästen, die er dort kennenlernt.

1927 In Zakopane stirbt Władysław Riff mit 26 Jahren an Lungentuberkulose – ein begabter, vielversprechender Schriftsteller, dessen Phantasie und künstlerisches Programm augenfällige Verbindungen zu Schulz haben. Er stand seit Jahren in ständigen Kontakt mit ihm, auch brieflich; die Verbindung beider führte mit der Zeit zu den ersten schriftstellerischen Versuchen von Bruno Schulz. Die umfangreiche Korrespondenz, aus der eine Fülle von Briefen hervorging, in denen sich die künstlerische Persönlichkeit von Schulz formte und zum Ausdruck kam, wurde zusammen mit den nie veröffentlichten Manuskripten des Verstorbenen von Sanitätern bei der Desinfektion verbrannt. Der Tod des Freundes, der an wichtigen schöpferischen Dialogen teilhatte, war ein schwerer Schlag für Schulz. Es sollte Jahre dauern, bis er sich beim Gedankenaustausch in Briefen mit Partnerin Debora Vogel davon erholte.

1928 Sommer. Ausstellung von Grafiken, Zeichnungen und Ölbildern von Bruno Schulz im Kurhaus in Truskawiec. Es kommt zu einem Zwischenfall. Unter den Ausstellungsbesuchern befindet sich der zur Kur weilende, hochbejahrte Senator der Christlich-Demokratischen Partei, Makysmilian Thulie. Er findet Schulz' Werke »pornographisch«, fordert eine sofortige Schließung der Ausstellung und reicht Beschwerde ein. Rajmund Jarosz, Bürgermeister und Inhaber von Truskawiec, wehrt sich erfolgreich dagegen und lehnt eine Intervention ab. Die Ausstellung wird nicht geschlossen, der Künstler kann etliche Arbeiten verkaufen.

31. August. Schulz wird von der Lehrtätigkeit suspendiert mit

der Begründung, »er habe sich im Verlauf der vergangenen vier Jahre beruflich nicht qualifiziert«, sprich – keine formale Befugnis vorgelegt, wie sie zur Weiterführung seines Lehramts erforderlich gewesen sei.

20. Oktober. Vor einer Kommission des Ministeriums für öffentliche Bildung in Warschau legt Schulz die fällig gewordene Prüfung mit der Note »gut« ab und erhält endlich die offizielle Befähigung für das Lehrfach an Mittelschulen. Sein Status als Lehrbeauftragter wird zunächst für den Zeitraum vom 5. November bis 31. Dezember wiederhergestellt.

1929 Ab 1. Januar wird Schulz als »Etatlehrer« übernommen. Seine Lehrtätigkeit umfaßt, außer dem Zeichenunterricht, auch das Fach Handarbeiten.

1930 9. Januar. Schulz reicht beim Lemberger Schulkuratorium ein Gesuch um zweimonatigen Urlaub »zur Rettung seiner angegriffenen Gesundheit« ein (der Arzt hatte bei ihm »Herzneurose und Magendyspepsie« diagnostiziert).

Das Gesuch wird abgelehnt.

Im Mai zeigt der »Frühjahrssalon« in Lemberg in einem der Ausstellungssäle Arbeiten von Schulz. In derselben Zeit nimmt der Künstler auch an einer Kollektivausstellung teil, die von der »Jüdischen Gesellschaft zur Förderung der Schönen Künste« in Krakau veranstaltet wird. In Zakopane lernt Schulz während der Ferien die Dichterin, jüdisch-polnische Schriftstellerin und Kunsthistorikerin Debora Vogel kennen. Die geschlossene Freundschaft hat sehr bald einen fruchtbaren Gedankenaustausch und eine umfangreiche Korrespondenz zu Folge. In den Briefen an Debora werden die ersten Konturen und Fragmente der »Zimtläden« sichtbar.

1931 Die Krakauer »Gesellschaft der Freunde Schöner Künste« stellt drei zeitgenössische Künstler, darunter auch Arbeiten von Schulz vor.

Am 23. April stirbt Bruno Schulz' Mutter, Hendel-Henriette. Bald danach entwirft er einen Grabstein für beide Eltern, den er dann auch fertigstellt. Der Grabstein wird nach Jahren bei der Auflösung des jüdischen Friedhofs von Drohobycz zerstört.

1932 Am 8. März sichert ein ministerieller »Feststellungserlaß« Schulz' Lehrtätigkeit am Gymnasium für weitere Jahre. Er nimmt am 9. April und 3. Dezember an Konferenzen für Handarbeitslehrer in Stryj teil; hält dort einen Vortrag zum Thema »Die künstlerische Formgebung in Pappe und ihre Anwendung in der Schule.«

Im Juli Teilnahme an einem ministeriellen Ferienkurs für Lehrer, der in Żywiec durchgeführt wird. Er lernt dort den namhaften Psychologen, Professor der Jagellonischen Universität in Krakau, Stefan Szuman, kennen, der Vorträge für die Kursteilnehmer hält. Schulz macht ihn mit einem Manuskript der »Zimtläden« vertraut, das Szuman sehr hoch bewertet und verspricht, sich bei einem Verleger dafür einzusetzen; doch die Bemühungen bleiben erfolglos.

1933 Im Frühjahr Bekanntschaft mit Józefina Szelińska, Schulz' zukünftiger Braut, sie ist Polnischlehrerin an einer Drohobyczer Mädchenschule.

Ostersonntag. Schulz reist mit einem Manuskript der »Zimtläden« nach Warschau. Durch Vermittlung der befreundeten Bildhauerin Magdalena Gross gelingt es, Zofia Nałkowska für die Lektüre des Manuskripts zu gewinnen. Am Abend desselben Tages übermittelt sie telefonisch ihr enthusiastisches Urteil, das dem Werk den Weg zum Verleger ebnet.

8. Juli. Teilnahme an einer Lehrerkonferenz in Stryj.

11. Juni. Beteiligung an der Eröffnung einer Ausstellung von Handarbeiten und »Frauenarbeiten« im »Methodischen Zentrum« des VIII. Gymnasiums in Lemberg. Ergänzung der Lehrtätigkeit im Gymnasium durch wöchentlich 10 Stunden Unterricht mehr in der Adam-Mickiewicz-Volksschule in Drohobycz.

Juni. Einige Tage Aufenthalt bei Zofia Nałkowska in Warschau. Die Folge ist eine umfangreiche Korrespondenz zwischen ihnen, die schon etwas früher begonnen hat.

Im August: Zwei Tage bei Nałkowska in Warschau und in »Gorki« (dem Elternhaus Nałkowskas in der Nähe von Warschau, auch »Haus an den Wiesen« genannt).

Dezember. Literarisches Debüt von Bruno Schulz – in der 52. Nummer der in Warschau erscheinenden »Wiadomości Literackie« wird die Erzählung »Die Vögel« veröffentlicht.

Der Verlag »Rój« in Warschau publiziert (vordatiert auf 1934) Schulz' erstes Buch »Die Zimtläden«.

1934 Vom 1. bis 15. Januar weilt Schulz in Zakopane und trifft dort Zofia Nałkowska. Es kommt zu einer Beziehung, die nach etwa vier Monaten wieder zu Ende ist.

Die Zeitschrift »Literarisch-Künstlerisches ABC« druckt in der Nummer 1 Nałkowskas Antwort auf eine Umfrage zum Thema: »Welches war das interessanteste Buch, das ich 1933 gelesen habe?« In ihrer Antwort stellt Nałkowska die »Zimtläden« an die Spitze der polnischen Prosa.

In der Zeit vom Januar bis April erhält Schulz Briefe von bedeutenden polnischen Schriftstellern und Dichtern, die sich begeistert über die »Zimtläden« äußern und voll des Lobes sind für dieses Werk; unter den Absendern sind St. I. Witkiewicz, Wacław Berent, Bolesław Leśmian, Zenon Przesmycki, Leopold Staff, Julian Tuwim, Józef Wittlin und andere.

Im März erscheint in der Nummer 6 der »Wiadomości Literackie« die Rezension der »Zimtläden« von Leon Piwiński – eine der eindringlichsten Analysen und treffendsten Besprechungen des Buches von Bruno Schulz.

März. Kontaktaufnahme zu einem früheren Kollegen an der Technischen Hochschule Lemberg, dem Maler und Zeichenlehrer sowie Mitherausgeber der literarischen Monatszeitschrift »Kamena« – Zenon Waśniewski – der aufgrund der Lektüre der »Zimtläden« nach zwanzig Jahren an Schulz schreibt und die frühere Bekanntschaft erneuert.

April. Tadeusz Breza veröffentlicht im »Kurier Poranny« Nr. 103 eine enthusiastische Besprechung der »Zimtläden« unter dem Titel »Der Doppelgänger einer gewöhnlichen Wirklichkeit«.

Eine Woche zu Besuch bei Nałkowska in Warschau. Zu Ehren des Gastes lädt die Schriftstellerin mehrere Leute aus literarischen Kreisen ein, die zu Anhängern von Schulz' Prosa geworden sind; darunter: Bleszyński, Brucz, Wat, Czapski, Rudnicki, Boguszewska, Kornacki. Schulz lernt auch Julian Tuwim kennen, begegnet Adam Ważyk und Pola Gojawiczyńska.

9. Mai. Eingabe beim Ministerium für öffentliche Bildung um einjährigen Urlaub zur Fortsetzung der literarischen Arbeit. Unter Bezugnahme auf einen neuen Beschluß des Ministerrats über Aussetzung der Gewährung von bezahltem Urlaub wird die Bitte abgelehnt.

In Antwort auf eine weitere Eingabe um nurmehr vier Wochen Urlaub, erhält Schulz, der an Entzündungen der Blase, des Nierenbeckens und der Prostata leidet, zweiwöchigen Genesungsurlaub vom 30. August bis 15. September.

Dezember. In den Weihnachtsferien hält er sich mit Józefina Szelińska in Warschau auf; er erneuert die frühere Bekanntschaft mit Stanisław Ignacy Witkiewicz, lernt einige ihm wohlwollend gesinnte Schriftsteller wie Witold Gombrowicz und Jósef Wittlin kennen.

Im Laufe des Jahres 1934 hat Schulz in Zeitschriften eine Reihe von Erzählungen veröffentlicht, darunter: »Der andere Herbst« (in »Kamena« Nr. 3), »Die Julinacht« (in »Sygnały« Nr. 12), »Die geniale Epoche« (in »Wiadomości Literackie« Nr. 13).

1935 20. Januar. In Warschau stirbt plötzlich Schulz' älterer Bruder Izydor an einem Herzschlag; als Ingenieur, langjähriger Organisator und Verwalter war Izydor Schulz ein einflußreicher Mann in der polnischen Petroleumindustrie. Durch den Tod Izydors verliert Schulz auch die ständige finanzielle Hilfe des Bruders, auf die er angewiesen war, und sieht sich fortan gezwungen, mit seinen bescheidenen Mitteln nun auch die kranke Schwester und deren Sohn zu unterhalten.

Verlobung mit Józefina Szelińska.

Schulz hilft seiner Braut bei der Übersetzung des Romans »Der Prozeß« von Franz Kafka.

März-Mai. Erneut Eingabe an das Kuratorium des Schulsprengels in Lemberg um bezahlten Jahresurlaub vom 1. September 1935 bis 31. August 1936.

Kollektivausstellung in den Räumlichkeiten des »Verbandes der Bildenden Künstler« in Lemberg. Neben drei anderen Grafikern und Malern ist auch Schulz mit eigenen Arbeiten an der Ausstellung beteiligt.

In der literarischen Wochenzeitschrift »Prion« Nr. 34 erscheint der umfangreiche Aufsatz »Das literarische Werk von Bruno Schulz« von St. I. Witkiewicz, und im »Tygodnik Ilustrowany« Nr. 17 – ein Artikel desselben Autors über Schulz als Grafiker mit dem Titel »Interview mit Bruno Schulz«.

Juli-August. Ferien mit der Braut in Zakopane. Begegnungen und Gespräche mit Witkiewicz, Bekanntschaft mit der Pianistin Maria Chasin (vel Chazen), die er später mehrmals in Lodz besuchen wird.

Adolf Nowaczyński, Antoni Słonimski und Julian Tuwim schlagen die »Zimtläden« für den Literaturpreis der Zeitschrift »Wiadomości Literackie« für das Jahr 1935 vor. Der Preis wird an einen anderen Autor vergeben.

Im Laufe des Jahres 1935 erscheinen in Zeitschriften folgende Erzählungen und Artikel von Bruno Schulz: »Das Buch« (in »Skamander« Nr. 58);

»Dodo«, mit eigenen Illustrationen, (in »Tygodnik Ilustrowany« Nr. 2);

»Mein Vater geht unter die Feuerwehrmänner« (in »Wiadomości Literackie« Nr. 5);

»Der Frühling«, ein Fragment, (in »Kamena« Nr. 10);

»Das Sanatorium zur Todesanzeige«, mit eigenen Illustrationen, (in »Wiadomości Literackie« Nr. 16);

»An Stanisław Ignacy Witkiewicz«, Antwort auf Fragen zum eigenen Werk, (in »Tygodnik Ilustrowany« Nr. 17);

»Legenden entstehen«, Aufsatz, (in »Tygodnik Ilustrowany« Nr. 22);

»Edzio«, Erzählung, (in »Tygodnik Ilustrowany« Nr. 40);

»Der Pensionist«, Erzählung, mit eigenen Illustrationen, (in »Wiadomości Literackie« Nr. 51-52).

1936 Zu Beginn des Jahres schreibt Schulz an die Eltern seiner Verlobten nach Janow bei Lemberg einen Brief über seine Absicht, ihre Tochter Józefina zu heiraten; der Brief wird mit Wohlwollen und Akzeptanz in Empfang genommen.

Anstatt eines Jahresurlaubs, um den er eingegeben hatte, erhält Schulz einen bezahlten Halbjahresurlaub vom 1. Januar bis 30. Juni. Er verbringt ihn vornehmlich in Warschau, ist in ständigem Kontakt mit seiner Verlobten und mit Literatenkreisen, u. a. mit Zofia Nałkowska und Tadeusz Breza.

Im Januar lernt er in Warschau die Journalistin, Literatur- und Kunstkennerin Romana Halpern kennen, eine Freundin von Witkiewicz; er schließt Bekanntschaft und bald danach Freundschaft mit ihr; es beginnt ein ständiger Briefwechsel, der bis zum Ausbruch des Krieges aufrechterhalten wird.

Um bei der Eheschließung mit seiner Braut, die Katholikin ist, formalen Hindernissen aus dem Weg zu gehen, tritt Schulz am 8. Juli aus der Jüdischen Bekenntnisgemeinde in Drohobycz aus und erhält den Status eines »Konfessionslosen«.

Zerschlagene Pläne und vergebliche Bemühungen, sich in Schlesien anzumelden, wo laut geltenden Rechtsvorschriften die standesamtliche Trauung einer Katholikin mit einem Konfessionslosen möglich wäre.

Gemäß Erlaß des Schulkuratoriums wird Schulz am 4. April der Titel eines Professors verliehen, der ihm ab jetzt als Zeichen- und Handarbeitslehrer zusteht.

Im Verlag »Rój« erscheint die Buchausgabe des »Prozeß« von Franz Kafka, den Józefina Szelińska mit Schulz' Hilfe übersetzt hat, der aber seinen Namen als Übersetzer des Romans trägt.

Während des Urlaubs bereitet er sein zweites Buch, »Das Sanatorium zur Todesanzeige« zum Druck vor, das vorwiegend aus früher entstandenen Erzählungen besteht; der Autor händigt dem Verlag Manuskripte und Illustrationen aus. Ferner schreibt, beziehungsweise beendet er bereits früher begonnene Werke, zum Beispiel die umfangreiche Erzählung »Der Frühling«, die er dem Band »Das Sanatorium zur Todesanzeige« beifügt, und »Der Herbst« (abgedruckt in »Sygnały Nr. 17) und »Die Republik der Träume« (abgedruckt in »Tygodnik Ilustrowany« Nr. 29).

Am 2. Juli reicht Schulz eine Eingabe an das Ministerium für öffentliche Bildung um Versetzung nach Warschau ein. Die Bitte wird mit der Begründung abgelehnt, in Warschauer Schulen seien keine Lehrerstellen frei.

26.-29. August. Mehrtägiger Ausflug mit dem Schiff von Gdynia nach Stockholm.

November. Briefkontakt mit dem deutsch-jüdischen Schriftsteller Mendel Neugröschl in Wien, der sich für die »Zimtläden« interessiert. Schulz übersendet ihm ein Exemplar des Buches mit dem Angebot, es ins Deutsche zu übertragen.

Am 30. November reicht Schulz beim Kuratorium des Lemberger Schulsprengels ein Gesuch um Versetzung in eine Lemberger Schule ein. Obwohl Chancen bestehen, daß seiner Bitte stattgegeben werden kann, kommt es nicht zum Wechsel des Arbeitsplatzes; wahrscheinlich deshalb, weil Schulz selbst darauf verzichtet hat: seine Hoffnung, mit J. Szelińska die Ehe zu schließen zerschlug sich und sollte sich sehr bald für immer zerschlagen. Eben mit ihr war die Absicht verbunden, sich in eine andere Stadt, nach Lemberg oder Warschau versetzen zu lassen.

Für das Schuljahr 1936/37 werden Schulz' Lehrerpflichten 18 zusätzliche Unterrichtsstunden in der Eliza-Orzeszkowa-Volksschule in Drohobycz auferlegt.

Die Redaktion der »Wiadomości Literackie« bietet Schulz ständige Mitarbeit als Rezensent neu erschienener Übersetzungen ausländischer Literatur an.

Noch im selben Jahr erscheinen in den Spalten der »Wiadomości Literackie« zwei Texte von Schulz, die darauf schließen lassen, daß der Autor das Angebot der Zeitschrift angenommen hat; es sind, in der Nummer 15, »Die Glocken von Basel« (die Besprechung eines Romans von Louis Aragon) und in der Nummer 50 »Mutter und Sohn« (über den Roman »Genetrix« von François Mauriac). Außer drei neuen Erzählungen: »Der Frühling«, »Der Herbst« und »Die Republik der Träume« erscheinen in Zeitschriften früher verfaßte Werke, die in den zum Druck vorbereiteten Erzählungszyklus »Das Sanatorium zur Todesanzeige« einbezogen werden, davon:

»Über mich«, ein Werk, das im Buch den Titel »Einsamkeit« hat (in »Studio« Nr. 2);

»Die letzte Flucht des Vaters« (in »Wiadomości Literackie« Nr. 32);

»Die tote Saison« (in »Wiadomości Literackie« Nr. 53-54).

Darüber hinaus werden folgende Buchbesprechungen und Aufsätze veröffentlicht:

»Das neue Buch der Kuncewiczowa«, über den Roman »Die Fremde« (in »Tygodnik Ilustrowany« Nr. 3);

»Wanderungen eines Skeptikers« über Aldous Huxleys »Nachtmusik« (in »Tygodnik Ilustrowany« Nr. 6);

»Die Eroberung des Unterbewußten – ›Die Fremde‹ von Maria Kuncewiczowa« (in »Pion« Nr. 17);

»Die Mythisierung der Wirklichkeit« (in »Studio« Nr. 3-4).

»Ein neuer Dichter«, über die Gedichtsammlung von Juliusz Wit »Lampen« (in Sygnały« Nr. 23);

»Tragische Freiheit«, über die Gedichtsammlung von Kazimierz Wierzyński (in »Tygodnik Ilustrowany« Nr. 27);

»An Witold Gombrowicz« – die Antwort auf den »Offenen Brief an Bruno Schulz« von W. Gombrowicz (in »Studio« Nr. 7);

»Unter dem Belvedere« – über das Buch von Juliusz Kaden-Bandrowski (in »Tygodnik Ilustrowany« Nr. 30).

1937 Auflösung der Verlobung mit Józefina Szelińska (März-April).

Juli. Ferien; vierwöchiger Aufenthalt im Dorf Boberka in beinah völliger Einsamkeit.

Korrektur an dem im Druck befindlichen Buch »Das Sanatorium zur Todesanzeige«, das Józefina Szelińska gewidmet ist.

August. Mehrtägiger Besuch in Warschau bei Romana Halpern.

George Pinette, ein Cousin der Pianistin Maria Chasin, beabsichtigt, sich in Italien für eine Ausgabe der »Zimtläden« einzusetzen und wendet sich an Schulz mit der Bitte, ein kurzes »Exposé« als Information über das Buch für den ausländischen Verleger zu schreiben. Schulz faßt einen entsprechenden Text in deutscher Sprache ab und schickt ihn nach Italien.

Die Bildungsbehörden verpflichten Schulz im Schuljahr 1937/38 zu fünf Unterrichtsstunden mehr, die wöchentlich in den Königin-Jadwiga- und Orzeszkowa-Volksschulen für Mädchen in Drohobycz abzuhalten sind.

Oktober. G. Pinettes Bemühungen, für »Die Zimtläden« einen ausländischen Verleger zu finden, enden mit Mißerfolg. Italienische Verlage, an die er sich wendet (Bompiani, Hoepli und Mondadori) lehnen das Angebot ab.

Vollendung der Novelle »Die Heimkehr«; sie umfaßt 30 Schreibmaschinenseiten und ist thematisch mit den Erzählungen aus dem Zyklus »Das Sanatorium zur Todesanzeige« verwandt. Das Werk wurde in deutscher Sprache abgefaßt, um von einer breiteren Leserschaft wahrgenommen zu werden; Schulz selbst sagt: ». . . weil ich jetzt ständig an die Übersetzung in eine europäische Sprache denke . . .« »Die Heimkehr« wurde nie veröffentlicht und ist verschollen.

November. Lektüre des Romans »Ferdydurke« von Witold

Gombrowicz: »Meine letzten Tage sind unter dem niederschmetternden, betäubenden Eindruck vergangen, den Gombrowiczs Buch auf mich gemacht hat (...). Ich stelle es als geistige Leistung neben Erscheinungen wie Freud oder Proust.«

Buchausgabe des Erzählungszyklus »Das Sanatorium zur Todesanzeige« im Verlag »Rój«.

Im Laufe des Jahres erscheinen, vorwiegend in den Spalten der «Wiadomości Literackie«, Buchbesprechungen von Neuerscheinungen aus der polnischen und ausländischen Literatur, darunter:

»Drei übersetzte Romane« – ›Eine Pilgerfahrt‹ von Johan Bojer; ›Prins Inkognito‹ von Jo van Ammers-Küller; ›Fall Claasen‹ von Erich Ebermayer (in »Wiadomości Literackie« Nr. 2);

»Ein Buch über die Liebe« – über den Roman »Adam Grywałd« von Tadeusz Breza (in »Tygodnik Ilustrowany« Nr. 3-4);

»Gionos Ernte« – über das Buch »Ernte« von Jean Giono (in »Wiadomości Literackie« Nr. 5);

»Roman über einen Landpfarrer« – über den Roman »Tagebuch eines Landpfarrers« von Georges Bernanos (in »Wiadomości Literackie« Nr. 18);

»›Die schwarzen Engel‹ von Mauriac« – über François Mauriacs »Die schwarzen Engel« (in »Wiadomości Literackie Nr. 19);

»Traumgefährten« von Leonhard Frank (in »Wiadomości Literackie« Nr. 22);

»Am gemeinsamen Ziel« – »Die Fremde« von Maria Kuncewiczowa und »Das Herz meiner Mutter« von Karin Michaëlis (in »Pion« Nr. 35);

Irena Niemierowska »Karriere« (in »Wiadomości Literackie« Nr. 38);

Ange Seidler »Paris. Hotel zur Schönen Sonne« (in »Wiadomości Literackie« Nr. 38);

Ivo Andrić »Novellen« (in »Wiadomości Literackie« Nr. 38).

1938 Januar. In den Räumen des »Polnischen Literatenverbandes« in Warschau hält Bruno Schulz einen Vortrag über den Roman »Ferdydurke« von W. Gombrowicz.

Februar. Aufsatz von Artur Sandauer über das Werk von Schulz und Gombrowicz mit dem Titel »Die Schule der Mythologen« (in »Pion« Nr. 5).

Natan Spiegel, ein jüdischer Maler, Mitglied der Lodzer Künstlergruppe »Start«, überredet Schulz, nach Paris zu fahren und dort eine Ausstellung seiner Zeichnungen durchzuführen.

März. Wachsende Niedergeschlagenheit wegen der Entwicklung in Deutschland, des »Anschlusses« Österreichs, der Einnahme der Tschechoslowakei durch Hitler und wegen der Zunahme antisemitischer Ausschreitungen.

April. Durch eine bekannte Person, die in die Schweiz reist, überreicht Schulz Thomas Mann seine deutsche Novelle »Die Heimkehr« als gebundenes Schreibmaschinenmanuskript mit Illustrationen und einem Brief an den deutschen Schriftsteller (im Nachlaß von Thomas Mann konnten weder Schulz' Novelle noch der Brief gefunden werden).

Reise nach Lemberg mit einwöchigem Aufenthalt; Begegnung mit Debora Vogel, dem Maler Jerzy Janisz und dem Schriftsteller Marian Promiński.

Mai-Juni. Die Reisepläne nach Paris nehmen Gestalt an. Bemühungen um Devisen und einen Reisepaß zu ermäßigter Gebühr und Unbeholfenheit bei der Erledigung von Formalitäten. Romana Halpern und Warschauer Literaten unterstützen ihn bei den Vorbereitungen.

2. August. Durch Maria Chasin mit Pariser Adressen und Empfehlungsschreiben an verschiedene Personen in Frankreich versehen, und in der Hoffnung, in der künstlerischen Welt des Auslandes Fuß zu fassen, Bekanntschaften zu schließen und eine Ausstellung zu veranstalten, fährt Schulz mit über hundert Zeichnungen nach Paris. Um nicht durch das »Dritte Reich« Hitlers fahren zu müssen, wählt er einen kostspieligen Umweg über Italien. Die Zeit, die Schulz für seine Parisreise wahlt, erweist sich als denkbar ungünstig. Die wichtigsten Leute, die er treffen will (z. B. Jules Romains) sind in Sommerfrische. Zeitweise findet er eine Stütze in den Kontakten mit Georges Rosenberg, dem Bruder der Pianistin Maria Chasin, der ihn betreut, und in Ludwig Lille, einem bekannten Maler. Auf das Angebot des Marchand André J. Rotge, in der Zeit vom 1. bis 15. Oktober in der Pariser Galerie in Faubourg St. Honoré eine Ausstellung durchzuführen, verzichtet er, weil eine Gebühr in Höhe von 1600 Francs erforderlich ist, die sein bescheidenes Budget nicht vorgesehen hatte. Nicht einmal in der Polnischen Botschaft findet Schulz eine Stütze. Der Kulturattaché der Botschaft, der Dichter Jan Lechoń (ein Bewunderer des Schriftstellers), weilt nicht in Paris, so daß Schulz seitens der polnischen Vertretung alleingelassen wurde. Es gelingt ihm allerdings, Museen zu besichtigen und den Bildhauer Naum Aronson zu treffen, der von seinen Zeichnungen entzückt ist.

Am 26. August, nach mehr als drei Wochen Aufenthalt in Paris, kehrt Schulz nach Polen, nach Drohobycz zurück.

November. Schulz erhält den Goldenen Lorbeer der Polnischen Akademie für Literatur.

Im Laufe des Jahres kommt es in Zeitschriften zu folgenden Veröffentlichungen:

»Der Komet«, eine Erzählung, (in »Wiadomości Literackie« Nr. 35);

»Egga van Haardt« – ein Feuilleton, dessen Text E. Haardt zum Zweck einer Selbstdarstellung durch ungeschickte Zusätze und Veränderungen zur Hälfte gefälscht hatte (in »Tygodnik Ilustrowany« Nr. 40);

»Ferdydurke« – eine Umfangreiche Analyse des Romans von W. Gombrowicz (in »Skamander« Nr. 96-98);

»Vaterland« – ein Fragment literarischer Prosa (in »Sygnaly« Nr. 59).

1939 Psychische Depressionen, denen Schulz mit unterschiedlicher Intensität und Frequenz ausgesetzt war, hatten sich im Jahre 1938 wegen persönlicher Schwierigkeiten, Mißerfolge, Lebensenttäuschungen, der stumpfsinnigen Arbeit in der Schule und wegen der immer bedrohlicher werdenden politischen Situation deutlich verschlimmert. An der Schwelle des Jahres 1939 begann die Depression Ausmaße anzunehmen, die ihn beinah außer Gefecht setzten. In Briefen an seine Freundin Romana Halpern klagt er:

». . . ich mache eine große Depression durch, es ist diesmal nicht nur eine moralische Verstimmung, sondern gleichsam der Verfall meines ganzen Wesens (. . .). Kennst Du in Warschau einen guten Neurologen, der mich umsonst behandeln würde? Ich bin absolut krank – eine Nervenzerrüttung, der Anfang einer Melancholie; Verzweiflung, Trauer, das Gefühl einer unvermeidlichen Niederlage, eines unwiederbringlichen Verlusts. Man müßte sich beraten lassen. Aber ich glaube nicht an Ärzte.«

März. Die in Frankreich lebende A. Grünbaum erklärt sich bereit, die Erzählung »August« aus dem Band »Die Zimtläden« ins Französische zu übersetzen. Sie schickt ihre Übersetzung an Schulz mit der Bitte um Autorisierung und eventuelle Korrekturen. Der österreichische Schriftsteller Josef Roth, der in Paris in Emigration lebt, disqualifiziert schließlich die Übersetzung der Frau Grünbaum und empfiehlt, Szaul Fryszman mit einer neuen Übertragung zu betrauen. Fryszman nimmt das Angebot zunächst an, doch als er die Aufenthaltserlaubnis für Palästina erhält, wirft er die Übersetzung hin und verläßt Frankreich. Das ins Französische übersetzte, nie veröffentlichte Fragment verbleibt in Fryszmans Unterlagen.

April. Der Dichter Emil Zegadłowicz besucht Schulz in Drohobycz.

In Truskawiec bei Drohobycz kommt es zu einer Begegnung mit Nałkowska. Im Park liest Schulz ihr aus dem Manuskript seines neuen literaturkritischen Essays vor, einem Aufsatz, der, in Nałkowskas Urteil, »voller Berechtigung und gedanklicher Feinheiten« ist (der Text des Essays ist verschollen).

Vor Ausbruch des II. Weltkrieges gelingt es Schulz noch, im »Skamander« Nr. 108-110 den Aufsatz »Zofia Nałkowska auf dem Hintergrund ihres neuen Romans« – die letzte Arbeit in seinem Leben – zu veröffentlichen.

Juni. In Antwort auf eine Umfrage der »Wiadomości Literackie« zum Thema »In den Werkstätten polnischer Schriftsteller und Gelehrter« teilt Schulz mit, daß er gerade ein Buch mit vier größeren Erzählungen vollendet. Zu einer Veröffentlichung kommt es nicht, das Werk geht während des Krieges verloren.

1. September. Deutscher Überfall auf Polen. Ausbruch des Zweiten Weltkrieges. Gemäß den Vereinbarungen zwischen dem »Dritten Reich« und der UdSSR im Ribbentrop-Molotow-Pakt vom 23. August 1939 wollen die beiden Verbündeten das Gebiet des eroberten Polens untereinander aufteilen. Am 11. September marschiert deutsches Militär in Drohobycz ein. Sofort kommt es zu ersten Morden an Juden und zu bestialischem Verhalten gegenüber der ortsansässigen jüdischen Bevölkerung.

Am 17. September marschiert die Armee der UdSSR in Polen ein. Die Deutsche Wehrmacht muß der Roten Armee den Platz räumen. Gemäß der von beiden Seiten festgesetzten Demarkationslinie ziehen sich die deutschen Truppen zurück. Drohobycz bleibt zunächst außerhalb des Bereichs deutscher Okkupation – auf Gebieten, die von der UdSSR besetzt sind, und wird verwaltungsmäßig in die Ukrainische Sowjetrepublik einbezogen. Unter den neuen Bedingungen des stalinistischen Terrors, der Massendeportationen Hunderttausender Einwohner dieses Landstriches in Lager, werden Schulz die Chancen, seine schriftstellerische und künstlerische Tätigkeit fortzusetzen, genommen: er hat allerdings mehr Möglichkeiten zu überleben als die Einwohner in den von Deutschen besetzten Gebieten, außerdem hat er Hoffnung, in seiner Stadt bleiben zu dürfen. Man stellt ihm auch anheim, seinen Beruf als Zeichenlehrer in einer sowjetischen Schule fortzusetzen.

1940 Laut Anordnung der neuen Machthaber beteiligt sich Schulz an einer der örtlichen Wahlkommissionen bei der Durchführung von Wahlen in die höchsten politischen Instanzen der UdSSR, zum Beispiel den Obersten Sowjet.

Juli. Beginn der Bekanntschaft, Freundschaft sowie der Begegnungen und Korrespondenz mit Anna Płockier, einer jungen Malerin, die mit ihrem Verlobten, Marek Zwillich, aus Warschau nach Boryslaw geflohen ist. Anna Płockier war die letzte Liebe von Schulz.

Vertreter der Ortsverwaltung und politischen Behörden beschäftigen Schulz gelegentlich bei der Ausführung propagandistischer Maler- und Zeichenarbeiten für die ortsansässige Presse und aus Anlaß sowjetischer Staatsfeierlichkeiten. Um sich nicht dem folgenschweren Vorwurf der Illoyalität gegenüber den neuen Machthabern auszusetzen, kann Schulz sich dieser Arbeit nicht entziehen. So zum Beispiel zeichnet er unter anderem die »Ernte in einer Kolchose«, wird aber bald darauf in die Redaktion der Zeitung gerufen, in der die Zeichnung erscheinen soll, und aufgefordert, seine Arbeit zu korrigieren und die bloßen Füße der Schnitter in Schuhe zu hüllen; man hielt ihm vor, einen »politischen Fehler« begangen zu haben, indem er Kolchosbauern barfuß darstellte.

September. Im Auftrag der Behörden fertigt er in Öl ein Bild zum Thema »Die Befreiung des Volkes der Westukraine« an. Das Gemälde stellt ein Reiterregiment dar, das von der örtlichen Bevölkerung begrüßt wird; von den Farben dominieren Gelb und Blau. Schulz wird verhaftet und vom NKWD verhört; man wirft ihm »ukrainischen Nationalismus« vor, da es sich bei Gelb und Blau um die ukrainischen Nationalfarben handelte, die damals strengstens verboten waren. Im Auftrag der Sowjetbehörden malt Schulz auch ein großes Stalinporträt, das am Rathausturm befestigt wird. Als sich eines Tages erweist, daß das am Gebäude des Rathauses aufgehängte Stalinbild von Dohlen verunreinigt wird, sagt er zu seinen Freunden, das erstemal im Leben gebe ihm die Tatsache, daß ein Werk seiner Hände beschädigt wurde, Genugtuung . . .

Im Künstlerverband von Lemberg wird eine Kollektivausstellung eröffnet, die auch Zeichnungen von Schulz zeigt; im Katalog sind sie als »Illustrationen« ausgewiesen.

Schulz schickt seine deutsche Novelle »Die Heimkehr« an den Verlag für Ausländische Literatur nach Moskau. Sie wird nicht veröffentlicht und geht verloren.

Briefkontakt mit dem ihm durch seine Kirchenfenster bekannten Künstler Tadeusz Wojciechowski, der in Lemberg an der neuen Schule für Kunsthandwerk lehrt. Schulz bittet ihn, ihm dabei behilflich zu sein, in dieser Schule eine Arbeit in den Lehrfächern Zeichnen und Kunstgeschichte zu finden. Doch schließlich verzichtet er auf die Absicht, dort ein Arbeitsverhältnis einzugehen.

September-Oktober. Nierenkrank. Krankenhausaufenthalt zur Entfernung von Nierensteinen. Danach zur Erholung in Truskawiec.

November. Die Redaktion der in Lemberg erscheinenden Zeitschrift »Neue Horizonte« lädt Schulz zur Mitarbeit als Autor ein. Obwohl er zunächst zögert, in der Annahme, sein Werk genüge nicht den Ansprüchen des »sozialistischen Realismus«, schickt er der Redaktion schließlich doch eine Erzählung. Angeblich handelte es sich dabei um eine bisher unveröffentlichte Novelle über einen mißratenen Schustersohn. Anderen Aussagen zufolge war es die Geschichte von einem »Meister des Kaleidoskops.«

1941 Mai. Die Redaktion der »Neuen Horizonte« schickt Schulz die ihr übersandte Erzählung als für den Druck ungeeignet zurück. Ein dazu befragter Mitarbeiter der Redaktion erklärt: »Wir brauchen keine Prousts.«

Schulz ist weiterhin als Zeichen- und Handarbeitslehrer an einer zehnklassigen Schule beschäftigt, die sich im Gebäude des früheren Jagiełło-Gymnasiums befindet.

22. Juni. Überfall Deutschlands auf die Sowjetunion. Am 1. Juli wird Drohobycz von deutschen Truppen besetzt. Die Schulen werden geschlossen, Schulz verliert seinen Arbeitsplatz und damit die Möglichkeit, seinen Unterhalt zu verdienen. Verfolgungen von Juden setzen ein.

Gegen Ende Juli führt der Okkupant Arbeitsämter ein, die jeden Juden im Alter von 16 bis 65 Jahren erfassen und zur Zwangsarbeit verpflichten sollen. Vom sechsten Lebensjahr an, muß jeder Jude am linken Arm eine Binde mit dem Davidstern tragen. Das Benutzen der Gehsteige wird verboten; Juden dürfen nur auf der Fahrbahn gehen, sie haben die Pflicht, jeden uniformierten Deutschen zu grüßen; sie dürfen weder mit dem Zug noch mit dem Auto oder mit der Pferdedroschke fahren und auch keine Läden aufmachen; die ersten Verbote, in Hauptstraßen zu wohnen, treten in Kraft. Für die sklavische Arbeit (in Steinbrüchen, Wäldern, bei der Stadtreinigung, beim Brückenbau) ist der Lohn ein viertel Laib Schwarzbrot; kranke Juden dürfen nicht in »arischen« Krankenhäusern behandelt werden. Die Okkupanten führen Massenmorde an der ortsansässigen jüdischen Bevölkerung durch. Unweit von Drohobycz kommt es zu Erschießungen von Gruppen aus mehreren Hundert Personen; Transporte in das Todeslager Bełżec kommen in Gang. Der von deutschen Behörden angeordnete organisierte Raub jüdischen Eigentums dauert an. Im Winter erschießen die Deutschen alle jüdischen Waisenkinder samt ihren Erzieherinnen.

Unter den in Drohobycz residierenden Offizieren der Gestapo befindet sich der Schreiner Felix Landau aus Wien, ein Mann, der am Attentat auf Dollfuß beteiligt war. Als »Referent für Judenfragen« steht er im Ruf, ein besonders eifriger Mörder Drohobyczer Juden zu sein. Er bekundet Interesse für Schulz' Fähigkeiten als Maler und gibt ihm verschiedene Sklavenarbeiten in Auftrag, für die er mit Brot oder Suppe bezahlt. Er gilt als ein »Gönner« und »Beschützer« von Schulz; ihm ist daran gelegen, daß sein »Schützling« die Aufgabe, mit der er ihn betraut, auch entsprechend erfüllt. Auf seine Weisung schmückt Schulz die Wände von Landaus Kinderzimmer mit Märchenbildern. Schulz malt auch »Fresken« in der sogenannten Reitschule und große, farbenreiche Kompositionen an den Wänden des Gestapo-Kasinos. Er zieht diese Arbeiten absichtlich in die Länge, um sich dadurch ein Überleben zu sichern.

27. November. In Borysław und Umgebung führen ukrainische faschistisch-paramilitärische Organisationen auf Befehl der Gestapo ein großes Massaker an Juden durch. Unter den Hunderten Ermordeten befinden sich auch Anna Płockier und ihr Verlobter Marek Zwillich. Sie hatten die Absicht, in den nächsten Tagen zu fliehen und nach Warschau durchzukommen. Die Nachricht von Annas Tod war für Schulz ein schwerer Schlag.

In derselben Zeit muß Schulz zusammen mit den Juden von Drohobycz sein Haus verlassen und ins Ghetto übersiedeln; dort zieht er mit der Familie in ein Zimmer im Parterre einer Bruchbude in der Stolarska-Straße 18.

1942 Er beschließt, seine Manuskripte und Zeichnungen zu sichern und gibt sie verschiedenen Personen seines Vertrauens außerhalb des Ghettos zur Aufbewahrung. Er fertigt provisorische Päckchen aus Pappe an und füllt sie mit literarischen Manuskripten, Zeichnungen, Grafiken und mit einer Fülle von Briefen, die er im Laufe der Jahre gesammelt hatte. Die Namen der Treuhänder sind nicht bekannt.

Schulz erkrankt. Er läßt sich ambulant im jüdischen Krankenhaus behandeln, er ist hungrig, physisch und nervlich erschöpft, voll schlimmster Vorahnungen über sein Schicksal. Er ist entschlossen, sich durch eine Flucht zu retten und fleht in Briefen um Hilfe. Warschauer Freunde, vor allem Schriftsteller, lassen für ihn falsche Dokumente (sogenannte »arische Papiere«) ausstellen, die ihm Vertreter des polnischen Untergrundes überbringen. Indessen arbeitet er, dank Unterstützung durch den Judenrat, einige Monate lang gemeinsam mit einem Kreis von Bekannten im ehemaligen Jüdischen Altersheim beim Katalogisieren einer Sammlung von über einhunderttausend wertvoller Bücher. Sie stammen aus Plünderungen und Beschlagnahmungen, die zuerst von sowjetischen und dann von deutschen Behörden durchgeführt wurden. Die Beschäftigung gewährt ihm Schutz vor schweren physischen Arbeiten, denen er nicht gewachsen war, und stellt für ihn eine relative Garantie der Sicherheit dar.

19. November. Versehen mit falschen Ausweispapieren und mit Geld, ist Schulz entschlossen, aus Drohobycz zu fliehen. Gegen 11 Uhr bricht im Ghetto eine Schießerei aus; die sogenannte »wilde Aktion« der örtlichen Gestapo beginnt. In den Straßen des Städtchens wird auf zufällige Fußgänger geschossen. Gestapo-Männer verfolgen fliehende Menschen, die hinter Haustoren Schutz suchen, töten Menschen, die in Treppenhäusern und Wohnungen versteckt sind. An jenem Tag – Überlebende bezeichnen ihn als »schwarzen Donnerstag« – werden in den Straßen des Ghettos rund 230 Personen erschossen. Auf Bruno Schulz, der auf dem Weg zum Judenrat ist, um Brot zu holen, feuert der SS-Scharführer Karl Günther Schüsse ab, er trifft ihn zweimal am Kopf und tötet ihn auf der Stelle. Äußerungen Drohobyczer Einwohner zufolge soll Günther, der am 19. November mehrere Passanten getötet hatte, sich vor seinen Kollegen gerühmt haben, er hätte einen Juden getötet, der ein Schützling seines persönlichen Feindes – Landau – gewesen sei.

In der Nacht beerdigt Izydor Friedmann, ein Freund von Schulz, den Leichnam auf dem Jüdischen Friedhof von Drohobycz. Die Stelle des Grabes ist unbekannt geblieben. Der nur durch Zufall von den Kampfhandlungen verschonte Friedhof wurde nach dem Krieg eingeebnet.

Nach 1945

I. Erste Veröffentlichungen über Bruno Schulz nach dem Krieg in Polen

In Polen, das kraft des Vertrages von Jalta in den von der Sowjetunion beherrschten »Ostblock« einbezogen wurde, umfaßten die von außen aufgezwungenen politisch-ideologischen Normen des Totalitarismus auch den Bereich der Kultur. Dem Werk von Bruno Schulz, das gleich anderen bedeutenden Werken den amtlichen Stempel einer »bürgerlich-dekadenten« Kunst erhielt, wurde das Recht abgesprochen, am kulturellen Leben teilzunehmen. In den ersten drei Nachkriegsjahren, vor der offiziellen Proklamation einer gelenkten Kulturpolitik, für die ausschließlich der »sozialistische Realismus« verbindlich war, ließen sich in Veröffentlichungen über die »nicht-realistische« Literatur gelegentlich noch manch positive Urteile anführen. Der Versuch, das Werk von Bruno Schulz in Erinnerung zu bringen, scheiterte jedoch.

1949 Oktober. Der im Krakauer »Dziennik Literacki« zum Druck vorgesehene Essay über Buno Schulz von Jerzy Ficowski wird von der Zensur aus »ideologischen Gründen« verboten.

1956 Die sogenannte »Tauwetter«-Periode beginnt; sie hat in der UdSSR und den Satellitenstaaten eine Lockerung der strengen Normen der Zeit des Stalinismus zur Folge und erreicht im »Polnischen Oktober« ihren Höhepunkt.

Februar. Im Krakauer »Życie Literackie« Nr. 6 erscheint ein umfangreicher Artikel von J. Ficowski mit dem Titel »Erinnerung an Bruno Schulz«. Neben der Beurteilung seines Werkes, dessen Rang und Bedeutung in der polnischen Literatur, enthält der Artikel zum erstenmal Umrisse einer Biographie und der geistigen Silhouette des Schriftstellers.

August. In der Wochenzeitschrift »Przegląd Kultutralny« Nr. 13 wird ein Essay von Artur Sandauer mit dem Titel »Die degradierte Wirklichkeit über Bruno Schulz« publiziert; der Aufsatz stellt den Versuch einer literaturkritischen Analyse des schriftstellerischen Werkes von Bruno Schulz dar.

II. Buchausgaben der Werke von Bruno Schulz in Polen und im Ausland

1957 »Sklepy cynamonowe. Sanatorium pod klepsydrą. Kometa« mit einem Vorwort von A. Sandauer. Polen (Wydawnictwo Literackie).

1961 »Prodavnice cimetove boje«, übers. und Vorwort von Stojan Subotin. Jugoslawien (Nolit).

»Traite des Mannequins«, übers. von S. Arlet, A. Kosko, J. Lisowski, G. Sidre. Frankreich (Julliard).

»Die Zimtläden«, übers. von J. Hahn. Deutschland (Carl Hanser Verlag).

1963 »Cinnamon Shops«, übers. von C. Wieniewska. England (Macgibbon and Kee).

»The Street of Crocodiles«, übers. von C. Wieniewska. USA (Walker and Co.).

1964 »Vater geht unter die Feuerwehrmänner«, übers. von J. Hahn. Deutschland (Carl Hanser Verlag).

»Kanelbutikkerne«, übers. von J. Ornsbo. Dänemark (Gylendals Bekkasinboger).

»Kanelbutikkene og andre fortellinger«, übers. von Trygve Greiff u. Martin Nag. Nowegen (Glydendal Norsk Ferlag).

»Krokotiilikuja«, übers. von Aarno Peromies. Finnland (Otava).

»Proza« (opowiadania, eseje i listy), przedmowa A. Sandauer, oprac. listów J. Ficowski. Polen (Wydawnictwo Literackie).

1966 »Die Zimtläden und alle anderen Erzählungen«, übers. von J. Hahn. Deutschland (Carl Hanser Verlag).

1967 »Nikkeiiro-namise-Klepushidora sanatoriumu«, übers. von Yukio Kudo. Japan (Kobunsha-Tokyo).

»Die Republik der Träume« Fragmente. Aufsätze. Briefe. Grafiken. Hrsg. von M. Dutsch, übers. von J. Hahn und M. Dutsch. Deutschland (Carl Hanser Verlag).

1968 »Skoricove kramy«, übers. von H. Jehova, E. Sojka, O. Bartoš. Tschechoslowakei (Odeon).

1969 »Apam tüzolto lesz«, übers. von G. Kerenyi. Ungarn (Europa Könyvkiado).

1970 »Die Zimtläden«, übers. von J. Hahn. DDR (Verlag Volk und Welt).

»Le botteghe color canella«, übers. von A. Vivanti Salmon. Italien (Einaudi).

1972 »De kaneelwinkels«, übers. von G. Rasch. Holland (Moussault).

»Las tiendas de color canela«, übers. von S. Puig. Spanien (Barral Editores).

»La calle de los cocodrilos«, übers. von E. Gohre. Argentinien (Centro Editor de America Latina).

»Druga jesień«, Nachwort u. Bearb. J. Ficowski. Polen (Wydawnictwo Literackie).

1973 »Proza«, 2. Ausgabe. Polen (Wydawnictwo Literackie).

»Księga listów«, gesammelt u. bearb. von J. Ficowski. Polen (Wydawnictwo Literackie).

1974 »Les boutiques de canelle«, übers. von T. Douchy, G. Sidre, G. Lisowski. Vorwort v. A. Sandauer. Frankreich (Editions Denoël).

»Le sanatorium au croque-mort«, übers. von T. Douchy, A. Kosko, G. Sidre, S. Arlet. Frankreich (Editions Denoël).

1976 »Manechinele«, übers. von I. Petrica. Rumänien (Edit. Univers.).

»Les boutiques de canelle«, übers. von T. Douchy, G. Sidre, G. Lisowski. Vorwort von A. Sandauer. Frankreich (Editions Denoël; 2. Auflage).

»Le sanatorium au croque-mort«, übers. von T. Douchy, A. Kosko, G. Sidre, S. Arlet. Frankreich (Editions Denoël; 2. Auflage).

»Die Zimtläden«, übers. von J. Hahn. Deutschland (Suhrkamp Verlag).

1977 »The Street of Crocodiles«, übers. von C. Wieniewska. Vorwort von J. Ficowski. USA (Penguin-Books).

»Nikkeiiro-namise«, übers. von Yukio Kudo. Japan (Shueisha).

»Nimrod«, übers. von G. Rasch. Holland (Arethusa Pers Herber Blokland Baarn).

1978 »Sanatorium under the hourglass«, übers. von C. Wieniewska. USA (Walker and Co.).

»Sanatorium under the hourglass«, übers. von C. Wieniewska. Canada (Beayerbooks).

1979 »Chanujot kinmon. Bejt hamarpe be' siman szaon hachol«, übers. von Uri Orlew, R. Kleinman, J. Bronowski. Israel (Shokken Publishing House).

»Sanatorium under the hourglass«, übers. von C. Wieniewska. Vorwort von J. Updike. USA (Penguin Books).

»Sanatorium under the hourglass«, übers. von C. Wieniewska. England (H. Hamilton).

»Lettres perdues et retrouvees«, übers. von M. Craipeau. Frankreich (Pandora Textes).

1980 »Lettere perdute e frammenti a cura di Jerzy Ficowski«, übers. von A. Zielinski. Italien (Feltrinelli Editore).

1981 »De kaneelwinkels«, übers. von G. Rasch. Holland (Meulenhof).

1982 »Die Zimtläden«, übers. von J. Hahn. DDR (Verlag Volk und Welt).

»De straat van de Krokodillen«, übers. von G. Rasch. Holland (Arethusa Pers Herber Blokland Baarn).

1983 »Kanelbutikerne«, übers. von J. Malm, Nachwort von J. Ficowski. Schweden (Bokorlaget Prisma).

»Le Livre Idolatre«, Sammlung von Grafiken und Zeichnungen, Vorwort von Serge Fauchereau, Nachwort von W. Chmurzyński. Frankreich (Calligrammes).

1984 »Sklepy cynamonowe«. Polen (Wydawnictwo Literackie).

1985 »Sklepy cynamonowe. Sanatorium pod klepsydrą«, Vorwort von A. Sandauer. Polen (Wydawnictwo Literackie).

1986 »Chanujot jkinmon. Bejt hamarpe be' siman szaon hachol«, übers. von U. Orlew, R. Kleinman, J. Bronowski. Israel (Schokken Publishing House).

»Sanatorio bajo la Clepsidra«, übers. von E. Bartkiewicz, J. C. Vidal, Vorwort von J. Updike. Spanien (Montesinos).

1987 »Sanatorium under the Sign of the Hourglass«, übers. von C. Wieniewska, Vorwort von J. Updike. USA (Penguin Books).

»Die Mannequins und andere Erzählungen«, übers. von J. Hahn, hrsg. von J. Jarzębski. Deutschland (Polnische Bibliothek, Suhrkamp Verlag).

1988 »Republika snu«, übers. von O. Bartos, E. Sojka, V. Dvorackova, I. Mikesova. Nachwort von O. Bartos. Tschechoslowakei (Odeon).

»Letters and Drawings of Bruno Schulz«, hrsg. u. Vorwort von J. Ficowski, übers. von W. Arndt. USA (Harper and Row).

»Ta magazia tis kanelas«, übers. von D. Chouliarakis. Griechenland (Ekdoseis Nefeli).

1989 »Cinamonowy kramnicy«, übers. von I. Hnatiuk. Ukraine (Žowten).

»Opowiadania, wybór esejów i listów«, hrsg. von J. Jarzębski. Polen (Wyd. Ossolinskich, seria: Bibioteka Narodowa).

1990 »Koricznyje lawki«, übers. von Asar Eppel. UdSSR (Inostrannaja Literatura).

»Letters and Drawings of Bruno Schulz«, hrsg. und Vorwort von J. Ficowski, übers. von W. Arndt. USA (Fromm International Publishing Cooperation).

1991 »Correspondance et essais critiques«, ges. und hrsg. von J. Ficowski, übers. von Ch. Jeżewski, F. Lallier, D. Sila-Khan. Frankreich (Edition Denoël).

1992 »Sklepy cynamonowe.« Polen (Wyd. Reprint).

»Sanatorium pod klepsydrą« Polen (Wyd. Reprint).

»Republika marzeń i inne opowiadania« Polen (Wyd. Reprint).

»Sklepy cynamonowe« Polen (Wyd. »Chimera«).

»Gesammelte Werke in zwei Bänden«, hrsg. von M. Dutsch u. J. Ficowski, übers. von J. Hahn und M. Dutsch; Bd 1: »Die Zimtläden und alle anderen Erzählungen«. Bd. 2: »Die Wirklichkeit ist Schatten des Wortes«. Aufsätze u. Briefe. Deutschland (Carl Hanser Verlag).

III. Veröffentlichungen über das Leben und Werk von Bruno Schulz. Buchausgaben

1967 Jerzy Ficowski – »Regiony wielkiej herezji«, Krakau, Wydwnictwo Literackie (2. Aufl. 1975).

1974 Jerzy Spejna – »Bankructwo realności. Proza Brunona Schulza«, Poznań, Państwowe Wydawnictwo Naukowe.

1975 Elisabeth Goślicka-Baur – »Die Prosa von Bruno Schulz«, Bern-Frankfurt a.M., Herbert u. Peter Lang.

1976 »Studia o prozie Brunona Schulza«, (praca zbiórowa autorów: L. Schneider, J. Spejna, Cz. Karkowski, T. u. J. Jarzębscy, W. Panas, K. Kłosinski, W. Wyskiel, I. Skwarek, W. Kiedacz), Katowice, Uniwersytet Śląski.

1979 Czesław Karkowski – »Kultura i krytyka inteligencji w twórczości Brunona Schulza«, Wrocław, Wyd. Im. Ossolińskich.

1980 Wojciech Wyskiel – »Inna twarz Hioba – problematyka alienacyjna w dziele Brunona Schulza«, Kraków, Wydawnictwo Literackie.

Regina Silberner – »Strzępy wspomnień – przyczynek do biografii zewnetrznej Brunona Schulza«, London, Oficyna Poetów i Malarzy.

1986 Jerzy Ficowski – »Okolice Sklepów Cynamonowych – szkice, przyczynki, impresje«, Kraków, Wydawnictwo Literackie.

IV. Buchausgaben über das bildnerische Werk von Bruno Schulz

1967 »Prace Brunona Schulza« – (Mappe mit Reproduktionen von Zeichnungen, Ausstellungskatalog des Adam Mickiewicz-Literaturmuseums in Warschau) – Blok Notes Muzeum Mickiewicza.

1982 Jerzy Ficowski – »Exlibrisy Brunona Schulza«, Łódź, Łodzkie Towarzystwo Przyjaciól Książki.

1983 »Le Livre Idolatre« – (Grafiken und Zeichnungen von B. Schulz. Erzählung »Der Frühling«, Vorwort von S. Fauchereau, Nachwort von W. Chmurzyński. Frankreich. Verlag Calligrammes).

1988 Jerzy Ficowski – Bruno Schulz »Księga Bałwochwalcza« (Das Buch vom Götzendienst), 4 Ausgaben (franz., engl., deutsch, polnisch). Polen (Interpress Warschau).

1990 »The Drawings of Bruno Schulz«, – (Album mit 200 Reproduktionen von Zeichnungen u. Grafiken, hrsg. u. Vorwort von J. Ficowski). USA (North-Western University Press).

V. Die wichtigsten Ereignisse, Symposien, Ausstellungen, Theater- und Filmbearbeitungen

1946 Der Ingenieur Feiwel Schreier findet auf dem Speicher des Hauses von Schulz in Drohobycz Reste der verstreuten Korrespondenz. Es sind Briefe an Schulz von St. I. Witkiewicz, W. Gombrowicz, R. Halpern, M. Chasin, G. Pinette, A. Sandauer, D. Vogel, E. van Haardt, K. Rychter u. a.

1947 Jerzy Ficowski inseriert in der Presse Aufrufe, die alle Jahre erneuert werden, in denen er darum bittet, ihm Informationen über das Leben und Werk von Bruno Schulz zukommen zu lassen. Es ist der Anfang einer systematischen Bearbeitung der Biografie des Schriftstellers und der Sammlung von epistolografischen Dokumenten, Manuskripten, Zeichnungen usw.

1957 März. Feiwel Schreier, der Finder einiger Dutzend Briefe an Schulz, beschließt, den Fund durch die Vermittlung einer dritten Person, die von Drohobycz nach Polen reist, Jerzy Ficowski zu übersenden. Die Person reicht beim Verlag Wydawnictwo Literackie in Krakau ein Päckchen ein mit der Bitte, es J. Ficowski auszuhändigen, was nie stattgefunden hat. Die Briefe sind verschollen.

1965 Das Adam Mickiewicz-Literaturmuseum in Warschau kauft durch Vermittlung von J. Ficowski von Emil Górski, einem ehemaligen Schüler von Schulz, rund 110 Zeichnungen an.

1967 3. April – 7. Juni. Ausstellung von Zeichnungen von B. Schulz im Adam Mickiewicz-Literaturmuseum, Warschau.

»Der Frühling« – Bühnenbearbeitung der Prosa von B. Schulz im Theater der Schlesischen Technischen Hochschule in Gleiwitz (Gliwice).

1968 »Illegale Zeit« – Bühnenstück im »Ein Schauspieler-Theater« in Danzig (Gdańsk).

1971 »Der verschwenderische Sohn« – Bühnenstück nach B. Schulz. »Pantomime-Studio« der Technischen Hochschule Stettin (Szczecin).

1972 Februar. Ausstellung von Zeichnungen (aus der Sammlung des Literaturmuseums) in der Krakauer Galerie »Pryzmat«.

1973 »Das Sanatorium zur Todesanzeige« – Spielfilm von Wojciech Hass.

1974 Gesamtpolnisches Wissenschaftliches Symposium über das schriftstellerische Werk von Bruno Schulz an der Schlesischen Universität in Sosnowitz (Sosnowiec).

1975 1.-19. Dezember. »70 Zeichnungen von Bruno Schulz«, Ausstellung im »Centre de Civilisation Polonaise« in Paris.

1976 In 3 Nummern der Warschauer Wochenzeitschrift »Kultura« (18. IV., 25. IV., 2. V.) publiziert A. Bałakier mehr als dreißig Briefe aus dem Besitz von A. Sandauer, die, laut Sandauer, von einem anonymen Drohobyczer stammen, der sie auf dem Speicher in Schulz' Haus gefunden hat. Es sind Briefe von St. I. Witkiewicz, W. Gombrowicz, Romana Halpern, M. Chasin, G. Pinette, A. Sandauer, D. Vogel. Rychter u. a.

»Die Zimtläden« – Bühnenstück im Krakauer Kammertheater.

1977 »Panopticum nach dem Traktat über die Mannequins« – Bühnenstück des Studenten-»Theaters A . . .« an der Universität Breslau (Wrocław).

1978/79 5. Juni 1978 – 1. November 1979. »Zeichnungen von Bruno Schulz« im getrennten Teil der Ausstellung des Literaturmuseums Warschau unter dem Titel »Die interessantesten Sammlungen des Literaturmuseums«.

1982 Premiere der Oper »Die Mannequins« von Zbigniew Rudziński im »Großen Theater« (Teatr Wielki) in Warschau.

Oktober-Dezember. Ausstellung von Zeichnungen und Grafiken von Bruno Schulz (aus den Beständen des Literaturmuseums) im »Büro für Kunstausstellungen« in Gorzów Wielkopolski.

1983 22. Juni-25. September. »Presences Polonaises« – Ausstellung im »Centre Pompidou« in Paris. Ein getrennter Teil der Ausstellung zeigt Zeichnungen und Grafiken von Bruno Schulz.

1984 Mai-Juni. Zeichnungen von Bruno Schulz (aus der Sammlung des Literaturmuseums und aus d. Besitz von J. Ficowski) in der »Galerie Alicja Wahl« in Warschau.

»Sanatorium Clepsydra« – Bühnenstück im »Studio Perspekt« in Haarlem, Holland.

»Die letzte Flucht des Vaters« – Bühnenstück im Warschauer Theater »Studio«.

1985 11. Oktober-30. November. »Bruno Schulz, Zeichnungen und Grafiken« (aus der Sammlung des Literaturmuseums) – Ausstellung im »Museum von Mittelpommern« in Stolp (Muzeum Pomorza Środkowego w Słupsku).

1986 Durch die Vermittlung von Jerzy Ficowski kauft das Literaturmuseum in Warschau rund 80 Zeichnungen von Bruno Schulz aus dem Besitz der Erben Zbigniew Moroń.

Premiere des anonymen Filmes Brothers Quay unter dem Titel »Street of Crocodiles«.

1987 »Postume Biografie von Bruno Schulz, des Zeichenlehrers aus der Stadt Drohobycz« – Theaterstück von Henryk Dederko im »Słowacki-Theater« in Krakau.

»Die Republik der Träume« – Bühnenstück im »Alten Theater« (Teatr Stary) in Krakau.

1988 29. September-9. Oktober. »Drawings of Bruno Schulz« – Ausstellung von Zeichnungen aus der Sammlung des Warschauer Literaturmuseums in der Galerie »Academy of Fine Arts«, New York. Symposium über den Künstler und Schriftsteller; Jerzy Kosiński stiftet den »Bruno Schulz-Preis«.

1988/89 2. Dezember 1988 – 19. Februar 1989. Marseille; Musée Cantini. Ausstellung von Zeichnungen in Frankreich (Zeichnungen aus der Sammlung des Literaturmuseums Warschau).

1989 3. März-2. April. Nantes. Musée des Beaux-Arts. Zeichnungen von Bruno Schulz in Frankreich (Zeichnungen aus der Sammlung des Literaturmuseums Warschau).

15. April-28. Mai. Straßburg. Musée Historique »Palais Rohan«. Ausstellung von Zeichnungen in Frankreich (Zeichnungen aus der Sammlung des Literaturmuseums Warschau).

Enthüllung einer Gedenktafel am wieder aufgebauten Geburtshaus von Bruno Schulz in Drohobycz.

1990 23. Januar-22. April. Jerusalem. Israel Museum. Ausstellung von Zeichnungen in Israel (Aus der Sammlung des Literaturmuseums Warschau).

November-Dezember. Lublin, Kunstgalerie der Bildnerischen Bühne der Katholischen Universität Lublin. »Bruno Schulz – 40 Zeichnungen«. (Aus der Sammlung des Literaturmuseums Warschau).

1992 1. März-22. April. Berlin, Ausstellungszentrum des Kunstamtes Tiergarten. Zeichnungen von Bruno Schulz in Deutschland (Aus der Sammlung des Literaturmuseums Warschau).

15. April-30. Mai. München, Münchner Stadtmuseum. Zeichnungen von Bruno Schulz in Deutschland (Aus der Sammlung des Literaturmuseums Warschau).

Juli-November. Warschau; Literaturmuseum. »Das Leben und Werk von Bruno Schulz« – Ausstellung aus Anlaß des 100. Geburtstages des Künstlers.

Juni. Film »Republik der Träume« von Jens Care Ehlers.

Nachwort

Die Briefe von Bruno Schulz, die bislang gefunden werden konnten, stellen nicht nur ein bedeutendes Epistolarium dar. Sie sind vor allem ein wesentlicher Beitrag zu seiner Biografie, deren Spuren die Zeit des Krieges und des Völkermordes weitgehend verwischt hat. Eigentlich ist die gesamte uns heute bekannte Biografie des Autors der »Zimtläden« hauptsächlich aus seinen geretteten Briefen rekonstruiert worden, wenn auch mit Lücken und Fragezeichen.

Außer in Briefen an »hohe« Schul- und Ministerialämter, meistens in Form von Eingaben, lassen sich in seiner Korrespondenz wenig konkrete Anhaltspunkte und Signale finden, die auf Fragen des Alltags und das Faktische in der äußeren Biografie Bezug nehmen; es sei denn, es handelt sich um eine Klage, eine Bitte um Rat oder um einen Hilferuf. Das Leben von Bruno Schulz, arm an Ereignissen, bestand aus inneren Abenteuern und geistigen Peripetien. Eine Arbeit, die als übergeordneter Sinn der Existenz angesehen wurde und das ausschließliche Ziel seines Daseins darstellte. Der Rest waren die alltäglichen Unannehmlichkeiten, ungeliebte Pflichten, welche die Ruhe störten, Zeit raubten und am Schreiben hinderten. Von seiner praktischen Dimension und Bedeutung her war dieses Alltagsleben für ihn eigentlich nur eine Hürde auf dem Weg zum Ziel, das er anstrebte. Deswegen wurde es die Ursache von Depressionen und Tatenlosigkeiten, die diesen empfindsamen Künstler beim Schaffen störten. Wie der von ihm vergötterte Rilke konnte auch Schulz nur in seinem Dasein als Künstler glücklich sein.

Außerhalb seines Mikrokosmos stand er der ihn umgebenden Welt ratlos gegenüber. Wenn er trotzdem gewisse persönliche Kontakte pflegte – vor allem in den Briefen –, lenkte er seine ungeteilte Aufmerksamkeit auf Themen und Probleme, die das, was ihn am meisten beschäftigte, scheinbar nicht berührte; es geschah dann aus Rücksicht auf einen eventuellen Nutzen, der sich daraus für sein eigenes Werk ergeben konnte. Bruno Schulz war also ein extremer Egoist, mit dem Vorbehalt, daß er es nie darauf abgesehen hatte, daraus irgendeinen anderen Nutzen zu ziehen als jenen, der seinem literarischen Schaffen und seiner Kunst förderlich war. Ein Egoist im Namen der Kunst, der er diente, mit der er alles verband und gleichsetzte, was ihm selbst wertvoll war. Nur dafür wollte er eintreten, handeln und etwas kreieren.

Ein winziges Steinchen aus diesem Mosaik, eine getreue Veranschaulichung seiner Haltung sind die überlieferten Briefe. Sie sind der kümmerliche Rest einer unermeßlich reichen, langjährigen Korrespondenz. Da der Krieg mit dem Schriftsteller, seinen Briefen und literarischen Manuskripten auch die Mehrzahl der Empfänger dieser Korrespondenz vernichtet hat, können wir uns keine genaue Vorstellung vom Umfang seiner Korrespondenz machen, die gleichwohl umfangreicher war als der gerettete Teil seines literarischen Werkes.

Auf jeden Fall war die Gesamtheit seiner Briefe dem literarischen Werk ebenbürtig.

Nimmt man Schulz in seinen Bekenntnissen, die in den Briefen hier und da auftauchen, wörtlich, und trägt man den glaubwürdigen Berichten ihm nahestehender Menschen Rechnung, dann fällt einem die Annahme leicht, daß er den brieflich formulierten Teil seines Schaffens sehr früh und sehr bewußt gepflegt hat. Und das schon in der Zeit, die seinem professionellen Schreiben vorangeht, als ihm der Brief die einzige literarische Form der Mitteilung war. Unter den Texten der vorliegenden Sammlung – dabei handelt es sich um die gesamte bislang wiedergefundene Korrespondenz – finden sich zwar Briefe aus früheren Jahren, doch die Mehrzahl von ihnen sind die schon erwähnten offiziellen Schreiben, z. B. Eingaben bei Behörden. Wenige andere hingegen, an Bekannte gerichtet, repräsentieren nicht in vollem Umfang jenen frühen Stil. Die meisten Briefe aus jener legendären, briefbesessenen Zeit sind verschollen. Die Hypothese, daß Schulz' eigener epistolarer Stil bereits früh erkennbar war, läßt sich anhand des frühen, noch vorhandenen Werkes nicht beweisen. Es handelt sich also um eine reine Vermutung.

In seiner Abhandlung über das Werk von Bruno Schulz kommt Stanisław Ignacy Witkiewicz, begeistert von der Reife und dem Charakter des Frühwerkes, zu der Feststellung, daß eine solche künstlerische Vollkommenheit ohne langjährige schöpferische Praxis eigentlich unerklärlich sei. Und er fügt mit Erstaunen hinzu: »Schulz hat nichts außer Briefen geschrieben.« Und Schulz selbst urteilt rückblickend über seine frühere Korrespondenz in einem Schreiben an Romana Halpern aus dem Jahr 1936:

»Schade, daß wir uns nicht vor einigen Jahren kannten. Damals konnte ich noch schöne Briefe schreiben. Aus ihnen entstanden allmählich die ›Zimtläden‹.«

Die Briefe richteten sich in ihrer Mehrzahl an Debora Vogel, die Autorin des Buches »Akazien blühen«.

Ein Jahr danach erwähnt er in einem Brief an dieselbe vertraute Empfängerin:

»Ich spürte damals keine Verantwortung auf mir, keine Last. Das erleichtert sehr.«

Ein ähnliches Bekenntnis findet sich in dem Brief an den Literaturkritiker Andrzej Pleśniewicz:

»Einst lebte ich mich im Schreiben von Briefen aus, es war damals meine einzige schöpferische Betätigung. Schade, daß wir unsere Korrespondenz nicht in jene Zeiten zurückführen können. Jetzt kann ich nicht mehr so schreiben . . .«

Briefe sind der Ursprung seiner Kunst. Jede Abfassung eines Briefes war immer wieder für einen anderen individuellen Leser, für einen anderen Empfänger bestimmt. Ehe Schulz auf die Bühne der Literatur trat und sich als Schriftsteller zu erkennen gab, waren die Empfänger seiner Briefe hauptsächlich Vertreter der jüdischen Intelligenz, zu denen er selbst gehörte. Personen fern jeder jüdischen Orthodoxie und meist viel polnischer und »galizischer« orientiert, als ihren heimischen Traditionen verbunden. Mit diesen Menschen verbanden ihn zahlreiche familiäre, kollegiale und nachbarschaftliche Gefühle. Viele von den wichtigsten ihm nahestehenden Briefpartnern kamen aus Kreisen, zu denen die Verbundenheit um so enger und dauerhafter bestand, je provinzieller sie selbst waren. Das ist auch der Grund für die Vernichtung so vieler Briefe von Schulz: sie sind samt den zur Ausrottung verurteilten Empfängern verschollen.

Das Schreiben von Briefen (wie auch das Schreiben von Tagebüchern – Schulz schrieb unregelmäßig eine Art Tagebuch) gehört nicht mehr zu den gepflegten Künsten. Nur selten sind Briefe noch eine eigenständige Literatur. Lediglich an entlegenen Orten konnte die Tradition der brieflichen Kunst überdauern. Der weit von nahen Freunden und »verwandten Geistern« entfernte Schulz wurde durch Drohobycz zur intellektuellen und künstlerischen Einsamkeit verurteilt. Die Briefe sollten ihr entgegenwirken und die erzwungene Isolation durchbrechen. Briefe waren für ihn ein auf Entfernung geführtes Gespräch, waren Suche nach einem Partner oder – wenn es ganz schlimm um ihn stand – wenigstens nach einem dankbaren Empfänger von Worten.

In Briefen teilte Schulz seine schöpferischen Gedanken und Einfälle mit, die er manchmal, im Zuge einer anregenden Polemik, zu kleinen Meisterwerken der Prosakunst formte. Wie zum Beispiel in den verlorengegangenen Briefen an Debora Vogel. Oft waren sie ihm Mittel zur Klage über die ihn plagenden Depressionen und Perioden schöpferischer Dürre, über die zeit- und kraftraubende Tätigkeit als Lehrer; er suchte Beichtväter, flehte um Rat, erwartete psychische Unterstützung. Sie bewirkten, daß er, ohne sich einem direkten Kontakt aussetzen zu müssen, die Einsamkeit des Lebens mit Partnern bevölkern konnte.

Diesem Bedürfnis verlieh er manchmal Ausdruck, wenn er etwa an Tadeusz Breza schreibt:

»Ich brauche einen Kameraden, ich brauche die Nähe eines verwandten Menschen. Ich verlange nach irgendwelchen Garantien der inneren Welt, deren Existenz ich voraussetze. Sie stets nur mit dem eigenen Glauben zu halten, sie trotz allem mit der Kraft seines Starrsinns hochzuhalten, ist die Mühsal und Plage eines Atlas.«

Wann immer er die Nähe suchte, lud er nach Drohobycz ein, von dem er sich weder trennen konnte noch wollte. Geboren in dieser galizischen Stadt, auf deren Straße er von Nazis ermordet wurde, konnte sich Schulz nie entschließen, anderswohin zu ziehen, selbst wenn er darin eine Chance sah, seine Lebensbedingungen zu verbessern. Immer zog er seine mühselige Dürftigkeit vor, um auf dem fruchtbaren Boden seiner Kindheit, der reich an Mythen war, im Schatten der Zimtläden zu bleiben. Von hier sandte er seine Briefe aus und hoffte darauf, ihm freundlich gesinnte Briefeschreiber zu finden.

Doch nur manche von den zahlreichen Briefempfängern verdienten es, als besonders wichtige, inspirierende, zur Arbeit anspornende Partner dieser *geschriebenen Gespräche* genannt zu werden. Obgleich kein einziger Brief von Schulz an sie erhalten ist, würde es sich lohnen, ihre Silhouetten näher zu betrachten, wie zum Beispiel die des Władysław Riff.

Wir wissen nicht genau, wann die ersten schriftstellerischen Versuche von Schulz begonnen haben. Zu den frühesten Werken seiner Feder hatte die Freundschaft und Verbindung zu dem zehn Jahre jüngeren Władysław Riff beigetragen, eine Freundschaft und intellektuelle Partnerschaft, die sich vor allem in Briefen ausdrückte und fruchtbar wurde. Władysław Riff, Student der Polonistik an der Jagiellonischen Universität in Krakau, erwies sich für Schulz als der erträumte »Teilhaber entdeckerischer Vorhaben«. Wegen einer rasch fortschreitenden Lungentuberkulose verlegte er seinen festen Wohnsitz aus gesundheitlichen Gründen nach Zakopane. Schulz besuchte ihn dort während der Urlaubszeit und nahm Korrespondenz mit ihm auf, die bis zum Tode des jungen Freundes dauerte. Riff verstarb am 25. Dezember 1927 im Alter von 26 Jahren. Er schrieb Gedichte und einen Roman, den er selbst als »Roman psychischer Abenteuer« bezeichnete. Die rege Korrespondenz mit Schulz ließ viele *wichtige Texte* voller Existenzprobleme und Fragen entstehen, die Bezug auf die Kunst nahmen, der sich beide verpflichtet fühlten, und auf Probleme der Mythisierung der Wirklichkeit, zu der sie sich bekannten.

Geistig miteinander verwandt und durch eine innere Leidenschaft verbunden, war ihnen auch ein »wichtiges Anliegen« gemeinsam: mit der Kunst eine neue Vision der Welt zu schaffen. Die künstlerische Verwirklichung ihrer hochfliegenden Ideen wollten sie beide in Angriff nehmen.

Der Dichter Adam Ważyk wird sich nach vielen Jahren noch daran erinnern:

»Bruno Schulz«, sagt er, »übersandte mir ein paar Briefe von Riff, die dieser von Zakopane nach Drohobycz schrieb. In diesen Briefen verwandelte sich die Pension in ein Schiff. Von den Gästen wurde eine Mannschaft unter der Führung eines fiktiven

Kapitäns gebildet. Das Schiff war grotesk, die Prosa plastisch und dicht mit Metaphern durchwoben . . .«

Wer verdankte diesem brieflichen Kontakt mehr? Zogen beide einen künstlerischen Nutzen aus dem Austausch von Gedanken, Ideen und Früchten der Phantasie? Auf diese Fragen wird es nie eine Antwort geben. Männer, die in Zakopane das Zimmer des Verstorbenen desinfiziert haben, verbrannten in ihrem Übereifer auch alle Manuskripte der unveröffentlichten Werke von Riff und alle Briefe von Schulz. Von dem jungen, vielversprechend und glänzend sich ankündigenden Schriftsteller gibt es keine Spur mehr.

Einige Jahre später, um 1930, lernte Schulz in Zakopane die dort aus Lemberg zur Erholung weilende Debora Vogel kennen. Sie war Doktor der Philosophie, Autorin eines Gedichtbandes und begeisterte Kennerin der modernen Malerei. Die Bekanntschaft festigte sich zu einer langjährigen Freundschaft. Sie schrieben einander, und sehr bald tauchten in Schulz' Briefen Ansätze von Geschichten auf. Sie enthielten Einzelheiten aus dem Drohobyczer Leben und dem persönlichen Alltag des Autors, waren aber gleichsam auch mythisch und universell konzipiert. Allmählich verdrängten sie andere Inhalte aus der Korrespondenz. Mit wachsendem Interesse las Debora Vogel, Brief um Brief, die magischen Ereignisse von Drohobycz und die seltsamen Geschichten von Vater Jakub und dessen Sohn Józef – aus diesen Briefen entstanden die »Zimtläden«.

Auch diese Korrespondenz, mit ihrem außergewöhnlichen Gewicht, fiel der Vernichtung anheim, samt Debora. Sie wurde im Lemberger Ghetto ermordet. Debora legte großen Wert auf Schulz' Briefe, bewahrte sie jahrelang auf, bis zum Schluß, als die brieflichen Kontakte nachgelassen hatten. Bis dahin war Schulz in der Öffentlichkeit ausschließlich als Maler und Grafiker bekannt; nun machte er als Schriftsteller von sich reden. Sein Werk war aus dem intimen Kreis der Privatsphäre herausgetreten und Außenstehenden zugänglich. Neue Partner und Freunde aus literarischen Kreisen traten in den Vordergrund. Der Zeichenlehrer aus der Provinz wurde als Autor bekannt und geschätzt. Das Lampenfieber lastete wie schwere Verantwortung auf ihm; die Angst, zu versagen, die in ihn gelegten Hoffnungen nicht zu enttäuschen, hemmte seine schriftstellerische Arbeit und unterbrach schließlich die Korrespondenz mit seiner anregendsten Muse, Debora Vogel. Ihre Meinungen und Vorstellungen waren in mancher Hinsicht mit jenen von Bruno Schulz verwandt. Aber es gab auch Gegensätze, die in ihrer Korrespondenz zu fruchtbaren intellektuellen und künstlerischen Auseinandersetzungen führten.

Es brach ein zweites Briefzeitalter an, das nach Schulz' Meinung weniger vollkommen war und mit den »Zimtläden« begann. Aus eben dieser Zeit stammt die Mehrzahl der wiedergefundenen Briefe. Die zufällige Auswahl traf das barbarische Schicksal selbst.

Doch Schulz' künstlerische Tätigkeit ist sehr anfällig für Störungen. Außer dem Lampenfieber, das sein Schreiben aufhielt, hemmte ihn noch ein weiterer Umstand. Er kommt in sehr vielen Briefen zur Sprache, auch in den »amtlichen«, die gleich am Anfang unserer Ausgabe stehen. Sie betreffen vor allem die Lehrtätigkeit des Schriftstellers und verdeutlichen, wie sehr die Arbeit als Lehrer die Verwirklichung schöpferischer Gedanken unmöglich machte. Es sind auch die Anlagen zu diesen Briefen wertvoll, die teilweise in die Anmerkungen aufgenommen wurden: wichtige biografische Dokumente, die das Wissen über das Leben des Schriftstellers bereichern und ergänzen.

Die Form des Briefes hat den Schriftsteller nie aufgehört zu faszinieren. Er greift nicht nur in der Korrespondenz auf sie zurück. Das bezeugen zumindest einige theoretisch-literarische Veröffentlichungen, in denen er von der Briefform Gebrauch macht. Zum Beispiel die umfassende, höchst interessante Antwort auf Fragen von Witkiewicz und die für den Druck bestimmte, als »offener Brief« abgefaßte und veröffentlichte Polemik mit Witold Gombrowicz gehören dazu.

Obwohl Schulz in den dreißiger Jahren öfter nach Warschau reiste und dort zahlreiche Bekanntschaften mit arrivierten, bedeutenden Autoren schloß, blieb er weiterhin in der intellektuellen Enklave von Drohobycz. Ausgegrenzt von den Hauptströmungen der Ereignisse in den kulturellen Zentren des Landes, sah sich der Provinzler und ewige Einsiedler andauernd von der Angst verfolgt, »ins Leere zu schreiben«. Daher war jede Leserstimme eine hilfreiche Bestärkung für ihn, eine Unterstützung, die er in seiner schwierigen, wenn auch gewollten Einsamkeit brauchte. »Ist es nicht ein unverdientes und ungerechtes Glück«, steht in einem der Briefe, mit dem er für Anerkennung dankt, »daß uns das Buch außer anderen Gütern auch noch Freunde bringt?« Im Gegensatz dazu, gleichsam zur Verteidigung seiner selbstgewählten Einsiedelei, findet man andere Briefstellen: ». . . Mein Schicksal ist ein besonderes. Dominante dieses Schicksals ist tiefe Einsamkeit, das Abgeschnittensein von den alltäglichen Dingen des Lebens. Die Einsamkeit ist jener Faktor, der zur Gärung der Wirklichkeit führt und zur Leerung ihres Schauplatzes von Figuren und Farben«.

Durch die Prosa eliminiert Schulz offenbar die ihn störenden Faktoren der Wirklichkeit. Wie alles, was seiner Feder entsprang, betrachtete er auch die Kunst des Briefeschriebens als ein eigenständiges Genre, das er später einmal eine marginale Kunst nennen wird. Gewöhnlich erstellte er für alle ihm wesentlich erscheinenden Briefe einen Entwurf, um ihn dann, nach erfolgtem Redigieren, ins Reine zu schreiben. Alle Briefe, auch die an seine Verlobte, entstanden auf diese Weise.

À propos Briefe an die Verlobte . . . Es erwartete sie nicht die Zukunft der Briefe an eine Milena oder Felice. Wir werden sie nie lesen. Der Krieg und seine Folgen sicherten diesem intimen, über drei Jahre dauernden Dialog zweier sich nahestehender Menschen ewige Diskretion. Es waren mehr als hundert Briefe; alle gingen zusammen verloren, zunächst sorgfältig gehütet von Józefina Szelińska, die sie nach dem Bruch aufbewahrt hatte. Die Verbindung beider Menschen und späteren Verlobten dauerte nicht ganz vier Jahre. Ihre Drohobyczer, Warschauer oder Zakopaner Begegnungen waren ziemlich selten und von kurzer Dauer. Die Verlobte hatte in Warschau Arbeit gefunden, Schulz hingegen konnte Drohobycz nur während der Feiertage, in den Ferien oder zur Urlaubszeit verlassen. Deshalb beruhte der Kontakt zwischen den beiden hauptsächlich auf der brieflichen Verbindung. Schulz' Briefe an Juna (so nannte er seine Verlobte) wurden jeden Tag geschrieben und fast täglich per Eilboten verschickt. Sie füllten die langen Perioden der Trennung aus, bedeuteten ihm eine (ununterbrochene) Chronik der Liebe und Verbundenheit. Junas Antworten an ihn gingen ebenso spurlos verloren wie fast alles, was er in Drohobycz hinterlassen hat. (siehe Anhang I).

Nicht von ungefähr enthält unser Kommentar zur Brief-Sammlung von Bruno Schulz lauter Aufzählungen und Besprechungen von nicht mehr vorhandenen Lebensspuren. Das Fehlen der (überwältigenden) Mehrzahl der Briefe hat zur Folge, daß das geistige Porträt des Autors (in diesen Texten) viele weiße Flecken aufweist, die selbst durch Mutmaßungen nicht ergänzt werden können.

Sind die bis jetzt nicht aufgefundenen Briefe unwiederbringlich verloren?

Es drängt sich ein Ja auf. Dennoch wollen wir folgende Überlegung anstellen:

Schulz sammelte geradezu pedantisch alle Briefe, die er erhielt, und bewahrte sie sorgsam auf. Außerdem ergänzte er die Sammlung manchmal durch Abschriften eigener Briefe. Auf dem Speicher eines Hauses, das seinem früheren Schüler Feiwel Schreier gehörte, wurden bald nach dem Krieg einige Dutzend Briefe gefunden, die er an verschiedene Personen geschrieben hatte. Den Rest, einen beträchtlichen Teil, hatte Schulz gegen Ende 1941, kurz bevor er ins Ghetto übersiedeln mußte, samt Manuskripten literarischer Werke, Zeichnungen und anderem Material uns unbekannten Treuhändern zur Aufbewahrung übergeben. Man weiß von ihnen nur, daß es sich um einen unter damaligen Umständen »weniger gefährdeten« Kreis von Personen handelte, also um Polen oder Ukrainer, denen Schulz vertrauen konnte. Bis heute ist es gelungen, zwei dieser in Verwahrung gegebenen Sammlungen ausfindig zu machen. Sie enthalten ausschließlich Zeichnungen und Grafiken; die Besitzer von Manuskripten haben sich bislang nicht gemeldet. Wenn also ein Teil der Briefe der Vernichtung entgangen ist, könnte er sich weiterhin in der UdSSR befinden; dort hatte, bis in die letzten Jahre, niemand etwas von Schulz und seinem Werk gehört. Das Verwahrungsgut könnte sich auch in den Sammlungen der dortigen Archive befinden, die den Zutritt noch immer beharrlich verweigern – aber das könnte sich nun ändern. Und vielleicht darf man hoffen, daß uns die Entdeckung einiger Manuskripte von Schulz noch bevorsteht. Früher oder später wird die Zeit dieses Rätsel lösen (und die Hoffnung entweder bestätigen oder zerschlagen).

Es gibt auch Briefbündel, von denen wir mit Sicherheit wissen, daß sie vernichtet wurden, wie etwa die zahlreichen Briefe an Maria Chasin. Sie hatte Schulz in den späten dreißiger Jahren bei seinen Bemühungen unterstützt, im Ausland Fuß zu fassen. Zu Beginn des Krieges vergrub Maria Chasin die Briefe im Hof ihres Hauses in Łódz. Eine in den sechziger Jahren eingeleitete Suchaktion endete ohne Erfolg.

Ein ähnliches Schicksal erfuhren die Briefe an Zofia Nałkowska. Die bedeutende Schriftstellerin, Protektorin und Freundin des Verfassers der »Zimtläden«, war von seinen Büchern entzückt und spendete ihnen höchstes Lob. In ihren Tagebüchern bezieht sie sich auch auf seine Briefe, welche sie, im Vergleich mit allen anderen, die man ihr geschrieben hatte, als »besonders schön« bezeichnet. Alle Dokumente sind im aufständischen Warschau 1944 verbrannt.

Soweit einige Beispiele beträchtlicher Verluste, die Schulz' Epistolografie erlitten hat. Beklagenswert ist auch das Verschwinden der Briefe an Thomas Mann – zwar ein Rätsel, aber leider gewiß. Während der letzten eineinhalb Jahre vor dem Ausbruch des Zweiten Weltkrieges begann zwischen ihnen eine Korrespondenz zu entstehen. Glaubwürdigen Zeugnissen zufolge hat Schulz von dem deutschen Schriftsteller mindestens einen Brief erhalten. Neben Rilke war er für ihn die größte Faszination in der Welt der Literatur. Außer Briefen übersandte ihm Schulz 1938 sein einziges in deutscher Sprache abgefaßtes Werk »Die Heimkehr«. In den Archivalien von Mann in Zürich konnten weder diese Novelle noch Briefe gefunden werden.

Die Aufzählung dessen, was erhalten blieb, ist unvergleichlich kleiner. Doch selbst aus der bruchstückhaften, rudimentären Sammlung kommt das geistige Selbstporträt des Autors mit einer Schärfe und Vielfalt zum Vorschein, die man in der Korrespondenz von Personen, welche von Äußerlichkeiten verzehrt werden, vergeblich sucht; Personen, die alles, was um sie herum geschieht, in rohem Zustand einfangen und aufzeichnen. Hier haben wir die Geisteshaltung eines Künstlers vor uns, dem das Schaffen Berechtigung zum Leben war. Hier finden sich wenig Elemente vom »Spreu der Zeit aus der Oberflächlichkeit des alltäglichen Lebens«, wie Schulz sich ausdrückte; vielleicht außer den Klagen, daß der Alltag ungebeten in sein Inneres eindrang. Schulz stand ein, selbst im weitesten Sinne begriffenes, Chronistenwesen fern. Er vernachlässigte alles, was keinen Rohstoff für sein Werk hergab, was er, wie er selbst sagte, schöpferisch nicht »nutzbar« machen konnte.

Doch diese »Äußerlichkeit«, sei es in Form von Unbequemlichkeit oder als Bedrohung, störte ununterbrochen das Gleichgewicht seiner autistischen Welt. Dabei ging es keinesweg nur um die schon so oft erwähnte Plackerei des Lehrerdaseins, die ihm zusetzte. Mit der Zeit zogen bedrohlichere Wolken auf. Die Nachrichten von der wachsenden Aggressivität Hitlers, vom Anschluß Österreichs und der Tschechoslowakei, von rassistischen Praktiken beim westlichen Nachbarn. Das entsetzte und lähmte Schulz, machte ihn arbeitsunfähig und steigerte seine Depressionen, die Teil seines Wesens waren.

»Die Wirklichkeit hat mich bezwungen und ist in mein Inneres eingedrungen«, schrieb er und klagte über das ihn beherrschende »Gefühl einer unvermeidlichen Niederlage«. Faschistische Tendenzen, die auch in Polen ihre Bekenner fanden und um sich griffen, erfüllten ihn mit Grauen. Obwohl ihn das Schicksal bislang vom Fremdenhaß und Antisemitismus verschont hatte, fühlte er sich jetzt umso mehr bedroht. Schulz, der lieber auf die begehrte Reise nach Paris verzichtet hätte, als durch das Territorium Hitlerdeutschlands zu fahren, mußte nun sogar bei sich zu Hause, in seiner heimatlichen Gegend, um sein Schicksal bangen. Die antisemitischen Exzesse hatten in ihrem Umfang sogar die Hochschulen erfaßt; die Proteste aufgeklärter Kreise der polnischen Gesellschaft erwiesen sich allzu oft als unwirksam.

Er wollte die bösen Kräfte nicht provozieren. Im März 1938 schrieb er: »Ich bin jetzt mehr mit der Schule beschäftigt als bisher. Ich bemühe mich, den Behörden keinen Vorwand zu meiner Entlassung zu geben, aber es scheint vergeblich zu sein, da im Fall des Inkrafttretens der unser Land aufwühlenden Strömungen Vorwände nicht nötig sein werden.« Zwar sind jene Strömungen nicht »Gesetz« geworden. Doch brach eine Zeit an, die schrecklicher war als die schlimmsten Vorahnungen: die Zeit der Vernichtung, des Krieges und der Besetzung. In den letzten Briefen, die er am Vortag seines tragischen Todes (durch die Kugel eines Gestapomannes) verfaßt, sieht er sich nicht mehr in der Lage, der Post irgendwelche Anspielungen anzuvertrauen, er bringt es nur noch zu einem Seufzer:

»Ich tue jetzt nichts mehr, ich kontempliere den ›inneren Reichtum‹, zehre am Vorrat, hole die Ernte meines Lebens ein. Darf man das?«

Der »Vorrat« und die »Ernte« – das waren, außerhalb von ihrer nichtmateriellen Gestalt, eben alle literarischen Arbeiten, Zeichnungen und Briefe, die er vor der Vernichtung bewahren wollte. Die Mehrzahl ist verschollen. An einem unbekannten Ort und in unbekannten Händen ging auch der Roman »Messias« verloren. Ebenso verschwand das Manuskript eines Bandes mit vier unveröffentlichten Erzählungen, das unmittelbar vor dem Krieg fast zum Druck fertig war, samt anderen Werken, dem Tagebuch des Schriftstellers und Briefen, Briefen, Briefen ...

Neben der bruchstückhaft erhaltenen Epistolographie – den Texten außerhalb der »Zimtläden« und des »Sanatoriums« – hat von Schulz' Werk nur das überlebt, was er zeitlebens in Zeitschriften drucken konnte. Sowohl die Korrespondenz wie auch seine Essays und Rezensionen enthalten Aussagen zum eigenen Werk und zu philosophisch-künstlerischen Fragen, auf die seine fruchtbaren Thesen und schriftstellerische Erfahrung gründeten. Das Thema »Mythisierung der Wirklichkeit« kommt unter diesem Titel nicht nur im schönen, gleichnamigen Essay vor, es kehrt bei jeder sich bietenden Gelegenheit auch in der Korrespondenz und der Literaturkritik wieder. Dies zeugt von der Treue des Schriftstellers zu den Idealen der Kunst, die er betrieb. Es veranschaulicht auch seine analytischen Fähigkeiten, in erster Linie aber bringt es ein schöpferisches Bewußtsein zum Ausdruck, das bei Künstlern selten anzutreffen ist, wenn, dann bei jenen, die in Regionen der Phantasie heimisch sind, Grenzbereiche zwischen Traum und Wirklichkeit durchdringen.

In kritisch-literarischen Texten, Glossen und in Marginalien gelesener Bücher, bleibt Schulz großenteils beim verbalsuggestiven Charakterzug seiner Kunstprosa; auch hier beschreibt er Begriffe und Gedankenschlüsse durch Metaphern. Die Sprache der Spezialisten, die konventionelle Terminologie sind ihm fremd. Er nähert sich dem Kunstwerk nicht wie ein professioneller Literaturwissenschaftler und versucht auch gar nicht, tiefer in die strukturellen Schlupfwinkel vorzudringen, die er zwar genau betrachtet, doch die Existenzprobleme interessieren ihn viel mehr. Die psychologischen Bande zwischen dem Individuum und der Welt packen ihn ebenso, wie er sich schließlich von der Funktion des Mythos, vom magischen Zeremoniell der verfremdeten Existenz angezogen fühlt, die er für wesentlich hält. Die selektiven und impressiven Bemerkungen über Bücher gehen nicht etwa auf einen Mangel an methodologischen Fähigkeiten zurück – sie sind das Resultat der ihm eigenen Neigungen und Abneigungen. Schulz verlieh ihnen Ausdruck auf seine Weise und begründete sie in seiner Art in einem offenen Brief an Witkiewicz, indem er sogar seine Vorbehalte und Widerstände selbst gegenüber der philosophischen Interpretation der »Zimtläden« ausspricht:

»Ich glaube, daß die Verrationalisierung des Sehens von Dingen in einem Kunstwerk einer Demaskierung der Schauspieler gleichkommt und das Ende des Spiels, die Verarmung der Problematik eines Werkes bedeutet. Nicht deshalb, weil die Kunst ein Logogriph mit verstecktem Schlüssel ist, die Philosophie dagegen derselbe Logogriph, nur gelöst. Der Unterschied sitzt tiefer. Im Kunstwerk wurde noch nicht die Nabelschnur zerrissen, die es mit der Gesamtheit unserer Problematik verbindet, dort kreist noch das Blut des Geheimnisses, die Enden der Gefäße wandern in die uns umkreisende Nacht und kehren von dort voll dunklen Fluidums zurück. In philosophischen Interpretationen haben wir nur mehr Ausschnitte aus der Gesamtheit der Problematik vor uns, ein anatomisches Präparat«.

Schulz war kein Literaturkritiker im eigentlichen Sinn; er war eher ein *homme de lettres*, der über seine Lektüre etwas zu sagen hatte. Die Popularität seines Erstlings und die Anerkennung durch literarische Kreise hatten ihm gleichsam die Funktion eines Kritikers übertragen. Bevor dies geschah, hatte er in seinen Briefen längst Beispiele gelungener literarischer Interpretationen geliefert. Wie gesagt, auf fremde Werke blickte er durch das Prisma eigener Neigungen und Vorlieben, suchte sich selbst darin. Manchmal ist in seinen Kritiken das am spannendsten in der von ihm gewählten Problematik, was wie eine Selbstcharakteristik des Interpreten aussieht. Immer wenn er sich als Kritiker und Glossator zu Wort meldet, ist ihm nichts lieber, als Dinge herauszugreifen, die auch seine eigene Kunst betreffen, ohne dabei das Gebiet seines Künstlerdaseins zu verlassen. Daher nimmt Schulz in einzelnen Beobachtungen und kritischen Diagnosen oft in gleichem, wenn nicht in viel höherem Maße sowohl Bezug auf sich selbst wie auf den Schriftsteller des besprochenen Werkes. Das fällt in vielen kritischen Texten auf. Ein Beispiel ist die Rezension über den Gedichtband von Juliusz Wit. In diesem Text erinnert manche Betrachtung an eine Selbstanalyse und an verblüffend ähnliche Wortfiguren wie in den Blättern seiner Prosa. Man könnte sagen, mancher Glanz, den Schulz entdeckt, wenn er sich über ein fremdes Werk neigt, ist wie »gespiegeltes Licht« gespeist aus der Quelle seiner Phantasie. Es ist ein Suchen und Wahrnehmen von Verwandtschaften in den rezensierten Werken. Und um im Bereich der eigenen Mythologie und seines eigenen schöpferischen Ursprungs bleiben zu können, suggeriert er sie sogar. Wir haben es hier also mit einer Art von zufälligem Bekenntnis einer teilweisen Proklamation des eigenen *Kredos* und Programms eines Schriftstellers zu tun, der sich in fremden Werken betrachtet, um darin sein eigenes Antlitz zu sehen.

Dies führte manchmal zu übertriebenem Lob der besprochenen Bücher. Schulz wußte es, er erinnert daran in seinen Briefen und Skizzen, etwa wenn er die Gedichte von Schuman oder den debütantischen Roman Brezas erwähnt – Werke, aus deren Mittelmäßigkeit er keinen Hehl machte. Und wenn er sich manchmal ein Urteil leistete, das in keinem Verhältnis zu den tatsächlichen Vorzügen der besprochenen Lektüre stand, geschah es aus Rücksicht auf Freundschaften und persönliche Verpflichtungen gegenüber den Autoren. Aus diesem Grund konnte, wie im Brief an Pleśniewicz, ein ungewöhnlich scharfer, in jeder Hinsicht aber gerechtfertigter Verriß des nachahmerischen Schrifttums eines Truchanowski nur in einer privaten Korrespondenz kritisch angesprochen werden. *Diskret* verhielt er sich auch in der Fälschung seines eigenen Textes durch Egga van Haardt. Zwar schwieg er öffentlich, machte aber seiner Empörung und Abneigung in Äußerungen gegenüber befreundeten Personen Luft. Kompromißlos war er nur in eigener Sache, in der eigenen Prosa; in ihr verließ ihn nie der schöpferische Mut. Gegenüber Menschen, denen er sich verbunden fühlte, war er jedoch zu Konzessionen und Kompromissen bereit. Schulz war nicht imstande, öffentlich in eigener Sache als Verteidiger aufzutreten. Zwar ließ er sich für Polemiken und die

Erörterung strittiger Standpunkte im Austausch von gedruckten *offenen Briefen* mit Witold Gombrowicz gewinnen, doch hier ging es, wider allen Schein, nicht um eine Bataille in persönlicher Sache, sondern um Imponderabilien, wie die Autonomie des Kunstwerks, oder um die Beziehung zwischen dem Schriftsteller und dem Leser.

Seine kritischen Essays, um sie ganz allgemein mit dieser Bezeichnung zu umschreiben, lassen sich in zwei Kategorien einteilen. Behandeln wir einmal die erste Kategorie der Essays. Es sind Skizzen und kritisch eindrucksvolle Studien über Themen, die der Verfasser selbst gewählt hat, Werke, die Interpretation besprochener Lektüre sind, charakterisierbar durch ihre weitgegriffene Problematik, die oft über das unmittelbare Objekt der Betrachtung hinausgeht. Es gab auch solche, wie »Die Mythisierung der Wirklichkeit«, die keinen Bezug auf ein konkretes Werk nehmen, aber eine Art lapidarer Synthese von Schulz' Wissen über die Kunst enthalten und zugleich eine Deklaration seiner Weltanschauung darstellen. Hier steht die kreierende Rolle des Mythos als sein Hauptprinzip des künstlerischen Daseins im Mittelpunkt.

Zwar ist der Essay »Legenden entstehen« keine Abhandlung über die Kunst selbst. Doch aus der Sicht von Schulz betrifft er dieselben psychologischen Tiefen, die der Ursprung der künstlerischen Kreativität sind.

Es handelt von Geburt und Inkarnation des Mythos, seiner Rolle in Kultur und Geschichte. Das Werk bezieht sich auf Marschall Józef Piłsudski, denn es wurde kurz nach dem Tode dieses Mannes verfaßt, der zeitlebens schon von Legenden umwoben war und eine Symbolfigur der wiedergewonnenen Souveränität Polens darstellt.

Zu anderen wichtigen Essays zählt das »Nachwort« zur polnischen Ausgabe des Romans »Der Prozeß« von Franz Kafka, die erste tiefere Analyse eines Werkes dieses Schriftstellers in Polen. Ferner umfassende Studien über den Roman »Ferdydurke« von Witold Gombrowicz, das Buch »Die Fremde« von Maria Kuncewiczowa (drei getrennte Textteile) sowie über die Romane der Schriftstellerin Zofia Nałkowska, die Schulz sehr hoch einschätzte.

Einen Platz für sich nimmt das »Exposé« über die »Zimtläden« ein. Schulz hatte es für ausländische Verleger in deutsch geschrieben, um sie auf sein Werk aufmerksam zu machen; übrigens brachte es damals keinen Erfolg. Als Original in deutscher Sprache ist der Text bis jetzt noch nirgendwo gedruckt erschienen. Er war nach vielen Jahren in Argentinien in Form eines mit der Schreibmaschine verfaßten Dokuments gefunden worden und enthält eigenhändige Korrekturen des Autors. Obgleich das »Exposé« nur der Information dient, ist es nicht uninteressant. Mit Absicht populär verfaßt, tritt es in seiner Selbstdarstellung jedoch hinter solchen Aussagen des Schriftstellers zurück, wie dem hervorragenden »offenen Brief« an Stanisław Ignacy Witkiewicz und an Witold Gombrowicz (siehe Anhang III und IV). Doch als ein weiterer Beitrag des Autors über sich selbst verdient das »Exposé« gewiß Beachtung.

Von einigen intellektuell sehr wertvollen und spannend geschriebenen Essays, die verlorengegangen sind, wissen wir nur aus sporadischen Hinweisen in der Korrespondenz des Autors oder aus Mitteilungen ihm nahestehender Personen. So zum Beispiel vermerkte Zofia Nałkowska in ihren »Tagebüchern«, Schulz habe ihr aus einem Essay vorgelesen und ihr später das Manuskript der umfangreichen, zum Druck vorbereiteten literaturkritischen Abhandlung übersandt. Sie hielt sie für äußerst wichtig und wertvoll. In einem der Briefe spricht der Schriftsteller von der Absicht, eine Studie über die »Geschichten Jakobs« von Thomas Mann zu schreiben; an anderer Stelle – von einem Essay in Form eines Vortrags über das Werk und den Autor des »Zauberbergs«, den er für den größten Prosaiker unserer Zeit hielt. Von diesen Arbeiten ist heute keine Spur vorhanden.

Zur zweiten Kategorie der kritischen Essays lassen sich Schulz' Rezensionen einordnen, die vorwiegend in den Spalten der »Wiadomości Literackie« publiziert worden sind: Besprechungen neu erschienener Übersetzungen ausländischer Literatur. Der Rezensent verfügte hier nicht über größere Freiheiten bei der Wahl der Titel, die, oft zufällig und von ihm unabhängig, die Redaktion der Zeitschrift getroffen hatte. Dies und der limitierte Umfang der bestellten Texte, der nicht überschritten werden durfte, hindern Schulz daran, seiner Leidenschaft nachzugehen: die Spiegelung seiner selbst in fremden Werken, die ein Versuch ist, sich in fremde Seelen hineinzuversetzen, um sie zu verstehen.

Jene Pflichtlektüre, aufgezwungen durch die »Wiadomości Literackie«, bestand nicht nur aus Werken, die so viel Beachtung nicht verdienen, wie zum Beispiel Irena Niemierowska, Ange Seidler oder Erik Ebermayer. Es befinden sich auch Autoren wie Aragon, Bernanos, Mauriac darunter. Und trotz der Beschränkungen gibt es in den Besprechungen nicht wenig Bemerkungen und Erörterungen, die für einen Leser, dem an Schulz' Werk und Persönlichkeit gelegen ist, wertvolle Beiträge zum Selbstbildnis des Schriftstellers sein können. Dies betrifft sowohl die Rezensionen, wie auch die in den Briefen verstreuten Hinweise. So zum Beispiel wirkt das auffallende Mißverhältnis zwischen dem Urteil über ein mittelmäßiges Buch und dem wertvollen Kommentar im Brief an Szuman wie der Versuch einer Rechtfertigung, einer Ausflucht, die nichts anderes sein will als die Exegese eigener Ideen, der Mythisierung in der Kunst – die Auslegung des »Ur-Buches« von Schulz selbst . . .

Übrigens hat Schulz, wie er selbst mit Erleichterung bekennt, auf die über ein Jahr anhaltende Rezensierung von Büchern für die »Wiadomości Literackie« verzichtet. Es wäre für ihn bis zu einem gewissen Grade ein Zwang gewesen, auf Bestellung in Kürzeln über ein gestelltes Thema zu schreiben. Dagegen hat er sich mit seinem ganzen Wesen gewehrt. In Briefen, die er in dieser Zeit an Freunde schrieb, nennt er seine wichtigste Lektüre, darunter »Die Verliese des Vatikans« von André Gide, die er als »glänzenden Roman« bezeichnet, »Geblendet in Gaza« von Huxley – ein »großartiges Buch«, das er mit »echter Bewunderung für die bestialische Klugheit dieses Menschen« las, und auch den ersten Teil der »Mädchen« von Henry de Montherlant, zu dessen Lektüre er der Empfängerin des Briefes dringend rät. Er schrieb über keinen dieser Romane; die »Wiadomości Literackie« hatten sich nicht an ihn gewandt. Schulz' literaturkritische Skizzen über Bücher, mit denen er sich besonders verbunden fühlte, die er sehr schätzte, wie die Werke von Nałkowska, Gombrowicz oder Kuncewiczowa, und Übersetzungen (»Die Nachtmusik« von Huxley) wurden in anderen Zeitschriften veröffentlicht. Diese setzten dem Umfang eines Artikels keine Grenzen, zwangen die Themen nicht auf. Damit ermöglichten sie eine authentische Anteilnahme und konstruktive Kritik der besprochenen Werke.

Doch selbst in den limitierten Rezensionen, auf Bestellung der »Wiadomości Literackie«, in den notwendigerweise verkürzten und oberflächlich behandelten Texten, gelang es Schulz hier und da, seinem kritischen Eifer, seinen originellen Ansichten über das Phänomen Literatur, den Mechanismus schöpferischer Prozesse und deren mythische Verbindung, Ausdruck zu verleihen. Damit bestätigte er mit unerschütterlicher Konsequenz seinen Geschmack als Künstler. Aus allem, was er in seiner literarischen Prosa, in Briefen und kritischen Abhandlungen schrieb, kommt ein enggeknüpftes homogenes Programm wie die Richtschnur einer Konfession zum Vorschein, lassen sich einander nicht widersprechende philosophisch-künstlerische Grundsätze dieses großen Mythologen ableiten – das Fundament seines Wirkens in allen Formen und Erscheinungen.

Jerzy Ficowski

Inhaltsverzeichnis

Briefe

Essays, Rezensionen, Skizzen

Anhang

[H] = in der Übersetzung von Josef Hahn
[D] = in der Übersetzung von Mikołaj Dutsch